Modalität und Modalverben im Deutschen

Linguistische Berichte
Sonderheft 9

Herausgegeben von
Reimar Müller
und Marga Reis

BUSKE

Im Digitaldruck »on demand« hergestelltes, inhaltlich mit der 1. Auflage von 2001 identisches Exemplar. Wir bitten um Verständnis für unvermeidliche Abweichungen in der Ausstattung, die der Einzelfertigung geschuldet sind.

Weitere Informationen unter: www.buske.de/bod.

Bibliografische Information der Deutschen Nationalbibliothek

Die Deutsche Nationalbibliothek verzeichnet diese Publikation in der Deutschen Nationalbibliografie; detaillierte bibliografische Daten sind im Internet über ‹http://portal.dnb.de› abrufbar.

ISBN 978-3-87548-254-6

eBook ISBN 978-3-87548-949-1

LB-Sonderheft ISSN 0935-9249

© Helmut Buske Verlag GmbH, Hamburg 2001. Alle Rechte vorbehalten. Dies gilt auch für Vervielfältigungen, Übertragungen, Mikroverfilmungen und die Einspeicherung und Verarbeitung in elektronischen Systemen, soweit es nicht §§ 53 und 54 URG ausdrücklich gestatten. Gesamtherstellung: BoD, Norderstedt. Gedruckt auf alterungsbeständigem Werkdruckpapier, hergestellt aus 100 % chlorfrei gebleichtem Zellstoff. Printed in Germany. *www.buske.de*

Inhalt

Vorwort 5

Werner Abraham
Modals: toward explaining the 'epistemic non-finiteness gap' 7

Katrin Axel
Althochdeutsche Modalverben als Anhebungsverben 37

Ulrike Demske
Zur Distribution von Infinitivkomplementen im Althochdeutschen 61

Gabriele Diewald
Scheinen-Probleme: Analogie, Konstruktionsmischung
und die Sogwirkung aktiver Grammatikalisierungskanäle 87

Serge Doitchinov
„Es kann sein, daß der Junge ins Haus gegangen ist"
Zum Erstspracherwerb von *können* in epistemischer Lesart 111

John Durbin & Rex A. Sprouse
The syntactic category of the preterite-present
modal verbs in German 135

Veronika Ehrich
Was *nicht müssen* und *nicht können* (nicht) bedeuten können:
Zum Skopus der Negation bei den Modalverben des Deutschen 149

Thomas Gloning
Gebrauchsweisen von Modalverben und Texttraditionen 177

Ferdinand de Haan
The relation between modality and evidentiality 201

Daniel Holl
Was ist modal an Modalen Infinitiven? 217

Reimar Müller
Modalverben, Infinitheit und Negation im Prosa-Lancelot 239

Doris Penka & Arnim von Stechow
Negative Indefinita unter Modalverben 263

Marga Reis
Bilden Modalverben im Deutschen eine syntaktische Klasse? 287

Vorwort

Modalität und insbesondere Modalverben sind ein systematisch wie einzelsprachlich intensiv beackertes Forschungsfeld. Das gilt auch für das Deutsche: Wer sich mit den deutschen Modalverben befaßt, kann bzw. muß auf einer mehr als hundertjährigen Forschungsgeschichte aufbauen, die eine fast unüberschaubare Zahl von Untersuchungen hervorgebracht hat und weiterhin hervorbringt.

Trotz aller deskriptiven und theoretischen Fortschritte, die dabei erzielt wurden, erweist sich bei näherer Betrachtung, daß nicht nur viele Einzelfragen, sondern auch zentrale Grundfragen noch ungenügend erforscht sind. Insbesondere ist dem systematischen Zusammenhang zwischen den syntaktisch konstitutiven Eigenschaften von Modalverben und ihrer semantisch konstitutiven ‚Polyfunktionalität' – d.h. dem Umstand, daß sie systematisch zirkumstantielle wie epistemische Bedeutungen haben – wenig Beachtung geschenkt worden. Hier setzt das Tübinger Projekt „Modalität und Modalverben im Deutschen"[1] an; im Mittelpunkt steht dabei die Frage nach der systematischen Verschränkung der syntaktischen und semantischen Modalverb-Eigenschaften, der durch synchronsystematische, diachrone, sprachvergleichende und ontogenetische Untersuchungen nachgegangen wird.

Daß dies Projekt hier erwähnt wird, hat einen guten Grund: Die im vorliegenden Heft versammelten Beiträge gehen großteils auf Vorträge zurück, die im Rahmen eines von diesem Projekt veranstalteten Workshops zu „Modalität und Modalverben im Deutschen" (Tübingen, 16.–17. März 2000) gehalten wurden und zu lebhafter Diskussion der Form-/Funktions-Problematik von Modalverben unter neuen theoretischen und deskriptiven Aspekten führten. Zwei der vorgetragenen Referate (F. Plank „Über den schrittweisen Wandel von (Modal-)Verb zu Auxiliar und umgekehrt", I. Roberts „The History of Modals Yet Again") konnten für dieses Heft leider nicht zur Verfügung gestellt werden. Zusätzlich aufgenommen wurden die Beiträge von Axel, De Haan, Durbin & Sprouse und Holl, die weitere wichtige Aspekte der Thematik abdecken.

In diesem Heft wird man einige inhaltliche Schwerpunkte ausmachen können. Mehrere Beiträge widmen sich direkt dem Form-Funktions-Zusammenhang, vor allem im Lichte der Frage, wie viele – und welche – syntaktischen Positionen für die Modalverben in ihrer jeweiligen Bedeutung verfügbar sein müssen. Bei

---

[1] Genehmigt als Teilprojekt B3 des SFB 441 „Linguistische Datenstrukturen: Theoretische und empirische Grundlagen der Grammatikforschung" (seit 1.1.1999). Leitung des Projekts: Veronika Ehrich und Marga Reis; wiss. Mitarbeiter: Katrin Axel, Serge Doitchinov und Reimar Müller. Der ursprüngliche Projektantrag (Ehrich & Reis 1998) ist unter http://www.sfb441.uni-tuebingen.de/b3/ abrufbar.

weiteren Artikeln stehen Skopusprobleme im Zentrum des Interesses, zumal der Interaktion von Modalität und Negation wird eingehend Beachtung geschenkt. Vor allem semantisch relevant ist die Frage nach der Feingliederung möglicher Lesarten von Modalverben; wesentlich ist in diesem Zusammenhang nicht zuletzt eine genaue Abgrenzung von Evidentialität und Epistemizität sowie die Klärung der Konsequenzen dieser Unterscheidung – daher ist Evidentialität ebenfalls Thema einiger Beiträge. Daneben kommen für die Gesamtthematik so wichtige und bei weitem noch nicht hinreichend geklärte Problemstellungen zu ihrem Recht wie die Rolle der Textsortenspezifik bei Modalverbgebrauch und -entwicklung, die Diachronie von Infinitivkonstruktionen sowie die vergleichende Untersuchung von Systemkonkurrenten der Modalverben im Deutschen.

Wie leicht ersichtlich, stammen die Beiträge aus sehr unterschiedlichen theoretischen Richtungen, und einige konkrete Probleme treffen in diesem Heft auf sehr verschiedene, sich teilweise widersprechende Lösungsversuche. Auch dies mag zeigen, wie viel bei der Erforschung von Modalität und Modalverben noch offen oder nur angedacht ist. Daher haben wir bewußt darauf verzichtet, bei der Auswahl und Zusammenstellung eine letztlich doch künstliche Einheitlichkeit oder ‚Linie' herzustellen. Vielmehr soll die Vielfalt der Ansätze ebenso wie die der Phänomene als solche stehenbleiben und zu weiterer Beschäftigung anregen.

Ein Sammelband wie dieser ist nicht allein Autoren- und Herausgeberwerk, und auch wir waren in allen Herstellungsphasen der Mithilfe und Kompetenz vieler versichert. Ihnen möchten wir abschließend danken:

Den Kolleginnen und Kollegen im Projekt B3 danken wir für die produktive Arbeitsatmosphäre, in der viele Beiträge zu diesem Heft entstanden sind, und für ihre jederzeit tätig erwiesene Hilfsbereitschaft bei der technischen Fertigstellung. Bei den Korrekturarbeiten haben uns neben diesen auch Kim Dunklau, Annett Eichstaedt, Nicola Frank, Sabine Heyeckhaus, Katerina Zombolou und Daniel Holl unterstützt; letzterer hat zudem die Literaturverzeichnisse betreut. Allen sei dafür herzlich gedankt. Unser ganz besonderer Dank gilt Dirk Wiebel, der die Textdateien in unermüdlicher Kleinarbeit und Geschicklichkeit aus ihrem jeweiligen Ausgangszustand in die vorliegende Form überführt hat.

Tübingen, Mai 2001
Die Herausgeber

Reimar Müller
Marga Reis

Modals: toward explaining the 'epistemic non-finiteness gap'

Werner Abraham

Zusammenfassung

Modalverben (MV) im Deutschen unterliegen bemerkenswerten Einschränkungen insofern, als perfektive und infinite Einbettungen nur deontische, nicht jedoch epistemische Lesarten zulassen. Dies ist offenbar auf unterschiedliche Thetamarkierungen zurückzuführen: Deontika haben vollexikalische Thetavalenzen, Epistemika dagegen thetaleere Valenzgitter wie Hilfsverben. Zweierlei folgt daraus: zum einen daß es entweder zweierlei Anhebungstypen gibt oder aber dass Deontika Kontrollverben sind, während Epistemika die thetaleere Struktur von Anhebungsverben besitzt – beides wird gegenwärtig kontrovers diskutiert. Zum andern ist zu folgern, daß die sogenannte 'Nichtfinitheitslücke' bei Epistemika (d.h. daß nichtfinite MV-Formen im Deutschen keine epistemische Lesart zulassen) darauf zurückzuführen ist, daß Epistemika in der funktionalen Strukturdomäne, also in InflP bzw. ModusP basisgeneriert wird, während Deontika gerade wegen ihrer Aspekt- bzw. Aktionsartsensibilität im unmittelbaren V-Bereich erzeugt werden, ähnlich Vollverben mit ähnlichen Aktionsarteigenschaften. Es wird spekuliert, daß deutsche MV historische Eigenschaften der Präteritopräsentia bewahrt haben. Ein solcher Eigenschaftbereich fehlt, wie gezeigt wird, im Englischen völlig – mehr noch: deontische Lesarten der englischen MV scheinen im Rückzug zu sein. Es ist anzunehmen, daß dies auf den Verlust von Aktionsarteigenschaften bereits im Mittelenglischen zurückzuführen ist. Dies wird in einigem diachronen Detail nachgewiesen. Die heutigen Aspekteigenschaften des Englischen (in jedem Falle das Preterite present) sind somit Neuerungen, die mit den historischen Wurzeln, die das Althochdeutsche und das Altenglische noch teilten, nichts mehr zu tun haben.

1 Introduction: Epistemic and root modals

The present essay investigates specific aspects of modal verbs (MVs) in the history of English and of German and their modern reflexes. MVs in Present Day English and in Modern German, both deriving diachronically from a common Germanic source and demonstrating a solid equivalence both syntactically and semantically in their old stages (Old English, and Old High German), differ considerably in their present-day distributional properties. Generally speaking, MVs in Modern German represent a far more homogeneous verbal class than their counterparts in English: differing from non-MVs in morphological terms they show, at the same time, considerable meaning overlap with full, non-modal, verbs. Only the first, morphological, distinction is partly shared by Modern English modals, whereas the wide extension of similarities with full verbs in Modern German is not reflected at all in Modern English. Beyond that, there are other striking overall differences between modals in Modern German and Modern English: there is no voluntative *will* and no postulative *shall* any longer in Modern English – much in contrast to *wollen* and *sollen* in Modern German.

The remainder of Modern English modals has a shaky status, at least in Modern American English. With the exception of *must* and single idiomatized root uses of other modals (e.g. *May I?*), there are only epistemic uses left. *will* and *shall* have attained a purely temporal function for quite some time up to today's usage. Notice that, counter to the German tradition of grammar-writing, the MVs *can/können* will not be included in the root vs. epistemic split, since, due to their fundamental alethic status (von Wright 1951), such a split cannot be maintained effectively. Methodologically speaking, inclusion of *can/können* in a root vs. epistemic split would blur all of our distributional results aiming at a fundamental aspectual and syntactic distinction of the twofold modal status.

A cursory MV count from the *Corpus of Spoken Professional Modern American* confirmed our impressionistic view of the decline of root modals in American English. What this tells us in relation to the literature on the topic should not be underestimated. Coates (1995) estimates, first, that Modern English *must* is deontic MV (DMV) half the time and epistemic MV (EMV) the other half. This is not in line with our count. *may* is said to be still quite normal as DMVs – again clearly not supported by our figures. Second, the 'past tenses', e.g. *might, should,* have always been taken to be the first to develop the epistemic meaning. However, in our corpus *should* occurs in root modal meaning in the majority of cases – albeit in the subjunctive mood.

This, then, is the main result of our frequency count and its comparison between the two languages. While modals in German have retained the original categorial polyfunctionality of MVs (as deontics and epistemics), American English is about to lose, or has lost already, this polyfunctional verbal paradigm. This in itself demands an explanation.

Notice, however, that, to all appearances, modal properties of Old English MVs were on a par with those of Modern German. Furthermore, what distinguishes the verbal lexicon of Modern German from that of Modern English is a radical deaspectualization of the English lexicals. How does this show? The verbal lexicon in Old English shared with Modern German massive verb compounding with particles (deriving from adjectives, prepositions, and adverbs), whose syntactic status was such that they were separable from the verbal stem in predicate split syntax (subordinate clauses, topicalization etc.). Separable verbal particles are the main source of perfective aspect in German (and Dutch). This is still the unmarked, overall productive situation in Modern German, but not in English. English has no such verbal 'prefixes' any longer. Moreover, Old English as well as Modern German – but not Modern English – distinguish a stative passive from an eventive passive by way of morphological derivation (Old English *weorðan+* vs. *beon+*past participle (PP), Modern German *werden+* vs. *sein+*PP for the analytic perfect and the passive). In Modern English it is the stative passive form (*be+*PP) that has acquired the interpretation of the eventive option by extension to imperfective verbs of a general implication in a prior aspectual system (i.e., originally, "is being V-ed" implied by "is V-ed" only in the case of a terminative V). Think, furthermore, of the *ge-* morpheme for the lexical perfectives as well as the past participle in Modern German[1] vs. its disappearance in Middle English. Recall, at this point, that this participial morpheme was formally extended to the past participle from an originally lexical perfectivizing prefix. This is a reflex of the historical fact, no longer valid for Modern English or Modern German, that the past participle had a perfective stative (= resultative) function only (as e.g. documented in Gothic) and that the eventive meaning had to be gained by implication from the terminative result (Abraham 1989; 2000b). All continental West Germanic languages (German, Dutch and their dialects; Flemish, Frisian, Low German and Yiddish) share these three distinctions: the distinction of two passive genders, the possession of separable verbal prefixes, and the participial morpheme *ge-* (the latter does not characterize Frisian, though, as little as it does the Scandinavian languages). Modern English, on the other hand, possesses none of these features. It is claimed that this threefold aspectual characterization is at the bottom of the difference of the MV paradigms in Modern English and Modern German.

2 The organizing facts and questions to be pursued

These are the linguistic facts which we take as our points of departure.

1. MVs (except for *will/wollen*) have retained their distinct paradigmatic status as formal preterite presents as opposed to all other full verb paradigms. However, MVs in Modern English have done so in ways different from those in Modern German. Generally speaking, modals in Modern German share many syntactic properties with full verbs, while those in Modern English do not (Abraham 2001).
2. MVs in Modern German can be shown to be clearly aspect (or aktionsart) sensitive, other than their counterparts in Modern English.
3. Modern English MVs are far more grammaticalized than MVs in Modern German. The latter show properties on a par with full, lexical verbs. English MVs do not show such properties; rather, they behave syntactically like auxiliaries (e.g. as regards the syntax of *do*-support, which Modern German generally does not share).
4. MVs in American English are in the process of losing, and have to some degree already lost, the deontic readings (with the exception of *must* and, in some of its uses, *may*). While all MV lexemes still exist, they are either used only epistemically (*may, must, can*) or as temporal auxiliaries ((*shall,*) *will*). As to the root equivalents, paraphrases of full lexical value have replaced the modals (*be permitted, have to,* as well as their negations).

All this, seen against the background of the radical restructuring of the lexical-aspectual verbal system in the historical development of English, prompts the

---

[1] See also Old English, viz. *(ge)nemian, (ge)macian;* cf. Brinton & Akimoto (1999:10;21); however, no longer in Early Modern English as documented by Görlach (1991).

following questions that need to be answered: (i) What is the precise nature of the aspect (or aktionsart) sensitivity of German MVs (which may model that in Old English)? (ii) Why is it that MVs in Modern English do not share these characteristics? (iii) If the distinction of epistemic MVs versus deontic/root readings can be shown to be a result of the distributional aspect distinctions, does this carry over to the emergence of the semantically deprived status of Modern English MVs? (iv) Is there a structural and functional explanation for this correlation? (v) Are certain distributional constraints (such as that EMVs occur only finitely) explained by the general demise of aspect properties? (vi) Is there any reasonable link between evidentials triggered by the perfect or perfectives, and German EMVs as deriving from pre-Old High German preterite presents (see, for this link, Abraham 2000d)? (vii) Finally, to say that Modern English has no aspect is not really true. However, as has been claimed variously, the periphrastic present perfect in Modern English is not really a perfective, but a 'backward-extended now' (Parsons 1990). Consequently, it is imaginable that, while lexical perfective aspect/aktionsart was lost in the course of Middle English following massive morphological and derivative attrition, a new 'extended now'-perfect has emerged which has nothing to do with the prior aspectual perfect. This is indeed what we claim to be the state of affairs.

To answer these questions, (i)–(vii), this is how the ensuing paper is organized. In section 3, the grammatical reflexes of the root-deontic vs. epistemic distinction are presented. The main result is that epistemic readings fail both under terminative embedding and non-finite embedding. It will be shown how this follows, among other criteria, from the aktionsart of the embedded lexical in German, but not in English. Also, the theta role properties of modal subjects can be shown to correlate with distributional differences setting apart *wollen* 'will' and *mögen* 'may' from the rest of the modals. The main conclusion, in section 3, linked to this observation is that MVs are generally raising structures and that control in the traditional sense is not involved. In section 4, major differences between English and German MVs are spelled out showing that English modals are on a par with the epistemic modal versions in German, but not with the deontic ones. In sections 5 and 6, material from the history of the English modals is presented to show that Modern German and the early period of Old English were alike syntactically, whereas the distribution of epistemic, but not of deontic, uses in Modern German as well as from Middle English onwards up to Modern English have more in common. It is demonstrated that DMVs and EMVs behave alike all along through the history of German (Old High German, Middle High German up to Modern German). Section 7 discusses how English lexical aspect discontinued and was eventually reawakened, albeit with aspectual traits different from the earlier ones. The closing chapter, 8, discusses syntactic consequences for the syntactic description and pathways of reanalysis.

3 Grammatical reflexes of the root-deontic vs. epistemic distinction

The syntactic reflexes of the root vs. epistemic distinction in German follow clear syntactic, distributional criteria as well as lexical, i.e. aktionsart criteria. According to Abraham (1995: ch.6,472f.; 2001) and Durbin & Sprouse (2001), it is the epistemic alternative that occurs less freely in all of the tested environments. The most important differences are the following ones. (i) Counter to DMV, EMV cannot occur in non-finite environments – i.e. no epistemic reading emerges in embedded constructions; (ii) EMV cannot occur as full verbs; (iii) EMV cannot surface in illocutions other than declaratives; and, (iv), EMV do not take readings in perfective environments whereas DMV do. Essentially, these restrictions hold for both German and Dutch (cf., for some of these claims, Barbiers 1995), but not for English.

The illustrations in the following subsections add direct support to these claims. In doing so, they confirm, on a semantic level, the conclusion as to what lies at the bottom of the full verb behaviour of MVs in German as opposed to English. Three independent pieces of evidence will be presented in support of the claim that MVs in German are aspect/aktionsart sensitive (3.1–3.3). In the fourth subsection, 3.4, it will be demonstrated that this is due, in some sense, to the fact that the root homonyms of the MVs, but not the epistemics, are subcategorized for the thematic subject role of AGENT or THEME/PATIENT. Subsection 3.5 is devoted to properties that are typically shared by main lexicals and DMVs in terms of semantic roles and aspectual (or aktionsart) properties. The latter features are not shared by the syntactically ancillary EMVs. It will be suggested that this ancillarity is the deeper reason for the deficiency in the deontic (root) paradigm of English MVs.

Throughout, a clear terminological distinction is drawn between perfectivity as an aspectual category and terminativity as an aktionsart property. Syntactically, the two are distinguished also structurally (aspect as a phrasal category in its own right between TP and vP/VP, aktionsart as a word-syntactic ('below-V^0') category (see Abraham 1993; 1995 for German).

3.1 Epistemic readings fail under terminative embedding

The question usually is whether there are typical, or even unfailing, disambiguating contexts for German DMVs vs. EMVs. See (1a,b) for such temporal disambiguating contexts. No doubt, such readings may change under extended contexts. It is claimed here that the distinctions in terms of distributional contexts, though not absolutely robust, correspond to default usage (i.e. are valid under minimal contextual import). ['TERM' = "terminative"].

(1)   a. Er will/muß/soll/mag zuhause sein [-TERM]   ... DMV, EMV
        he will/must/shall/may at home be

b. Sie will/muß/soll/mag einschlafen/Ärztin werden [+TERM] ... DMV, *EMV
she will/must/shall/may in-sleep/a doctor become
c. Er will/muß/soll/mag in New York leben [-TERM]   ... DMV, EMV
he will/must/shall/may in New York live
d. Er will/muß/soll/mag einmal einen Diamanten schleifen [-TERM]
he will/must/shall/may once a diamond cut   ... DMV, EMV

What this shows is that all MVs (except for alethic *können* 'can') are stuck with the root reading as soon as the embedded predicate is terminative, while the reading is open if the embedded non-finite predicate is non-terminative. Note the equivalent distribution in English below: the embedded verb, *die*, in (2a) is terminative, while in (2b) it is non-terminative.

(2)   a. He *must* die [+TERM]   ... DMV, *EMV
      b. He *must* be dying [-TERM]   ...*DMV, EMV

A factor suspending the aspect sensitivity as in (1a–d) is adverbials inviting the inferential (epistemic) reading, such as *sicher(-lich), gewiß* 'certain(ly)', *offensichtlich* 'obvious(ly)'. See (3a,b).

(3)   a. Sie will/muß/mag gewiß/offensichtlich einen Diamanten
         kriegen/Ärztin werden.   ... DMV, *EMV
         she will ... certainly/obviously a diamond get/a doctor become
      b. Sie will/muß/mag/soll gewiß/offensichtlich einen Diamanten
         haben/Ärztin sein   ...⁽⁷⁾DMV, EMV
         she will ... certainly/obviously a diamond have/a doctor be

Generally speaking, our test makes legitimate the conclusion that in German the root meaning is the unmarked one, whereas the epistemic reading is the derived, marked one because of the observed restrictions. Note that this by no means renders an *explanation* for the systematic distribution in (1) and (2).

Let us now look at another distributional fact, which relates to temporal periphrastics.

3.2 Periphrastic tense and the distribution of EMV/DMV

3.2.1 Distributional tests

The examples below invite the conclusion that it is the specific auxiliary, *haben* 'have', in the periphrases that restricts the temporal forms to the root meanings, thereby excluding the epistemic, subjective, and inferential interpretations. The examples illustrate only the perfect and pluperfect temporal complexes; see (1b) above for *werden* (the future periphrasis, where *werden* 'become' occurs also as a terminative (main) verb) aligning completely with this observation.

(4) a. Er hat(te) Geld verdienen wollen/müssen/sollen ... DMV,*EMV
        he has/d money earn will/must/shall
     b. Er wollte/mußte/sollte viel Geld verdienen ... DMV, EMV
        he will-/must-/shall-PRET money earn

Notice that the auxiliary in these 'modal periphrases' is selected by the MVs, not by the main verb. This is shown by the fact that *sein*-selecting main verbs are embedded under *haben* 'have' all the same. (5a) below presents terminative verbs, which always select *sein*. All this appears to follow directly from the premise that EMVs are in the category of Infl, while DMVs are in AspP/V. Periphrastics require that the Aux is in Infl, leaving only V for the MV. From this follows that only deontics can occur periphrastically, not, however, epistemics. This seems to be borne out in our examples.

(5) a. Er ist/*hat angekommen/gestorben
        he is/has arrived/died
     b. Er *ist/hat ankommen wollen/müssen/sollen ... DMV, *EMV
        he is/has arrive will/must/shall

Recall that (4a) attests to the V-status of DMV, while EMV is ungrammatical because of its I-status. In (4b), on the other hand, both modal variants raise from V to I. Note the difference between (4b) and (5b). (5b) corresponds to (4a).

As soon as we give up the periphrasis, i.e. under the synthetic preterite form of the main verb, the reading of the verbal cluster is different. Compare (5b), showing MV-periphrasis, with (6a,b) displaying periphrasis on the main verb.

(6) a. Er will/soll/muß Geld verdient haben ...*DMV, EMV
        he will/shall/must money earned have
     b. Er will/soll/muß angekommen sein ... DMV, EMV
        he will/shall/must arrived be
     c. Er will/soll/muß Geld verdienen ... DMV, EMV
        he will/shall/must money earn

(6c) corresponds to (4b). When the auxiliary and MV change functions, as compared to (4b) and (5b), in the role of tense and aspect periphrasis, respectively, the reading in (6) is the inverse of that in (5b).

Inherent (= aktionsart) terminativity on the main verb is thus distributionally equivalent to the temporal periphrasis (PP+*haben/sein/werden*). In other words, terminativity on the embedded main verb displays the same distribution as MV under temporal periphrasis. This also proves the close affinity between lexically inherent aktionsart and temporal periphrasis (with *haben* 'have', *sein* 'be', and *werden* 'become') in German. Notice, however, that while interesting correlations have been noted, no explanation has been provided as yet. Needless to say, this correlation makes a unified account even more urgent.

3.3 Linear order, scope, and the meaning split between DMV and EMV

(7a) below unmistakably shows that tense and modality are projected via *haben* onto the MV, not onto the main verb. This may appear somewhat trivial, given the linear order of the verbal cluster in German. Note, however, that no other Germanic language except Frisian mirrors this linear order. See (7b,c) for an inverted order of AUX/V in Dutch (SOV) as well as in Danish (SVO, although with a linear domain resembling the German *middle field*, i.e. the domain between V in clause-second position and V in clause final position in dependent sentences; the Danish example is from Vikner 1988: 6).

(7) a. Er *ist/hat ankommen wollen/müssen   ...*MV-V/V-MV (for OV)
        he is/has arrive will/must
     b. Hij *is/heeft willen/moeten aankomen   ... MV-V/$^{?!}$*V-MV (for OV)
        he is/has will/must arrive
     c. Han har villet tjene mange penge
        he has will-ed earn much money   ... MV-V/*V-MV (for VO)

(7a–c) illustrates the scope relations as well as the constraints on non-finite embedding in three Germanic languages. As can be seen, tense as well as epistemic uses of MVs do not qualify for non-finite embedding. See (7a,b), which illustrates the non-finiteness constraint for OV, whereas (7c) illustrates the constraint for VO.

3.3.1 Scoping

If, as we noted, periphrasis plays a role in disambiguating the EMV/DMV-homonymy, we need to know what exactly disambiguates the two possible readings: the embedding MV or the embedded main verb. To pursue this question further, let us look at the linear order within the verbal clusters in German in (5) and (6) above. The following operator restrictions, (8a,b), appear to hold. [Operator linearity in (8a,b) reflects the basic V-final order of German; i.e. the operator with the widest scope is represented as the leftmost element, which is not in agreement with the overt order, SOV, with leftward government.]

(8) a. the following operator relation is open for DMV and EMV:
        $MOD_1(TEMP (p))$; cf. (9a,b)
     b. the following operator relation holds only for DMV:
        $TEMP(MOD_2 (p))$; cf. (10a,b)

That this is a correct generalization is confirmed by the following examples in (9)–(10). [Operator order reversed, since in dependent clauses the scope relations extend from right to left.]

(9) a. daß er in A. *gewohnt[p] haben[TEMP] soll/muß[MOD]* ... DMV, EMV
that he in A. lived have shall/must
'that he had to/was supposed to have lived in A.'
b. daß es ein Fehler *gewesen sein soll/muß* ... DMV, EMV
that it a mistake been be shall/must
'that it must have been a mistake'

(10) a. daß er in A. <hat[TEMP]> wohnen[p] sollen[MOD] <hat[TEMP]>
that he in A. has live shall has
'that he was supposed to have lived in A.' ... DMV, *EMV
b. Es *hat* ein Fehler *sein müssen* ... DMV, *EMV
it has a mistake be must
'It had to have been a mistake'

(9a,b) also corresponds to (12a) below, and (10a,b) to (12b). Notice that the syntactic head in (8a)/(12a) is MOD, while in (8b)/(12b) the head is TEMP/ANT (see also, though using different terms, Barbiers 1995: 197ff.). Note that concluding from (8)–(10) that non-present tenses do not yield epistemic readings would be fallacious: (8) does not exclude epistemic readings under non-present tense of the MV. The following examples confirm this (M. Reis p.c.).

(11) a. Peter *mußte* der Mörder sein – das war ganz klar.
'Peter had to be the murderer – that was quite clear.'
b. Damals *mußten* rauhe Sitten geherrscht haben.
'In those times rough practices must have prevailed.'

Decomposed more concretely, (8a,b) yield the representation in (12a,b).

(12) a. (= (8a))
SUPPOSE (ANTERIOR (V)) ... DMV, EMV
MOD₁ TEMP p
soll- *ge-t hab-* *wohn-*
shall- been have live

b. (= (8b))
ANTERIOR (OBLIG (V)) ... DMV, *EMV
TEMP MOD₂ p
hab- (ge-t) *soll* *wohn-*
have been shall live

(12a,b) confirms our syntactic conclusions: EMV, since in I, is functionally higher than DMV, which in turn is functionally in AspP, just above V. The structural hierarchy, then, with I-split, would appear to be that in (13). The epistemic reading has the widest, clause-extending scope (see also, for Dutch, Barbiers 1995). The fact that EMV cannot occur in non-finite embedding contexts ('non-finiteness gap for EMV'), and the even more general fact that there are no non-finite (subjunctive as well as speech-act specific) periphrastic mood forms supports the assumption that EMVs are base generated outside of VP and raise to the widest clause-operator position.

(13) EpistP > TP > (VP >) DeontP > AspP > (Aktionsart)V^0

(13) holds for OV-languages such as German and Dutch, with V^0 in clause-final position. As far as the relative order of the functional categories is concerned, nothing changes for VO-languages like English or one of its prior historical stages. According to licensing requirements in terms of c-command, EMV must be licensed by C (highest clausal scope position), whereas DMV should be c-commanded by AspP. The latter, however, cannot be the case. We shall argue later that it is not aspect that licenses the deontic reading of MV, but lexical aktionsart, a licensing category AspP, right inside the zero category of V^0.

It is interesting to see that scope and linearity conditions are congruent with Cinque's typological adverb and agglutinal affix hierarchy (cf. Cinque 1999; Roberts 2000). Taken together, (14) reflects the basic semantic scope relations independent of category.

(14) Typological adverb and agglutinal affix hierarchy (Cinque 1999):

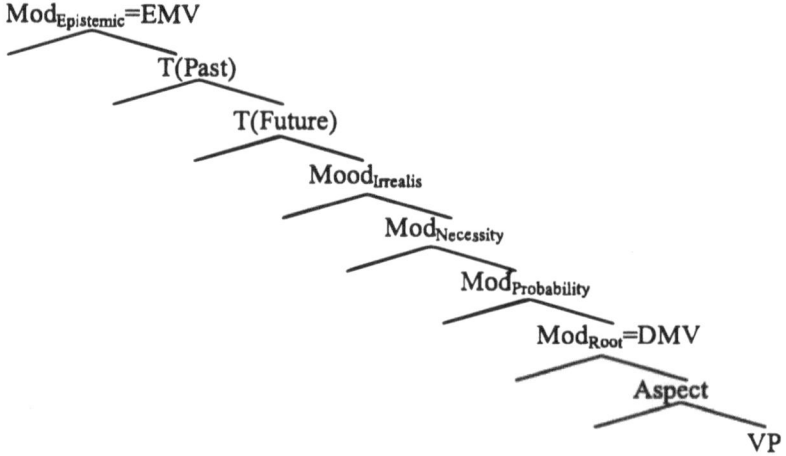

3.4 The event structure of MV

3.4.1 Terminativity

The following distinction in terms of event structure in Reichenbach's terms is from Abraham (1990).

(15) a. terminative (in)transitive verbs: *sterben* 'die' and *töten* 'kill', respectively:

```
|>>>>>>>|-----------|
t₁    E₁    tₘ    E₂    tₙ
```

b. non-terminative (in)transitive verbs: *leben* 'live' and *stoßen* 'push', respectively:

$$|\sim\sim\sim\sim\sim|\sim\sim\sim\sim\sim|$$
$$t_1 \quad E_1 \quad\quad t_m \quad E_2 \quad\quad t_n$$

Key: t_1, t_m, t_n are points on the temporal axis representing the event. The event structure of terminative verbs is biphasic containing an approach phase (E_1) as well as a resultative phase (E_2); t_m is a referential point belonging to both event phases simultaneously, E_1 as well as E_2. On the other hand, the event structure of non-terminative verbs is mono-phasic.

The quasi-auxiliaries (raising verbs, according to their derivational properties) *scheinen* 'seem' and *pflegen* 'be used to' are mono-phasic; they, therefore, have no similarity to terminatives and their event structure, respectively. This is in line with the picture that we receive about EMVs as well as the epistemic readings of *drohen* 'menace' and *versprechen* 'promise' in their use as semantically bleached raising verbs. Their lexical readings are bi-phasic as in (16a–c) below (viz. *The manager promises to help*, which has a futural meaning; see Palmer 1986; Bybee 1995; Coates 1995). Note the similarity of (15a) with the bi-phasic event structure for deontics below.

(16) a. DMV/control-V:
$$|\rightarrow\rightarrow\rightarrow\rightarrow|-------|$$
$$t_1 \quad E \quad\quad t_m \quad E \quad\quad t_n$$

i.e. t_m has the event characteristic of the approach phase as well as that of the resultative, or achievement, phase.

b. EMV/raising-V:
$$|\sim\sim\sim\sim\sim|\sim\sim\sim\sim\sim|$$
$$t_1 \quad\quad\quad t_m \quad\quad\quad t_n$$

Recall that no epistemic reading was available for embedded terminative predicates as in (2a). This is accounted for by (15b) in that the MV under the epistemic interpretation does not project any event structure of its own onto that of the embedded durative.[2] In other words, the scope of epistemic modality (EMV-reading) cannot de-terminativize a terminative verb. This is the matching mechanism between MV and [±term]-V. The DMV-reading, on the other hand, provides an event identification of its own as in (15a), overlaying its argument onto the embedded event structure in the sketched way.

Now note the similarity between the event structures for terminative full verbs and DMV. Both lexical terminatives and modals with their DMV-readings are bi-phasic. Event identification under the DMV-reading is not possible in phase 1 (t_1–t_m); its characteristic, E (denoted in the full lexical predicate), does not hold until the inception of phase 2 (t_m–t_n). As in the case of full terminative verbs, the medial temporal reference point, t_m, is a border point satisfying either event characteristic: that for DMV and that for the lexical predicate. What this

---

[2] For further identification of events and the projection of arguments for duratives, see Abraham (1989). I restrict my discussion to root modals, i.e. DMV.

boils down to is that the complete event characteristic under the DMV-reading assimilates, by virtue of the special event characteristic of the border point (t_m), bi-phasics, i.e. the intensional link between approach phase and result phase for terminative predicates. Another parallel consists in the fact that the event references of both DMV and terminative (in)transitive verbs is specifically satisfied in the first phase as well as in the border reference point of the time axis.

There is thus a specific convergence between terminativity and the DMV-reading accountable by distinct event structures. I claim that this is the explanation for the three empirical facts cited in 3.1–3.3. (15) confirms that the [-term]-EMV does not correlate with an embedded [+term]-V, and that it does not match with the terminative, [+term], periphrasis. Finally, the following correlations were established in (12): that between deontic modality, narrow verbal scope, and [+term] aspect; and between epistemic modality and wide clausal scope, which leaves the lexical event characteristic unaffected (in other words, it cannot de-terminativize [+term]-V or the periphrastic V-cluster).

3.4.2 Thematic characteristics

As for the projections of the verbal arguments, the main question to be asked is: do DMV and EMV have different characteristics in terms of semantic roles? Note that, if this were indeed the case, this would yield another correlation between temporal reference and event identification on the basis of semantic roles.

The autonomous selection of semantic roles of the single DMV-lexicals, but not the EMVs is reflected in Table 1. [The columns 'DMV' and 'EMV' reflect the readings of the English cognates. Note that English has deontic readings for its MVs in, at most, two cases.]

Table 1: Lexical theta role distributions for MVs

	SEMANTIC ROLE	ENGLISH DMV	ENGLISH EMV
wollen	AG[__], (+hum)[__]	*wish/want/*will*	futural meaning
mögen[3]	AG[__], (+hum)[__]	*like/*may*	*may*
müssen	TH[__]	*must/have/is to*	*must/supposed to*
sollen	TH[__]	*(shall)*	*supposed to*
dürfen[4]		*be permitted/(may)*	*might*

According to Table 1, *wollen* and *mögen* are not on a par with the rest of the MVs since their DMV/root uses project agentive subjects. This is supported by findings that non-volitional MVs are demonstrably raising verbs also in non-epistemic readings (cf. Reis 2001). Wurmbrand (1998; 1999) has argued

---

[3] Cf. Old English *mugan, maeg* 'to be able'.

[4] See Old English *ðearf, ðurvan* (preterite present), later *ðorfte*, which has no reflex in Modern English, as opposed to all other Germanic languages, among which the Scandinavian ones.

that MVs always raise, irrespective of their deontic vs. epistemic function. Although not identical conceptually, Wurmbrand's view is similar to that of IJbema & Abraham (2000), who argued that what is called a non-finite 'control' complement does not require the concept of PRO. Rather, both the infinitival preposition (German *zu*, English *to*) and/or the infinitival suffix German *-(e)n* (as well as the circumfix of the passive preterite participle) occupy the Spec of *v*P or VP to block the subject from surfacing in the respective Spec-position.

The present claim that root readings and theta assignment necessarily go together, and that it is this link that distinguishes root readings from epistemic thetaless interpretations, may seem contestable. See the following examples, which appear to be incompatible with this claim.

(17) Der Schlüssel *muß* immer auf diesem Haken hängen.
 The key *must* always be kept on this hanger.

(18) Wenigstens zwei Aufpasser *müssen* da sein.
 At least two guards *must* be present.

The argument against theta assignment for root MV-readings might read as follows: there is no single argument projected in these sentences that may be taken to be the bearer of the obligation expressed by *must*. As a consequence, the specific root meaning is not linked to any specific theta role. Notice, however, that, first, even under this argument the subjects in root cases like (17)–(18) must receive some theta role. Second, and perhaps more importantly, there is clearly an obligating person involved, albeit not represented in the overt argument grid of the verbs in (17)–(18). I have argued elsewhere (Abraham 1995: 480ff.), in line with Vikner (1988), that root modals of this type are causatives involving covert agents responsible for the obligation. This is part of the meaning of deontic *must*. In a way, the present assumption about the covert causative character of *must* is similar to Pesetsky's assumption that psych- or *preoccupare*-verbs are covert causatives (and, as a result, cannot be regarded as unaccusatives; cf. Pesetsky 1992, contesting Belletti & Rizzi 1988), since causatives have an argument structure and theta-grid which is totally different from that of unaccusatives). A preliminary covert representation would be (19).

(19) ROOT READINGS (DMV AS THREE-PLACE PREDICATE):
 a. CAUSE-OBLIGE (x,y,p) [ag(x) $\wedge$ pat$(y$[+anim$])$ $\wedge$ p(the key hang on this hanger)]
 b. CAUSE-OBLIGE (a,b,q) [ag(a) $\wedge$ pat$(b$[+anim$])$ $\wedge$ q(two guards always be present)]

(20) EPISTEMIC READINGS (EMV AS MONADIC OPERATOR OVER A PROPOSITION):
 a. SUPPOSED (p) [p(the key hang on this hanger)]
 b. SUPPOSED (q) [q(two guards always be present)]

Notwithstanding the fact that neither the obliging nor the obliged party is overtly present in (17)–(18), the specific, agent and receiver-related, relation expressed by *müssen/must* makes such a representation legitimate – unless, of course, the reading of (17)–(18) is epistemic. It is assumed that the OBLIGE-relation results in the overt lexical *must* irrespective of whether any of the two direct theta roles have an overt reflex. Epistemic modals, by contrast, have no theta grid of their own. This, then, answers the question raised above: E-readings are not de-transitivized D-readings. EMVs are clearly one-place functors operating over a whole proposition, whereas root modals behave like full lexicals with their idiosyncratic syntactic and semantic argument grids (valency).

Be this as it may, EMVs, in any case, do not select any thematic roles for their subjects.[5] How is this difference in terms of semantic roles and arguments for DMV and EMV to be aligned with the empirical generalizations observed above?

It appears, at first sight, that any non-human source of obligation contradicts the generalization in (19)–(20) with respect to the CAUSE-AG operator involved. Take the following sentences:

(21) a. Eisen muß rosten.
'Iron must corrode.'
b. Das Wetter muß schön werden, sonst können wir die Trauben nicht lesen.
'The weather must better be nice, otherwise we will not be able to gather the grapes.'

Clearly, what triggers the obligation in these cases is the force of nature. Nevertheless, some sort of agentivity or 'intentfulness' appears to be the triggering quality, albeit non-human.

(19) reflects the first class of 'main verb modals', in van Kemenade's (1987) classification of Old English modals, which have subject theta roles in their own right and, consequently, correspond to control verbs. By contrast, those modals which have no theta-role for the subject correspond to raising verbs (such as *seem*; cf. Abraham 1990). Van Kemenade's 'main verb modals' can thus be brought in line with deontics, which are control verbs, whereas epistemics are subject-thetaless raising verbs. We have seen that epistemics, EMV, can only

---

[5] In Abraham (2000c) it has been argued with some emphasis that, at least in German, the epistemic readings still echo vaguely the corresponding root meanings. This means that the six lexically different modals project EMV-readings that are non-identical in meaning. See *Sie will≠muß≠mag≠ soll Ärztin sein* 'She is supposed to be a physician'. I cannot say, at this point, how this empirical fact is to be accounted for, given the structural assumptions made in the present article. This position may be contested on the ground that Dutch *Het wil hier nog eens regenen* 'Rain is not unusual here' or *De korenwolf mag dan uitgestorven zijn, Limburg heeft nog veel bijzondere dieren* 'The grain wolf may be extinct by now, but there are still many other species of animals in Limburg' are absolutely regular. Notice, however, that my argument about the unsubstitutability of MVs in such cases holds for such example, too: *Het wil/*moet hier nog eens regenen*. Furthermore, the assumption that EMVs are the result of an epistemic operation with scope over the whole sentence must not be taken to be an explanation, but as a formalized notion of the meaning of the modal in clausal context.

occur finitely – in minimalistic terms: that they have to raise to $AgrS^0$. Deontics, DMV, on the other hand, do not have to occur finitely and can therefore be embedded under EMV. This yields the following asymmetric picture with respect to iterative occurrences of MVs, which has come to be called the 'non-finite gap for epistemic MVs' in German.

(22) 'NON-FINITE GAP' FOR EMV:
   a. *EMV embeddable under DMV/EMV   because of (12b)
   b. ^{ok}DMV embeddable under EMV   because of (12a)
   c. DMV embeddable under DMV ... not excluded on theoretical grounds (although double DMV identity may nevertheless be blocked on grounds of *horror aequi*)

This is the conclusion to this part of our discussion: While German (and Dutch, Frisian, and Yiddish) have the options described in (22a–c), Modern English does not. This must be due to the fact that Modern English has lost its DMV-uses next to what are clearly EMV and purely temporal uses. We argue that this development is a consequence of the loss of the aspectual properties of English MVs. This position reached on empirical-comparative grounds contradicts Lightfoot's thesis that the emergence of the MVs in Modern English is solely rooted in syntax (Lightfoot 1979).

4 Major differences between English and German modal verbs

The traditional view of the difference between MVs in English and in German is that, since English cannot project non-finite forms, English MVs project into the syntactic I(nflection) category, while German root modals project into V. See (23) below (Abraham 1995: 469ff.; 1998; Durbin & Sprouse 2001). Recall that main verbs in English, modals as well as finite auxiliaries such as *have* and *be*, surface in I. (23a,b) represent the S-structure of English and German.[6]

(23) a. [$_{IP}$ [$_{I'}$ NP MV/Aux V [$_{VP}$ NP]]]   for English
      b. [$_{IP}$ [$_{I'}$ NP [$_{VP}$ NP [$_{IP}$ [$_{I'}$ V MV Aux]]]]]   for German

The English MV is projected in I, whereas the MV in German has the syntactic status of a full lexical V. However, this is not the whole story about the German MV since its root/deontic reading and its epistemic reading must be distinguished. For a full listing and illustration of the syntactic behaviour of English and German modals the reader is referred to Abraham (2001). The main difference is the following: German still has a clear paradigmatic distinction between the original preterite present MVs (with the exception of *will*). This shows both in terms of inflection and syntactic distributional behaviour (use as main verb,

---

[6] The standard assumption that English modals are base-generated in I is contested, on a comparative-typological basis, by Rohrbacher (1998).

infinitival embedding, past participle formation, periphrasis, negation, to name but a few).

Notice that a number of the distributional properties can be deduced from the fact that the English MV is base-generated in I – which excludes full lexical status (including lexical support in terms of theta marking). It will be argued below that what lies at the bottom of this distributive characteristic is an inherent aspect (= aktionsart) quality that is present in German, but not in English.

The full deontic (root) load is one of the most characteristic features of both Dutch and German MVs. Furthermore, Dutch and German share the full verb status of MVs. Neither quality is present in Modern English MVs. There must be a particular reason for this deficiency in English. We have argued that this is due mainly to the absence of the aspectual/aktionsart properties that root deontic MVs, along with their original main verb status, have retained in German, Dutch, and Scandinavian. How this can be argued for will be demonstrated in the next section.

5 Present Day English and German: diachronic facts and ensuing criteria

5.1 Auxiliarization of English MV

It is argued in this paper that the tendency to give up DMV in English has something to do with their basic distinction from epistemics. After all, (American English) EMV are being retained, while DMV are on their way out. So what is the basic distinction? DMV, perhaps due to their original status as preterite presents, refer to a future completion of the action referred to by the embedded full verb. In the case of Modern German and Dutch, this is brought about by its lexical, independent meaning as such. This is highly, albeit not totally, equivalent with the event set-up of terminatives, which contains both an approach component (the original meaning of the MV leading toward the present tense reference of the preterite forms of the MVs) and a stative result component. EMV-readings do not have this (perfectivity-derived) future reference.

Modern English (more specifically, Early Modern English; see Lightfoot 1979; Roberts 1985; 1993; Warner 1993; Görlach 1991) has lost the future reference of its MV together with its root deontics, or is on the way to lose it totally. Why would that be? What does the categorial reanalysis of English modals lead to, if not to the status of the 'pre-modals' (to use Lightfoot's terminology)? Lightfoot's explanatory path of grammaticalization is that the class of MV was no longer recognized to belong to the class of lexically full verbs at some point, due to their anomalous inflection (Lightfoot 1979). 'Premodals' were subject to heavy attrition due to phonetic demise. Even if we assume that the demise began with the loss of certain speech act idioms only, this would generally be detrimental to the preservation of a full verb class. As a consequence, the new MVs in Early Modern English came to be retained only in their epistemic usage, in which they resembled the auxiliary verbs, which had formed irregular, highly suppletive, paradigms from the very start. No doubt, this 'auxiliarization' was triggered by V-to-I-movement (i.e. OV to VO and the demise of strict V2). For evidence of V-movement in Early Modern English in the 16th century, see Görlach (1991) and Roberts (1993). (24), (25) would be ungrammatical in Modern English since the VP does not allow temporal adverbs to split a complex V or subject quantifiers to float into what in Modern English is the position of the direct object.

(24) The Turkes [...] *made anone* redy a grete ordonnaunce.
= Modern German order
the Turks [...] made soon (= 'soon prepared') a great ordonnance
(c1482: Kaye, *The Delectable Newsse of the Glorious Victorye of the Rhodyans agaynest the Turkes*;
Gray 1985: 23; Roberts 1993: 253)

(25) In doleful wise they$_i$ *ended both$_i$* their days floating Q;
= Modern German order
(1589: Marlowe, *The Jew of Malta* III, iii, 21;
Görlach 1991: 223; Roberts 1993: 253; 2000: 2)

Characteristic features of the grammar MV-complexes in OV-languages such as German and Dutch are 'coherence of linearity' (26), participle embedding (27) as well as the restriction of non-finite embedding (28).

(26) coherence:
German: (dass sie) den Wagen schieben können müssen
vs. Modern English: *(that they) must can push the cart

(27) participle embedding (like transitive full verbs):
German: (dass sie) schieben gekonnt/können haben
vs. Modern English: *(that they) have could push

(28) No non-finite embedding:
German: (dass sie) versuchen kommen zu können
vs. Modern English: *(that they) try to can come

Notice that (26)–(28) are grammatical in continental West Germanic (Dutch, Frisian, Yiddish) as opposed to Modern English, although they were grammatical in Old English. This picture prompts the following line of investigation. In section 6, we shall list the morphological and paradigmatic distributional properties of Modern German MVs, relate cursorily them to Old and Middle English and contrast them with Modern English.

Another line of investigation (cf. Abraham 2000c) rests on the observation that epistemics/evidentials/raising predicates need to be linked by subject agreement, to a theta-bearing nominal. Such a theta-bearing nominal must be provided by the embedded full verb. This holds for raising verbs, and it certainly holds for epistemics. Early Modern English MVs lost referential meaning due to the loss of aspectual distinctions. As a consequence, full-verb dependent forms such as imperatives, infinitives, gerunds etc were lost. (Such forms exist in Dutch and German without exception.) If so, their predicative saturation demand can be satisfied only by syntactic linking to subject agreement (raising). See (29)–(33) from Old and Early Middle English as opposed Modern English.

(29) but it sufficeth too hem *to kunne* her Pater Noster, [...]
to him to know non-finite embedding
(?c1425(?c1400): *Loll.Serm.* 2.325; Denison 1993: 310)

(30) Who this booke *shall wylle lerne* [...]
He-who this book shall wish learn ... consequently, iteration of MVs
(c1483(?ca1480): Caxton, *Dialogues* 3.37; Denison 1993: 310)

(31) euerych bakere of the town [...] *shal* to the clerk of the town a penny
owes lexical N-government
(a1400: *Usages of Winchester* (Engeroff), 64; Visser 1963–73: 549)

(32) if I *gave not* this accompt to you no *do*-support = full lexical verb
(1557: J. Cheke, *Letter to Hoby;* Görlach 1991: 223)

(33) How *com'st thou* hither question raising without Aux-support
(1594: Shakespeare, *Richard III*; Roberts 1993: 290)

Although this is but a small selection of examples, it suffices to mark the sharp difference to Modern English and its near-to-total congruency with Modern German.

5.2 Scoping

Another argument for the distinct status of EMV and DMV may be based on the fact that they extend different syntactic and semantic scopes in the clausal predication: DMVs scope very narrowly, probably inside V^0 or no wider than the verbal complex, due to their aspect or aktionsart property. EMVs, on the other hand, have wide scope including AgrSP and, therefore, TP, at the least. What are possible verification paths? The demise of DMV and full verb properties must be linked to the near-simultaneous rise of T in Middle English and Early Modern English (van Gelderen 1993; 1997). In other words: EMV uses should have exploded pursuant to the rise of TP. However, this assumption is called into question to the extent that EMV needed AgrSP ('obligatory finite occurrence') all along from Old English onwards. Is there anything interesting to say about the temporal distinction between AgrSP and TP? While Denison (1993: 310) has shown that, much like in Modern German, MV occur non-finitely in Middle English, the occurrence of EMV in non-finite form are hard to find in the history of English. The 'epistemic non-finiteness gap' is clearly observable in German, possibly in all diachronic stages (Abraham 2000c).[7]

6 Diachronic and comparative syntax

6.1 The longitudinal scenario

Let us return to English and the history of its modals. Assuming SOV-order and strict V2 for Old English as for Modern German and Dutch, Old English *Sone mæi hit ilimpan* in (35) reconstructs like Modern German *Bald kann es geschehen.* Cf. (34)–(37).

(34)   Sone hit *mæi* ilimpan
       'soon it may happen'
                           (a1225(?a1200): Lay., *Brut* 2250; Denison 1993: 299)

(35)   [$_{CP}$*sone* [$_{C'}$ *mæi* [$_{TP}$ [$_{DP}$ hit] [$_{T'}$ [$_{vP}$ … [$_{v'}$ … [$_{MoodP}$ [$_{Mood'}$ [$_{vP}$ …[$_{v'}$ *ilimpan*] t"$_{mæi}$] t'$_{mæi}$]]]]]]]   (reconstructed; = Modern German: cf. (37) below; cf. also, for Modern Dutch, Barbiers 1995: 196ff.)):

(36)   [$_{CP}$*sone* [.... [$_{TP}$ [$_{DP}$ hit] [$_{T'}$ *mæi* [$_{vP}$ … [$_{v'}$ *ilimpan*]]]]   (Roberts 2000: 3)

(36) is already a V3-structure, a considerably conflated structure as compared with structure (35). Note that in order to get from (35) to the subsequent (36), we have to assume either head inversion between Old and Middle English or else loss of V-to-I movement in the more modern stage of English.

(37)   [$_{CP}$ [$_{C'}$ *da* [$_{TP}$ [$_{DP}$ *er*] [$_{T'}$ [$_{vP}$ [$_{v'}$ [$_{MoodP}$ [$_{Mood'}$ [$_{vP}$ *ihm* [$_{vP}$ *es* [$_{v'}$ *schenken*]
       wollen] *hat-*] *-te*]]]]]]   (Modern German: subordinate OV)

The structural differences, both typologically and diachronically, are clear. In German OV, in keeping with its longitudinal development, the modal raises to T, retaining nevertheless its clause-final and V2-positions; see (37) above. (An identical structure is assumed for Old English; see (35).) The structure in (36) has changed radically in that auxiliarization of the functional ModP has taken place and strict V2 has been given up. It is argued here that this structure reduction includes AspP or the equivalent of aktionsart, possibly represented in vP, at least for the difference between deontic and epistemic MVs in (Modern) German. It is assumed that the gist of this reanalysis is reduction of the lexical and functional ModP-domain through, or accompanied by, loss of V-movement.[8]

---

[7] The loss of DMVs in the context of the defective inflectional paradigm sets another investigative pathway. Are there EMV uses in the non-finite, embedded, form? Are there attempts at restocking the non-finite forms of the MVs? In order for the EMV to ever have non-finite, speech act supporting meanings, they should have occurred in embedded forms both under full lexical verbs and under other MVs.

[8] cf. Roberts (2000: 5) – I do not wish to enter into the discussion as to whether syntactic or semantic-pragmatic changes triggered such a reanalysis. The most plausible and general path is to

Note that the claim that DMV have a subject theta role, while EMV are devoid of thematicity (as are auxiliaries), mirrors the loss of verbal aspect (aktionsart) in the longitudinal history of Modern English and the demise of deontic (but not aspect-independent epistemic and temporal) usage. On the other hand, German, which has preserved aktionsart and phrasal aspect, has clearly retained the distinction between root/deontic and epistemic modals. Reanalysed verbs become stative as a consequence of the loss of the lexical structure part (ModP$_{Root}$ and vP/aktionsart – aktionsart, as is assumed here, represented as Small Clause predication[9]). Statives, which can never be agentives, are more prone to 'athematicity', i.e. to functional-only interpretation (Roberts 2000: 5), as opposed to eventives, which are open for thematic agentivity. In different but telling terminology, then, one can say that restructuring verbs (reanalysis) and the contemporaneous clause restructuring manifest the emergence and extension of the functional system. Consider (38) again (with (14) partially repeated here).

(38) = (14) conflated with (36): correlation of functional domains

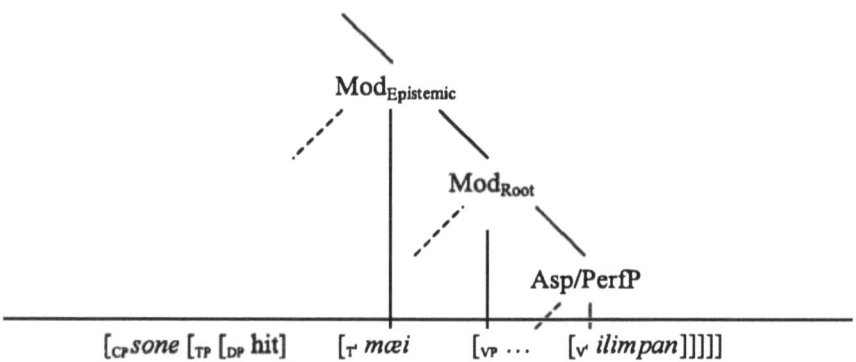

The two traces of *mæi* in (35) are to be taken as interim stages between Old English and Middle English. They are no longer available in the modern stage, as aspectual perfectivity has been lost in the subsequent stage and, consequently, also deontic modality. The MV has epistemic value only. One may conclude, then, that the general verb restructuring due to loss of the infinitival morphology (early 16th century: Lightfoot 1979: ch.1; Roberts 1985; Warner 1993) as well as the non-systematic, sporadic loss of non-declarative clause types and speech act

---

assume that phonological and morphological attrition caused categorial and functional unidentifiability, which in turn forced positional reanalysis.

[9] The logic of the extra structural vP-shell (in addition to VP) is to distinguish intransitive verbs (unergatives) from ergative verbs. If, as has been argued for German and its diachronic predecessor states, 'ergatives' are resultative perfectives and can therefore be represented as Small Clause predicates, or secondary object predications (Abraham 2000a,d), this structural distinction reflects typological differences such as between German/Dutch as aktionsart languages (with ergatives as a subset of resultative Small Clause predicates) and English as an aktionsartless language, which does not identify ergatives as resultative perfectives. Only in the latter case, the vP-shell is needed to represent syntactic ergativity. See Abraham (2000d) for the respective argument.

types were responsible for the reanalysis of the MVs in the history of English. Movement V-to-I, which was lost later in the 16th century (ibid.), brought about the stage in (38) with its clear relationship with the panchronic universal TAM-hierarchy (T(ense)A(spect) M(ood); Cinque 1999). Recall that German never gave up V-to-I movement (if this derivative scenario need be adhered to in the first place). Notice also that, if EMVs are more functional and less lexical, the fact that non-declarative moods (such as the subjunctive) have no infinitival and participial representation fits in well into the overall, possibly universal, picture: 'the more functional and the less lexical, the more restricted non-finite forms' (which, due to their mixed categorial characteristics – e.g. [+N,+V] for infinitives as well as adjectives; cf. Abraham 1989 –, cannot appear in a monocategorial form in the first place).

6.2 The epistemic non-finiteness gap

If non-finite embeddability has something to do with theta-bearing subjects, then an interesting consequence follows. See the restrictions for embeddability in (22a–c), repeated in (39) below.

(39) NON-FINITENESS GAP OF EMV
    a. *EMV embedded under DMV/EMV
    b. ^{ok}DMV embedded under EMV
    c. ^{ok}DMV embedded under DMV ... not excluded on theoretical grounds

The theoretical option of (39c), iterativity of MVs, appears to be supported empirically in languages that have 'aspectual' or aktionsart-supported DMVs as in German and Dutch, but not in other languages like English. It is assumed that the latter restriction is due to the radically reduced structure of English and, more specifically, to the auxiliarization of English MVs. For German, Diewald (1999) claims that the deficiency of the inflectional paradigm of MVs has contributed to auxiliarization of the modals and the syntactic deprivation of epistemics, in particular. This argument appears to beg the question, though. What we would rather want to say is, in purely syntactic terms, that the emerging failure to license non-finite MV-forms is caused by the loss of AspP as well as the fact that MV raise out of VP (Roberts 2000: 3). Either condition can be reduced to the failure to assign a subject theta role.

This holds for epistemics in German as well as English (obligatory raising at least to TP/AgrP) and for deontics in English. Notice that, in the case that syntactic licensing is not possible, theta saturation of the subject as a lexical requirement must be provided. The latter, however, is not furnished for English deontic MVs in the absence of the VP-license. In German, as we argued, the lexical aktionsart property satisfies exactly this lexical theta criterion.

7 English aspect discontinued and reawakened: Modern English infinitival aspect vs. German aktionsart dependency

We argued above that MVs in Modern English are different from German and Dutch MVs due to the loss of (perfective) aspect in Middle English. However, this is far from evident, in the first place, given the special meaning of the English present perfect, specifically, as well as the progressive form, more generally. It will be shown that the status of the English present perfect is a secondary development in the history of English – quite apart from the fact that its meaning is not *perfective* in the sense of aktionsart *terminativity*. It is now accepted that its meaning has come to be that of an 'extended *now*' (Parsons 1990). Following in part van Gelderen (1999), it will be argued, in accordance with Giorgi & Pianesi (1997), that when a bare VP is involved, as in (40), (41), and (43) below, the infinitive of eventives in Modern English is truly perfective due to the loss of the infinitival verb suffix -*e(n)* around 1400 (according to van Gelderen 1999; Roberts 1993 dates it to 1500, possibly erroneously). Once the ending is lost in Middle English, the aspect changes as well. Roberts (1993) and van Gelderen (1999), among others, have demonstrated until when, historically, the presence or absence of the infinitival ending had an effect on the interpretation of the present tense. Comparison with the infinitivals embedded by MVs, however, will demonstrate that this 'new' perfect meaning has nothing to do with the aktionsart terminativity responsible for the specific behaviour of DMV in German as well as in the oldest stages of English.

As for perfectivity or resultativity in German as well as other languages, a Small Clause appears not only to be the most adequate representation empirically, but it also avoids the rather vague and poorly motivated node in the UG-representation. Thus, any AspP node for perfectivity (terminologies vary: 'terminativity', 'telicity', 'resultativity', etc.) roughly has the following form.

(40) *Das Kind schleckt seinen Teller sauber.*
'the child licks his plate clean.'
[$_{CP/IP}$ das Kind [$_{VP}$ seinen Teller$_i$ [$_{SC}$ t$_i$ [$_{AP/PP}$ sauber] [$_{V'}$ schleckt]]]]

[AP=adjective phrase; PP=past participle]. Read: the child licks his plate such that it *is* clean. The relation between the only argument in the Small Clause, *sein(en) Teller*, and its invisible predicative is always that of the copula *be*; cf. Abraham (1995: ch.6). It is irrelevant in the present context whether the Small Clause-external argument is a trace or PRO, as assumed by Stowell (1983).

7.1 Bare infinitives: perfective embeddings

As is well-known and was observed anew by van Gelderen (1999), Modern English bare infinitives differ from those in other Germanic languages in that the event referred to by the infinitive must be completed, as in (41). Giorgi &

Pianesi (1997: 163ff.) argue that the difference has come about due to the loss of the original infinitival ending, -e(n), in the course of late Middle English. The perfective restriction in English holds for eventive infinitives only (examples from van Gelderen 1999). To indicate an incomplete action in English, the progressive is used, as in (41b), not the infinitive as in (41a).

(41) a. I saw/*see him *cross* the street.
b. I saw/see him *crossing* the street.

The perfective, or terminative, feature of the eventive is shown by the fact that present infinitives of eventives are bounded, while present finites are not (Giorgi & Pianesi 1997: 171). By contrast, German and Dutch are not sensitive to this environment, as illustrated in (42).

(42) Ich sah/sehe ihn die Straße überqueren.
Ik zag/zie hem de straat oversteken.

Van Gelderen (1999) reminds us of the observation by Akmajian (1977) based on preposing and clefting data, that the structures for (41a) and (41b) are quite different. In (41a), NP and the infinitive are separate constituents; in (41b), they are not. Thus, (43) is grammatical but (44) is not. In German the infinitive patterns both with the infinitive and the *-ing* construction in English.

(43) It was [the moon *rising* over the mountain] that we saw.

(44) *It was [the moon *rise-INF* over the mountain] that we saw.

(45) Wir sahen den Mond durch die Bäume *scheinen-INF*.
'we saw the moon through the trees shine.'

(46) [Den Mond durch die Bäume *scheinen-INF*] ist, was wir gestern sahen.
'the moon through the trees shine   is what we yesterday saw.'

The structure of these complements never allows *have* or *be* (except in the passive). Notice that (41a) reads as (47) below, where the structure has changed into one where the *-ing* modifies the subject or object:

(47) I saw him *having crossed* the street.

7.2 Historical data: Modern English vs. Modern German and Old/Middle English

The morphology of verbs in Old and Middle English is composed of 'stem+[±finite]-suffix'. Thus, the infinitive is morphologically distinct just like in Modern German, Frisian, and Dutch. However, unlike in Modern English, Middle English constructions in (48)–(49) below pattern with (44), not with (43). In (48), *to and fro* dictates that the Modern English version would have to have *roaming*. By comparison, in (49) the embedded verb shows the old infinitival ending, -*(e)n*. This confirms the conclusion drawn above that it is not the verbal non-finite suffix that is relevant. (48) is gleaned from Roberts (1993: 261), (49) is from van Gelderen (1999).

(48) The fairness of that lady that I see
      Yond in the gardyn romen to and fro
      Is cause of ...   (Chaucer, I, 1098; Kerkhof 1966: 55, see Roberts)

(49) nat can we see*n*
      'not can we see'
               (c1400: Hoccleve, *The Letter of Cupid* 299; van Gelderen 1999)

Van Gelderen (1999) points out that in contemporary Middle English texts infinitival, participial, and gerundial forms, -*(e)n*, -*ende*, and -*yng*, occur side by side. From this van Gelderen (1999: 5) concludes that it is not the demise of the infinitival ending that necessitates the introduction of gerundial/participial -*ing*. The Middle English data in (50) and (51) below are similar to those in Modern German and Dutch in (52) (German only very substandardly, but very idiomatically), since eventive presents occur as in (52a). The progressive may be expressed differently as in (52b).

(50) What do ye, maister Nicholay   (Chaucer, I, 3437)

(51) He sharpeth shaar and kultour bisily   (Chaucer, I, 3763)

(52) a. Was tust du? Wat doe je?
      b. Was bist du am Tun? Wat ben je aan het doen?

We keep in mind as a result of this section that attrition of the infinitival suffix in the late Middle English period has indeed resulted in a new aspect sensitivity of the infinitive in Modern English. The evolving new perfect tense is in opposition to the progressive form (-*ing*). To be sure, it is far from covering the old terminative or resultative meaning, but, rather, renders an 'extended *now*' (as has been argued in the literature of philosophical logic; see, for example, Parsons 1990). Recall that the behavioural trigger excluding EMV-readings for the German modals was 'resultative aktionsart'. If Old and Middle English modals share with Modern German this type of aktionsart sensitivity, then the new 'extended *now*' has nothing to do with the old criterion. The next section sets out to underpin this conclusion. It will lead us to a revision of earlier assumptions about the epistemic-deontic distinction and its link to aspect or aktionsart.

7.3 Modals again: suspension of deontic vs. epistemic distinction and the aspect/aktionsart distinction

One would expect, according to the arguments and observations made so far, that the following filter holds.

(53)   *DMV embedding eventives

After all, eventive infinitives have been claimed to be aktionsart-terminative in Modern English (Giorgi & Pianesi 1997), and root/deontic modals, on account of their terminative-like event structure, bring about a change in the event structure of the complement. Recall that the embedded eventives are claimed to be perfective in the first place. However, (53) is not borne out according to (54)–(57) below (English examples from van Gelderen 1999: 4).

(54)   He must/may *read* that letter...   DMV, [+eventive/durative] complement

(55)   Er *muß* den Brief lesen.   ... DMV, [+eventive/durative] complement

(56)   He must/may *know* that person.   ... EMV, [+stative] complement

(57)   Er *muß* die Person schon kennen. ... EMV, [+stative] complement

Quite clearly, then, the two readings in (54)/(56) and (55)/(57) are controlled not by any form of external (analytic) perfectivity, but by the *internal* aspect, or *aktionsart*, of the embedded predicate, viz. *read* 'lesen' vs. *know* 'kennen'. Instead of yielding ungrammatical versions, what happens, rather, is that the DMV-eventive complement filter is sidestepped to the extent that the perfective complement reading, viz. *gekannt haben* 'to have known' for German (57) is avoided, while for the deontic reading under an eventive/durative embedding, the perfect option, viz. *gelesen haben* 'to have read', remains open. One can thus say that the modal operator expressed by the MV is disambiguated by the semantic or word-internal aktionsart input of the complement. That (54)–(57) do not reflect the clash between German and English as was the case in (41)–(42), is due to the fact that c-command between the MVs and the non-finite, embedded full verbs suspends the semantic aspect and tense relations that hold in ECM constructions with *see* 'sehen'.

Once an eventive verb is made terminative through *haben* and *have*, as in (58) and (59), respectively, it can combine with an epistemic modal in both Dutch and Modern English. By contrast to what we find in (54)–(57) above, this is a criterion of *external aspect*.

(58)   Er muß den Brief (nun doch schon) gelesen haben.

(59)   He must have read that letter (by now).

Notice that, crucially, the distinction between root/deontic and epistemic readings is suspended under embedding of analytic complements. This is plausible, since no future, or perfective, operation can be defined over an event in the past. See the readings for (60).

(60)   He must be looking for that letter.
         (i)   'must have looked':   DMV/EMV
         (ii)   'must look':   DMV
         (iii) 'must be looking':   EMV

This is no doubt due to the non-perfective, '*now*-extending', reading of what has traditionally been called 'present perfect' in Modern English and the fact, respectively, that this is not identical to resultative/terminative aktionsart in the case of German DMV. Rather, as van Gelderen (1999: 3) concludes, it is the change in state, preceding the perfective state, that is relevant in (59)–(60). Thus, the binomic distinction suggested in Table 2 (cf. Abraham 1995: 471,473), must be replaced by the empirically more adequate Table 3 below.

Table 2: Inadequate mix of internal aspect (aktionsart(AA)) and external aspect:

	[-term] on non-finite complement(AA)	[+term] on non-finite complement(AA)
EM	+ cf. (1a,c), (3b)	– cf. (1b), (3a)
DM	+ cf. (1a), (3a)	+ cf. (1b), (3a)

Table 3: Aktionsart(AA) vs. external aspect(eA) distinction:
(cf. van Gelderen 1999)

	[+durative/eventive] (AA)	[-terminative] (eA)	[+stative/non-eventive] (AA)
EM	+ cf. (1c), (6c),(55)	+ cf. (2b)	+ cf. (56), (57)
DM	+ cf. (1c), (6c), (55)	–/?? cf. (2b)	–/?? cf. (56), (57)

Under the [+terminative] embedding (3rd column, 2nd line: [–] in Table 2 above) the distinction between deontic and epistemic readings is suspended, which is empirically inadequate.

One has to conclude (cf. van Gelderen 1999) that the approach advocated by Giorgi & Pianesi (1997) does not work. We have argued instead that it is loss of aspect that makes the *-ing* progressive more prevalent. This must have been a gradual process. Not until the 19th and 20th century does *I am eating* become common, counter to Giorgi & Pianesi's assumption, i.e. the infinitival ending disappears much earlier, namely in 1400. The same is true with perception verbs: infinitives remain 'progressive' even in Shakespeare, i.e. long after the ending fell off. This also supports our point of view that DMVs should have been lost, although, in fact, several still function quite normally.

The literature is positive about the fact that Modern English *must* is evenly divided between deontic and epistemic uses and that *can* and *may* are still quite normal as DMVs. We have seen, however, that on scanning a corpus of spoken American English, the overhelming majority of the respective deontic denotations are expressed not by *must*, *can* and *may*, but by non-modal lexical equivalents. It is agreed upon also that the 'past tenses', e.g. *might*, *should*, are always the first ones to develop the epistemic meanings. Perception verbs such as *see* in Modern English are the first to start grammaticalizing into modals of evidentiality. All that means that our assumption about the connection between the loss of the original derivative, or aktionsart, perfective as well as deontics in (American) English is well motivated.

8 Consequences for the syntactic description

We may now return to (23a,b), our first attempt at the syntactic representation of MVs in English vs. German and DMVs vs. EMVs in general. From what has evolved so far in terms of semantic distinctions and surface distributions, (23) cannot be correct. Think of Modern German (and, to all appearances, Dutch as well), first. One way to give descriptive syntactic credit to the distinction between DMV and EMV on the basis of their distinct behaviour under aspectual or aktionsart conditions is that depicted in (61) vs. (62).

(61) English EMV:
 $[_{IP} I [_{I'} may [_{VP} t_I [_{V'} make [_{VP} you [_{V'} laugh]]]]]]$ ...(DMV,) EMV

Since aspectual terminativity, or aktionsart, appears be involved, one may want to include an aspect phrase close to the lexical dimension of the structural representation of the verb.

(62) English perfect tense (*have*):
 $[_{IP} I [_{I'} may [_{PERFP} t_i [_{PERF'} have [_{VP} t_i [_{V'} made [_{VP} you [_{V'} laugh]]]]]]]]$
 ...*DMV, EMV

According to the structure in (62), the deontic starts in the head of the PerfP and moves to I. The conclusion that root/deontic modals are lower in the tree drawn on the basis of (8)–(12) in section 3.3 and (39) in section 6 (dating back to Abraham 1991), is widely supported for modals also in other languages (see e.g. Picallo 1984 and, more recently, Barbiers 1995: 184–203; Wurmbrand 1999). This accounts for the complementary distribution but introduces an extra phrasal category to make the root/deontic into an aspect marker.

Another, empirically more adequate account results from the following insight (pointed out in van Gelderen 1999). Unlike its use without a modal, the meaning of *have* (+past participle) is a real past tense without any present relevance. Thus, an adverb as in (63a) is perfectly grammatical, unlike in (63b).

(63) a. I may have made him ill yesterday.
 b. *I have made him ill yesterday.

This makes an alternative structure possible, namely that in (64), where the epistemic is a real raising verb. Since nothing can precede the epistemic, this assumption is in line with Cinque's Adverb/Modality Hierarchy (see (14) and (38) above) including the T-split.

(64) $[_{MoodP} I [_{Mood'} may [_{PERFP} t_I [_{PERF'} have [_{VP} t_i [_{V'} made [_{VP} you [_{V'} laugh]]]]]]]]$

It has become a canonic assumption that epistemics are raising verbs, while deontics are controllers (PRO-syntax). Roberts (2000) is vague on details. Others have remained non-committal about the exact status of epistemics as opposed to deontics. Wurmbrand (1998; 1999) opts for raising structures for all

MVs except for *will/wollen*, which she takes to have full verb status (the subject theta role being AGENT; see Table 1 above). With respect to German it has been claimed that the deontic readings of modals (including *wollen*, which cannot have inherited aktionsart perfectivity, since it was not a preterite present) are best accounted for in terms of Small Clauses, or secondary predications (Abraham 1990; 1995). English, no doubt, does not allow such an account.

9 Conclusion

The weightiest result of this investigation is that aktionsart conditions triggering the DMV/EMV-split in Modern German do not determine the behaviour of MV in Modern English. Such a view is novel and has not been proposed in previous work on the topic (Lightfoot, Palmer, Warner, Roberts, Giorgi & Pianesi, van Gelderen, to name but a few). We have seen that aspect in terms of the present perfect is a young development in English and that it is not identical with the old aktionsart of Old English. This relates to the fact that, other than in German, aspect in Modern English has no impact on embeddings under MVs. Since the older stages of English were on a par with German, a radical restructuring must have taken place. We sketched a few traces of this development. Generally speaking, it is plausible to assume that the trigger for the far-reaching auxiliarization of MVs in English was the demise of verbal aktionsart terminativity in Late Old English and Middle English – no doubt, in a larger scenario, involving all kinds of morphological and paradigmatic changes. The tendency in American English to replace DMV by new lexicals (*have to*; *be permitted to* etc.) as well as the fact that *will* and *shall* serve only tense purposes is but the final member in this diachronic chain. No doubt, the loss of V-to-I movement later in the 16th century as well as the fixing of VO brought this process to a conclusion.

Despite early occurrences (documented in Traugott 1989), the epistemic use of MVs must have been secondary to deontic uses. In other words, they always presuppose a non-default change of selectional restrictions (such as from [+human] to [-human] on the subject of the modal).

We have seen that in order to become aware of the vast historical changes in English, a close look into Modern German and its relative stability throughout its history is valuable, since directly checkable, and also telling for earlier stages of English. Thus, what we called the 'non-finiteness gap' for modern epistemic modals may not have come to the fore if we had restricted ourselves just to English and its historical stages. To have linked its explanation to the semantics and syntax of scope is not a negligible result. The same holds for the parallel we observed between Cinque's adverb and TAM-hierarchy and the relative order between epistemics and deontics (cf. (12a,b) and (22) above).

Bibliographical references

Abraham, W. (1989): "Verbal substantives in German". In: C. Bhatt, ed.: Nominalizations. Amsterdam: Benjamins (= Linguistik Aktuell/Linguistics Today; 6), 79–98.
Abraham, W. (1990): "A note on the aspect-syntax interface". In: J. Mascaró & M. Nespor, eds.: Grammar in Progress. GLOW Essays for Henk van Riemsdijk. Dordrecht: Foris (= Studies in Generative Grammar; 36), 1–12.
Abraham, W. (1991): "Modalverben in der Germania". In: E. Iwasaki, Hrsg.: Begegnung mit dem „Fremden": Grenzen – Traditionen – Vergleiche. Akten des VIII. Internationalen Germanisten-Kongresses, Tokyo 1990. Bd.4. München: Iudicium, 109–118.
Abraham, W. (1995): Syntax des Deutschen im Sprachenvergleich: Grundlegung einer typologischen Syntax des Deutschen. Tübingen: Narr (= Studien zur deutschen Grammatik; 41).
Abraham, W. (2000a): "The aspect-case typology correlation: perfectivity and Burzio's generalization". In: E. Reuland, ed.: Arguments and Case. Explaining Burzio's Generalization. Amsterdam: Benjamins (= Linguistik Aktuell/Linguistics Today; 34), 131–193.
Abraham, W. (2000b): "Kern- oder Epiphänomanalität: ergative Prädikationen". [to appear in: Zeitschrift für Germanistische Linguistik]
Abraham, W. (2000c): "How far does semantic bleaching go? About grammaticalization that does not terminate in functional categories". Paper ICHL Vancouver 1999. [to appear in: J.T. Faarlund, ed. (2001): Diachronic Changes of Parts of Speech. Amsterdam: Benjamins (= Studies in Language Companion Series), 15–63]
Abraham, W. (2000d): "The morphological and semantic classification of 'evidentials' and modal verbs in German: the perfect(ive) catalyst". ZAS Papers in Linguistics 15, 36–59.
Abraham, W. (2001): "Modal verbs: epistemics in German and in English". In: F. Beukema, S. Barbiers & W. van der Wurff, eds.: Modality and Its Interaction with the Verbal System. Amsterdam: Benjamins (= Linguistik aktuell/Linguistics Today).
Akmajian, A. (1977): "The Complement Structure of Perception Verbs in an Autonomous Syntax Framework". In: P.W. Culicover, T. Wasow & A. Akmajian, eds.: Formal Syntax. New York [etc.]: Academic Press, 427–460.
Barbiers, S. (1995): The Syntax of Interpretation. The Hague: Holland Academic Graphics (= HIL Dissertations; 14).
Belletti, A. & L. Rizzi (1988): "Psych-verbs and Θ-theory". Natural Language and Linguistic Theory 6, 291–352.
Boas, H.C. (2000): Resultative Constructions in English and German. Ph.D. thesis Univ. of North Carolina, Chapel Hill.
Brinton, L. & M. Akimoto, eds. (1999): Collocational and Idiomatic Aspects of Composite Predicates in the History of English. Amsterdam: Benjamins (= Studies in Language Companion Series; 53).
Cinque, G. (1999): Adverbs and Functional Heads: a Cross-Linguistic Perspective. New York [etc.]: Oxford University Press (= Oxford Studies in Comparative Syntax).
Coates, J. (1995): "The expression of root and epistemic possibility in English". In: J. Bybee & S. Fleischman, eds.: Modality in Grammar and Discourse. Amsterdam: Benjamins (= Typological Studies in Language; 32), 55–66.
Denison, D. (1993): English Historical Syntax: Verbal Constructions. London, New York: Longman (= Longman Linguistics Library).
Durbin, J. & R.A. Sprouse (2001): "The syntactic category of the preterite present modal verbs in German". [this volume]
Gelderen, E. van (1993): The Rise of Functional Categories. Amsterdam: Benjamins (= Linguistik Aktuell/Linguistics Today; 9).

Gelderen, E. van (1997): "Inflection and movement in Old English". In: W. Abraham & E. van Gelderen, eds.: German: Syntactic Problems – Problematic Syntax. Tübingen: Niemeyer (= Linguistische Arbeiten; 374), 71–82.
Gelderen, E. van (1999): Aspect, Modals, and Infinitival Endings in Germanic. Ms. Arizona State University.
Giorgi, A. & F. Pianesi (1997): Tense and Aspect. New York, NY: Oxford University Press (= Oxford Studies in Comparative Syntax).
Görlach, M. (1991): Introduction to Early Modern English. Cambridge: Cambridge University Press.
IJbema, A. & W. Abraham (1998/2000): "Die syntaktische Funktion des infinitivischen *zu*". In: R. Thieroff, M. Tamrat, N. Fuhrhop & O. Teuber, Hrsg.: Deutsche Grammatik in Theorie und Praxis. Tübingen: Niemeyer 2000, 123–137.
Lightfoot, D. (1979): Principles of Diachronic Syntax. Cambridge: Cambridge University Press (= Cambridge Studies in Linguistics; 23).
Parsons, T. (1990): Events in the Semantics of English. Cambridge, Mass.: MIT Press (= Current Studies in Linguistics Series; 19).
Pesetsky, D.M. (1995) [ms. 1992]: Zero Syntax: Experiencers and Cascades. Cambridge, Mass.: MIT Press (= Current Studies in Linguistics Series; 27).
Picallo, C. (1985): Opaque Domains. Ph.D. thesis CUNY.
Reichenbach, H. (1960): Elements of Symbolic Logic. New York: Macmillan.
Reis, M. (2001): "Bilden Modalverben im Deutschen eine syntaktische Klasse?". [this volume]
Roberts, I. (1985): "Agreement parameters and the development of English modal auxiliaries". Natural Language and Linguistic Theory 3, 21–58.
Roberts, I. (1993): Verbs and Diachronic Syntax. A Comparative History of English and French. Dordrecht: Kluwer (= Studies in Natural Language and Linguistic Theory; 28).
Roberts, I. (2000): "The history of the modals yet again". Paper read at the Modality workshop at the University of Tübingen, 16–17 March, 2000. Handout.
Rohrbacher, B. (1998): Morphology-Driven Syntax: a Theory of V to I Raising and pro-Drop. Amsterdam: Benjamins (= Linguistics Today/Linguistik Aktuell; 15).
Stowell, T. (1983): "Subject across categories". The Linguistic Review 2, 285–312.
Traugott, E. (1989): "On the rise of epistemic meanings in English: An example of subjectification in semantic change". Language 65, 31–55.
Van Kemenade, A. (1987): Syntactic Case and Morphological Case in the History of English. Dordrecht: Foris.
Vikner, S. (1988): Modals in Danish and Event Expression.. Lund: Dept. of Scandinavian Languages (= Working Papers in Scandinavian Syntax; 39).
Warner, A. (1993): English Auxiliaries. Cambridge: Cambridge University Press (= Cambridge Studies in Linguistics; 66).
Wright, G.F. von (1951): An Essay in Modal Logic. Amsterdam: North Holland.
Wurmbrand, S. (1998): Infinitives. PhD Diss. MIT. [unpublished]
Wurmbrand, S. (1999): "Modal verbs must be raising verbs". Proceedings of WCCFl 18, 599–612.

Berkeley, CA   Werner Abraham

University of California at Berkeley, Dept. of German, 5333 Dwinelle Hall, Berkeley, CA 94720-3243, e-mail: abraham@let.rug.nl

Althochdeutsche Modalverben als Anhebungsverben[1]

Katrin Axel

Abstract

This paper argues against accounts correlating the late rise of epistemic variants of modal verbs (MV) with the diachronic emergence of raising constructions. It is widely claimed that in early Germanic, epistemic readings of MV were at best marginal, but that Old High German (OHG) had already acquired epistemic readings in a number of examples with *mugan* ('may'). Concentrating on OHG, I will argue that (i) these examples are spurious, (ii) that OHG MV, though almost completely lacking epistemic readings, act like raising verbs in various diagnostic contexts: Not only do they embed impersonal predicates and impersonal passives, but they also occur with non-referential subjects such as subject clauses, expletive subjects and idiom chunks subjects. Thus, the historical record shows, that in the case of German MV, raising cannot be the only precondition for epistemicity.

1 Fragestellung

Ein zentrales entwicklungsgeschichtliches Charakteristikum von Modalverben (MV) ist, so wird angenommen, daß ihre epistemischen Lesarten später auftreten als die zirkumstantiellen.[2] Es liegt nahe, den Grund hierfür in der Entwicklung ihrer Infinitivsyntax zu suchen. Eine Hypothese wäre, daß die MV ursprünglich nicht als Anhebungs-, sondern ausschließlich als Kontrollverben konstruieren konnten und deshalb keine epistemische Interpretation hatten. So ist vorgeschlagen worden, daß die MV des Altenglischen, wenn sie in einer der vorherrschenden nicht-epistemischen Lesarten verwendet wurden, Kontrollverben waren.[3] Zu dieser Hypothese paßt auch, daß Evidenz für Subjekt-Anhebung im Altenglischen bei den ‚klassischen' Anhebungsverben wie *þyncan* ‚scheinen' noch kaum vorhanden ist.[4]

Gegenstand dieser Untersuchung sind die MV des Deutschen im Hinblick auf die oben genannte Hypothese. In der synchronen Literatur wurde gezeigt, daß sich nicht nur epistemische MV sondern auch nicht-epistemische MV wie Anhebungsverben verhalten können.[5] Wenn es nun zutrifft, daß Anhebung im allgemeinen ein sprachgeschichtlich relativ junges Phänomen ist, stellt sich die Frage, ob ein direkter oder indirekter diachroner Zusammenhang zwischen den

---

[1] Für die Diskussion der ahd. Belege danke ich herzlich H. Lähnemann und D. Ohlenroth.
[2] Vgl. für Dt. Valentin (1984), Fritz (1997), Diewald (1999); Engl. Goossens (1982), Traugott (1989), Sweetser (1990); u.v.a.m.
[3] Vgl. Lightfoot (1979), Roberts (1993), Marrano (1998) u.a.
[4] Vgl. Denison (1993: Kap. 9) für einen Überblick über den Forschungsstand.
[5] Vgl. für Gwd. Öhlschläger (1989), Kiss (1995), Wurmbrand (1998); Ndl. Barbiers (1995); Engl. Wurmbrand (1998) u.a.

Phänomenen Anhebung und Epistemizität bei MV besteht: (i) Ist es die Ausbreitung der Anhebungsstruktur unter den MV, die zu dem Aufkommen epistemischer Lesarten führt? (ii) Oder waren die MV schon vor dem Aufkommen epistemischer Lesarten Anhebungsverben, so daß noch andere Faktoren hinzugekommen sein müssen?

Das Ziel meiner Überlegungen ist es, herauszufinden, ob Hypothese (i) oder (ii) von den historischen Fakten gestützt wird. Das Hauptaugenmerk soll dabei auf dem Ahd. liegen. Es wird der Frage nachgegangen werden, welche Art von Infinitivsyntax, Kontrolle oder Anhebung, man für die MV der ältesten Sprachstufe des Deutschen annehmen muß. Zuvor soll jedoch sowohl auf die synchrone Diskussion um die Kontroll- vs. Anhebungsanalyse eingegangen werden wie auch auf die Antworten der diachronen Literatur zu der Frage, ob bzw. in welchem Umfang es im Ahd. schon epistemische MV gab.

2 Die traditionelle Kontroll- vs. Anhebungsanalyse

MV sind die einzigen Modalitätslexeme, die insofern polyfunktional sind, als sie sowohl nicht-epistemische als auch epistemische Lesarten haben können. Den inzwischen schon klassisch gewordenen Ansatz, der nicht-epistemische MV als Kontroll- und epistemische MV als Anhebungsverben analysiert, macht attraktiv, daß diese Polyfunktionalität auf eine strukturelle Ambiguität zurückgeführt wird.[6] In anderen Worten:

1. Nicht-epistemische MV, sogenannte ‚root'-MV, weisen dem overten Subjekt eine Thetarolle zu, welches das PRO-Argument des eingebetteten infiniten Verbs kontrolliert:

(1)   daß Peter [PRO seine Hausaufgaben erledigen] muß.[7]

2. Epistemische MV weisen dem overten Subjekt keine Thetarolle zu. Das overte Subjekt wird vom eingebetteten Verb s- und c-selegiert.

Die strikte Komplementarität epistemischer und nicht-epistemischer Lesarten wird auch in einigen semantischen Analysen angenommen. So beinhaltet Kratzers (1991) semantische Beschreibung von MV drei Parameter, die modale Relation, die Ordering Source und die modale Basis, wobei letztere die Scheidung in epistemische und nicht-epistemische (fortan: zirkumstantielle) MV herbeiführt:[8]

---

[6] Vgl. für Gwd. Abraham (1991); Engl. Ross (1969), Brennan (1993) u.v.a.m.

[7] Es spielt für die weitere Argumentation keine Rolle, ob MV eine CP selegieren oder weniger. Wichtig ist nur, daß bei der Kontrollanalyse überhaupt ein PRO kontrolliert wird, nicht in welcher Spec-Position es steht.

[8] Neuerdings wird zunehmend angenommen, daß noch ein dritter MV-Haupttyp, sogenannte ‚evidentielle' MV, aus linguistischen Gründen unterschieden werden muß (vgl. de Haan 2001, Ehrich 2001). Evidentielle Lesarten von *sollen, wollen, müssen* werden hier nur passim behandelt, sie sind nicht unter ‚epistemisch' subsumiert. Genauere diachrone Untersuchungen stehen noch aus.

[...] epistemic and circumstantial conversational backgrounds involve different kinds of facts. In using the epistemic modal, we are interested in what else may or must be the case in our world given all the evidence available. Using a circumstantial modal, we are interested in the necessities implied or the possibilities opened up by certain sorts of facts. (Kratzer 1991: 646)

In der synchronen syntaktischen Literatur wird jedoch die klassische Kontroll- vs. Anhebungsanalyse inzwischen kaum mehr vertreten. Wenn zirkumstantielle MV Kontrollverben wären, würde man erwarten, daß sie

(2) a. ihre thematische Subjektstelle nicht durch das Expletivum *es* besetzen können;
 b. keine Prädikate einbetten können, die nur für nicht-nominativische Argumente subkategorisiert sind (= unpersönliche Prädikate des ‚implizit persönlichen' Typs, wie *mir ist schlecht, mich friert*);[9]
 c. ihre Subjektstelle nicht durch ‚idiom chunks' besetzen können;
 d. kein propositionales Subjekt (= Subjektsatz) nehmen können;
 e. kein unpersönliches Passiv einbetten können;
 f. keine aus transitiven Verben gebildeten Mediumkonstruktionen[10] einbetten können.

Wie aber andernorts schon hinlänglich diskutiert,[11] erfüllen nicht alle zirkumstantiellen MV jede dieser Vorhersagen:

(3) a. Ich bezweifle, daß es in dieser Gegend richtig schütten kann.
 a'. Es darf/soll heute ruhig richtig schütten.
 a". Es muß schon richtig schneien, sonst bekommen wir kein schulfrei.
 b. Ich weiß nicht, ob der zukünftigen Regierung an einer Steuerreform gelegen sein muß/soll.
 b'. Ihrem Kind darf/kann während der Behandlung ruhig ein bißchen schlecht werden, deshalb müssen Sie das Medikament nicht absetzen.
 c. Wenn der Ausbreitung des BSE-Virus nun endlich ein Riegel vorgeschoben werden kann/darf/muß/soll, werden entsprechende Schritte unternommen.
 d. Daß sich das BSE-Virus ausbreitet, kann/darf/muß/soll durch drastische Maßnahmen verhindert werden.
 e. Ich bezweifle, daß hier getanzt werden kann/darf/soll/muß.
 f. Das Buch darf/soll/muß/?kann sich leicht lesen.

---

[9] Implizit persönliche Prädikate werden neben nullwertigen Prädikaten und dem unpersönlichen Passiv zu den unpersönlichen Konstruktionen gerechnet. Ich verwende den Begriff ‚unpersönliches Prädikat' abkürzend für ‚unpersönlich konstruiertes Prädikat': Es gibt eine ganze Reihe unpersönlicher Prädikate des implizit persönlichen Typs, die auch eine ‚explizit' persönliche Variante haben (vgl. *mich friert/ich friere*).
[10] Vgl. Cardinaletti (1990: 42f.) zur unterschiedlichen Aktivität des externen Arguments in Mediumkonstruktionen bei transitiven vs. intransitiven Verben.
[11] Vgl. für Gwd. Öhlschläger (1989), Geilfuß (1992), Kiss (1995), Wurmbrand (1998), Reis (2001); Ndl. Barbiers (1995); Engl. Wurmbrand (1998); u.a.

Die grammatischen Sätze in (3a–f) können in entsprechenden Kontexten alle eine zirkumstantielle Lesart haben, manche sind auch epistemisch interpretierbar, bei einigen ist dies ausgeschlossen.[12] Das heißt, es gibt zirkumstantielle MV, welche die Anhebungstests bestehen.[13] Die Vorhersagen in (2a–f) erfüllen nur die volitiven MV *wollen* und *möchten* in zirkumstantieller und evidentieller Lesart sowie möglicherweise die nicht-volitiven, zirkumstantiellen MV in agensbezogenen bzw. Fähigkeits-Lesarten (vgl. Reis 2001).[14] Somit kann die klassische Kontroll- vs. Anhebungsanalyse nicht richtig sein.

MV-Kombinationen mit implizit persönlichen Prädikaten sind insofern die stärksten Indikatoren für Anhebung, als die Kasus der Argumente vom eingebetteten Verb determiniert sind. Die anderen ‚Raisingtests‛ sind lediglich kontraindikatorisch und rekurrieren darauf, daß die grammatischen Subjekte nicht-referentiell sind und daher kein PRO kontrollieren können. Der Status von ‚Witterungs-*es*‛ u.ä. und propositionalen Subjekten ist aber nicht klar: Von ihnen kann, auch in Kombination mit MV, ein PRO eines infinitivischen *anstatt/ohne zu*-Adjunktsatzes kontrolliert werden:

(4) a. Für den neuen Dreh muß es hier richtig regnen, aber ohne PRO zu hageln.
 b. Daß sich das BSE-Virus ausbreitet, sollte dich beunruhigen, aber ohne PRO dich in Panik zu versetzen.

Implizit persönliche Prädikate sind dadurch gekennzeichnet, daß ein [+ANIM]-Nomen oder Pronomen im Dativ oder Akkusativ auftritt, ein nicht-nominativischer Experiencer, der als ‚logisches Subjekt‛ fungiert.[15] Die Mehrheit dieser Prädikate bezeichnet entweder physische bzw. mentale Empfindungen oder Situationen des Mangels. Diese semantischen Bereiche sind nicht in allen Kontexten mit zirkumstantiellen MV kompatibel. Ein Satz wie (5) mit einem deontischen Redehintergrund kann verwendet werden, wenn der Kontext in für Psych-Verben untypischer Manier nahelegt, daß das logische Subjekt Kontrolle über die Handlung hat (etwa in einer Situation, bei der ein Schüler Übelkeit vortäuschen muß, um nicht geprüft zu werden).

(5) Dir muß richtig übel werden.

---

[12] *Dürfen* und *sollen* im Indikativ können nicht epistemisch verwendet werden (indikativisches *sollen* kann höchstens noch evidentiell interpretiert werden). In (3a,b,e) wird bei den jeweils obersten Beispielen eine epistemische Lesart durch die Matrixprädikate und in (3c) durch den Konditionalsatz ausgeschaltet.
[13] Für zusätzliche, auf Subjektskopus basierende Anhebungstests vgl. Reis (2001) u.a.
[14] Geilfuß (1992) führt für *wollen* Daten an zur PP-Extraktion, *was*-Extraktion, Wahl der Perfektauxiliare im Ndl., Split-Topikalisierung und zum Quantorenskopus, die dagegen sprechen, daß sich *wollen* wie ein syntaktisches Kontrollverb verhält. – Zum prima facie Kontrollverhalten der nicht-volitiven MV in Fähigkeits- und agensbezogenen Lesarten, vgl. Reis (2001).
[15] Weitere Kennzeichen sind: (i) Es gibt kein Subjekt = NP_{nom} , (ii) das finite Verb steht in der dritten Person, (iii) bei manchen dieser Prädikate kann ein expletives *es* auftreten (*mir graut es*).

Abgesehen davon können implizit persönliche Prädikate von MV eingebettet werden, wenn der Ko-/Kontext eine ‚non-directed interpretation' (Barbiers 1995: 147) des MV zuläßt: So ist es in (3b'/*dürfen*) eigentlich nicht der Experiencer (= Kind), sondern die Eltern, denen eine Erlaubnis erteilt wird.[16] In anderen Worten, keines der in die Syntax projizierten Argumente ist der Erlaubnisträger. Die Beobachtung, daß MV solche ‚non-directed interpretations' haben können, hat zur ‚semantischen'-Kontrollanalyse geführt: Abraham (2001), zurückgreifend auf Ergebnisse in Vikner (1988), argumentiert, daß zirkumstantielle MV Kausative mit einem coverten [+ ANIM]-Agens sind. Insofern könnte also bei zirkumstantiellen MV eine Art semantische Kontrolle vorliegen, auch wenn sie sich nach den einschlägigen ‚Raisingtests' syntaktisch wie Anhebungsverben verhalten. Gegen semantische Kontrolle sprechen aber nicht nur Daten wie (3a), bei denen man kaum das Wettergeschehen als Träger einer Fähigkeit, Obligation oder Erlaubnis betrachten kann,[17] sondern, noch viel genereller, die Tatsache, daß es nach Kratzers (1991) Analyse Redehintergründe geben kann, die als zirkumstantielle Basen fungieren können, aber per se keine bewußten Handlungen durch intentionsbegabte Agens involvieren – etwa solche, die paraphrasiert werden mit ‚angesichts der Naturgesetze ist es möglich/notwendig ...'. Das spricht dafür, Lesarten mit putativ covertem Agens nicht als semantische Kontrolle, sondern als ko-/kontextuell getriggerte Einengungen einer zugrundeliegenden MV-Lesart mit weitem Skopus zu analysieren (vgl. Reis 2001).[18] Im Folgenden wird die semantische Kontrollanalyse nicht mehr in die Argumentation mit einbezogen.

Wenn man die Daten in (3a–f) ernst nimmt und somit davon ausgehen muß, daß auch die zirkumstantiellen MV keine Subjektrolle vergeben, findet eine weitere oft diskutierte Eigenschaft von MV eine einfache Erklärung: Alle MV, zirkumstantielle wie epistemische, sind nicht passivierbar (6a). In dieser Hinsicht verhalten sie sich parallel zu anderen ‚subjektlosen' Verbtypen wie ‚echt' unpersönliche Verben (= solche ohne persönliche Variante) (6b), unakkusativische Verben (6c) oder die ‚klassischen' Anhebungsverben wie *scheinen* (6d):[19]

(6)   a. *Es wird tanzen gemußt/gekonnt/gedurft etc.
        b. *Da wurde gegraut.

---

[16] Vgl. auch Brennans (1993: 26ff.) Diskussion von ‚ought/allowed-to-be sentences' (vs. ‚ought/allowed-to-do sentences').
[17] Vgl. aber Abraham (2001) für einen solchen Vorschlag.
[18] Das kann auch, so Reis (2001), mit Wurmbrands (1998: 261ff.) Vorschlag in Verbindung gebracht werden, ‚non-directed' vs. ‚directed interpretations' zirkumstantieller MV mit verschiedenen Basis- bzw. Anhebungspositionen des Infinitivsubjekts zu korrelieren.
[19] Auf eine mögliche Ausnahme hat mich Marga Reis aufmerksam gemacht: *Beginnen* wird im allgemeinen als Anhebungsverb betrachtet, kann aber passiviert werden:
(i)   Es wurde fröhlich zu tanzen begonnen.
Die Phasenverben verhalten sich aber auch noch in anderer Hinsicht sonderbar: Sie sind die einzigen Anhebungsverben, die Extraposition ihres Infinitivkomplements erlauben. Alle anderen Anhebungsverben konstruieren obligatorisch kohärent.

c. *Es wurde zu spät angekommen.
d. *Es wird einen Fehler gemacht zu haben geschienen.

Wenn man die Zurückweisung der klassischen Kontroll- vs. Anhebungsanalyse akzeptiert, aber trotzdem nicht ausschließen möchte, daß das ‚Orientierungsverhalten' von MV für ihre Polyfunktionalität relevant ist, muß man nach Alternativen suchen. Zwei alternative Hypothesen wurden bisher vorgeschlagen, eine weitere, die Anhebungs-/Vollverbhypothese, läßt sich unmittelbar ableiten:

- *Die Anhebungs-/Auxiliarhypothese* (Wurmbrand 1998: Kap.6, vgl. auch Cinque 1999: Kap.4): Alle MV sind Anhebungsverben. Ihre Polyfunktionalität wird dadurch abgeleitet, daß MV Auxiliare sind, die in unterschiedlichen funktionalen Positionen basisgeneriert werden können: Zirkumstantielle MV sind Köpfe einer VP-nahen Mod-Projektion, epistemische MV befinden sich in einer höherliegenden funktionalen Schicht.[20]
- *Die Anhebungs-/Vollverbhypothese*: MV sind Vollverben. Alle MV mit in engerem Sinne epistemischen Lesarten (d.h. abzüglich der evidentiellen) verhalten sich wie Anhebungsverben (s. Reis 2001). Bei diesem engeren Verständnis von Epistemizität kann ‚Anhebung' der syntaktische Auslöser von Polyfunktionalität sein.[21]
- *Die Kohärenzhypothese* (Ehrich & Reis 1998, Reis 2001): Das syntaktische Korrelat von Polyfunktionaliät ist ‚starke Kohärenz' (= obligatorische Kohärenz + erster Status). Der Verdacht, daß das Phänomen ‚Anhebung' hier relevant ist, kommt durch zwei deskriptive Generalisierungen ins Spiel: 1. Alle MV mit in engerem Sinne epistemischen Lesarten verhalten sich wie Anhebungsverben (s.o.). 2. ‚Anhebung' und ‚obligatorische Kohärenz' bedingen sich gegenseitig: Alle Anhebungsverben konstruieren obligatorisch kohärent – unabhängig davon, welchen Status sie regieren; Verben, die 2. Status regieren, sind, wenn sie obligatorisch kohärent konstruieren, Anhebungsverben.[22]

Diese drei Hypothesen haben unterschiedliche diachrone Implikationen:

Die Anhebungs-/Auxiliarhypothese impliziert, daß MV, solange sie keine funktionalen Köpfe sind, keine epistemischen Lesarten entwickeln können. Eine diachrone Anwendung der Anhebungs-/Auxiliarhypothese findet sich bei Marrano (1998: 188ff.): Zurückgreifend auf Lightfoots (1979: Kap.2) Reanalysehypothese argumentiert sie, die Voraussetzung für die Entwicklung von epistemischen MV-Lesarten im Englischen sei, daß die Vorläufer der englischen MV im 16. Jhdt. als basisgenerierte INFL-Elemente reanalysiert wurden.[23] Mar-

---

[20] Eine solche Analyse erfordert, *wollen* und *möchten* aus dem Kreis der MV auszuschließen.
[21] MV mit evidentiellen Lesarten müssen aus der Generalisierung ausgeschlossen werden, da sich *wollen* auch in evidentieller Lesart syntaktisch wie ein Kontrollverb verhält.
[22] Vgl. Reis (2001) für einige wenige Ausnahmen.
[23] In ihrer diachronen Analyse argumentiert sie, daß die Vorgänger der heutigen MV Köpfe einer VP waren und Kontrollverben. Nach der Reanalyse wurden sie zunächst als Köpfe der tieferliegenden, zirkumstantiellen Projektion basisgeneriert, damit war aber die Voraussetzung für die Ent-

ranos diachrones Szenario steht allerdings im Widerspruch zur Chronologie der historischen Fakten: Epistemische MV-Lesarten entwickeln sich deutlich vor dem 16. Jhdt. (Warner 1993: Kap.7, Roberts 1993: 310ff.), ja es wurde sogar argumentiert, sie hätten entscheidend zu der Reanalyse beigetragen (vgl. Roberts 1993: 315, Roberts/Roussou 1999: 1024). Für eine synchrone Zurückweisung der Übertragung der Anhebungs-/Auxiliarhypothese aufs Deutsche führt Reis (2001) zahlreiche Argumente an.[24]

Was die beiden übrigen Hypothesen angeht, so ist es bei ihnen jeweils zentral zu wissen, ab wann sich MV, diachron betrachtet, wie Anhebungsverben verhalten: Solange sie Kontrollverben sind, wären epistemische Lesarten bei beiden ausgeschlossen.[25] Zusätzlich hat die Anhebungs-/Vollverbhypothese die starke diachrone Implikation, daß ein enger zeitlicher Zusammenhang bestehen sollte zwischen der Ausbreitung der Anhebungsstruktur bei MV und dem Aufkommen epistemischer Lesarten. In anderen Worten, hier ist ‚Anhebung' eine hinreichende Bedingung für die Polyfunktionalität von MV, bei der Kohärenzhypothese dagegen ist ‚Anhebung' notwendig aber nicht hinreichend.

Im diachronen Teil soll geklärt werden, ob tatsächlich ein zeitlicher Zusammenhang besteht zwischen der Entwicklung von Anhebung und epistemischen Lesarten bei MV. Dazu muß überprüft werden, über welche Phänomene, epistemische MV und/oder Anhebungs-MV, die älteste Sprachstufe des Deutschen verfügte.

3 Epistemische MV im Althochdeutschen?

Bei den ahd. MV gibt es große Unterschiede in der Beleghäufigkeit. Anhand der ahd. Haupttexte läßt sich die folgende Rangliste (beginnend mit dem häufigsten MV) aufstellen: *magan/mugan* > *sculan* > *(bi)thurfan* > **muozan* > *kunnan*.[26] Wenn man die Bedeutungen der ahd. MV mit den gwd. Bedeutungen vergleicht, ergeben sich ungefähr die folgenden Entsprechungen (nach Lühr 1997: 202):

---

wicklung der epistemischen Modalität geschaffen, denn so konnte die höherliegende Mod-Projektion ‚aktiviert' werden.

[24] Da bei den gwd. MV so viel dagegen spricht, daß sie Auxiliarverben sind, ist eine diachrone Reanalyse bisher auch noch nicht erwogen worden: Die Evidenzen für die englische Reanalyse (Verlust von nominalen Objekten, von Kongruenz- und Tempusmorphologie, von nicht-finiten Formen und von MV-Iteration, vgl. Lightfoot 1979: Kap.2) lassen sich nicht aufs Deutsche übertragen.

[25] Unter der Voraussetzung, daß man bei der Kohärenzhypothese die sich zumindest deskriptiv manifestierende Wechselseitigkeit von Anhebung und obligatorischer Kohärenz im Gwd. nicht als zufällig erachtet.

[26] Außerdem wird noch *wellen* zum zentralen Kreis der ahd. MV gerechnet. Hier soll *wellen* aber von der Untersuchung ausgeschlossen werden. – Birkmann (1987: 144ff.) lassen sich die folgenden Zahlen entnehmen (einschließlich Verwendungen mit nominalem Komplement!): *magan/mugan* T (98), O (219), N (1154); *sculan* I (20), T (15), O (210), N (564); *(bi)thurfan* I (0), T (6), O (29), N (46); **muozan* I (0), T (0), O (39), N (91); *kunnan* I (0), T (0), O (5), N (46).

‚können'	‚dürfen'	‚mögen'	‚müssen'	‚brauchen'	‚sollen'
mugan, kun- *nan, *muozan*	**muozan,* *sculan, mugan*	*mugan,* **muozan*	**muozan,* *sculan, mugan*	*durfan, sculan*	*sculan, dur-* *fan, mugan*

In der Literatur ist wiederholt darauf hingewiesen worden, daß epistemische MV im Ahd., wenn überhaupt, so doch äußerst selten belegt sind: Allein das hochfrequente *mugan* ist ein potentieller Kandidat. So findet Deggau (1907: 31) in den ahd. Hauptwerken ca. ein Dutzend putativ epistemische *mugan*-Belege,[27] die seither größtenteils in der Literatur schon wiederholt diskutiert wurden.[28] Jedoch ist es bei diesen Belegen aus mehreren Gründen (i)–(iii) zweifelhaft, ob *mugan* epistemisch verwendet wird:

(i) Putativ epistemisches *mugan* bettet fast ausschließlich Kopula- oder kopulaähnliche Konstruktionen ein, s.u. (7), (8a,c), (9).[29] Dabei muß man beachten, daß Ausdrücke wie *es kann sein/passieren, daß* etc., deren diachrone Entsprechungen häufig automatisch als epistemisch eingestuft wurden, im Gwd. grundsätzlich mehrdeutig sind – erst der Kontext entscheidet, ob die modale Basis epistemisch, zirkumstantiell oder beides sein kann (vgl. auch Diewald 1999: 386f.).

(ii) Goossens (1982: 78) kommt zu dem Schluß, daß ae. *magan* eine epistemische Interpretation nur in Verbindung mit Satzadverbien wie *wel* oder *mihte* oder in von Verben des Meinens und Glaubens abhängigen Nebensätzen hatte. In solchen Fällen erachtet es Gossens als wahrscheinlich, daß ein putativ epistemisches Verständnis von dem übergeordneten Prädikat bzw. dem Satzadverb getragen wird.[30] Das könnte auch bei einigen von Deggaus (1907) ahd. Belegen der Fall sein, vgl. (7).

(7) a. ... so thúnkit mih theiz megi sín   (O II.14.91)
 ‚... so scheint mir, daß es sein könne'

 b. ... joh warun áhtonti, theiz wóla wesan móhti   (O I.27.2)
 ‚... und sie erwogen, daß es gut sein könnte'

(iii) Deggaus putativ epistemische Belege für *mugan* treten mehrheitlich ausgerechnet in solchen linguistischen Kontexten auf, die in der synchronen

---

[27] Vgl. seine ‚Potentialis'-Fälle (ohne die Höflichkeitsformen).
[28] Vgl. Gamon (1993), Diewald (1999), Fritz (1997). – Deggaus Belege finden sich auch wieder bei Krauses (1997) MV-Belegen für die ‚Grauzone' zwischen ‚Modalisierung' (= epistemischen/ evidentiellen Gebrauch) und ‚reiner Modalität' (= zirkumstantieller Gebrauch) bei Otfrid.
[29] Und zwar häufig als Übersetzung der lateinischen Kopula im Konjunktiv (vgl. (8a)): Klarén (1913: 6) spricht von ‚Konjunktivvertretern'.
[30] Ähnliche Probleme ergeben sich bei idiomatisierten, komplexen Ausdrücken, wie ahd. *mag kescehen*. Da dieser Ausdruck als Ganzes wie ein Modalwort fungierte – von Schützeichel (1995 s.v. *mugan*) mit gwd. ‚vielleicht' übersetzt – , wird er immer wieder als Beleg für epistemisches *mugan* zitiert (vgl. zuletzt Diewald 1999: 309/Fn.19). Hier ist aber nicht klar, welcher Bedeutungsbeitrag von dem MV überhaupt geleistet wird (bzw. ursprünglich einmal wurde). Es könnte sich sogar um einen parenthetischen V1-Konditionalsatz (‚wenn es geschehen kann') handeln, das wäre wiederum ein nicht-asssertiver Kontext, der mit Epistemizität unverträglich sein sollte (s. oben (iii)).
 (i) Sô ist er mág keskéhen uuéih-mûotig.   (N *BCon* 219.26)
 ‚So ist er vielleicht charakterschwach'

Literatur als mit Epistemizität unverträglich angesehen werden, d.h. Belege mit *mugan* im Präteritum (s.u. (9)), in nicht-assertiven Kontexten, wie Fragen (8a) und Wünschen (8b), und eingebettet unter nicht-faktive Prädikate (8c).[31] Es wird im allgemeinen angenommen, daß in diesen Fällen epistemische MV überhaupt nicht bzw. nur in sehr speziellen Ko-/Kontexten auftreten können:[32]

(8) a. ... huues mac dhesiu stimna uuesan nibu dhes nerrendin druhtines?
 ‚... wessen kann diese Stimme sein, wenn nicht des Heilands?' (Is 224)
 lat. *cuius sit hec vox nisi saluatoris?*
 b. queman mág uns thaz in múat! (O V.19.36)
 ‚mögen wir das bedenken'
 c. gisihit thaz súaza liabaz sín, thoh fórahtit theiz ni mégi sín (O V.11.30)
 ‚erkennt er sein süßes Liebes, fürchtet er doch, daß es nicht sein könne'

Epistemische MV können im Gwd. nur im Präteritum stehen, wenn es sich um erlebte Rede handelt.[33] Im Ahd. weisen so viele der Kandidaten für epistemische Lesarten Präteritalformen auf, daß Gamon (1993: 149) schlußfolgert: „we could simply assume the non-past-tense formal exponent of epistemic modality to be undeveloped at this point in time, rather than interpreting the past tense to be an indication of lack of full epistemic status."[34] Dies ist aber ein unbefriedigendes Ergebnis. Warum sollten epistemische Lesarten ausgerechnet zuerst bevorzugt in einem grammatischen Kontext auftreten, von dem sie heute systematisch ausgeschlossen sind?

Hinzu kommt, daß sich nicht alle der in der Literatur angeführten potentiellen Kandidaten für epistemisches *mugan* als erlebte Rede verstehen lassen. In dem folgenden Otfridbeispiel ist das MV Teil eines Erzählerkommentars. Figuren, die eine Perspektive für erlebte Rede böten, werden erst danach genannt. Allenfalls könnte (9) aus Sicht des schon erwähnten Evangelisten geschildert sein. Die entsprechende Einleitungsformel steht aber im Präsens (*ther evangélio thar quit* (O III.22.3)).

---

[31] Das gilt auch für die bei Fritz (1997), Krause (1997) und Gamon (1993) diskutierten Belege.
[32] Vgl. McDowell (1987), die Zusammenfassung in Brennan (1993: 23f.), Diewald (1999: 209), Drubig (2001), Reis (2001) u.v.a.m.
[33] Vgl. Diewalds (1999: 263: Fn.13) Analyse als Origo-Verschiebung.
[34] Gamon bezieht sich an dieser Stelle nicht nur auf *mugan* im Indikativ Präteritum sondern auch auf Verwendungen im Konjunktiv Präteritum (s.o. (7b) = Gamons (53)), bei denen er den Konjunktiv darauf zurückführt, daß das MV im eingebetteten Satz auftritt. In der Tat muß man für das Ahd. eine kompositionale Analyse (Konjunktiv II als Vergangenheitsstufe des Konjunktiv I, vgl. Valentin 1974: 427) in solchen Kontexten in Betracht ziehen. Das bedeutet aber, daß solche Verwendungen nicht dem gwd. Gebrauch entsprechen müssen, wo der Konjunktiv II nur noch die Funktion hat, die Faktizitätsbewertung ‚abzuschwächen' (vgl. *Er könnte/müßte der Mörder sein* vs. *Er kann/muß der Mörder sein*). Somit bleiben auch ahd. MV im Konjunktiv Präteritum als Kandidaten für epistemische Lesarten problematisch. – Krause (1997: 95) kommt wie Gamon zu der Auffassung, daß *mugan* „unzweifelhaft mit seinen vom Präteritumstamm abgeleiteten Formen modalisieren konnte" (Krause zitiert zwei konjunktivische und zwei indikativische Belege).

(9) Thaz móhta sin in wári thúruh sina zíari, thaz man zi thíu nan zelita,
     then námon imo irwélita. (O III.22.7)
     ‚Es konnte fürwahr durch seine Schönheit sein, daß man es ihm zu-
     schrieb, den Namen (= ‚Salomo') ihm auserwählte'

Wenn man an der Inkompatibilität von Präteritum und epistemischer Lesart festhalten will und hier eine Deutung als erlebte Rede nicht in Frage kommt, muß
und kann man eine zirkumstantielle Interpretation finden: (9) kann man auch
paraphrasieren als ‚seine Schönheit machte es möglich'.

Es ist also sehr fraglich, ob es im Ahd. epistemische MV gab. Fritz' (1997)
systematische Auswertung des Forschungsstands zum Thema Entstehung epistemischer Lesarten hat ergeben, daß ein System epistemischer Verwendungsweisen erst während der frühneuhochdeutschen Periode ausgebaut wird.

4 Waren die ahd. MV schon Anhebungsverben?

Waren die ahd. MV Kontrollverben und hatten deshalb keine (bzw. fast keine)
epistemischen Lesarten? Oder verhielten sich die nicht-volitiven MV im Ahd.
hinsichtlich der Anhebungscharakteristika schon wie ihre gwd. Pendants, so daß
das Fehlen epistemischer Lesarten eine andere Ursache haben muß? Will man
das Orientierungsverhalten von MV untersuchen, steht man vor dem Problem,
daß die Beweisführung gezwungenermaßen einseitig ausfallen wird: Es gibt
keine Diagnostica pro Kontrolle, sondern nur Gegenevidenz. Als einziger Aus-
weg bleibt: Aus dem Gwd. weiß man, daß die Fähigkeitslesarten bei nicht-
volitiven, zirkumstantiellen MV an prima facie Kontrollverhalten gebunden zu
sein scheinen.[35] Von daher kann man höchstens aufgrund der Bedeutung des
MV spekulativ Rückschlüsse auf eventuelles Kontrollverhalten ziehen, so z.B.
wenn *mugan* in der Fähigkeitslesart verwendet wird.[36] Dabei läuft man natürlich
Gefahr, zirkulär zu argumentieren, wenn es gerade darum geht, zu prüfen, ob
und wie die Polyfunktionalität von MV mit Kontrolle/Anhebung korreliert.

(10) a. Gót mag these kísila ... irquícken (O I.23.47)
     ‚Gott kann diese Steine ... lebendig machen'

---

[35] Vgl. aber Reis (2001) für eine alternative Analyse.
[36] Vgl. Klarén (1913: 4) für einige Belege. – Die Fähigkeitslesart läßt sich nach Takahaši
(1982/83: 131) auch schon bei got. *magan nachweisen, vgl. (i). Kahl (1889: 5) argumentiert bei
einem got. Beleg (ii) dafür, daß *magan auch mit einem Infinitivkomplement die Bedeutung
‚Kraft/Macht haben, (etwas zu tun)' haben konnte. Auch hier hat man aus gwd. Perspektive aufgrund der Bedeutung den Verdacht, daß Kontrolle vorliegen könnte. Von daher kann man spekulieren, daß die Kontrollstruktur alt ist.
  (i) þatei mag guþ us stainam þaim urraisjan barna Abrahama (Lk 3,8)
      ‚daß Gott aus diesen Steinen dem Abraham Kinder erwecken kann'
  (ii) jabai hvas seinamma garda fauragaggan ni mag (I Tim 3,5)
      ‚Wenn irgendeiner nicht die Kraft hat, seinem Hauswesen vorzustehen'

b. thaz ér nu mag giscówon so lúteren óugon (O III.20.86)
‚... daß er nun mit so klaren Augen sehen kann'

Bei den Diagnostica contra Kontrolle/ pro Anhebung sieht es dagegen besser aus: Einschlägige, auch relativ leicht in diachronen Korpora überprüfbare Daten sind MV in Kombination mit unpersönlichen Prädikaten einerseits und mit propositionalen Subjekten bzw. idiomatischen Subjektausdrücken andererseits. Im Folgenden wird gezeigt werden, daß die MV schon im Ahd. in solchen Kombinationen belegt sind, was dafür spricht, daß sie Anhebungsverben waren.

4.1 MV + Implizit persönliche Prädikate/Geschehensprädikate

Hennig (1957) und Bishop (1977) beschäftigen sich ausführlich mit unpersönlichen Konstruktionen im Ahd. Ihre Belegsammlungen beinhalten nach meiner Auswertung immerhin ca. dreißig Belege mit MV in Kombination mit hauptsächlich implizit persönlichen Prädikaten und Geschehensprädikaten. Das ist nicht wenig, wenn man bedenkt, daß solche Kombinationen nicht nur kontextuell eingeschränkt (s.o.), sondern auch Art und Umfang des durchsuchbaren Textmaterials im Ahd. begrenzt sind. Drei MV, *sculan*, *mugan* und **muozan*, sind vertreten, letzteres allerdings nur mit einem Beleg. Dies ist nicht überraschend, da *mugan/sculan* insgesamt unter den ahd. MV die höchste Frequenz haben (s.o.).

(a) *Implizit Persönliche Prädikate*

Die *sculan*-Belege sind am einfachsten einzuordnen, da die zirkumstantielle Bedeutung von *sculan* diachron recht stabil ist (vgl. u.a. Bech 1951: 13), und epistemische und evidentielle Interpretationen, so wird angenommen, erst nach ahd. Zeit belegt sind (vgl. Fritz 1997: 11, Diewald 1999: 421).[37] Allerdings fungierte *sculan* im Ahd. schon als Futurmarker.[38] Bei den Belegen mit *sculan* + implizit persönlichem Prädikat ist aber die deontische Interpretation am plausibelsten:[39]

(11) a. Tér síh áber ze-gûote héftet . álso êr iohannis . uuîo sól démo (DAT)
lônes (GEN)[40] présten? (N BCon 196.15)[41]
‚Derjenige, der sich aber zum Guten hinwendet, wie einst Johannes, wie soll es dem an Lohn mangeln?'

---

[37] Vgl. aber Krause (1997: 95) für zwei putativ evidentielle *sculan*-Belege bei Otfrid.
[38] Vgl. u.a. Teržan Kopecky (1998) für einige Isidor-Belege für putativ futurisches *sculan*.
[39] Allenfalls (11c) könnte ebenso gut futurisch interpretiert werden.
[40] Im Ahd. tritt bei implizit persönlichen Prädikaten zusätzlich zum Experiencer-Argument häufig ein ‚Cause'-Argument im Genitiv auf, das meist dem entspricht, was im Gwd. durch eine Präpositionalphrase ausgedrückt wird.
[41] Bei den Notker-Belegen sind hier die Trennungsbogen, die in der von King/Tax hrsg. neuen Ausgabe hinzugefügt wurden, nicht wiedergegeben.

b. Sie dâhton des (GEN) în (AKK) ûbelo spuên solta. (N Ps 10.25)
,Sie sannen etwas aus, das ihnen zum Nachteil ausschlagen sollte/mußte'[42]
c. Tér gótes chórôt . témo (DAT) nesól bâz keskéhen. (N BCon 180.30)
,Wer Gott versucht, dem soll es nicht besser ergehen'
d. dáz in (AKK) íro gûotes (GEN). sô únuuíriges sâr nîeht lángên nesólta .
únde ín échert tés kûotes lústen sól . táz ímo ... nîomêr fúrder
inslíngen nemag. (N BCon 62.2)
,daß ihn überhaupt nicht verlangen sollte nach ihrem so vergänglichem Glück, und ihn nur nach dem Glück verlangen soll, das ihm ...
in Zukunft nicht mehr entgleiten kann'

Bei den *mugan*-Belegen mit implizit unpersönlichen Prädikaten läßt sich eine epistemische Interpretation häufig kontextuell nahezu vollständig ausschließen – wie z.B. bei Otfrids Wiedergabe der Antwort Maria Magdalenas auf die Frage der Engel, warum sie vor dem Grab Jesu traure:

(12)   „Mág mih (AKK)" ... „lés! gilusten wéinonnes (GEN), sér joh léid ubar
        wan ist mir hárto gidan ..."   (O V.7.21)
        , „Es kann mich" ... „ach! des Weinens gelüsten, unvorstellbarer
        Schmerz und Leid ist mir zugefügt worden" '
        = , „Ich habe allen Anlaß wehzuklagen ..." '[43]

Oftmals sind es auch innersprachliche Faktoren, wie Satz- bzw. Illokutionstyp, Aktionsart des eingebetteten Verbs (i–iii) oder das Tempus des MV (s.u. (19)), die eine epistemische Interpretation unwahrscheinlich bzw. unmöglich machen:

(i) So handelt es sich bei einigen der Notker-Belege um Fragen, und zwar zum Teil sogar um Ergänzungsfragen (13b,c), die im Gwd. epistemische MV noch stärker ausschließen als Entscheidungsfragen:

(13)   a. Némag tie ríchen (AKK) nîeht húngeren nóh túrsten na?
                                                              (N BCon 121.30)
        ,Können denn die Reichen etwa nicht Hunger oder Durst haben?'
        lat. *Num enim diuites esurire nequeunt? Num sitire non possunt?*[44]
        b. Vuieo mahti ín (AKK) Goldes (GEN) lusten . ube Gold ne-uuâre?
                                                              (N Ps 444.10)
        ,Wie könnte ihn nach Gold gelüsten, wenn es kein Gold gäbe?'
        c. Vues (GEN) mag so uuóla spuôn . sô eînes uuór\tis (GEN)?
        ,Was kann so schnell erfolgen wie ein Wort?'   (N Ps 153.19)

---

[42] Aus gwd. Perspektive läßt sich der Beleg auch als epische Vorausdeutung verstehen. Dies muß aber nicht dem ahd. Sprachstand entsprechen, denn hier kann auch – nahe der ursprünglichen Bedeutung von *sculan* (,schuldig sein, zu etwas bestimmt sein') – gemeint sein, daß die Völker aufgrund ihrer bösartigen Absichten von Gott zu schwerer Sühne verdammt waren.

[43] Hier handelt es sich um die früh belegte zirkumstantielle Lesart, die Klarén (1913: 6) mit ,Veranlaßtsein' paraphrasiert.

[44] Abgesehen von dem Fragekontext legt auch die lateinische Vorlage nahe, daß es sich um eine zirkumstantielle Verwendung von *mugan* handelt.

(ii) *Mugan* tritt gerne bei Wünschen auf, auch hier ist eine epistemische Interpretation im Gwd. ausgeschlossen (vgl. Reis 2001):

(14)   Mag únsih (AKK) thera férti (GEN) gilústen mit giwúrti, ...!   (O IV.5.51)
       ‚Mag uns nach diesem Weg gelüsten mit Freude!'

(iii) Unter den ahd. unpersönlichen Komplementen von MV finden sich auch resultative Verben (15a,b). Aus der synchronen Literatur ist bekannt, daß solche Verben typischerweise nicht als Komplemente von epistemischen MV auftreten (s. Abraham 2001). In (15a) erscheint darüber hinaus eine nicht-epistemische Interpretation auch kontextuell deutlich plausibler.

(15)   a. Des (GEN) ne-mag sie⁴⁵ (AKK) irdriêzzen uuanda an diû íro sâlighêit
          ist . daz sie daz tuôn muôzzen.   (N Ps 307.15)
          ‚Dessen (= Gott zu loben) können sie nicht überdrüssig werden, weil darin ihre Glückseligkeit liegt, daß sie das tun dürfen'
       b. Daz mit êuuígemo táge ... dísiû leîda uúerlt-finstri déro (GEN) mánnili-
          chen (AKK) irdriêzen mag . ze-stôret uuerde.   (N Ps 36.5)
          ‚daß mit dem ewigen Tag (= dem achten Tag) ... diese verhaßte Finsternis auf Erden, der jeder überdrüssig werden kann, zerstört werde'

In (15a) hat die proklitische Negation weiten Skopus. In dieser Hinsicht verhält sich zirkumstantielles *mugan* genau wie die gwd. zirkumstantiellen MV, welche, abgesehen von *sollen*, alle bevorzugt mit weitem Negationsskopus verwendet werden (vgl. auch Ehrich 2001, Müller 2001 zum Negationsskopus bei MV).⁴⁶

Bei manchen Belegen kann man auch dem lat. Original entnehmen, daß keine epistemische Lesart intendiert ist:

(16)   Núbe dáz ín (DAT) dés (GEN) kespûen mág tés sie îlent . tés íst mih
       uuúnder.   (N BCon 26.7)
       lat.: *Sed effecisse que speraverunt vehementer admiror*
       'Sondern daß ihnen das gelingen kann, worum sie sich bemühen, das wundert mich'

(b) *Geschehensprädikate*

Zirkumstantiell verwendete MV sind in Kombination mit Geschehensprädikaten wie *faran, gescehan* usw. belegt, die auch schon zu ahd. Zeit zum Teil mit einem expletiven *es* auftreten:

---

⁴⁵ Aufgrund von Formensynkretismus könnte *sie* auch Nominativ sein. Da *irthriazan* immer unpersönlich konstruiert wurde, läßt sich aber eine persönliche Verwendung ausschließen (vgl. Hennig 1957, Schützeichel 1995).
⁴⁶ Vgl. auch (11c,d), wo *sculan* im Skopus der Negation steht.

(17) a. Uuáz íst tánne moralitas . âne álso iz féret . únde fáren sól . án dero ménniskôn síten ...? (N BCon 231.9)
,Was ist dann ‚moralitas' (moralisches Verhalten), wenn nicht, wie es sich abspielt und abspielen muß nach den Gewohnheiten der Menschen ...?'
b. Got fáter sprah ... daz so fáren sol . (N Ps 204.22)
,Gottvater sprach ... daß (es) so geschehen soll/?wird'
c. min sun Ruben, firnim wiêz dir můz⁴⁷ irgen ... (WG 5418)
,mein Sohn Ruben, hör', wie es dir ergehen muß'

In Notkers Kommentar zu *De Interpretatione* werden Geschehensprädikate mehrmals von MV eingebettet, die ‚alethisch' zu interpretieren sind (d.h. es geht um logische Schlüsse, Definitionen etc.):

(18) a. Fóne díu ube iz so uáren sol ... ich meino ube possibile esse gelóugenet uuírt . mit possibile non esse . náls mit ... (N BInt 75.11)
,Daher, wenn es sich so verhalten muß ... ich meine wenn ‚possibile esse' (es ist möglich, dass ...) verneint wird mit ‚possibile non esse' (es ist möglich, daß nicht ...) anstatt mit ...'
b. Úbe ál dáz man ságet . uuâr . álde lúgi íst . únde iz⁴⁸ pe_nô\te sô uáren sól . álde nesól ... (N BInt 35.1)
,Wenn alles, das man sagt, wahr oder falsch ist, und es sich notwendigerweise so verhalten muß oder nicht so verhalten muß ...'

In der synchronen Literatur zum Englischen werden alethische MV-Verwendungen zunehmend als eigene, linguistisch relevante Hauptklasse behandelt, die insbesondere auch aus syntaktischen Gründen von epistemischen MV unterschieden werden muß (vgl. Cinque 1999: 79, Drubig 2001). Für das Deutsche steht eine entsprechende Diskussion noch aus. Die Belege in (18) jedenfalls könnte man m.E. auch in Kratzers ‚duales' System integrieren; am plausibelsten erscheint es mir dann, eine zirkumstantielle modale Basis wie ‚angesichts der Gesetze der Logik o.ä. ist es notwendig, daß ...' anzunehmen.⁴⁹

Bei dem folgenden Beleg aus Otfrid ist, rein kontextuell betrachtet, sowohl eine epistemische als auch eine zirkumstantielle Interpretation möglich (vgl. Übersetzung (i) vs. (ii)):

(19) sí thar thaz ni dóhta, so mir (DAT) giburren mohta: zéllet thio giméiti minera dúmpheiti ... (O V 25.29)
,sei da aber was nicht gelang (= Unvollkommenes), wie (es) mir
(i) passieren konnte/(ii) passiert sein kann, dann rechnet die Torheit meiner Beschränktheit zu ...'

---

⁴⁷ Die Vorauer Handschrift hat *sol* anstatt *mŭz*.

⁴⁸ Es ist unwahrscheinlich, aber nicht ganz auszuschließen, daß *iz* hier anaphorisch verwendet wird und sich auf *ál dáz man ságet* bezieht. Hennig (1957: 176) klassifiziert den Beleg als ‚impersonal', also als nicht-anaphorisch.

⁴⁹ Für zirkumstantielle Verwendung spricht auch, daß in (18) Konditionalsätze vorliegen.

ad (i): Die Umstände (= mein beschränktes Wissen) waren so, daß es möglich war, daß Unvollkommenheiten passieren konnten.
ad (ii): Angesichts der mir vorliegenden Evidenz (= aufgrund meiner Einschätzung des vorliegenden Textes) ist es möglich, daß Unvollkommenheiten passieren konnten.

Wie die gwd. Übersetzung (ii) zeigt, erfordert eine epistemische Verwendungsweise in einem solchen Kontext im Gwd. ein präsentisches MV und ein eingebettetes Verb im Infinitiv Perfekt, der Otfrid allerdings noch nicht zur Verfügung steht.[50] Stattdessen steht hier das MV im Präteritum, was stark dafür spricht, daß das MV hier zirkumstantiell (vgl. (ii)) verwendet wird.

4.2 Unpersönliches Passiv und nullwertige Prädikate

Belege mit MV + unpersönlichem Passiv können die Anhebungshypothese für die ahd. MV nicht wirklich bestätigen, weil sie im Ahd. nur schwer zu finden sind.[51] Bishop (1977: 105) zitiert jedoch zwei im Wortlaut fast identische Vorkommnisse mit *sculan*, von denen eines hier zitiert sei:

(20)   Ich geloube daz ich irsterbin sol unde abir irstan sol unde mir gelonot werdin sol ... (*Sangaller Glauben und Beichte* III, in: Stein. 353.16f.)
,Ich gelobe, daß ich sterben soll/werde und aber auferstehen soll/werde, und ich belohnt werden soll/werde ...'

Eine epistemische Interpretation kommt hier nicht in Frage. Allerdings könnte es sich um futurisches *sculan* handeln, dann wäre (20) für die Argumentation nicht einschlägig. Im Mhd. wird man dagegen leichter fündig:

(21)   ez enkúnde baz gedienet nimmer helden (DAT) sîn   (*Nib* 964.2)
,Es konnte besser Helden niemals gedient sein'

Die prominentesten Vertreter der Klasse der nullwertigen Prädikate, Metereologica bzw. Prädikate, die Naturvorgänge beschreiben (z.B. *reganôn*, *abandên*, *heiz wesan* etc.), sind bei Hennig (1957) und Bishop (1977) zwar nicht in Kombination mit MV belegt, dies ist aber der Fall für nullwertige Kopulakonstruktionen als Zeitangaben:[52]

(22)   a. Ther evangélio thar quit, theiz móhti (KON) wesan séxta zit; theist
dages héizesta joh árabeito méista.   (O II.14.9)
,Der Evangelist sagt da, daß es die sechste Stunde sein konnte, das ist die heißeste und beschwerlichste Zeit des Tages'
lat. *hora erat quasi sexta*

---

[50] Der Infinitiv Perfekt entwickelt sich erst seit mhd. Zeit (vgl. Diewald 1999: 374f.).

[51] Im allgemeinen sind aber „[u]npersönliche Passivkonstruktionen auch mit Genitiv oder Dativ...schon ahd. üblich" (Erdmann 1886: §135).

[52] In (22b) kann allerdings eine anaphorische Verwendung von *es* nicht ausgeschlossen werden.

b. Ward áfter thiu irscrítan sár, so móht es sin, ein halb jár, mánodo after
ríme thría stunta zuéne;   (O I.5.1)
‚Danach war vergangen, so konnte es sein, ein halbes Jahr, in Monaten
gerechnet: dreimal zwei'
lat. *in mense autem sexto*

Bei den beiden Otfrid-Belegen ist, kontextuell betrachtet, eine epistemische Lesart von *mugan* (‚es mag 12 Uhr gewesen sein'; ‚es mag ein halbes Jahr vergangen sein') am plausibelsten. Bei (22a) wird dies auch durch die lateinische Vorlage nahegelegt, wenn man annimmt, daß *mohti* lat. *quasi* übersetzen soll – die konjunktivische Form läßt sich darauf zurückführen, daß das MV im abhängigen Satz auftritt. Zweifel an der Analyse als epistemische Verwendungsweise regen sich bei (22b), wenn man bedenkt, daß hier das MV im Präteritum[53] steht.[54] Insbesondere ist hier eine Verwendung als erlebte Rede ausgeschlossen, denn es handelt sich um einen Erzählerkommentar, der ein neues Kapitel eröffnet, so daß noch keine Figuren eingeführt worden sind, aus deren Perspektive der Erzähler eine derartige Schlußfolgerung schildern könnte.

Fazit: Bei den Belegen von ahd. *mugan, sculan, *muozan* in Kombinationen mit implizit persönlichen Prädikaten, Geschehensprädikaten, unpersönlichem Passiv und nullwertigen Prädikaten läßt sich folgendes feststellen:

1. Die meisten Belege können nur zirkumstantiell interpretiert werden. Es gibt keine Belege, die nur epistemisch interpretierbar sind (möglicherweise mit den Ausnahmen: ‚Ungefähr'-Lesarten bei Kopulakonstruktionen mit Zahlbegriffen (22); alethische Lesarten bei Geschehensprädikaten (18)).

2. Bei Einbettung von implizit persönlichen Prädikaten sind die Kasus der Argumente vom eingebetteten Prädikat determiniert: Das MV verhält sich in dieser Hinsicht ‚transparent'.

Aufgrund von 2. sind Kombinationen von MV mit implizit persönlichen Prädikaten die stärksten Indikatoren für eine Anhebungsanalyse. Deshalb kann man schon an dieser Stelle schlußfolgern: Die zirkumstantiellen ahd. MV waren sehr wahrscheinlich Anhebungsverben.

---

[53] Rein formal betrachtet kann auch das Konjunktiv-*i* elidiert worden sein, was allerdings unwahrscheinlich ist, weil kein eingebetteter Satz vorliegt (vgl. Fn. 34 zu einer Anmerkung zur Funktion des Konjunktivs im Ahd.)

[54] Garnon (1993: 149) äußert ähnliche Zweifel, allerdings noch aus einem anderen Grund, der mir nicht ganz richtig erscheint: „Given the independent existence of a participle preterite in OHG (and, specifically, in *Otfrid*), the past-tense form of the modal here renders its fully-fledged epistemic status somewhat more equivocal than we might wish." Das Problem ist, daß Otfrid nicht nur ein Partizip Perfekt, sondern einen Infinitiv Perfekt benötigt hätte, um in diesem Kontext das MV in einer dem gwd. Gebrauch entsprechenden Weise zu verwenden. Der Infinitiv Perfekt stand ihm aber noch nicht zur Verfügung (s.o., Fn. 51).

4.3 Exkurs: Altenglisch

Auch für die MV des Altenglischen wurde die Relevanz von MV-Kombinationen mit unpersönlichen Prädikaten diskutiert. Jedoch wird in der generativen englischen Literatur an der klassischen Kontroll- vs. Anhebungsanalyse festgehalten. Van Kemenade (1992: 149f., 190) trifft die folgende Unterscheidung: MV mit ‚deontischer' Bedeutung sind Kontrollverben (= volitionales *will* + *may/can* in Fähigkeitslesart), solche mit ‚hypothetischer' oder ‚epistemischer' Bedeutung sind Anhebungsverben. Problematisch ist, daß das, was als ‚deontisch' bezeichnet wird, nicht alle Bereiche zirkumstantieller Modalität umfaßt, sondern nur mit semantischen Etiketten (‚volition', ‚ability') versehen wird, die man üblicherweise dynamischen Lesarten zuordnet – alles andere sind bei ihr epistemische Verwendungen. Van Kemenade (ebda. 154) räumt sogar ein, daß manche von Denisons (1990) Belegen für epistemische MV + unpersönlichem Prädikat eher eine ‚root-Lesart' haben:

(23)[55]   Þonne maeg hine (AKK) scamigan þaere (GEN/DAT) braedinge his
          hlisan   (*Bo* 46.5)
          ‚dann kann er sich schämen für das Ausmaß seines Ruhmes'

(23) beinhalte deutlich eine Spur der Erlaubnislesart (‚he will do well to feel ashamed'). Trotzdem werden solche Belege als ‚epistemisch' klassifiziert, weil sie sich syntaktisch wie Anhebungsverben verhalten. Damit wird allerdings der Begriff ‚epistemisch' identisch mit ‚Anhebung'.[56] Roberts (1993: 315), der sich auf van Kemenande (1992) bezieht, muß aber auf den ursprünglichen, interpretatorischen Gehalt von ‚epistemisch' rekurrieren, denn er argumentiert, daß MV aufgrund ihrer epistemischen Lesart im Mittelenglischen zunehmend als funktionale Substitute für den Konjunktiv dienten.[57] Deshalb werden die semantischen Korrelate zu Anhebung und Kontrolle wieder mit anderen Schlagworten umschrieben: Zu ‚ability', ‚volition' kommt noch ‚obligation' hinzu, diesen stehen nur noch ‚necessity' und ‚possibility' gegenüber. Wenn ‚obligation' aber mit Kontrolle korrelieren soll, lassen sich leicht Gegenbeispiele mit *sceal* + unpersönlichem Prädikat finden. Ferner gibt es einschlägige Belege mit *þearf*, die Roberts (1993) noch nicht berücksichtigt hat:[58]

---

[55] Beispiele (23), (24a) sind nach Denison (1990: 153, 155) zitiert, (24b,c) nach Warner (1993: 123f.). Die Kasusannotationen sind von mir eingefügt worden.

[56] Das ist nicht nur terminologisch hochgradig irreführend, sondern weder mit semantischen Beschreibungsansätzen egal welcher Orientierung verträglich, noch mit der in der nicht-generativen Literatur weit verbreiteten Annahme, daß es im Altenglischen keine epistemischen MV gab.

[57] Das war wiederum ein entscheidender Faktor dafür, daß MV schließlich als Auxiliarverben reanalysiert wurden.

[58] Denison (1990: 156f.) bemerkt im Zusammenhang mit elf Belegen für putativ zirkumstantielle MV+unpersönliche Prädikate, daß bei allen auch eine epistemische Lesart in Frage käme. Abgesehen davon, daß das in (24a) zwar nicht unmöglich, aber nicht eben naheliegend ist, erscheint mir das bei der Mehrheit seiner Belege nicht der Fall zu sein, zumal einige MV in Frage- und Konditionalsätzen auftreten. Später räumt Denison (1993: 303) anhand neuer Daten ein, daß es bei eini-

(24) a. Þonne fægniað hi þæs (GEN) þe hi (AKK) sceamian sceolde
(*BoHead* 30 5.21)
‚dann freuten sie sich über das, für das sie sich schämen sollten/mußten'
b. hine (AKK) sceal on domes dæg gesceamian beforan gode
(Wulfstan 238.12)
‚er soll/muß am jüngsten Tag vor Gott beschämt werden'
c. Forþon ne þearf þæs nanne man (AKK) tweogean, þæt ...
‚Daher braucht keiner daran zu zweifeln, daß ...' (BlHom 41.36)

Somit wird der anhand des Ahd. ermittelte Befund, daß sich zirkumstantielle MV wie Anhebungsverben verhalten, durch die altenglischen Daten bestätigt.

4.4 Ahd. MV + nicht-referentielle Subjekte

Wenn man sich die ahd. Haupttexte stichprobenhaft anschaut, finden sich relativ leicht MV, die zusammen mit propositionalen Subjekten (finit oder infinit) im Satz auftreten und zirkumstantiell zu interpretieren sind. Am schnellsten trifft man, wie zu erwarten, auf entsprechende Belege mit den beiden ahd. Haupt-MV *mugan* und *sculan*. Häufig handelt es sich dabei um Kopulakonstruktionen der Art *es soll/muß/kann sein, daß* ... (i.S.v. ‚die Umstände machen es notwendig/ möglich, daß ...'), bei denen auch schon zu ahd. Zeit ein *es*- oder *das*-Korrelat auftreten konnte. Kopulakonstruktionen sind als Evidenz für Anhebung allein schon deshalb einschlägig, weil ihr ‚overtes' Subjekt in Objektposition basisgeneriert ist.

Bei den folgenden Otfrid-Belegen ist wieder durch die *wie*-Fragen eine epistemische Interpretation von *mugan* ausgeschlossen:

(25) a. Wio meg[59] iz io werdan wár, thaz ih werde suángar? (O I.5.37)
‚Wie kann es jemals passieren, daß ich schwanger werde?'
b. Fílu thero líuto giloubta in drúhtinan tho, joh sprachun ouh in ríhti,
wio thaz wésan mohti Thaz selben Kristes guati mera wúntar dati ...
(O III.16.69)
‚Ein Großteil der Leute glaubte da an den Herrn, und sie sprachen auch zu recht darüber, wie das sein könnte, daß die Vollkommenheit/Göttlichkeit Christi ein größeres Wunder vollbrächte ...'

gen Belegen mit MV + unpersönlichem Prädikat schwer ist, an der epistemischen Bedeutung festzuhalten.

[59] Bei *meg* handelt es sich wahrscheinlich nicht um Konjunktiv, denn der Umlaut kann auch durch nachfolgendes *iz* bedingt sein.

c. Wíoz io mohti wérdan, thaz wólt er gerno irfíndan, thaz mán io so
gizámi in thesa wórolt quami (O II.4.17)
‚Wie das bloß geschehen könnte, das wollte er gerne herausfinden, daß
ein so vollkommener Mensch in diese Welt käme'

Der folgende Otfrid-Beleg, bei dem anaphorisches Subjekt-*es* einen vorhergehenden Objektsatz wiederaufnimmt, ist in der Literatur wiederholt als Beispiel für eine epistemische Verwendung von *mugan* diskutiert worden.[60]

(26=7b) Thie líuti datun mári, thaz Johannes Kríst wari, joh warun áhtonti,
theiz wóla wesan móhti; (O I.27.1)
‚Die Leute verkündeten, daß Johannes der Christus wäre, und sie
erwogen, daß (er) es gut sein könnte'

Eine zirkumstantielle Interpretation kann aber für (26) keineswegs ausgeschlossen werden. Dann müßte man die Konjunktivform darauf zurückzuführen, daß das MV im eingebetteten Satz auftritt.[61] Diesen Vorschlag macht Diewald (1999: 388): „Die direkte Rede, die den eingebetteten Sätzen mit *mugan* zugrunde liegt, ist wohl ein Satz wie *Es kann wohl sein, daß* ... Diese Struktur kann entweder objektiv epistemisch (‚es besteht die objektive Möglichkeit, daß es ist') oder auch deiktisch [d.h. epistemisch, K.A.] (‚Vielleicht ist es') verstanden werden."

Ziemlich eindeutig ist die zirkumstantielle Verwendung in den folgenden Belegen:

(27) a. Joh giangun áhtonti, thaz wésan thaz ni móhti, thaz síe thes steines
búrdin fon themo grábe irwullin; (O V.4.15)
‚Und sie (= die Frauen, die Jesus salben wollten) machten sich auf,
und sie dachten auch daran, daß es nicht sein könnte, daß sie die Last
des Steines von dem Grab fortwälzten'
b. thaz scólta sin bi nóti, thaz er in thíonoti. (O I.13.12)
‚das mußte/sollte notwendig sein, daß er ihnen diente'
= ‚Es war seine (= Josephs) Pflicht, ihnen zu dienen'
c. Sol is noh turft sîn ze sagenne? (N *BCon* 19.12)
‚Soll/muß es noch nötig sein zu sagen?'

Auch ‚alethische' Verwendungen mit propositionalen Subjektsätzen sind belegt:

(28) dâr nemag ouh keskéhen daz angulares sámint uuâr sagen.
(N *BInt* 51.11)
‚hier kann auch nicht geschehen, daß die ‚angulares' (die Aussagen an
den Eckpunkten/Extremen?) zugleich wahr sind'

---

[60] Vgl. Deggau (1907: 31), Fritz (1997: 102), Gamon (1993: 148).
[61] M. a. Worten der Konjunktiv Präteritum wird als Vergangenheitsstufe des Konjunktiv Präsens gedeutet, s.o. Fn. 34 – Fritz (1997: 102) dagegen geht davon aus, daß in (26) „die im Ahd. schon mögliche epistemische Verwendung von *mag* durch den Konjunktiv II auf der Gewißheitsskala noch um eine Stufe in Richtung Ungewißheit verschoben wird."

In Belegen wie (29) sind die Subjekte jeweils Teil von Ausdrücken, die in Richtung idiomatische Wendung tendieren und zum Teil Kopulakonstruktionen sind. In solchen Konstellationen sind nicht nur die hochfrequenten MV *sculan* und *mugan* belegt, sondern auch seltenere MV wie **muozan* und *(bi)thurfan*:

(29) a. Wio mag sin méra wuntar, thanne in théru ist thiu nan bár, thaz sí ist ekord éina múater inti thíarna? (O II.3.7)
,Wie kann es ein größeres Wunder geben, als in der ist, die ihn gebar, daß sie allein Mutter und zugleich Jungfrau ist?'

b. Tîh nedárf nehéin vuúnder sîn. dáz éin úbelêr den ánderen chélet. (N BCon 221.26)
,Dich braucht nicht zu wundern (wörtlich: kein Wunder sein), daß ein böser Mensch den anderen quält'

c. vil michel jâmer mûz mich hân. daz also maneger mûter barn. in die helle sol varn (*Bücher Mosis*, in: Diem. 90.8)
,Ein sehr großer Jammer muß mich ergreifen darüber, daß so vieler Mütter Kind in die Hölle fahren muß'

5 Fazit

Die drei häufigsten ahd. MV *mugan, sculan, *muozan* sind mit implizit persönlichen Prädikaten und Geschehensprädikaten belegt. Für *mugan, sculan, (bi)thurfan* und **muozan* ergaben schon wenige Stichproben, daß ihr overtes Subjekt propositional bzw. idiomatisch sein konnte. Das heißt, es spricht einiges dafür, daß diese Verben kein thematisches Subjekt selegierten und somit als Anhebungsverben konstruierten. Dazu paßt auch, daß MV in Kombination mit nullwertigen Prädikaten und eingebettetem unpersönlichem Passiv belegt sind.[62]

Das bedeutet, daß MV möglicherweise die stärksten Exponenten der Anhebungskonstruktion im Ahd. waren. Verben wie *scînan* und *thuncan* treten zu dieser Zeit nur mit einem prädikativen AP- oder DP-Komplement auf, nicht aber mit einem Infinitivkomplement (Ebert 1986: 150f., Paul 1920: 117f.).[63] Auch im Altenglischen gibt es fast keine Evidenz für Subjektanhebung außerhalb der Gruppe der MV (vgl. Denison 1993: Kap.9).

Was die Verfügbarkeit von epistemischen MV-Lesarten im Ahd. angeht, so wird im allgemeinen nur *mugan* als potentieller Kandidat diskutiert. Berücksichtigt man die Ergebnisse der synchronen Literatur zu Restriktionen bei der epistemischen Verwendung von MV, muß man jedoch einige putativ epi-

---

[62] Belege für ahd. *kunnan* in den einschlägigen Konstruktionen habe ich nicht finden können. Da dies sehr wahrscheinlich auf die extrem niedrige Frequenz von *kunnan* zurückgeführt werden kann und im Mhd., sobald häufiger belegt ist, Belege mit unpersönlichem Passiv (21) auftreten, kann man wohl annehmen, daß auch (zirkumstantielles) *kunnan* ein Anhebungsverb ist.

[63] Darauf hat mich Ulrike Demske aufmerksam gemacht, die allerdings herausgefunden hat, daß die Beobachtungen Pauls und Eberts nicht ganz richtig sind: Zumindest ahd. *thuncan* kommt bei Notker auch mit dem (bloßen) Infinitiv vor.

stemische Belege zurückweisen. Auch muß eine epistemische Bedeutung von *mugan* nicht zwingend angenommen werden, wenn andere Modalitätslexeme im Satz als Träger eines epistemisches Verständnisses der Gesamtäußerung in Betracht gezogen werden. Zudem ist oft nicht beachtet worden, daß MV-Lesarten mit weitem Skopus auch eine zirkumstantielle modale Basis haben können.

Für alle oben genannten ahd. MV finden sich in den einschlägigen Anhebungs-Kontexten Belege in unzweifelhaft zirkumstantieller Verwendung:[64] Das hat nicht nur die Diskussion der Belege ergeben, sondern ist erwartbar angesichts der generellen Marginalität bzw. Abwesenheit epistemischer MV-Lesarten. Die ahd. Ergebnisse bestätigen also den für das Gwd. zunehmend vertretenen Standpunkt, daß auch MV in zirkumstantiellen Lesarten Anhebungsverben sind. Die Ausgangsfrage, ob diachron betrachtet ein direkter Zusammenhang zwischen den Phänomenen Anhebung und Epistemizität bei MV besteht, muß also mit ‚nein' beantwortet werden: Wenn die Mehrheit der MV schon im Ahd. Anhebungsverben sind, kann es nicht eine verzögerte Ausbreitung der Anhebungskonstruktion sein, die zu der sprachgeschichtlich späten Entwicklung epistemischer Lesarten führt (wie es nach der ‚Anhebungs/Vollverbhypothese' diachron vorhergesagt wird). Wenn Anhebung wirklich eine notwendige Voraussetzung für die Polyfunktionalität der MV ist, so muß man wohl davon ausgehen, daß sie diese Voraussetzung im Deutschen schon immer erfüllten.

Dieses Ergebnis ist offen für die verschiedensten Erklärungsversuche: So könnte die Polyfunktionalität von MV einen anderen syntaktischen Auslöser haben, wie z.B. die Entstehung eines ausreichenden Stärkegrads an Kohärenz bzw. die Etablierung einer systematischen Trennung kohärenter und inkohärenter Konstruktionen (vgl. Reis 2001). Natürlich wäre auch möglich, daß es gar keinen syntaktischen Auslöser gibt: Die Entstehung epistemischer Lesarten bei den jeweiligen MV könnte an die Entwicklung ‚reiner' Notwendigkeits-/ Möglichkeitslesarten gebunden sein (Fritz 1997) oder an die Konventionalisierung entsprechender Implikaturen bzw. an metaphorische Übertragungen in eine andere kognitive Domäne, jeweils als Teil eines generellen Subjektivierungsprozesses, wie in den semantischen Grammatikalisierungsansätzen von Traugott (1989) und Sweetser (1990) vorgeschlagen.

So bleibt es zukünftiger Forschung vorbehalten, herauszufinden, welche dieser Vorschläge durch die diachronen und synchronen Fakten am besten gestützt wird bzw. welche Faktoren für die Entstehung der Polyfunktionalität bei MV verantwortlich sind.

---

[64] Das gilt auch, wenn man trotz der von mir in 2. angeführten Einwände davon ausgeht, daß es zu ahd. Zeit schon epistemische MV gab und dementsprechend die MV in manchen von mir diskutierten Belegen als epistemisch einstuft.

Quellen[65]

[Diem.] Deutsche Gedichte des XI. und XII. Jahrhunderts, aufgefunden im regulierten Chorherrenstifte zu Vorau in der Steiermark; zum ersten Male mit einer Einleitung und Anmerkungen hrsg. v. J. Diemer. Wien: Braumüller, 1849.
[Is] Der althochdeutsche Isidor, nach der Pariser Handschrift und den Monseer Fragmenten neu hrsg. v. H. Eggers. Tübingen: Niemeyer, 1964 (= Altdeutsche Textbibliothek; 63).
[N...] Die Werke Notkers des Deutschen. Neue Ausgabe. Begonnen von E. H. Sehrt. Fortgesetzt von J. C. King und P. W. Tax. Tübingen: Niemeyer (= Altdeutsche Textbibliothek). Darin:
 [N BCon] „De consolatione Philosophiæ", neu hrsg. v. P. W. Tax, Bde.1–3. Tübingen, Niemeyer, 1986–1990 (= Altdeutsche Textbibliothek; 94, 100, 101).
 [N BInt] Boethius' Bearbeitung von Aristoteles' Schrift „De interpretatione", neu hrsg. v. J. C. King. Tübingen: Niemeyer, 1975 (= Altdeutsche Textbibliothek; 81).
 [N Ps] Der Psalter, neu hrsg. v. P. W. Tax, Bde 8–10. Tübingen: Niemeyer, 1979–1983 (= Altdeutsche Textbibliothek; 84, 91, 93).
[Nib] Das Nibelungenlied, nach d. Ausg. von K. Bartsch hrsg. von H. de Boor. 21. rev. u. erg. Aufl. Wiesbaden: Brockhaus, 1979 (= Deutsche Klassiker des Mittelalters).
[O] Otfrids Evangelienbuch, hrsg. von O. Erdmann. 6. Auflage besorgt v. L. Wolff. Tübingen: Niemeyer, 1973 (= Altdeutsche Textbibliothek; 49).
[Stein.] Die kleineren althochdeutschen Sprachdenkmäler, hrsg. v. E. von Steinmeyer. Berlin: Weidmann, 1916.
[WG] Die altdeutsche Genesis, nach der Wiener Handschrift, hrsg v. V. Dollmayr. Halle (Saale): Niemeyer, 1932 (= Altdeutsche Textbibliothek; 31).

Literatur

Abraham, W. (1991): "Modalverben in der Germania". In: E. Iwasaki, Hrsg.: Begegnung mit dem „Fremden": Grenzen – Traditionen – Vergleiche. Akten des VIII. Internationalen Germanisten-Kongresses, Tokyo 1990. Bd.4. München: Iudicium, 109–118.
Abraham, W. (2001): "Modals toward explaining the 'epistemic non-finiteness gap' ". [this volume]
Barbiers, S. (1995): The Syntax of Interpretation. The Hague: Holland Academic Graphics (= HIL Dissertations; 14).
Bech, G. (1951): Grundzüge der semantischen Entwicklungsgeschichte der hochdeutschen Modalverba. Kopenhagen: Munksgaard (= Det Kongelige Danske Videnskabernes Selskab / Dan. Hist. Filol. Medd. 32, no. 6).
Birkmann, T. (1987): Präteritopräsentia. Morphologische Entwicklungen einer Sonderklasse in den altgermanischen Sprachen. Tübingen: Niemeyer (= Linguistische Arbeiten; 188).
Bishop, H. (1977): The Subjectless Sentences of Old High German. PhD thesis. University of California, Berkley. [unveröff.]
Brennan, V. (1993): Root and Epistemic Modal Auxiliary Verbs: PhD thesis. University of Massachusetts, Amherst. [unveröff.]
Cardinaletti, A. (1990): Impersonal Constructions and Sentential Arguments in German. Padova: Uni Press (= Rivista di grammatica generativa: Serie monografica; 2).

---

[65] N, Diem., Stein. sind nach Seitenzahl, Zeile zitiert; Nib nach Strophe, Vers; O, T nach (Buch), Kapitel, Vers/Zeile; Is nach Zeile; WG nach Vers.

Cinque, G. (1999): Adverbs and Functional Heads: a Cross-Linguistic Perspective. New York: Oxford University Press (= Oxford Studies in Comparative Syntax).
Deggau, G. (1907): Ueber Gebrauch und Bedeutungs-Entwicklung der Hilfs-Verben „können" und „mögen". Dissertation. Universität Gießen. Wiesbaden: Albert Kempf.
Denison, D. (1990): "Auxiliary + impersonal in Old English". Folia linguistica historica 9, 139–66.
Denison, D. (1993): English Historical Syntax: Verbal Constructions. London, New York: Longman (= Longman Linguistics Library).
Desportes, Y., Hrsg. (1997): Semantik der syntaktischen Beziehungen. Heidelberg: Carl Winter (= Germanistische Bibliothek 3; 27).
Diewald, G. (1999): Die Modalverben im Deutschen. Grammatikalisierung und Polyfunktionalität. Tübingen: Niemeyer (= Reihe Germanistische Linguistik; 208).
Drubig, H.-B. (2001): On The Syntactic Form of Epistemic Modality. Konferenzvortrag 2/2001. Tübingen.
Ebert, R.P. (1986): Historische Syntax des Deutschen II: 1300–1750. Bern (usw.): Peter Lang (= Germanistische Lehrbuchsammlung; 6).
Ehrich, V. (2001): "Was *nicht müssen* und *nicht können* (nicht) bedeuten können: Zum Skopus der Negation bei den Modalverben des Deutschen". [in diesem Heft]
Ehrich, V. & M. Reis (1998): "Modalität und Modalverben im Deutschen. Projektantrag". In: Finanzierungsantrag SFB 1711 [nachmals 441]: Linguistische Datenstrukturen. Theoretische und empirische Grundlagen der Grammatikforschung. Universität Tübingen.
Erdmann, O. (1886): Grundzüge der deutschen Syntax nach ihrer geschichtlichen Entwicklung. Bd.1: Gebrauch der Wortklassen. Die Formationen des Verbums in einfachen Sätzen und in Satzverbindungen. Stuttgart: Cotta.
Fritz, G. (1997): "Historische Semantik der Modalverben: Problemskizze – exemplarische Analysen – Forschungsüberblick". In: G. Fritz & Th. Gloning, Hrsg.: Untersuchungen zur semantischen Entwicklungsgeschichte der Modalverben im Deutschen. Tübingen: Niemeyer (= Reihe Germanistische Linguistik; 187), 1–157.
Gamon, D. (1993): "On the development of epistemicity in the German modal verbs *mögen* and *müssen*". Folia linguistica historica 14, 125–176.
Geilfuß, J. (1992): "Ist *wollen* ein Kontrollverb oder nicht?". Arbeitspapiere des SFB 340 Stuttgart-Tübingen, Bericht Nr. 27, 29–51.
Goossens, L. (1982): "On the development of the modals and of the epistemic function in English". In: Ahlqvist, A. (1982): Papers from the 5th International Conference on Historical Linguistics. Amsterdam: John Benjamins (= Amsterdam Studies in the Theory and History of Linguistic Science 4; 21), 74–84.
De Haan, F. (2001): "The relation between modality and evidentiality". [in diesem Heft]
Hennig, J.D. (1957): Studien zum Subjekt impersonal gebrauchter Verben im Althochdeutschen und Altniederdeutschen. Dissertation. Universität Göttingen. [unveröff.]
Kahl, W. (1890): "Die bedeutungen und der syntaktische gebrauch der verba *können* und *mögen* im altdeutschen". Zeitschrift für deutsche Philologie 22, 1–60.
Kiss, T. (1995): Infinitive Komplementation: neue Studien zum deutschen Verbum infinitum. Tübingen: Niemeyer (= Linguistische Arbeiten; 333).
Klarén, G.A. (1913): Die Bedeutungsentwicklung von *können*, *mögen* und *müssen* im Hochdeutschen. Dissertation. Universität Lund.
Kratzer, A. (1991): "Modality". In: A. von Stechow & D. Wunderlich, Hrsg.: Semantik. Ein internationales Handbuch der zeitgenössischen Forschung. Berlin, New York: de Gruyter (= Handbücher zur Sprach- und Kommunikationswissenschaft; 6), 639–650.
Krause, M. (1997): "Zur Modalisierung bei Otfrid". In: Y. Desportes, Hrsg. (1997), 92–106.
Lightfoot, D. (1979): Principles of Diachronic Syntax. Cambridge: Cambridge University Press (= Cambridge Studies in Linguistics; 23).

Lühr, R. (1997): "Althochdeutsche Modalverben in ihrer semantischen Leistung". In: Y. Desportes, Hrsg. (1997), 200–222.

Marrano, A. (1998): The Syntax of Modality: a Comparative Study of Epistemic and Root Modal Verbs in Spanish and English. PhD thesis. Georgetown University. [unveröff.]

McDowell, J.P. (1987): Assertion and Modality. PhD thesis. University of Southern Calif., Los Angeles. [unveröff.]

Müller, R. (2001): "Modalverben, Infinitheit und Negation im Prosa-Lancelot". [in diesem Heft]

Öhlschläger, G. (1989): Zur Syntax und Semantik der Modalverben des Deutschen. Tübingen: Niemeyer (= Linguistische Arbeiten; 144).

Paul, H. (1920): Deutsche Grammatik. Bd.4: Syntax. Halle: Niemeyer.

Reis, M. (2001): "Bilden Modalverben im Deutschen eine syntaktische Klasse?". [in diesem Heft]

Roberts, I. (1993): Verbs and Diachronic Syntax: A Comparative History of English and French. Dordrecht: Kluwer (= Studies in Natural Language and Linguistic Theory; 28).

Roberts, I. & A. Roussou (1999): "A formal approach to grammaticalization". Linguistics 37, 1011–1041.

Ross, J.R. (1969): "Auxiliaries as main verbs". In: W. Todd, Hrsg. (1969): Studies in Philosophical Linguistic Series I. Evanston, IL: Great Expectations Press, 77–102.

Schützeichel, R. (1995): Althochdeutsches Wörterbuch. 5., überarbeitete und erweiterte Auflage. Tübingen: Niemeyer.

Sweetser, E. (1990): From Etymology to Pragmatics: Metaphorical and Cultural Aspects of Semantic Structure. Cambridge (usw.): Cambridge University Press (= Cambridge Studies in Linguistics; 54).

Takahaši, T. (1982/83): "Über die Modalverben des Gotischen". Zeitschrift für vergleichende Sprachforschung 96, 127–138.

Teržan Kopecky, C. (1998): "Grammatikalisierungsstrategien". Zagreber Germanistische Beiträge 7, 73–86.

Traugott, E. (1989): "On the rise of epistemic meaning in English: An example of subjectification in semantic change". Language 65, 31–55.

Valentin, P. (1979): "Das althochdeutsche Verbsystem. Tempus und Modus". In: I. Rauch & G.F. Carr, Hrsg.: Linguistic Method: Essays in Honor of Herbert Penzl. The Hague, Paris, New York: Mouton, 425–440.

Valentin, P. (1984): "Zur Geschichte der Modalisation im Deutschen". In: S. Hartmann & C. Lecouteux, Hrsg.: Deutsch-französische Germanistik. Mélanges pour Emile Georges Zink. Göppingen: Kümmerle, 185–195.

Van Kemenade, A. (1992): "The history of English modals; a reanalysis". Folia linguistica historica 13, 143–166.

Vikner, S. (1988): "Modals in Danish and event expressions". Working Papers in Scandinavian Syntax 39, 1–33.

Warner, A.R. (1993): English Auxiliaries: Structure and History. Cambridge: Cambridge University Press (= Cambridge Studies in Linguistics; 66).

Wurmbrand, S. (1998): Infinitives. PhD Diss. MIT. [unveröff.]

Tübingen   Katrin Axel

Universität Tübingen, SFB 441, Nauklerstr. 35, 72074 Tübingen, e-mail: axel@linguistics.de

Zur Distribution von Infinitivkomplementen im Althochdeutschen*

Ulrike Demske

ter únderskeit ist ze ságenne . unde mit exemplis ze lêrenne (N *Blnt* 65.8)

Abstract

The increasing use of *zu*-infinitives at the expense of bare infinitives is a well-known fact in the history of German. Its interpretation in terms of desemanticization of the prepositional *zu* suggests (i) that the distribution of both forms is semantically governed in Old High German (OHG), and (ii) that infinitives are nominal categories. Thus, infinitival complements are predicted to be semantically and syntactically licensed by the governing verb. Yet, a thorough investigation of infinitival constructions in OHG reveals (i) that we have to distinguish between nominal and verbal uses of the infinitive, (ii) that *zu* denotes purpose only with adverbial and predicative uses of the infinitive, and (iii) that verbs selecting infinitival complements fall into two groups: modal verbs, AcI-verbs and raising verbs are restricted to bare infinitives, whereas control verbs allow both forms. Their distribution is shown to be influenced by factors of language use. Regarding the issue of ± coherent construction in OHG, the form of the infinitive has no diagnostic value.

1 Einleitung

Im Althochdeutschen (Ahd.) erscheinen neben dem Null-Infinitiv flektierte Formen des Infinitivs im Genitiv, Dativ und Instrumental:

(1) a. Fuar Petrus <u>fisgon</u> in war (..) mit sehs giséllon sinen.   (O V.13.3)
    ‚fuhr Petrus fürwahr fischen mit sechs seiner Gesellen'
   b. Oba ir hiar findet iawiht thés thaz wírdig ist des <u>lésannes</u>   (O S. 7)
    ‚ob er hier etwas findet, das des Lesens-GEN würdig ist'
   c. Nu gárawemes unsih álle zi themo <u>féhtanne</u>   (O II.3.55)
    ‚nun bereiten wir uns alle auf das Fechten-DAT vor'
   d. thie andere iungoron mit <u>ferennu</u> quamun   (T 337.24)
    ‚die anderen Jünger kamen zu Schiff fahrend-INSTR'

Während die Form des Instrumental in (1d) ein Einzelbeleg ist, und auch das Auftreten genitivischer Infinitiv-Belege deutlich markiert ist, sind die flektierten Formen im Dativ ausgesprochen produktiv. Ihr Auftreten ist allerdings auf die Verbindung mit Präpositionen beschränkt,[1] und hier verbinden sie sich vor allem

---

* Frühere Versionen dieses Beitrags wurden an den Universitäten Leipzig, Erfurt und Tübingen vorgetragen. Den Zuhörern danke ich für anregende Diskussionen. Besonderer Dank gebührt den beiden Herausgebern dieses Bandes Marga Reis und Reimar Müller für ihre kritischen Kommentare.
[1] Ein Infinitiv mit Dativmarkierung erscheint allerdings in Notkers Bearbeitung der *Categoriae* des Boethius:

mit der Präposition *zu* wie in (1c). Welche Faktoren die Distribution dieser Infinitivformen im Ahd. steuern, ist Gegenstand dieses Beitrags. Aufgrund der Häufigkeitsverteilung der vier Formen wird der Fokus auf der Distribution von Null-Infinitiven und ᶻᵘInfinitiven liegen.

In den Grammatiken von Grimm (1837: 100ff.) und Behaghel (1923: 309ff.) finden sich ausführliche Listen von Verben, Adjektiven und Nomina und den Infinitivformen, mit denen sie sich in verschiedenen Perioden der deutschen Sprachgeschichte verbinden. Offensichtlich gehen beide Autoren von der lexikalischen Motivation der Infinitivvarianten aus. Dennoch werden in beiden Grammatiken Überlegungen zum Gebrauch der Formvarianten angestellt, ohne dass diese allerdings auf die eigenen Belegsammlungen angewendet werden. So vermutet Behaghel (1923: 307), dass die Distribution beider Infinitivformen von der Enge der Verbindung zwischen dem übergeordneten Verb und dem Infinitiv abhängt. Seines Erachtens ist die Form des Null-Infinitivs zu erwarten,

- wenn das übergeordnete Verb vor allem in Verbindung mit infinitivischen Komplementen erscheint,
- wenn zwischen dem übergeordneten Verb und dem Infinitiv entweder kein oder wenig anderes sprachliches Material erscheint, oder
- wenn der Infinitiv selbst keine oder wenige Erweiterungen aufweist.

Außerdem nimmt Behaghel an, dass eine hohe Frequenz von Verb-Infinitiv-Verbindungen die ältere Form des Null-Infinitivs favorisiert. Für Grimm (1837: 115f.) schließlich ist die auxiliare Bedeutung des regierenden Verbs für die Wahl der Infinitivform entscheidend: Der Null-Infinitiv sei umso wahrscheinlicher, je auxiliarer die Bedeutung des Matrixverbs.

Eine weitere Antwort auf die Frage nach der Steuerung der formalen Variation im Ahd. lässt sich aus den diachronischen Veränderungen gewinnen, die seit dem Ahd. im Verhältnis der beiden Formen zu beobachten sind: Grimm (1837: 127) wie auch Paul (1920: 95) interpretieren die seit dem Ahd. zu beobachtende Ausbreitung des ᶻᵘInfinitivs auf Kosten des Null-Infinitivs als Folge einer Bedeutungsabschwächung der finalen Präposition *zu*. Diese Interpretation basiert auf zwei Annahmen: Erstens, die Verteilung der Infinitivformen im Ahd. ist semantisch gesteuert, insofern nur solche Kontexte den ᶻᵘInfinitiv erlauben, die mit der finalen Bedeutung der Präposition verträglich sind. Und zweitens, der Infinitiv in Verbindung mit *zu* ist eine nominale Kategorie, deren Auftreten folglich durch den Subkategorisierungsrahmen des regierenden Verbs zu lizensieren ist, wenn der ᶻᵘInfinitiv als Komplement erscheint. Diese Konsequenz aus der Annahme eines präpositionalen Infinitivs ist meines Wissens in der Literatur zur historischen Syntax des Infinitivs im Deutschen bis heute nicht diskutiert worden.[2]

Sô ist óuh uuideruuartig in stéte stán. demo rúcchenne(N BC at 140.16)
‚so ist dem Fortschreitenden auch widerwärtig stillzustehen'

[2] Allein in der historischen Infinitivsyntax des Englischen kommt dieser Aspekt zur Sprache (vgl. Callaway 1913, Fischer 1994).

Die Geschichte der Infinitivvarianten wurde in Haspelmath (1989) im Rahmen des Grammatikalisierungsmodells interpretiert: Seiner Ansicht nach hat der ᶻᵘInfinitiv im Ahd. eine (möglicherweise leicht abgeschwächte) finale Bedeutung und tritt deshalb vor allem in der Funktion des Adjunkts auf. Als Komplement kann der ᶻᵘInfinitiv im Ahd. nur erscheinen, wenn seine finale Bedeutung mit der Bedeutung des regierenden Verbs kompatibel ist. Haselmath zeigt, wie das Auftreten von ᶻᵘInfinitiven in Komplementfunktion im Ahd. auf die Verbindung mit bestimmten semantischen Verbklassen eingeschränkt ist, und wie die Bedeutungsabschwächung der finalen Präposition *zu* im Verlauf der deutschen Sprachgeschichte die Ausweitung des ᶻᵘInfinitivs auf andere semantische Verbklassen erlaubt. Die Frage nach der Subkategorisierung des ᶻᵘInfinitivs durch das regierende Verb im Ahd. wird dagegen ebensowenig behandelt wie die Entwicklung der im Gegenwartsdeutschen (Gwd.) unstrittig verbalen Kategorie des ᶻᵘInfinitivs aus einer nominalen Kategorie. Gerade diesen kategorialen Veränderungen ist es aber laut Thráinsson (1998: 357f.) zuzuschreiben, dass die Verteilung von Null-Infinitiv und ᶻᵘInfinitiv in einer Reihe von Sprachen in der Germania während einer Übergangsphase keinem bestimmten Muster folgt, sondern willkürlich ist.[3]

Ich werde in diesem Beitrag dafür plädieren, dass im Ahd. zunächst sorgfältig unterschieden werden muss, ob es sich bei einer Infinitivform um eine eher nominale oder eher verbale Kategorie handelt. Denn in allen Fällen, in denen ein nominales Infinitivkomplement vorliegt, legen die Kasusforderungen des regierenden Elements die Form des nominalisierten Infinitivs fest (Abschnitt 3.1). Offen bleibt dagegen die Frage, welche Faktoren die Distribution verbaler Infinitivkomplemente steuern. Denn, wie in Abschnitt 3.2 gezeigt, korrespondiert die Verteilung der beiden Infinitivformen nur bedingt mit einem Bedeutungsunterschied dieser Formen, wie von Haspelmath vorgeschlagen. Im Mittelpunkt meines Beitrags steht deshalb eine umfassende Bestandsaufnahme verbaler Infinitivkomplemente in den ahd. Denkmälern von Isidor, Tatian, Otfrid und Notker dem Deutschen (Abschnitt 4). Dass Faktoren der Sprachverarbeitung, wie von Behaghel (1923) angenommen, die Verteilung von Null-Infinitiv und ᶻᵘInfinitiv ebenfalls nur teilweise erklären können, wird am Beispiel des Verbs *gilimphan* 'sich geziemen' vorgeführt (Abschnitt 5).

Die Frage nach der morphologischen Variation von Infinitivkomplementen spielt eine entscheidende Rolle in der aktuellen Diskussion um die Herausbildung periphrastischer Verbformen, wie sie für die Entwicklung von Sprachen mit vor allem synthetisch geprägten Formen zu Sprachen mit vor allem analytisch geprägten Formen wie dem heutigen Deutschen charakteristisch ist. Solche periphrastischen Verbformen weisen im Gwd. eine Reihe von syntaktischen und semantischen Eigenschaften auf, die seit Bech (1955/57) unter dem Begriff der 'Kohärenz' zusammengefasst werden. Ob verbale Komplexe die fraglichen

---

[3] Die Unsicherheiten hinsichtlich der zu wählenden Infinitivform während des kategorialen Wandels sind nach Thráinsson (1998: 357) darauf zurückzuführen, dass für den verbalen Infinitiv so verschiedene syntaktische Zielkategorien zur Verfügung stehen wie VP, TP, AgrSP, IP etc.

Eigenschaften haben, hängt dabei auch von der Form des eingebetteten Infinitivs ab: Null-Infinitive konstruieren ausnahmslos kohärent, während ᶻᵘInfinitive nur bedingt kohärente Konstruktionen eingehen (vgl. Grewendorf 1987: 128ff). Aus einer diachronen Perspektive stellt sich dann die Frage, inwieweit die Form des Infinitivs eine Voraussetzung für die Herausbildung kohärenter Konstruktionen darstellt, und – im Hinblick auf die kohärent konstruierenden Modalverben – welcher Zusammenhang mit der Herausbildung epistemischer Bedeutungen von Modalverben besteht (s. Reis 2001).

Bevor ich nun zu meinem eigentlichen Gegenstand, den Infinitivkomplementen im Ahd., komme, skizziere ich die Distribution von Null-Infinitiv und ᶻᵘInfinitiv im Gwd.

2 Infinitivische Erweiterungen im heutigen Deutsch

Im Gwd. werden lediglich zwei Formen des Infinitivs unterschieden, der Null-Infinitiv und der ᶻᵘInfinitiv:

(2) a. Lotta muss den letzten Film von Chabrol sehen.
     b. Sie überredet Paul, einen Film zu drehen.

Welche der beiden Infinitivformen auftritt, hängt zunächst von der regierenden Kategorie ab: Infinitivische Komplemente von Nomina und Adjektiven erscheinen im heutigen Deutschen stabil in Form von ᶻᵘInfinitiven:

(3) a. Ihre Bemühungen, das Treffen zu filmen, sind gescheitert.
     b. Lotta ist glücklich, den Flug überstanden zu haben.

Erscheint der Infinitiv als Komplement zum Verb, müssen drei Gruppen von Verben unterschieden werden, je nachdem, ob sie stabil mit dem Null-Infinitiv respektive dem ᶻᵘInfinitiv erscheinen, oder ob sie mit beiden Formen des Infinitivs auftreten können. Für die letzte Gruppe stellt sich dann auch für die Gegenwartssprache die Frage, von welchen Faktoren es abhängt, welche der beiden Infinitivformen erscheint.

Zu der ersten Gruppe von Verben, die stabil mit dem Null-Infinitiv erscheint, gehören neben dem Auxiliarverb *werden* und den Modalverben die Wahrnehmungsverben, die Kausativ- und die Bewegungsverben.

(4) a. Lotta wird einen Roman schreiben.
     b. Lotta muss einen Roman schreiben.
     c. Paul sieht seine letzten Hoffnungen schwinden.
     d. Paul lässt seinen letzten Roman einstampfen.

Es sind genau diese Verben, die im Gwd. kohärent konstruieren, insofern sie beispielsweise die Extraposition des Infinitivs verbieten:

(5)   *obwohl Lotta muss einen Roman schreiben

Verben, die sich stabil mit dem ᶻᵘInfinitiv verbinden, sind Anhebungsverben wie *scheinen*, Kontrollverben wie *behaupten* sowie die Phasenverben, die Eigenschaften sowohl von Anhebungs- und Kontrollverben aufweisen (vgl. Gunkel 2000). Beispiele für Anhebungs- und Phasenverben sind unter (6) gegeben, unter (7) sind Kontrollkonstruktionen aufgeführt, die sich durch die bestehenden Kontrollverhältnisse unterscheiden: In (7a) findet sich Subjektkontrolle, in (7b) und (7c) Objektkontrolle – mit einem dativischen wie einem akkusativischen Objekt. Weiterhin unterscheiden sich (7a), (7b) und (7c) einerseits sowie (7d) andererseits durch die syntaktische Funktion des Infinitivs, der in den ersten Fällen die Funktion eines Objekts, im letzteren Fall aber die Funktion eines Subjekts hat.

(6) a. Lotta scheint den Film zu kennen.
     b. Paul fängt an, seinen ersten Film zu drehen.

(7) a. Lotta behauptet, den Film zu kennen.
     b. Lotta verspricht Paul, ihren Roman zu beenden.
     c. Lotta bittet Paul, das Buch zu lesen.
     d. Filme zu drehen fasziniert Paul.

Neben diesen beiden Verbgruppen, die sich obligatorisch mit einer bestimmten Infinitivform verbinden, besteht eine dritte Gruppe von Verben, die sowohl mit dem Null-Infinitiv als auch mit dem ᶻᵘInfinitiv kombinierbar sind. Dieser Formenwechsel leuchtet unmittelbar ein, wenn damit ein Unterschied in der Bedeutung der Infinitivkonstruktionen einhergeht. Das ist der Fall bei den Verben *haben, sein, bleiben* und *gehen*. Nur in den Beispielen mit dem Infinitivmarkierer *zu* hat die Infinitivkonstruktion eine modale Bedeutungskomponente, wie exemplarisch für das Verb *haben* in (8) gezeigt:

(8) a. Paul hat einen Onkel im Aufsichtsrat sitzen.
     b. Paul hat das Buch zu lesen.

Während der Null-Infinitiv in (8a) gemeinsam mit der Präpositionalphrase *im Aufsichtsrat* als ein prädikatives Attribut zu *Onkel* zu interpretieren ist, bilden in (8b) *haben* und der ᶻᵘInfinitiv ein komplexes Verb mit modaler Bedeutung, so dass das Beispiel zu verstehen ist als 'Paul muss das Buch lesen'.

Für andere Verben, die mit beiden Formen des Infinitivs auftreten können, gilt das nicht in gleicher Weise: Ohne Bedeutungsveränderung verbinden sich die Verben *brauchen, lernen, lehren, helfen, heißen* sowie einige Bewegungsverben gleichermaßen mit dem Null-Infinitiv und dem ᶻᵘInfinitiv, wie am Beispiel von *lernen* gezeigt:

(9) a. Lotta lernt Bäume fällen.
     b. ?Lotta lernt Bäume zu fällen.

Wovon hängt die Wahl der Infinitivform bei diesen Verben ab? In den Referenzgrammatiken des Gwd. finden sich zwei Antworten auf diese Frage: (i) Der ᶻᵘInfinitiv wird gegenüber dem Null-Infinitiv mit steigender Zahl der infinitivischen Erweiterungen bevorzugt, und (ii) der ᶻᵘInfinitiv muss erscheinen, wenn das Infinitivkomplement extraponiert ist. Deshalb wird in einer Infinitivkonstruktion wie (10) der reine Infinitiv bevorzugt, während in (11) die Form des ᶻᵘInfinitivs obligatorisch ist.

(10) a. ?weil Lotta ihrer Tante das Zelt im Wagen verstauen hilft
b. weil Lotta ihrer Tante das Zelt im Wagen zu verstauen hilft

(11) a. *weil Lotta ihrer Tante hilft, das Zelt verstauen
b. weil Lotta ihrer Tante hilft, das Zelt zu verstauen

Insgesamt lässt sich für die Distribution der Infinitivfomen festhalten: Im Allgemeinen liegt im Gwd. fest, mit welcher Form des Infinitivs sich Verben, Ajektive und Nomina verbinden. Der Wechsel zwischen beiden Infinitivformen ist gwd. nur für eine kleine Gruppe von Verben möglich, und dieser Wechsel ist entweder semantisch oder durch Faktoren der Sprachverarbeitung motiviert. Inwieweit sich dieser Befund von der Distribution verbaler Infinitive im Ahd. unterscheidet, wird die Auswertung der historischen Daten erweisen.

3 Weshalb Grammatikalisierungsmodelle versagen

In diesem Abschnitt wird es darum gehen nachzuweisen, dass die Annahmen, auf denen Grammatikalisierungsmodelle für die historische Entwicklung des Infinitivs gründen, nur für diejenigen Infinitive Gültigkeit haben, die im Satzkontext als Adjunkte erscheinen. Dagegen kann ein solches Modell die Distribution von Infinitivvarianten nicht erklären, wenn diese Infinitive die Funktion von Komplementen haben.

3.1 Der ahd. Infinitiv als nominale und verbale Kategorie

In Einklang mit den Beobachtungen von Grimm (1837: 127) und Paul (1920: 95) nimmt Haspelmath (1989: 297) an, dass es sich bei Infinitiven in Verbindung mit *zu* um eine nominale Kategorie, d.h. eine Präpositionalphrase handelt. Folglich muss der präpositionale Infinitiv in Komplementfunktion durch den Subkategorisierungsrahmen des regierenden Elements lizensiert sein. Wie eine Auswertung der Infinitivbelege des Ahd. zeigt, lässt sich jedoch nur ein Bruchteil der Infinitivformen auf Kasusanforderungen der regierenden Elemente zurückführen. Ich schließe daraus, dass bereits im Ahd. zwischen nominalen und verbalen Formen des Infinitivs zu unterscheiden ist.

Es ist in der Literatur unbestritten, dass der reine Infinitiv auf ein Nomen actionis mit erstarrtem Kasus, wahrscheinlich einen Akkusativ des Ziels, zurückzuführen ist (vgl. Wilmanns 1906: 113f., Paul 1920: 93ff.). Neben diesem Null-Infinitiv sind in den westgermanischen Sprachen flektierte Formen des Infinitivs im Genitiv und Dativ belegt – häufig auch als Gerundium bezeichnet.[4] Die Genitivformen des Infinitivs finden sich nicht nur in Abhängigkeit von Nomina und Adjektiven (vgl. (1b)), sondern auch in Abhängigkeit von Verben wie *gilusten* 'gelüsten', das, wie der Vergleich von (12a) mit (12b) zeigt, für den Genitiv subkategorisiert ist:

(12)   a. Mág mih [...] gilusten wéinônnes   (O V.7.21)
       ‚kann mich gelüsten des Weinens-GEN'

       b. Mag únsih tera férti gilústen mit giwúrti   (O IV.5.51)
       ‚mag uns dieses Weges-GEN gelüsten mit Freude'

Und Dativformen erscheinen nicht nur in Verbindung mit der Präposition *zu*, sondern auch nach einer Reihe anderer Präpositionen wie *an, mit, nach, von* etc.:

(13)   Únde sô si an mîno gezógenlichen suîgenne . gechos mîne ánadâhte.
                                                                    (N *BCon* 42.4)
      ‚und wie sie an meinem artigen Schweigen meine Aufmerksamkeit ablas'

In Verbindung mit Präpositionen wie *durh*, die den Akkusativ regieren, steht der einfache Infinitiv:

(14)   Uuánda dúrh féstenon . unde dúrh lôugenen . netûot iz neuuéder
                                                              (N *BInt* 40.1)
      ‚denn mittels Behaupten und Leugnen tut es nicht jeder',

so dass für den Infinitiv auf ein volles Flexionsparadigma mit Nominativ, Genitiv, Dativ, Akkusativ (und Instrumental) geschlossen worden ist:

(15)   liogan-ø, liogann-es, liogann-e, liogan-ø, *liogann-u[5].

Nomentypisch gehorcht das Auftreten dieser Formen den Kasusforderungen der jeweils regierenden Kategorie, wie dem Verb *gilusten* in (12) sowie den Präposition *an* und *durh* in (13) und (14). Wenn die Präpositionalphrasen nicht die Funktion von Adjunkten haben, erscheinen sie als präpositionale Komplemente der regierenden Verben wie die *an*-PP in (13). Für die Mehrzahl der ahd. Belege lässt sich das Auftreten einer Infinitivform jedoch nicht in Abhängigkeit vom Subkategorisierungsrahmen der regierenden Kategorie erklären. So verbindet sich der Null-Infinitiv mit Verben semantischer Klassen zu Infinitivkonstruktionen, in denen der Null-Infinitiv schwerlich als ein Akkusativ des Ziels zu verstehen ist (wie in Verbindung mit Bewegungsverben, vgl. (1a)), beispielsweise

---

[4] Wie sich an der Gemination des –*n* ablesen lässt, handelt es sich hier um eine vom Infinitiv verschiedene Bildung: *liogan* 'lügen' vs. *liogann-es, liogann-e* (Grimm 1837: 118, Wilmanns 1906: 114, Paul 1920: 95).

[5] Für das ahd. Verb *liogan* 'lügen' ist die Form des Instrumental nicht belegt. Zur Markiertkeit von Formen im Instrumental vgl. Abschnitt 1.

dem Phasenverb *bilinnan* 'aufhören' in (16a) oder dem Wahrnehmungsverb *hôren* 'hören' in (16b).

(16) a. thisiu fon thes siu Ingieng nibilan siu <u>cussan</u> mine fuozi (T 239.6)
'diese aber, seit sie eintrat, hat nicht aufgehört, meine Füße zu küssen'
b. tház ir hortut <u>quédan</u> mih (O II.13.5)
'das hörtet ihr mich sagen'

Und der ᶻᵘInfinitiv erscheint im Ahd. in erster Linie in Umgebungen, in denen die regierende Kategorie kein präpositionales Komplement verlangt, wie die folgenden Belege am Beispiel des Verbs *lusten* 'begehren', des Adjektivs *unmahtig* 'machtlos' und des Nomens *wîsa* 'Sitte' zeigen:

(17) a. Tînen brûte-stûol lústet mih <u>ze zîerenne</u> mít sánge (N *MC* 112.1b)
'deinen Brautstuhl begehre ich zu schmücken mit Gesang'
b. Habé mîn gnâda uuanda ih únmahtig pín. dîn reht <u>zerfóllonne</u>
'erhalte meine Gnade, da es nicht in meiner Macht (N *Ps* 19.16)
steht, deinen Anspruch zu erfüllen'
c. soso uuisa ist iudon <u>zibigrabanne</u> (T 322.1)
'wie es Sitte ist, Juden zu beerdigen'

Trotz der einheitlichen Kasusmorphologie der infinitivischen Formen in den Belegen unter (12) bis (17) suggerieren die historischen Daten, dass bereits im Ahd. zwischen den substantivierten Infinitiven in (12) bis (14) sowie den verbalen Infinitiven in (16) und (17) unterschieden werden muss. Substantivierte Infinitive gehorchen den Kasusanforderungen des regierenden Elements und können sich nomentypisch nicht nur mit Artikelwörtern, sondern auch mit Possessivpronomina wie in (18a) verbinden. Ihre Erweiterungen tragen nomentypisch Genitivkasus, vgl. (18b).

(18) a. Mîn áhtet [...] mit <u>iuomo</u> stéinonne (O III.22.39)
'verfolgt mich mit eurer Steinigung'
b. <u>sînes blúetes</u> rínnan (scolta) uns síhurheit giwínnan (O III.25.36)
'seines Blutes Fließen sollte uns Gewißheit verschaffen'

Dagegen weisen verbale Infinitive im Ahd. verbtypisch Akkusativ- oder Dativkasus zu, und werden durch modale Adverbien modifiziert, wie an der entsprechenden Adverbialmorphologie in (20) abzulesen ist:[6]

---

[6] Ein weiteres Argument für den verbalen Status dieser Infinitive liefern möglicherweise Daten wie die folgenden:
(i) *Inti nótthurft haben ih <u>úz ziganganne</u> Inti gisehen Iz.* (T 205.6)
'und es ist notwendig für mich auszugehen und ihn [den Acker] anzuschauen'
(ii) *suohtun inan <u>in zitraganne</u> inti zisezenne furi then heilant.*(T 89.5)
'sie versuchten, ihn hineinzutragen und vor den Heiland zu setzen'
Wie im Gwd. erscheint der Infinitivmarkierer *zu* bei Partikelverben zwischen Partikel und Verb. Fraglich ist allerdings, ob bei den ahd. Verben wirklich von lexikalisierten komplexen Verben ausgegangen werden kann.

(19) a. Vnde uárd íh sínnig.[[NP sia]akk ze bechénnenne]   (N BCon 14.16)
    ‚und erlangte ich die Besinnung wieder, um sie zu erkennen'
    b. wir hábetin baldaz hérza, [[NP fianton]dat io thánne zi widarstántanne]
                                                              (O III.26.49)
    ‚wie haben den kühnen Mut, den Feinden hinfort zu widerstehen'

(20)   uuanda imo lussam uuas ubelo ze tuonne   (N Ps 413.28)
       ‚weil ihm begehrenswert erschien, gottlos zu handeln'

Dieser Befund wirft für die verbalen Infinitive in Komplementfunktion die Frage auf, welche Faktoren die Verteilung von Null-Infinitiv und dem Infinitiv mit *zu* steuern, da Kasusforderungen der regierenden Kategorie offensichtlich keine Rolle spielen.

3.2 Zur semantisch gesteuerten Verteilung der Infinitivformen im Ahd.

Bereits in den Grammatiken von Grimm (1837), Wilmanns (1906) und Paul (1920) findet sich die Beobachtung, dass der ^{zu}Infinitiv im Ahd. deutlich seltener auftritt als im Gwd. Andererseits erscheint die Form des Null-Infinitivs im Ahd. in ungleich mehr Kontexten als im Gwd. Das lässt sich am Beispiel des Phasenverbs *beginnen* demonstrieren, das sich im Ahd. mit dem Null-Infinitiv, im heutigen Deutschen aber mit dem ^{zu}Infinitiv verbindet:

(21)   Táz pegínnet si únsih nû mít exemplis lángséimo lêren.
                                                              (N BCon 252.19)
       ‚das beginnt sie uns jetzt anhand von Beispielen ausführlich zu lehren'

Es ist eine weit verbreitete Annahme, dass sich der ^{zu}Infinitiv auf Kosten des Null-Infinitivs deshalb ausbreiten kann, weil sich der Infinitivmarkierer im Verlauf der Sprachgeschichte immer weiter von der finalen Präposition *zu* entfernt, aus der er entstanden sein soll. Für die Entstehung des Infinitivmarkierers aus der Präposition spricht zum einen die durchgängig dativische Kasusmarkierung der Infinitive nach *zu*, eine syntaktische Eigenschaft, die sich der Infinitivmarkierer mit der Präposition teilt; zum anderen kann der Infinitivmarkierer ebenso wie die Präposition finale Bedeutung haben, beispielsweise dann, wenn der ^{zu}Infinitiv die Funktion eines Adjunkts hat:

(22) a. coufi thiu uns thurft sint [PP ci [NP them-o itmalen tag-e]]   (T 274.26)
       ‚kaufe das, was wir zu dem Festtag brauchen'
    b. Ther bráng mit imo in wára sálbun filu díura, [Krist zi sálbonn-e]
                                                              (O IV.35.19)
       ‚der brachte fürwahr sehr teure Salbe mit sich, um Christus zu salben'

Sowohl die Präposition *ci* in Verbindung mit der Nominalphrase *themo itmalen tage* unter (22a) als auch der Infinitivmarkierer *zi* in Verbindung mit einem verbalen Infinitiv unter (22b) bezeichnen den Zweck einer Sache, und dieser

Bedeutungsbeitrag soll die Distribution des ᶻᵘInfinitivs im Ahd. unabhängig von seiner Funktion steuern. Meiner Ansicht nach ist eine solche, in jüngerer Zeit vor allem von Haspelmath (1989) vertretene Hypothese in dieser Ausschließlichkeit nicht zu halten: Bereits im Ahd. muss ein finales *zu* von einem Infinitivmarkierer ohne finale Bedeutung unterschieden werden.

Eindeutig finale Bedeutung hat *zu* in Verbindung mit nominalisierten Infinitiven, wenn es als Präpostion verwendet wird und eine Kasusbeziehung zwischen Verb und Nomen actionis etabliert. Hier verhält sich die Präposition *zu* nicht anders als andere Präpositionen, wie die Gegenüberstellung der Präpositionen *zu* und *in* in Verbindung mit einem nominalisierten Infinitiv zeigt:

(23) a. Nu gárawemes unsih álle zi themo féhtanne   (O II.3.55)
    ‚nun bereiten wir uns alle auf das Fechten vor'
  b. Inti uuio sie Inan forstuontun Inbrehchanne thes brotes.   (T 332.30)
    ‚und wie sie ihn im Brechen des Brotes erkannten'

Eindeutig finale Bedeutung trägt der Infinitivmarkierer *zu* außerdem in adverbialen Kontexten, wie an dem Beleg unter (22b) gezeigt. Diese Verwendung macht nach Haspelmath auch den Großteil der ahd. Belege des ᶻᵘInfinitivs aus; wie die eigene Auswertung der ahd. Texte jedoch zeigt, werden tatsächlich kaum ein Drittel aller ermittelten ᶻᵘInfinitive adverbial verwendet (22%).[7]

Ebenfalls unstrittig finale Bedeutung haben ᶻᵘInfinitive, wenn sie prädikativ gebraucht werden, und diese Belege stellen einen nicht unerheblichen Anteil an der Gesamtzahl der ᶻᵘInfinitive im Ahd. dar. Es handelt sich dabei vor allem um die Verbindung des ᶻᵘInfinitivs mit dem Verb *wesan*, aber auch Verbindungen mit *werdan* und *habên/eigan* gehören zu diesem Typ von Infinitivkonstruktion.

(24) simon, ih haben thir sih uuaz ciquedanne   (T 238.16)
    ‚Simon, ich habe dir etwas zu sagen'

Der ᶻᵘInfinitiv in der *habên*-Konstruktion wird als ein prädikatives Attribut zum Akkusativkomplement des possessiven Vollverbs *habên* aufgefasst (Behaghel 1923: 332): In (24) ist der Infinitiv *ciquedanne* prädikatives Attribut zu dem Indefinitpronomomen *sihuuaz*. Die modale Bedeutung dieser Konstruktion, die

---

[7] Nur für diese adverbial verwendeten ᶻᵘInfinitive ist der Grammatikalisierungsprozess zu beobachten, der immer wieder Gegenstand sprachhistorischer Untersuchungen gewesen ist, und der in einer Desemantisierung des ᶻᵘInfinitivs zum Ausdruck kommt. Folge dieser Bedeutungsabschwächung ist, dass im Gwd. zum Ausdruck der finalen Bedeutung der Infinitivmarkierer *zu* durch die Präposition *um* verstärkt werden muss. Ein ahd. Beispiel wie *Inti scouuota thó umbi [thia zigisehanne thiu thaz teta]* ‚et circumspiciebat videre eam quae hoc fecerat' (T 95.24) ist für die Entstehung dieser neuen Konstruktion sicher einschlägig, da anzunehmen ist, dass diese Konstruktion durch eine Verschiebung von Teilsatzgrenzen, also Reanalyse entsteht. Während die Präposition *umbi* noch Teil des komplexen Verbs *umschauen* ist (vgl. die lateinische Vorlage), wird in späteren Perioden des deutschen Sprachgeschichte ein solches *um* als Teil des eingebetteten adverbialen Infinitivs reinterpretiert.

zu verstehen ist als 'Simon, ich muss dir etwas sagen', lässt sich kompositional aus der Verbindung von *haben* und der finalen Bedeutung des *zu* herleiten.[8]

Über diese Konstruktionen hinaus erscheint der ^{zu}Infinitiv auch als verbales Komplement. Laut Haspelmath (1989) ist das Auftreten des ^{zu}Infinitivs auch in diesem Fall semantisch gesteuert: Seines Erachtens tritt der ^{zu}Infinitiv im Ahd. ausschließlich als Komplement solcher Verben auf, die mit einer – wenn auch abgeschwächten - finalen Bedeutung verträglich sind. Die wachsende Ausweitung der ^{zu}Infinitiv-Kontexte in der Geschichte des Deutschen korreliert er mit der kontinuierlichen Abschwächung ihrer finalen Bedeutung, die mittels eines Grammatikalisierungspfades erfasst werden, vgl. (25). Ausgehend von einer rein finalen Bedeutung unterscheidet Haspelmath für die ^{zu}Infinitive vier Modi, die unterschiedlichen Graden der Desemantisierung des ^{zu}Infinitivs entsprechen und mit bestimmten semantischen Verbklassen korrespondieren.

(25)   purposive → irrealis-directive→ irrealis-potential → realis non-factive
       → realis-factive

Diesem Grammatikalisierungsmodell zufolge soll der ^{zu}Infinitiv im Ahd. nur nach direktiven und voluntativen Verben erscheinen, also Verben, die mit dem als Irrealis-Direktiv bezeichneten Modus kompatibel sind. Denn nur in diesen Konstruktionen bezeichne der ^{zu}Infinitiv einen Sachverhalt, mit dessen Realisierung in naher Zukunft zu rechnen ist:

(26)   a. joh wér thih bitit thánne ouh hiar zi drínkanne: (O II.14.24)
          ‚und wer dich jetzt bittet, auch hier zu trinken'
       b. Sie gérotun al bi mánne inan zi rínanne   (O II.15.7)
          ‚sie begehrten alle, ihn zu berühren'

Verben anderer semantischer Klassen, deren infinitivische Erweiterungen Modi repräsentieren, die weiter rechts auf dem Grammatikalisierungspfad liegen, lassen sich Haspelmath zufolge erst später in der Sprachgeschichte des Deutschen nachweisen, da erst die zunehmende Desemantisierung der ^{zu}Infinitive ihr Auftreten in anderen Kontexten als den in (26) exemplifizierten erlaube.

Gegen die von Haspelmath (1989) vorgeschlagene semantisch gesteuerte Verteilung der Infinitivformen im Ahd. spricht vor allem, dass sich die Form des Infinitivs im Ahd. nicht an bestimmte semantische Verbklassen binden lässt. Für eine ganze Reihe von Verben gilt, dass sie sowohl Null-Infinitive als auch ^{zu}In-

---

[8] Die Konstruktionen aus *sein/werden* + ^{zu}Infinitiv gehören im Ahd. zu der Untergruppe prädikativer Konstruktionen, deren Prädikativum deverbal ist, und neben dem ^{zu}Infinitiv auch das Partizip I sowie das Partizip II umfasst. Die Kopulaverben *sein* und *werden* zeigen in diesen Konstruktionen aspektuelle Unterschiede an. Im Fall der prädikativen Infinitive ist zu dieser aspektuellen Bedeutung und der Bedeutung des jeweiligen Verbs im Infinitiv der finale Bedeutungsbeitrag des Infinitivmarkierers zu addieren (s. Demske-Neumann 1994):

(i) *Dhar ist auh in dhemu gotes nemin fater zi firstandanne* (Is 4.14)
     ‚auch dort ist im Namen Gottes der Vater zu sehen'
(ii) *iz wirdit étheswanne thoh iu zi wizanne*   (O IV.11.28)
     ‚es wird euch dennoch irgendwann zu wissen'

finitive als Komplemente haben können, ohne dass mit dem formalen Wechsel eine Bedeutungsveränderung einhergeht, wie Haspelmaths Modell voraussagen würde. Das lässt sich besonders schön an den folgenden Belegen des Verbs *gilimphan* zeigen, die sich allein in der Form des Infinitivs unterscheiden, ohne dass ein Unterschied in der Bedeutung festzumachen wäre.

(27) a. Inti soso moyses arhuob thie nátrun In thero uuvostinnu
,und so wie Moses die Schlange in der Wüste erhöhte
só arheuan gilimphit mannes sun   (T 197.19)
so ziemt es sich den Menschensohn zu erhöhen'

b. Inti uuvo quidistu gilinpfit zi erhefanne mannes sun   (T 241.19)
,und wieso sagst du, es ziemt sich, den Menschensohn zu erhöhen'

Des weiteren zeigt die Auswertung aller ^{zu}Infinitive im Textkorpus, dass sich bereits in dieser Periode der deutschen Sprachgeschichte ^{zu}Infinitive in Verbindung mit Verben finden, die laut Haspelmath aufgrund ihrer Bedeutung erst im Mhd., Frühneuhochdeutschen oder Gwd. in Verbindung mit einem ^{zu}Infinitiv zu erwarten wären. Denn erst in diesen Perioden der deutschen Sprachgeschichte sei die finale Bedeutung des ^{zu}Infinitivs derart abgeschwächt, dass die nach diesen Verben zu erwartenden Modi durch einen ^{zu}Infinitiv ausgedrückt werden können. So sei der ^{zu}Infinitiv nach modalen Prädikaten wie dem Verb *zimen* ebenso wie den Adjektiven *gut* und *schlecht* frühestens im Mhd. zu erwarten, da der ^{zu}Infinitiv sich hier auf einen Sachverhalt beziehe, dessen künftige Verwirklichung als möglich bezeichnet wird (irrealis-potential). Entsprechende Konstruktionen mit dem Verb *gilimphan* 'geziemen' und dem Adjektiv *unnuzze* 'unnötig' aus dem Ahd. zeigen die folgenden Belege:[9]

(28) a. sehs taga sint in then gilimphit ziuuirkenne   (T 164.14)
,an sechs Tagen geziemt es sich zu arbeiten'

b. Sô ist únnúzze den rât íuuih ze hélenne   (N MC 80.22)
,so ist es nichtig, diese Ansicht vor euch zu verbergen'

Epistemische wie affirmative Verben in Verbindung mit ^{zu}Infinitiven sind im Rahmen des fraglichen Grammatikalisierungsmodells erst im Frühneuhochdeutschen zu erwarten, aber auch hier lassen sich die fraglichen Konstruktionen bereits im Ahd. nachweisen:

(29) a. Dhar ir auh quhad „Gotes gheist ist sprehhendi dhurah mih",
,Indem er außerdem sagte, „Gottes Geist spricht durch mich",
dhar meinida leohtsamo zi archennenne dhen heilegan gheist. (Is 4.3)
meinte er, den Heiligen Geist deutlich erkennbar gemacht zu haben.'

b. uuánda ér síu fóre uuéneta ze ézzenne humanas carnes
,weil er sie früher wähnte, Menschenfleisch zu essen'(N BCon 229.15)

---

[9] Bei dieser Adjektiv-Konstruktion handelt es sich nicht um einen Einzelbeleg: In 88 Belegen (= 81%) verbindet sich ein Adjektiv mit einem ^{zu}Infinitiv; nur in 21 Belegen tritt der Null-Infinitiv auf.

In dem Beleg (29a) bezeichnet der ᶻᵘInfinitiv einen bereits abgeschlossenen Sachverhalt. Anders als im Gwd., wo affirmative und epistemische Verben die Einbettung von Infinitivformen im Perfekt erlauben, kann diese temporale Bedeutung im Ahd. noch nicht mit der entsprechenden Form des Infinitivs ausgedrückt werden. Ganz sicher ist diese Bedeutung aber nicht verträglich mit einer finalen Bedeutung des *zu* beim Infinitiv. Das gilt ebenfalls für den von *wânen* 'wähnen' abhängigen Infinitiv in (29b).

Gegen die Analyse von Haspelmath spricht des weiteren das Auftreten von ᶻᵘInfinitiven in Verbindung mit Nomina: 93% aller infinitivischen Erweiterungen (insgesamt 42 Belege) sind ᶻᵘInfinitive. Nur im Einzelfall haben diese Infinitive eine finale Bedeutung, wie in dem Beleg unter

(30)   thâr stuantun uuazarfaz thên mannon sih zi uuasganne   (O II.8.28)
       ,dort standen Wasserfässer für die Menschen zum Waschen',

in der großen Überzahl handelt es sich hier um explikative Erweiterungen nach Nomina wie *giwalt* 'Macht', *drôst* 'Trost', *wunna* 'Freude' u.a. Der ᶻᵘInfinitiv wäre Haspelmath zufolge in diesen Konstruktionen nicht vor dem Mhd. zu erwarten:

(31)   a. mir nisprihhis niuueist thaz ih haben giuualt
          ,du sprichst nicht mit mir? weißt du nicht, dass ich die Macht habe,
          thih zierhahanne Inti giuualt ziforlázzanne?   (T 309.9)
          dich hängen oder dich gehen zu lassen'
       b. Nu ist aber mîn drôst ze geséhenne Gótes kuot.
          ,nun ist es aber ein Trost für mich, zu sehen Gottes Güte
          in dero lébendon lande.   (N *Ps* 82.7)
          auf Erden'

Schließlich erscheint im Ahd. nach voluntativen und direktiven Verben wie *gerôn* 'begehren' und *lusten/lustôn* 'gelüsten' der Null-Infinitiv, obwohl der Modus des infinitivischen Komplements nach Haspelmath die Form mit *zu* verlangt:

(32)   a. dien gérot er gelîh uuerden   (N *Ps* 96.29)
          ,dir wünscht er, ähnlich zu werden'
       b. lustida sie christinheidi chilaupnissa chihoran.   (Is 9.10)
          ,gelüstete sie, den christlichen Glauben zu vernehmen'

Für die verbalen Infinitivformen des Ahd. gilt folglich, dass die finale Bedeutung des Infinitivmarkierers *zu* das Auftreten des ᶻᵘInfinitivs nur in seinem adverbialen und prädikativen Gebrauch vorhersagt. Da beide Infinitivformen ohne Bedeutungsveränderung austauschbar sind, wenn der Infinitiv als Komplement erscheint, muss davon ausgegangen werden, dass *zu* in Verbindung mit dem Infinitiv in diesen syntaktischen Kontexten bereits im Ahd. keinen eigenen Beitrag zur Bedeutung des ᶻᵘInfinitivs (mehr) liefert. Für die Distribution dieser Infinitive muss deshalb nach einer anderen Erklärung gesucht werden, wenn man nicht mit Thráinsson (1998: 357f.) davon ausgehen will, dass die Setzung beider Formen willkürlich erfolgt. Dazu ist zunächst aber eine umfassende Bestandsaufnahme infinitivischer Komplemente zu leisten.

4 Infinitivische Komplemente im Althochdeutschen

In diesem Abschnitt wird es darum gehen, die infinitivischen Komplemente von Verben in einem gegebenen Textkorpus nach Formgesichtspunkten zu erfassen. Entsprechend den Verhältnissen im Gwd. werden die Verben im Ahd. drei unterschiedlichen Gruppen zugeordnet, je nachdem, ob sie stabil mit dem Null-Infinitiv oder dem ^{zu}Infinitiv erscheinen, oder ob sie sich mit beiden Formen verbinden können.

4.1 Verben mit Null-Infinitiv

Zu der ersten Gruppe von Verben, die ausschließlich mit dem reinen Infinitiv erscheinen, gehören im Ahd. die Modalverben *kunnan, durfan, scolan, mugan, muoz, wellen* sowie *gitar* 'ich wage' als weiteres Präterito-Präsens:[10]

(33)   ther sih thés muaz frówon   (O IV.15.6)
       ‚der in der Lage ist, sich dessen zu freuen‘

Ebenso sind Verben der Sinneswahrnehmung wie *hôren* 'hören' und *sehan* 'sehen' und die kausativen Verben *lâzan* 'lassen', *heizan* 'heißen' und *gituon* 'veranlassen' im Ahd. auf die Verbindung mit dem reinen Infinitiv festgelegt:[11]

(34)   a. Tho ward hímil offan, then fáter hort er spréchan   (O I.25.15)
          ‚da öffnete sich der Himmel, und er hörte den Vater sprechen‘
       b. trohtin ob thúz bist heiz mih queman   (T 119.29)
          ‚Herr, wenn du es bist, lasse mich kommen‘

Welche Verben eine AcI-Konstruktion eingehen können, ist im Ahd. autorenabhängig: Während der Gebrauch dieser Konstruktion bei Otfrid im wesentlichen auf die beiden Wahrnehmungsverben *sehen* und *hören* beschränkt ist, findet sich bei Tatian wie bei Notker der AcI außerdem nach Verben des Meinens und Wissens, den Verba Declarandi u.a. (vgl. Speyer i.E.).

---

[10] Eine vermeintliche Ausnahme stellt das Modalverb *scolan* dar, das bei Otfrid einmal mit einem ^{zu}Infinitiv erscheint: *waz scal es ávur thanne nu so zi frágenne* ‚was soll es aber, jetzt wieder so danach zu fragen‘ (O III.20.124). Das Verb *scolan* wird in diesem Kontext nicht als Modalverb verwendet, sondern als Vollverb im Sinne von 'bedeuten'. Dieser Gebrauch von *sollen* findet sich im heutigen Deutsch auch ohne den Infinitiv in Beispielen wie *Was soll das Geschrei*?

[11] Das Korpus weist einen Beleg auf, in dem das kausative *gituon* mit einem ^{zu}Infinitiv verwendet wird: *Vuer getuôt mih ioh dien ze uuizzene die mîn nieht ne-uuellen* ... ‚wer bringt mich auch denen zur Kenntnis, die nicht wollen, dass ich ...‘ (N Ps 205.40).

Damit verbinden sich im Ahd. alle diejenigen Verben stabil mit dem Null-Infinitiv, die das auch im Gwd. tun. Über die genannten Verben hinaus sind im Ahd. einige andere Verben auf die Verbindung mit dem Null-Infinitiv beschränkt, die im Gwd. stabil mit dem ^{zu}Infinitiv konstruieren (soweit sie noch verwendet werden): Allerdings subkategorisieren die Verben *minnôn* 'vorziehen', *nôten* 'zwingen', *trûên* 'zutrauen' und *zilôn* 'beabsichtigen' so selten einen Infinitiv, dass dieser Befund auf Zufälligkeiten in der Überlieferungssituation zurückzuführen sein mag (insgesamt sieben Belege). Ansonsten zeichnet sich die Gruppe der Kontrollverben im Ahd. durch die formale Varianz ihrer Infinitivkomplemente aus (s. Abschnitt 4.3).

(35)   sósó thie lihhizara thiethar minnont in samanungu Inti in
       ,so wie die Heuchler, die es vorziehen in der Synagoge und an den
       giuuiggin strazono stantante <u>beton</u>.   (T 67.10)
       Straßenecken stehend zu beten'

Entgegen bisherigen Annahmen (Paul 1920: 117, Ebert 1986: 150f.) sind im Ahd. auch Anhebungskonstruktionen bereits belegt. Die unter (36) angeführten Belege sind repräsentativ für das Ahd., insofern sich die Verben *scînan* 'scheinen' und *thunken* 'dünken' ausschließlich mit dem Null-Infinitiv verbinden; der bei *thunken* auch belegte ^{zu}Infinitiv ist auf die Subjektfunktion beschränkt:

(36)   a. Tánnân skînet óffeno éin ding <u>uuésen</u>   (N *BCon* 162.26)
       ,von da an scheint offenkundig eine Sache zu sein'
       b. Ándera uuîla tûohta si mír den hímel <u>rûoren</u> .
       ,bald deuchte sie mir den Himmel zu berühren
       mit óbenahtigemo hóubete   (N *BCon* 8.7)
       mit dem Scheitel'
       c. dâr dunchet mir reht . sîna intellegentiam <u>ze óffenónne</u>   (N *Ps* 438.14)
       ,da dünkt mir richtig, seine Klugheit zu enthüllen'

Damit ergibt sich in Bezug auf Anhebungskonstruktionen ein wesentlicher Unterschied zwischen dem Ahd. und dem heutigen Deutsch: Obwohl die Verben *scheinen* und *dünken* wie die Modalverben und die AcI-Verben im Gwd. obligatorisch kohärent konstruieren, verbinden sich diese Verben im Ahd. stabil mit dem Null-Infinitiv, im Gwd. aber mit dem ^{zu}Infinitiv, während Infinitivkonstruktionen mit Modalverben und AcI-Verben seit dem Ahd. konstant die Form des Null-Infinitivs aufweisen.[12]

4.2 Verben mit ^{zu}Infinitiv

Zu den Verben, die im Ahd. stabil mit dem ^{zu}Infinitiv erscheinen, gehören die Auxiliarverben *wesan* 'sein', *werdan* 'werden' und *habên/eigan* 'haben'. Vor

---

[12] Welche Rolle der Zusammenhang von Kohärenz und Form des Infinitivkomplements in der Geschichte der Anhebungskonstruktionen spielt, ist Gegenstand einer eigenen Untersuchung.

allem die Verbindung des ᶻᵘInfinitivs mit *wesan* ist im Ahd. ausgesprochen produktiv. Wie bereits ausgeführt, erklärt sich die Verwendung des ᶻᵘInfinitivs bei diesen Verben aus der modalen Bedeutung prädikativ zu deutender Konstruktionen (s.o. 3.2). Für die Fragestellung dieses Beitrags spielen sie keine Rolle.

4.3 Verben mit Null-Infinitiv und ᶻᵘInfinitiv

In diesem Abschnitt geht es um die größte Gruppe von Verben mit infinitivischen Erweiterungen, d.h. diejenigen Verben, die im Ahd. mit beiden Formen des Infinitivs belegt sind. Für eine kleine Gruppe dieser Verben ist zu beobachten, dass der Wechsel in der Form mit einer Veränderung in der Bedeutung korrespondiert. Dazu gehören die beiden Verben *wizzan* ('wissen' vs. 'verstehen') sowie *gisehan* ('sehen' vs. 'zusehen, kümmern'):

(37) a. mittiu ir gisehet abraham [...] Ingangan In gotes richi   (T 186.6)
‚wenn ihr Abraham [...] in Gottes Reich eingehen seht'

b. libhizari áruuirph zí heristen balcon fon thinemo ougen thanne
‚Heuchler, entferne zuerst den Balken von deinem Auge, bevor
gisihis thú ziaruuerphanne fesun fon thines bruoder ougen.   (T 72.4)
du zusiehst, den Splitter aus deines Bruders Auge zu entfernen'

In (37a) verbindet sich das Verb *gisehan* in der Bedeutung 'sehen' mit einer Nominalphrase im Akkusativ und dem reinen Infinitiv, *gisehan* in (37b) ist zu interpretieren als 'sieh zu, kümmere dich darum' und selegiert einen ᶻᵘInfinitiv. In der Mehrzahl der Fälle sind die beiden Infinitivformen im Ahd. jedoch ohne Bedeutungsänderung austauschbar.

Das gilt zunächst für die Phasenverben *biginnan, gistandan* 'beginnen', die in den älteren Texten des Ahd. ausschließlich mit dem reinen Infinitiv auftreten; erst bei Notker erscheint neben dem Null-Infinitiv vereinzelt der im heutigen Deutschen obligatorische ᶻᵘInfinitiv.

(38) a. Thó bigan er wúafan, zi drúhtine rúafan   (O IV.18.39)
‚da begann er zu jammern, nach dem Herrn zu rufen'

b. after thésen werkon gistuant er góte thankon   (O IV.34.16)
‚nach diesen Werken begann er Gott zu danken'

c. uuára íh tíh pegúnnen hábeo ze léitenne   (N BCon 109.26)
‚wohin ich dich zu leiten begonnen habe'

Dagegen lässt sich das Phasenverb *bilinnan* 'aufhören' bereits bei Tatian mit beiden Formen des Infinitivs nachweisen, wie (39) zeigt:

(39) a. thisiu fon thes siu Ingieng nibilan siu cussan mine fuozi   (T 239.6)
‚diese aber, seit sie eintrat, hat nicht aufgehört, meine Füße zu küssen'

b. So hér tho bilan zisprehhanne   (T 55.13)
‚als er doch aufhörte zu sprechen'

Die Gruppe von Verben, über die hier jedoch ausführlicher zu sprechen sein wird, ist die große Gruppe der Kontrollverben. Zunächst sollen die fraglichen Verben in Abhängigkeit von der Zahl ihrer Argumente auf die Verwendung der Infinitivformen überprüft werden. Aus Gründen der Übersichtlichkeit sind nur diejenigen zweistelligen Verben in Tabelle 1 erfasst, die ausreichend häufig mit infinitivischen Erweiterungen belegt sind.[13] Exemplarisch sind Belege für beide Infinitivformen in Verbindung mit dem Verb *forhten* 'fürchten' gegeben:

(40) a. úbe er dén scáz nehabeti . dén er fúrhtet <u>ferlîesen</u>   (N *BCon* 121.18)
       'wenn er den Schatz nicht hat, den er zu verlieren fürchtet'
     b. únde er fúrhtet <u>ze uerlîesenne</u>   (N *BCon* 18.24)
       'weil er fürchtet ins Verderben zu stürzen'

Wie aus der Tabelle 1 deutlich wird, sind bei den zweistelligen Verben die Formen des ᶻᵘInfinitivs in der Überzahl:

Tabelle 1: Infinitivische Komplemente von zweistelligen Verben

Verben	Null-Infinitiv	ᶻᵘInfinitiv
arlouben 'erlauben'	1	7
beneimen 'bestimmen'	1	4
sih beiten 'sich bemühen'	12	1
furhten 'fürchten'	3	6
(ge-)denchen 'denken'	1	6
gelâzen 'gewähren'	1	5
(ge-)lîchên 'gefallen'	-	4
(ge-)lirnên 'lernen'	7	1
gerôn 'begehren'	4	7
(ge-)spuon 'gelingen'	-	4
gilimphan 'geziemen'	10	20
lusten 'wünschen'	1	16
suohhen 'versuchen'	1	23
	42	104

Der Infinitiv hat in Verbindung mit den in der Tabelle 1 angeführten Verben die Funktion eines Komplements; auch bei den Verben *lusten*, *(ge-)spuon*, *tunchen*, *gelâzen*, *(ge-)lîchên*, *gilimphan* und *arlouben*, obwohl diese unpersönlich konstruiert werden und deshalb angenommen werden könnte, dass der Infinitiv hier Subjektfunktion hat. Am Beispiel der Konstruktion *wesan* + *arloubit* lässt sich zeigen, dass in diesen Fällen wohl eine unpersönliche Konstruktion vorliegt:

---

[13] Einzelbelege von Verben mit infinitivischen Komplementen:
biwânen 'hoffen', *gilouben* 'verzichten auf', *wegan* 'abwägen', *sih einôn* 'sich entschließen', *giên* 'verlangen', *girinnan* 'genügen', *fermîdan* 'vermeiden', *gisprehhan* 'verkünden', *sih scâmen* 'sich schämen', *förderon* 'fordern', *fermugen* 'vermögen', *gihugen* 'denken an', *scaffôn* 'schaffen', *slahet ana* 'es ist jdm. vererbt', *erdriezen* 'verdrießen', *langên* 'verlangen nach', *gezimen* 'sich ziemen', *gifallan* 'gefallen', *genuogen* 'genügen', *gân* 'darauf hinauslaufen', *gescehan* 'geschehen', *anagân* 'zukommen', *lustôn* 'wünschen'.

(41) a. sambaztag ist. nist arloubit dir [zinemmenna thin dragabetti](T 135.25)
,es ist Sabbat. Dir ist nicht erlaubt, deine Trage zu nehmen'
b. ih fragen íuuih, oba íz arloubit sí [in sambaztag uuola tuon] (T 106.19)
,ich frage euch, ob es erlaubt sei, am Sabbat Gutes zu tun'
c. thiu erloubit niuuarun imo [ziezzane]   (T 105.28)
,die [die Brote] ihm nicht zu essen erlaubt waren'

Wie das Beispiel der prädikativen Konstruktion *wesan + arloubit* zeigt,[14] kann das Prädikat sowohl allein mit der infinitivischen Erweiterung als auch mit Infinitiv und *es*-Subjekt erscheinen (vgl. (41a) und (41b)). Außerdem kann das interne Argument des Infinitivs topikalisiert sein wie in (41c). Entscheidend ist, dass in diesem Beleg das topikalisierte Argument Kongruenz mit dem finiten Auxiliarverb eingeht, also grammatisches Subjekt der Konstruktion ist. Das ist aber nur möglich, wenn der ᶻᵘInfinitiv nicht die Funktion des Subjekts hat.

Für die dreistelligen Verben differiert das Bild im Hinblick auf die Verteilung von Null-Infinitiven und ᶻᵘInfinitiven, da hier die Null-Infinitive gegenüber den ᶻᵘInfinitiven überwiegen (41 Belege oder 57%). Der Befund ist in Tabelle 2 dargestellt.

Tabelle 2: Infinitivische Erweiterungen von dreistelligen Verben

Verben	Null-Infinitiv	ᶻᵘInfinitiv
bifelahan 'auftragen'	-	1
biten 'bitten'	1	4
gemanôn 'erinnern an'	-	1
gibiotan 'gebieten'	1	7
giheizan 'versprechen'	-	1
(gi-)helfen 'helfen'	-	4
irteilen 'verurteilen'	-	1
lêren 'lehren'	38	5
muotôn 'verlangen'	-	1
reizen 'reizen'	-	1
scunden 'drängen'	1	2
uuanan 'gönnen'	-	2
	41	31

(42) a. truhtin leri unsih beton   (T 67.32)
,Herr, lehre uns beten'
b. leret sie zibihaltanne alliu so uúelichiu so ih íu gibot (T 341.11)
,lehret sie, alles zu befolgen, was ich euch geboten habe'

---

[14] Es handelt sich hier nicht um eine Passivkonstruktion, in der das interne Argument (i.e. der Infinitiv) von *arlouben* zum grammatischen Subjekt wird. Wie Eroms in verschiedenen Arbeiten gezeigt hat (zuletzt in Eroms 2000: 385f.), entwickeln sich Passivkonstruktionen erst im Verlauf des Mhd. aus prädikativen Konstruktionen.

Auch wenn sich die Verben in Tabelle 1 und 2 in der Zahl ihrer Argumente unterscheiden, haben die infinitivischen Erweiterungen doch bei beiden Gruppen von Verben die Funktion von Komplementen, so dass die Unterschiede nicht davon abhängig gemacht werden können, ob der Infinitiv regiert oder unregiert ist. Die relativ große Zahl von Belegen für das dreistellige Verb *lêren*, das sich im Ahd. vor allem mit dem Null-Infinitiv verbindet, suggeriert einen ganz anderen Zusammenhang: Offensichtlich spielt es für die Wahl der Infinitivform eine Rolle, welche Nominalphrase des Matrixsatzes das nicht realisierte Subjektargument des Infinitivs kontrolliert. Die Verben aus den beiden vorausgehenden Tabellen werden deshalb auf einen Zusammenhang von Infinitivform und der jeweils bestehenden Kontrollbeziehung überprüft.

Da sind zunächst die Verben mit Subjektkontrolle:

Tabelle 3: Verben mit Subjektkontrolle

Verben	Null-Infinitiv	^{zu}Infinitiv
beneimen 'bestimmen'	1	4
sih beiten 'sich bemühen'	12	1
(ge-)lirnên 'lernen'	7	1
furhten 'fürchten'	3	6
(ge-)denchen 'denken'	1	6
gerôn 'begehren'	4	7
muotôn 'verlangen'	-	1
suohhen 'versuchen'	1	23
	29	49

Die Infinitivkonstruktionen, die Objektkontrolle aufweisen, lassen sich weiter differenzieren in Verben mit Dativ- und Verben mit Akkusativkontrolle. In den Tabellen 4 und 5 sind die Ergebnisse dieser Auswertung zusammengestellt:

Tabelle 4: Verben mit Kontrolle durch das Dativkomplement

Verben	Null-Infinitiv	^{zu}Infinitiv
arlouben 'erlauben'	-	5
bifelahan 'auftragen'	-	1
(gi-)helfen 'helfen'	-	4
gelâzen 'gewähren'	2	4
gibiotan 'gebieten'	-	2
giheizan 'versprechen'	-	1
gilimphan 'geziemen'	1	9
(ge-)lîchên 'gefallen'	-	4
(ge-)spuon 'gelingen'	-	4
uuanan 'gönnen'	-	2
	3	36

Tabelle 5: Verben mit Kontrolle durch das Akkusativkomplement

Verben	Null-Infinitiv	^{zu}Infinitiv
biten 'bitten'	1	1
gibiotan 'gebieten'	1	1
gemanôn 'erinnern an'	-	1
gilimphan 'geziemen'	8	2
irteilen 'verurteilen'	-	1
lêren 'lehren'	33	4
lusten 'wünschen'	1	17
reizen 'reizen'	-	1
scunden 'drängen'	1	2
	45	30

Von diesen drei Typen der Kontrollbeziehung muss als vierter Typ schließlich die arbiträre Kontrolle unterschieden werden: Das externe Argument des Infinitivs wird hier nicht unter Rekurs auf ein Argument des Matrixprädikats interpretiert, sondern ist aus dem weiteren Kontext zu rekonstruieren, wie in dem folgenden Beleg für das Verb *lêren* illustriert:

(43)   Únde díu sélba ysis lêrta den fláhs árbeiten. únde spínnen?
,und eben diese Isis lehrte, den Flachs zu bearbeiten und zu spinnen'
(N MC 140.6)

In der folgenden Tabelle ist der Zusammenhang von Infinitivform und Kontrollbeziehung für diesen Kontrolltyp dargestellt:

Tabelle 6: Verben mit arbiträrer Kontrolle

Verben	Null-Infinitiv	^{zu}Infinitiv
arlouben 'erlauben'	1	2
biten 'bitten'	-	3
gibiotan 'gebieten'	-	4
lêren 'lehren'	3	-
gilimphan 'geziemen'	1	9
	5	18

Insgesamt lässt sich für die Verteilung von Null-Infinitiv und ^{zu}Infinitiv bei den Kontrollverben ein deutliches Überwiegen des ^{zu}Infinitivs feststellen. Im Unterschied zum heutigen Deutsch, wo Kontrollverben obligatorisch mit dem ^{zu}Infinitiv erscheinen, liegt die Frequenz jedoch bei erstaunlich geringen 68% der belegten Infinitivkonstruktionen.

Welche Faktoren sind für die Distribution der Infinitivformen im Ahd. verantwortlich? Wie die Tabellen 3 bis 6 zeigen, spielt es offensichtlich eine Rolle, in welcher Form das kontrollierende Argument im Matrixsatz realisiert ist: Bei Kontrolle durch das Akkusativkomplement überwiegt die Form des Null-Infinitivs, bei Subjekt-, Dativ- oder arbiträrer Kontrolle der ^{zu}Infinitiv. Ich deute diesen Befund so, dass bei Infinitivkonstruktionen mit Akkusativkontrolle zumindest oberflächliche Affinitäten zu AcI-Konstruktionen bestehen, die stabil mit dem Null-Infinitiv konstruieren. In beiden Konstruktionen subkategorisiert das regierende Verb neben dem Infinitiv eine Nominalphrase im Nominativ und eine im Akkusativ. Der Einfluss der AcI-Konstruktion ist anscheinend so stark, dass die entsprechenden Kontrollkonstruktionen die Form des Null-Infinitivs gegenüber der Form des ^{zu}Infinitivs favorisieren. Für diese Interpretation des ahd. Befundes sprechen die folgenden Beobachtungen: (i) Unpersönliche Verben mit Akkusativkontrolle wie *lusten* 'wünschen' erscheinen mit dem ^{zu}Infinitiv, da hier die Nähe zur AcI-Konstruktion aufgrund der fehlenden Nominalphrase im Nominativ nicht gegeben ist. (ii) Ein Verb wie *gilimphan* 'geziemen' verbindet sich vorzugsweise mit dem ^{zu}Infinitiv, wenn Dativkontrolle oder arbiträre Kontrolle vorliegt; dagegen erscheint der Null-Infinitiv, wenn Akkusativkontrolle besteht. Der beobachtete Kontrast zwischen Dativ- und Akkusativkontrollkonstruktionen wird allerdings abgeschwächt, sobald passivierte Infinitive eingebettet werden, die sich offenbar im Ahd. der *zu*-Setzung sperren, wie im Folgenden für die Matrixverben *gilimphan* und *lusten* gezeigt:[15]

(44) a. bithiu [...] tazdar giscriban ist gilimpfit gifullit uuerdan   (T 282.11)
    ‚weil [...] das geschrieben steht, geziemt es sich erfüllt zu werden'
  b. Únde be díu lústet siu gebúnden uuérden ze démo énde
                                                        (N BCon 224.24)
    ‚und weil sie begehren, gefesselt zu werden zu diesem Zwecke'

Wie die Diskussion der historischen Daten gezeigt hat, variiert die Form infinitivischer Erweiterungen im Ahd., ohne dass systematische Gründe dafür nachzuweisen sind. Vielmehr wird die Entscheidung für den Null-Infinitiv nach Verben im Ahd. stark durch die Nähe zur AcI-Konstruktion beeinflusst, die bereits im Ahd. auf den reinen Infinitiv festgelegt ist. Am Beispiel des Verbs *gilimphan* sich 'geziemen' soll im nächsten Abschnitt der Einfluss von zwei weiteren Faktoren auf die Setzung der Infinitivformen untersucht werden, die ebenfalls der Perfomanz zuzurechnen sind.

5 Der Fall *gilimphan*

Laut Behaghel (1923: 307) hängt die Verteilung von Null-Infinitiv und ^{zu}Infinitiv von der Festigkeit der Verbindung zwischen dem regierenden Verb und dem Infinitiv ab. Zwei der von ihm genannten drei Kriterien, an denen sich diese Festigkeit messe (s.o.), sollen exemplarisch an dem Verb *gilimphan* überprüft werden, das mit beiden Formen des Infinitivs ausreichend stark belegt ist.

---

[15] Die Beobachtung, dass nur Null-Infinitive, aber keine ^{zu}Infinitive im Ahd. passiviert werden können, ist meiner Ansicht nach so zu deuten, dass die Relikte von Kasusmorphologie den ^{zu}Infinitiv mit der typisch verbalen Eigenschaft der Passivierbarkeit unverträglich machen. Ein passivierter ^{zu}Infinitiv ist demnach erst nach dem Abbau dieser Markierung denkbar.

5.1 Zu den Erweiterungen des Infinitivs

Die größte Zahl der Infinitivkonstruktionen mit dem Verb *gilimphan* weist genau eine Erweiterung auf (25 Belege). Davon erscheint in 60% aller Fälle der ^{zu}Infinitiv, d.h. die Setzung des Infinitivmarkierers ist fakultativ (s. jedoch oben), was vor allem an einem Beispielpaar wie (45) deutlich wird (auch als (27)).

(45) a. só <u>arheuan</u> gilimphit mannes sun   (T 197.19)
   ,so ziemt es sich den Menschensohn zu erhöhen'
   b. gilinpfit <u>zierhefanne</u> mannes sun   (T 241.19)
   ,es ziemt sich, den Menschensohn zu erhöhen'

Mehr als eine Erweiterung weisen insgesamt fünf Belege auf. Mit einer Ausnahme wird immer der ^{zu}Infinitiv gesetzt, der einzige Null-Infinitiv erscheint in einer Koordinationsstruktur mit einem Null-Infinitiv im ersten Konjunkt. Nach Bech (1955/57) müssen koordinierte Formen infiniter Verben aber in Kontexten wie (46) den gleichen Status (d.h. die gleiche Form) aufweisen.

(46) uuanta so gilanf crist <u>tróen</u>. Inti <u>arstantan</u> fon tode thritten tages
   ,denn es geziemte sich für Christus, zu leiden und am dritten Tage
   vom Tode aufzuerstehen'   (T 334.15)

Was nun die Infinitivkonstruktionen betrifft, die keinerlei Erweiterungen haben, so erscheinen in sechs von sieben Belegen reine Infinitive, während nur einmal ein ^{zu}Infinitiv belegt ist. Und dieser Beleg ist wieder Teil einer Koordinationsstruktur:

(47) In gilimphit <u>uuahsen</u> mih <u>ziminnironne</u>   (T 57.15)
   ,ihm geziemt es zu wachsen, mir geziemt es, kleiner zu werden'

Der ^{zu}Infinitiv in (47) scheint mir in dieser Umgebung vollkommen unmotiviert, da (i) das Verb *minnirôn* keine Erweiterungen aufweist, und (ii) eine Kontrollbeziehung des externen infinitivischen Arguments zu einem akkusativischen Komplement besteht.

Insgesamt lässt sich festhalten, dass wie im Gwd. die Zahl der Erweiterungen eine Rolle spielt – zumindest, was die beiden extremen Fälle von mehr als einer respektive keiner Erweiterung betrifft. Hier sei an die gegenwartssprachlichen Beispiele unter (10) für das Verb *helfen* erinnert.

5.2 Entfernung von Infinitiv und regierendem Verb

Der zweite Faktor, der nach Behaghel die Distribution der Infinitivformen steuert, ist die Entfernung zwischen regierendem Verb und dem eingebetteten Infinitiv. Wieder lassen sich drei Fälle unterscheiden: In der Mehrzahl der Belege interveniert genau eine Konstituente zwischen Matrixverb und Infinitiv (18 Belege). In 67% dieser Infinitivkonstruktionen erscheint ein ^{zu}Infinitiv:

(48) a. uuanta andren burgin gilimphit mir zigotspellonne gotes rihhi (T 59.8)
   ‚denn anderen Städten geziemt mir, das Evangelium vom Reich
   Gottes zu verkünden'
   b. gilamf inan uaran thuruh samariam.   (T 130.22)
   ‚es geziemte sich für ihn, den Weg durch Samaria zu nehmen'

In nur vier Belegen sind der Infinitiv und das übergeordnete Verb durch mehr als eine Konstituente voneinander getrennt, und nur in einem dieser Belege findet sich ein ᶻᵘInfinitiv:

(49) a. bithiu gilimphit in sambaztag uuola zituonne.   (T 106.31)
   ‚darum geziemt es sich, am Samstag Gutes zu tun'
   b. uuaz sagent thie buochera thaz gilimphe heliam zierist queman?
   ‚warum sagen die Bücher, dass es sich für Elija gezieme,
   zuerst zu kommen'   (T 146.22)

Schließlich liegt in zehn Belegen Adjazenz von regierendem Verb und ᶻᵘInfinitiv vor; in sechs von diesen zehn Belegen erscheint ein ᶻᵘInfinitiv:

(50) a. uuio uuerdent gifultiu thiu giscrip uuantiz so gilimpfit ziuuesanne?
   ‚wie würde die Schrift erfüllt, wenn es so geschehen muss' (T 298.13)
   b. mih gilimphit uuirkan sinu uuerc tie mih santa   (T 220.21)
   ‚mir geziemt es, die Werke dessen zu vollbringen, der mich sandte'

Meines Erachtens reichen bereits diese Belege aus, um nachzuweisen, dass die Entfernung zwischen regierendem Verb und Infinitivkomplement zumindest im Ahd. keinerlei Auswirkungen auf die Distribution der Infinitivformen hat. Andernfalls müsste bei Adjazenz beider Verben eindeutig eine Präferenz für den Null-Infinitiv zu beobachten sein, und bei Intervention von mehr als einer Konstituente wäre vorzugsweise der ᶻᵘInfinitiv zu erwarten. Beides ist aber nicht der Fall. Bevor ich meine Ausführungen zusammenfasse, soll ein kurzer Blick auf die lateinische Vorlage zumindest für das Verb *gilimphan* klären, ob diese die Verteilung der Infinitivformen beeinflußt haben könnte.

5.3 Eine lehnsyntaktische Erklärung?

Für die Beantwortung der Frage, inwieweit das Auftreten des ᶻᵘInfinitivs durch bestimmte Verbformen der lateinischen Vorlage bedingt ist, bietet sich unter den untersuchten Texten besonders der Tatian als ein Text an, der zu den interlinearartigen Übersetzungen gerechnet wird. Zudem finden sich die infinitivischen Konstruktionen in Verbindung mit *gilimphan* ausschließlich in diesem Text.

Im Tatian werden Infinitivformen in erster Linie verwendet, um Infinitive des Lateinischen wiederzugeben. Das gilt für aktivische ebenso wie für passivische Formen des lateinischen Infinitivs. Für die Verteilung der Infinitivformen spielt das Genus Verbi der Vorlage keine Rolle, wie die Belege unter (51) und

(52) demonstrieren sollen, die zum Teil bereits eingeführte Belege nun mit der jeweiligen lateinischen Vorlage wiederholen.

(51)   a. bithiu gilimphit in sambaztag uuola zituonne.   (T 106.31)
             Ideoque licet sabbato bene facere.
        b. gilinpfit zierhefanne mannes sun?   (T 241.19)
             oportet exaltari filius hominis?

(52)   a. gilamf inan uaran thuruh samariam   (T 130.22)
             Oportebat autem eum transire per samariam
        b. só arheuan gilimphit mannes sun   (T 197.19)
             ita exaltari oportet filium hominis

Zu diesem Befund gibt es eine Ausnahme: Wenn der passivische Infinitiv des Lateinischen mit einer passivischen Form im Ahd. wiedergegeben wird, erscheint der Null-Infinitiv (vgl. auch die Beispiele unter (44)):

(53)   uuanta gilinfit then mannes sun ziselenne In hant suntigero manno Inti quia oport& filium hominis tradi In manus hominum peccatorum & arhangan uuerdan Inti thritten tages arstantan.   (T 325.2)
             crucifigi & die tertia resurgere.

Die Infinitivformen der lateinischen Verba Deponentia werden ebenfalls durch den reinen Infinitiv im Aktiv oder Passiv sowie den *zu*Infinitiv übersetzt, wie für die Deponentia *nasci*, *pati* und *mori* gezeigt:

(54)   a. íu gilimphit abur giboran uuerdan   (T 196.26)
             oportet vos nasci denuo
        b. eno nigilanf thisiu christ trúen inti Ingangan in sina diurida. (T 331.22)
             Nonne haec oportuit pati Christum et intrare in gloriam suam?
        c. zisperi oba mir gilimphit mit dir zisterbanne   (T 277.21)
             etiamsi oportuerit me mori tecum

Es kann folglich festgehalten werden, dass die lateinische Vorlage für die Verteilung von Null-Infinitiv und *zu*Infinitiv im Tatian offensichtlich ohne Bedeutung ist. In dieser Hinsicht unterscheidet sich die Übersetzung des Tatian grundsätzlich von der Wort-für-Wort-Übersetzung der ahd. Benediktinerregel. Für sämtliche Belege des *zu*Infinitivs in diesem Text gilt, dass sie auf eine Form des lateinischen Gerundivums zurückgeführt werden können (vgl. auch Behaghel 1923: 307), wie etwa in

(55)   der intfianc selo ze rihtanne   (Benediktinerregel II.26)
             qui suscepit animas regendas.

während der Null-Infinitiv zur Übertragung der lateinischen Infinitive in der Vorlage verwendet wird. Anders als der Übersetzer der Benediktinerregel also scheint die Übersetzung des Tatian im Hinblick auf die Wiedergabe von Infinitivkonstruktionen relativ frei zu sein. In keinem Fall wird ein Gerundivum aus dem Lateinischen als ein *zu*Infinitiv übertragen, nur einmal findet sich ein Gerundium in der Vorlage.¹⁶ Dieser Befund stimmt auch mit den Ergebnissen von Dentschewa (1987) überein, die am Beispiel der AcI-Konstruktion untersucht hat, inwieweit die lateinische Vorlage und der ahd. Tatian-Text hier übereinstimmen: Sie konnte zeigen, dass die AcI-Konstruktionen des Lateinischen im ahd. Text durch andere Konstruktionen wiedergegeben werden, wenn die entsprechende AcI-Konstruktion im Ahd. markiert ist.

6 Zusammenfassung

Entwicklungsgeschichtliche Beschreibungen des Infinitivs vermitteln ein Bild von der Distribution der Infinitivformen, das nicht differenziert genug ist, um die Verhältnisse im Ahd. empirisch wirklich adäquat zu erfassen. Wie die vorausgehenden Überlegungen gezeigt haben, sind nicht nur nominal und verbal gebrauchte Formen des Infinitivs sorgfältig auseinanderzuhalten, sondern es muss auch die adverbiale und prädikative Verwendung des Infinitivs von seiner Verwendung als Komplement unterschieden werden: Nur im ersten Fall ist die Bedeutung des Infinitivmarkierers ausschlaggebend für den Gebrauch des ᶻᵘInfinitivs. Für den Infinitiv in Komplementfunktion ist eine Zweiteilung der regierenden Verben im Hinblick auf die Form ihrer infinitivischen Komplemente zu beobachten: Modalverben, AcI-Verben und Anhebungsverben verbinden sich stabil mit dem Null-Infinitiv, während Kontrollverben nicht auf eine Form des Infinitivs festgelegt sind: Gesteuert wird die Wahl der Infinitivform hier durch Faktoren der Sprachverarbeitung. Ich schließe aus diesem Befund, dass die Form des Infinitivs im Ahd. kein diagnostisches Kriterium für die Kohärenz eines Verbalkomplexes ist. Inwieweit die infinitivischen Komplemente von Modalverben, AcI-Verben sowie Anhebungsverben im Ahd. syntaktische oder semantische Kohärenzkriterien aufweisen oder im Verlauf der Sprachgeschichte erst erwerben, muss zukünftiger Forschung vorbehalten bleiben. Besondere Aufmerksamkeit verdient dabei die Frage, weshalb die Anhebungsverben, die ebenso wie die Modalverben und AcI-Verben im heutigen Deutsch kohärent konstruieren, sich im Unterschied zu diesen beiden Verbgruppen nicht mehr mit dem Null-Infinitiv verbinden, sondern diesen durch den ᶻᵘInfinitiv ersetzt haben.

Quellen

Die althochdeutsche Benediktinerregel des Cod. Sang. 916. Hg. von U. Daab. Tübingen: Niemeyer 1959.
[Is] = Der althochdeutsche Isidor. Nach der Pariser Handschrift und den Monseer Fragmenten. Neu hg. von H. Eggers. Tübingen: Niemeyer 1964.
[N] = Die Werke Notkers des Deutschen. Hg. von E. Sehrt et al. Tübingen: Niemeyer 1975 ff.

---

[16] *sententi thisiu thesa salbun In minan lihamon t&a mih cibigrabanne* ‚mittens enim haec ungentum hoc In corpus meum, ad sepeliendum me fecit'. (T 237.29)

[O] = Otfrids Evangelienbuch. 6. Auflage. Hg. von O. Erdmann u. L. Wolff. Tübingen: Niemeyer 1973.
[T] = Die lateinisch-althochdeutsche Tatianbilingue Stiftsbibliothek St. Gallen Cod. 56. Unter Mitarbeit von E. De Felip-Jaud hg. von A. Masser. Göttingen: Vandenhoek & Ruprecht 1994.

Literatur

Bech, G. (1955/57): Studien über das deutsche Verbum infinitum. 2 Bde. Kopenhagen: Munksgaard. Neu ersch. Tübingen: Niemeyer 1983 (= Linguistische Arbeiten; 139).
Behaghel, O. (1923): Deutsche Syntax. Eine geschichtliche Darstellung. Bd. II. Heidelberg: Winter.
Callaway, M. (1913): The Infinitive in Anglo-Saxon. Washington: Carnegie Institution.
Demske, U. (i. Vorb.): The History of Raising Constructions in German.
Demske-Neumann, U. (1994): Modales Passiv und Tough Movement. Zur strukturellen Kausalität eines syntaktischen Wandels im Deutschen und Englischen. Tübingen: Niemeyer (= Linguistische Arbeiten; 326).
Dentschewa, E. (1987): "Zur sprachlichen Eigenständigkeit der althochdeutschen Tatian-Übersetzung in bezug auf den Gebrauch des Infinitivs". Beiträge zur Erforschung der deutschen Sprache 7, 207–232.
Ebert, R. P. (1986): Historische Syntax des Deutschen II: 1300–1750. Bern: Peter Lang.
Erdmann, O. (1874): Untersuchungen über die Syntax der Sprache Otfrids. Hildesheim: Olms.
Eroms, H.-W. (2000): Syntax der deutschen Sprache. Berlin: de Gruyter.
Fischer, O. (1994): "Verbal complementation in Early ME: How do the infinitives fit in?". In: D. Britton, Hrsg.: English Historical Linguistics. Amsterdam: Benjamins, 247–270.
Grewendorf, G. (1987): "Kohärenz und Restrukturierung. Zu verbalen Komplexen im Deutschen". In: B. Asbach-Schnitker & J. Roggenhofer, Hrsg.: Neuere Forschungen zur Wortbildung und Historiographie der Linguistik. Tübingen: Narr, 123–144.
Grimm, J. (1837): Deutsche Grammatik. Bd. IV. Neuer vermehrter Abdruck v. E. Schröder & G. Röthe, Göttingen/Gütersloh 1898.
Gunkel, L. (2000): "Selektion verbaler Komplemente. Zur Syntax der Halbmodal- und Phasenverben". In: R. Thieroff et al., Hrsg.: Deutsche Grammatik in Theorie und Praxis. Tübingen: Niemeyer, 111–121.
Haspelmath, M. (1989): "From purposive to infinitive – a universal path of grammaticization". Folia linguistica historica 10, 287–310.
Paul, H. (1920): Deutsche Grammatik. Bd. IV. Halle/S.: Niemeyer.
Reis, M. (2001): "Bilden Modalverben im Deutschen eine syntaktische Klasse?". [in diesem Heft]
Speyer, A. (erscheint): "Ursprung und Ausbreitung der AcI-Konstruktion im Deutschen". Sprachwissenschaft.
Thráinsson, H. (1998): "Infinitival complements in some old and modern Germanic languages". In: J.O. Askedal, Hrsg.: Historische germanische und deutsche Syntax. Akten des internationalen Symposiums anläßlich des 100. Geburtstages von Ingerid Dal. Oslo 27.9.–1.10.1995. Bern: Peter Lang (= Osloer Beiträge zur Germanistik; 21), 335–363.
Wilmanns, W. (1906): Deutsche Grammatik. Bd. III.1. Strassburg: K. J. Trübner.

Jena   Ulrike Demske

Friedrich-Schiller-Universität Jena, Institut für Germanistische Sprachwissenschaft, Fürstengraben 30, 07740 Jena, e-mail: Ulrike.Demske@rz.uni-jena.de

Scheinen-Probleme: Analogie, Konstruktionsmischung und die Sogwirkung aktiver Grammatikalisierungskanäle

Gabriele Diewald

Abstract

The verb *scheinen* in constructions with an infinitive with *zu*, like in *Sie scheint zu arbeiten* ('She seems to be working'), has acquired the function of an evidential marker in present-day German, and, in this use, is integrated into the paradigm of the grammaticalized modals. This paper addresses the question why *scheinen*, in opposition to the modals, takes an infinitive with *zu*, and how the constructional variations of this verb should be accounted for. These problems are investigated from a diachronic angle, assuming that channelization effects induced by the grammaticalization of the German modal verbs, analogy, and the merger of different constructions play an important role in the development of *scheinen*.

1 Einleitung

Die Konstruktion *scheinen* mit *zu*-Infinitiv befindet sich in einem Grammatikalisierungsprozeß, bei dem sich das Verb *scheinen* zum Evidentialitätsmarker entwickelt. Im Zentrum dieser Untersuchung stehen zwei in diesem Zusammenhang auftretende Erscheinungen, die in rein synchronen Analysen nicht befriedigend geklärt werden können. Sie werden daher im folgenden unter Einbeziehung der diachronen Perspektive und vor dem Hintergrund der Grammatikalisierungsvorgänge bei den Modalverben betrachtet. Diese beiden *scheinen*-Probleme sind, erstens, die Frage, wie die Infinitiv-Partikel *zu* im Vergleich zum reinen Infinitiv-Anschluß bei den Modalverben zu bewerten ist, und, zweitens, wie die verschiedenen Konstruktionstypen von *scheinen* im heutigen Deutsch aufeinander zu beziehen sind.

Der theoretische Rahmen, in dem diese Fragen angegangen werden, ist die Grammatikalisierungstheorie, wobei hier insbesondere das Konzept des Grammatikalisierungskanals von Bedeutung ist. Der Begriff Grammatikalisierungskanal meint das universal beobachtbare Phänomen, daß bestimmte grammatische Kategorien sich bevorzugt aus bestimmten Typen von Spenderlexemen bzw. Spenderstrukturen entwickeln, wobei die Entwicklung in sukzessiv geordneten Stufen erfolgt (Bybee, Perkins & Pagliuca 1994: 9ff., Heine, Claudi & Hünnemeyer 1991: 220ff., Lehmann 1995: 25ff.). Die Entstehung von Modusauxiliaren aus Modalverben im Deutschen, aber auch in anderen Sprachen, ist ein typisches, gut dokumentiertes Beispiel für Grammatikalisierungskanäle. Die Entwicklung von mit *scheinen* vergleichbaren Verben zu Evidentialitätsmarkern ist bislang weniger gut untersucht, aber nicht völlig unbekannt (Anderson 1986, Willett 1988).

Des weiteren ist hier die Tatsache relevant, daß von aktiven Grammatikalisierungsvorgängen eine Sogwirkung ausgeht, die dazu führt, daß immer weiteres lexikalisches Material in diesen Prozeß eingeleitet wird, daß also die grammatische Zielkategorie durch immer neue grammatische Marker ausgebaut und weiter differenziert wird (Hopper & Traugott 1993: 121ff., Bybee, Perkins & Pagliuca 1994: 21f., 148f.).

Vor dem Hintergrund dieser generellen Beobachtungen wird hier ein Szenario für die Entwicklung von *scheinen* entworfen, das auf folgenden Prämissen aufbaut:

Der verbale Modus im Deutschen ist eine stark favorisierte Kategorie, die durch verschiedene Grammatikalisierungsvorgänge ausgebaut worden ist und wird. Insbesondere die Grammatikalisierung der Modalverben, die seit dem Althochdeutschen vonstatten geht und die zu einem differenzierten, synthetische oder periphrastische Formen integrierenden Modussystem geführt hat, zeitigt einen Kanalisierungseffekt, der auch andere Verben, die ursprünglich keinerlei Gemeinsamkeit mit den Modalverben hatten, in diesen Grammatikalisierungsprozeß einbezieht. Eines dieser Verben ist *scheinen*, das seit einem bestimmten, vergleichsweise späten historischen Zeitpunkt am Aufbauprozeß der Moduskategorie beteiligt ist. Dabei übernimmt es einen neuen funktionalen Wert, der von den anderen Mitgliedern des Paradigmas nicht ausgedrückt wird, und trägt so zur weiteren Differenzierung dieses Systems bei.

Die diachron späte und relativ abrupte Anpassung von *scheinen* an das Paradigma der Modalverben (deren Voraussetzungen eine hinreichende semantische Nähe des Spenderlexems und ein gewisser Grad an konstruktioneller Varianz sind), vollzieht sich mittels analogischer Ausgleichsprozesse und Konstruktionsmischungen.

Dabei geben die bereits stärker grammatikalisierten Einheiten die syntaktischen Muster vor, die die neu eintretende Einheit analogisch übernimmt bzw. mit ihr schon vorher eigenen Konstruktionen vermischt. Auf diese Weise erwirbt das neu zu grammatikalisierende Element eine konstruktionelle Vielfalt, die sich weder bei seiner isolierten Betrachtung noch in rein synchronen Studien vollständig erklären läßt. Berücksichtigt man dagegen die diachrone Dimension, dann erweist sich die synchrone konstruktionelle Vielfalt als komplexes und instabiles Resultat verschiedener, womöglich gegenläufiger Sprachwandelvorgänge.

Die Untersuchung gliedert sich wie folgt: Die Abschnitte 2 und 3 sind der synchronen Beschreibung gewidmet. Abschnitt 2 erörtert, inwiefern *scheinen* mit *zu*-Infinitiv ins Paradigma der grammatikalisierten Modalverben integriert ist. Abschnitt 3 gibt einen Überblick über die verschiedenen Konstruktionstypen von *scheinen* im heutigen Deutsch. Im vierten Abschitt wird die diachrone Entwicklung der Infinitiv-Konstruktion und ihre Verknüpfung mit anderen Konstruktionstypen dargestellt und eine erste Skizze für den möglichen Grammatikalisierungsweg von *scheinen* mit *zu*-Infinitiv zu einem Faktizitätsmarker mit evidentieller Komponente entworfen. Von einer ersten Skizze muß hier deshalb gesprochen werden, weil bislang kaum diachrone Untersuchungen zu diesem Verb vorliegen, auf die man aufbauen könnte, und weil die Menge der hier ausgewerteten Belege zu gering ist, um empirisch zuverlässige Aussagen zu ermöglichen.[1] Der letzte Abschnitt schließlich bezieht die Entwicklung von *scheinen* auf die musterbildenden Grammatikalisierungsprozesse bei den Modalverben.

2 *Scheinen* mit *zu*-Infinitiv im Paradigma der grammatikalisierten Modalverben

In Beispielen wie (1) bildet *scheinen* mit *zu*-Infinitiv ein Paradigma mit den grammatikalisierten Varianten der Modalverben, die in (2) illustriert sind:

(1)   Sie scheint den Brief abgeschickt zu haben.
      ‚Sie hat anscheinend den Brief abgeschickt.'

(2)   a. Sie muß den Brief abgeschickt haben.
         ‚Sie hat sicher den Brief abgeschickt.'
      b. Sie kann den Brief abgeschickt haben.
         ‚Sie hat vielleicht den Brief abgeschickt.'
      c. Sie mag den Brief abgeschickt haben.
         ‚Zugegeben, sie hat vielleicht den Brief abgeschickt.'
      d. Sie dürfte den Brief abgeschickt haben.
         ‚Sie hat vermutlich den Brief abgeschickt.'
      e. Sie soll den Brief abgeschickt haben.
         ‚Jemand sagt: Sie hat den Brief abgeschickt.'
      f. Sie will den Brief abgeschickt haben.
         ‚Sie sagt: Ich habe den Brief abgeschickt.'

Die Integration dieser Verben zu einem periphrastischen Modusparadigma betrifft semantische und funktionale Aspekte ebenso wie ihren jeweiligen Auxiliarisierungsgrad. Die semantischen und funktionalen Aspekte werden hier nur soweit erwähnt, wie es zum Fortgang der Untersuchung nötig ist (s. hierzu Diewald 1999 für die Modalverben und Diewald [demn.] für *scheinen*). Die Frage der Auxiliarisierung wird im zweiten Teil dieses Abschnitts eingehender besprochen.

Sowohl die Modalverben als auch *scheinen* fungieren in den obigen Beispielen als deiktische Faktizitätsmarker.[2] Sie haben propositionalen Skopus und signalisieren den unsicheren Faktizitätsgrad der Proposition, der pauschal

---

[1] Für das heutige Deutsch wurde das elektronisch zugängliche Freiburger Korpus des IDS ausgewertet, die diachronen Belege sind dem DWB bzw. der Sekundärliteratur entnommen.

[2] Als deiktische Faktizitätsmarker werden hier grammatische Elemente bezeichnet, die eine sprecherbasierte, d.h. deiktische Bewertung des Sachverhalts bezüglich seines Faktizitätsgrades vornehmen. Neben den genannten periphrastischen Formen sind dies die Modusflexive. Mit dieser Benennung wird hervorgehoben, daß die Kategorie Modus analog zur Kategorie Tempus eine deiktische Verbalkategorie darstellt.

als [+/- nichtfaktisch] angegeben werden kann. Das heißt, daß es dem Sprecher nicht möglich ist, dem Sachverhalt einen definitiven Faktizitätswert (entweder [- nichtfaktisch] oder [+ nichtfaktisch]) zuzuweisen.

Wie die Paraphrasen andeuten, realisieren die Modalverben subtile Differenzierungen der Faktizitätsbewertung, die in drei Untergruppen gegliedert werden können: *Können* und *müssen* drücken eine rein deiktische Faktizitätsbewertung aus, wobei ersteres eine Tendenz zum Wert [+ nichtfaktisch], letzteres eine Tendenz zum Wert [- nichtfaktisch] signalisiert. *Sollen* und *wollen* drücken Versetzungsdeixis aus und fungieren als Quotative mit einem unterschiedlich lokalisierten zitierten Sprecher. *Mag* und *dürfte* signalisieren zusätzlich zur deiktischen Bewertung eine phorische Komponente, die bei *mag* kataphorisch-konzessiv, bei *dürfte* anaphorisch-konsekutiv spezifiziert ist.

Scheinen fügt sich in keine dieser drei Untergruppen ein. Im Gegensatz zu den Modalverben enthält es eine zusätzliche evidentielle Komponente und läßt sich am besten als unspezifischer Evidentialitätsmarker beschreiben (Diewald [demn.]). Evidentialitätsmarker sind grammatische Elemente, die etwas über die Quelle der Information, die in der Proposition dargestellt ist, zum Ausdruck bringen (Bybee 1985: 184, Anderson 1986: 273, Willett 1988: 55). Prinzipiell ist es also nötig, zwischen Evidentialitätsmarkern, die per definitionem eine reine Indizierung der Informationsquelle leisten, und Faktizitätsmarkern, die eine sprecherbasierte Faktizitätsbewertung vornehmen, zu unterscheiden (vgl. hierzu auch de Haan in diesem Band). Doch in den meisten Sprachen, die diese Kategorien realisieren, vermischen sich beide Bereiche in der Weise, daß Evidentialität in das Modalsystem integriert wird (Willett 1988: 51ff., 66).

Auch im Deutschen gibt es keine reinen Evidentialitätsmarker als grammatische Elemente, stattdessen können Faktizitätsmarker eine zusätzliche evidentielle Komponente enthalten, die somit als distinktives Merkmal zur Subklassifikation der Faktizitätsmarker herangezogen werden kann. Dies ist bei *scheinen* der Fall: Es ist ein Faktizitätsmarker wie die Modalverben, unterscheidet sich von diesen aber durch seine zusätzliche evidentielle Komponente, die nun noch etwas genauer zu beschreiben ist.

Evidentialitätsmarker bezeichnen neben der Tatsache, *daß* der Sprecher auf Evidenzen Bezug nimmt, oft auch die *Art* der Evidenz, die dem Sprecher zur Verfügung steht, wobei v.a. die Unterscheidung zwischen direkter Evidenz (aufgrund visueller, akustischer oder sonstiger direkter Sinneswahrnehmungen) oder indirekter Evidenz (z.B. durch „Hörensagen", „Schlußfolgerungen") übereinzelsprachlich bedeutsam ist (Willett 1988: 57).

Aufgrund seiner konkreten, lexikalischen Ausgangsbedeutung (‚leuchten', ‚glänzen', ‚Helligkeit verbreiten', ‚Licht geben') könnte man geneigt sein, *scheinen* mit *zu*-Infinitiv in die Gruppe der direkten visuellen Evidentialitätsmarker einzuordnen, d.h. als einen Evidentialitätsmarker, der als Quelle für die Faktizitätsbewertung die direkte visuelle Wahrnehmung des Sprechers anführt. Nun gibt es zwar Verwendungen von *scheinen* mit *zu*-Infinitiv, in denen eine solche direkte visuelle Evidenz vorliegt. Dies ist allerdings nicht immer der Fall.

Scheinen als Evidentialitätsmarker ist nicht auf die Indizierung visueller Evidenz beschränkt, sondern es kann immer dann stehen, wenn der Sprecher aufgrund beliebiger Evidenzen (direkter Art wie visueller und akustischer Wahrnehmung und indirekter Art wie Hörensagen oder Schlußfolgerungen) die Vermutung hat, daß die Proposition zutrifft. *Scheinen* ist also im heutigen Deutsch ein *unspezifischer* Evidentialitätsmarker, der besagt, daß der Sprecher seine Faktizitätsbewertung aufgrund beliebiger Evidenzen getroffen hat. Eine explizite Paraphrase für diese generelle Bedeutung von *scheinen* ist: ‚Aufgrund von nicht weiter spezifizierten Evidenzen vermute ich, daß *p*' (in der Paraphrase zu Beispiel 1 ist vereinfachend das Adverbial *anscheinend* gesetzt, das stark auf visuelle Evidenz abhebt).

Zusammenfassend sei festgehalten, daß für die semantische Differenzierung der periphrastischen Modusformen u.a. das Merkmal der Evidentialität relevant ist. Während die sechs Modalverben nicht-evidentielle unsichere Faktizitätswerte realisieren, enkodiert *scheinen* einen unsicheren Faktizitätswert mit unspezifischer evidentieller Komponente.

Was die Frage des auxiliaren Charakters von *scheinen* in der Infinitiv-Konstruktion betrifft, so weisen die meisten Arbeiten – ohne sich weiter festzulegen – auf seinen Übergangscharakter zwischen Vollverben und Auxiliaren hin (Pafel 1989: 138, Ebert 1976: 40, 45, Zifonun u.a. 1997: 1282, 1285). Askedal geht einen Schritt weiter und hebt den starken Auxiliarisierungsgrad von *scheinen* hervor, das er explizit als „Modalitätsauxiliar der epistemisch-futurischen Klasse 1 im deutschen Prädikatssyntagma" bezeichnet (1998: 70). Die wichtigsten Argumente, die für die starke Auxiliarisierung von *scheinen* sprechen, sind folgende (vgl. Askedal 1998):

Erstens gehört *scheinen* mit *zu*-Infinitiv zu den obligatorisch kohärenten Infinitivkonstruktionen (Bech 1955), d.h. es erlaubt keine Extraposition des Infinitivs. Dies zeigt der Vergleich der Beispiele unter (3) mit dem optional inkohärenten Verb *vorgeben* und derjenigen unter (4) mit kohärentem *scheinen*:

(3) a. daß sie alles selbst zu schreiben vorgibt.
    b. daß sie vorgibt, alles selbst zu schreiben.

(4) a. daß sie alles selbst zu schreiben scheint.
    b. *daß sie scheint, alles selbst zu schreiben.

Da obligatorisch kohärentes Verhalten ein typisches Merkmal deutscher Auxiliarkonstruktionen ist, ist diese Eigenschaft von *scheinen* mit *zu*-Infinitiv ein deutliches Anzeichen der relativ fortgeschrittenen Auxiliarisierung.

Eng mit dieser Eigenschaft verbunden ist das Verhalten von *scheinen* bezüglich der syntagmatischen Position in Verbalketten. Wie Askedal (1998: 61) zeigt, nimmt *scheinen* in der Spannsatzserialisierung ebenso wie die Modalverben in ihrem grammatikalisierten Gebrauch die äußerste rechte Position ein (z.B.: *daß das Zimmer gestrichen worden zu sein scheint*). Verben in dieser Position stehen nicht im Skopus eines anderen Verbs der Kette und sind am stärksten auxiliar.

Diese Beobachtungen können auch im Rahmen der Lehmannschen Grammatikalisierungsparameter erfaßt werden, wobei hier der Parameter der syntagmatischen Variabilität einschlägig ist (Lehmann 1995: 158ff.). Die syntagmatische Variabilität, d.h. der Grad der freien Verschiebbarkeit eines Zeichens im Syntagma, sinkt bei steigender Grammatikalisierung. Die beschriebene syntagmatische Fixierung von *scheinen* ist also ein deutliches Zeichen fortgeschrittener Grammatikalisierung.

Ein zweiter Komplex an Eigenschaften betrifft die Pronominalisierbarkeit des Infinitivs. Der *zu*-Infinitiv ist nicht durch *es* oder *das* pronominalisierbar (Askedal 1998: 59f.). Das zeigen die Beispiele (5b) und (5c):

(5)   a. Sie scheint alleine zu leben.
       b. *Sie scheint das/es.
       c. *Das scheint sie.

Auch der intransitive Gebrauch mit einer (pro)nominalisierten Proposition als Subjekt ist bei *scheinen* – im Unterschied zu Verben wie *stimmen* – nicht möglich, wie (5d) und (5e) zeigen:

(5)   d. *Das/diese Aussage scheint.
       e. Das/diese Aussage stimmt.

Dies sind Anzeichen der auxiliartypischen Reduktion der Autonomie, d.h. der Reduktion der Vorkommensmöglichkeit ohne ein weiteres Verb.

Das dritte Argument für die starke Auxiliarisierung betrifft den Abbau der Fähigkeit, die normalen grammatischen Kategorien des Verbs zu realisieren (d.h. den Parameter der paradigmatischen Variabilität; vgl. Lehmann 1995: 137ff.). *Scheinen* mit *zu*-Infinitiv kann, ähnlich wie die grammatikalisierten Modalverben, keine periphrastischen Verbalformen bilden und tritt daher nur in synthetischen Tempus- und Modusformen auf (vgl. Askedal 1998: 60):

(6)   a. *Sie wird alles selbst zu schreiben scheinen.
       b. *Sie hat alles selbst zu schreiben geschienen.

Als letzter Punkt ist zu erwähnen, daß von *scheinen* keinerlei Restriktionen bezüglich des Subjekts oder des angeschlossenen Infinitivs ausgehen. *Scheinen* erlaubt Infinitive mit beliebigen lexikalisch-semantischen Eigenschaften und jeglicher morphologischen Gestalt (Aktiv-Infinitiv, Passiv-Infinitiv, Infinitiv I und II). Was die Subjektsrestriktionen betrifft, so machen die Beispiele unter (7) deutlich, daß diese ausschließlich vom eingebetteten Infinitiv ausgehen (ähnliche Beispiele in Pafel 1989: 134 und Eisenberg 1999: 355):

(7)   a. Es scheint zu regnen.
       b. *Heute scheint zu regnen.
       c. Ihr scheint geholfen zu werden.
       d. Daß sie in München war, scheint zu stimmen.

In (7a) ist das unpersönliche *es* von der Valenz des Infinitivs *regnen* determiniert; (7b) ist ungrammatisch, da dieses vom Infinitiv *regnen* geforderte *es* fehlt. In (7c) ist aufgrund der passivischen Infinitiv-Konstruktion mit einem intransitiven Verb (*geholfen zu werden*) kein Subjekt möglich; der Subjektsatz in (7d) wird vom eingebetteten Infinitiv *stimmen* gefordert. In keinem Fall beeinflußt *scheinen* die Subjektwahl.

Aus dieser Indifferenz bezüglich des Subjekts ergibt sich im übrigen – wie Reis (1982: 192) ausführt – ein wichtiges Argument gegen die Analyse von *scheinen* als Subjekt-Hebungsverb, die – vermutlich in nicht angemessener Anlehnung an das engl. *seem* – vor allem in früheren generativen Arbeiten vertreten wurde. Da *scheinen* in der Infinitiv-Konstruktion völlig unabhängig vom Auftreten irgendeines Subjekts ist, also je nach Valenz der eingebetteten Infinitivkonstruktion Sätze mit Subjekt ebenso toleriert wie alle Varianten von Sätzen ohne Subjekt, ist es nicht sinnvoll, einen syntaktischen Prozeß anzunehmen, der in der Anhebung des Subjekts aus der eingebetteten Konstruktion besteht.[3]

Während die genannten Eigenschaften von *scheinen* in der Infinitiv-Konstruktion deutlich für dessen hohen Grad der Auxiliarisierung sprechen, gibt es zwei Punkte, die dagegen stehen. Dies ist das Auftreten eines Dativs wie in *Sie scheint mir die Gruppe zu leiten*, was hier jedoch nicht weiter problematisiert wird (s. hierzu Diewald 2000: 343 f.), und die Infinitivpartikel *zu*. Die Tatsache, daß *scheinen* mit einem *zu*-Infinitiv statt mit einem einfachen Infinitiv verbunden wird, ist ein deutliches Indiz für den geringeren Grammatikalisierungsgrad von *scheinen* gegenüber den Modalverben und anderen Auxiliarverben. *Scheinen* zeigt hier eine geringere Fügungsenge, d.h. eine geringere syntagmatische Kohäsion mit dem zugeordneten Infinitiv (vgl. Lehmann 1995: 147ff.). Dieses Problem wird in Abschnitt 4 diachron angegangen, so daß es an dieser Stelle genügt, die Zusammenfassung Askedals zu diesem Problem wiederzugeben, nämlich daß angesichts der genannten syntaktischen Merkmale, die völlig mit denjenigen der Auxiliare übereinstimmen, „das morphologische Rektionsdetail *zu* offensichtlich von geringerer Bedeutung" ist (1998: 61).

Dieser Abschnitt hat gezeigt, daß semantisch-funktionale Aspekte ebenso wie das festgestellte Ausmaß der Auxiliarisierung den hohen Grammatikalisierungsgrad der *scheinen*-Konstruktion mit *zu*-Infinitiv erweisen, so daß man von einer relativ weit fortgeschrittenen Integration ins periphrastische Modusparadigma sprechen kann.

---

[3] Mit der Zurückweisung der Analyse als Subjekt-Hebungsverb ist, wie auch Reis deutlich macht, keineswegs impliziert, daß *scheinen* als Kontrollverb zu verstehen wäre. Der zum Teil noch andauernden Debatte um *scheinen* als Anhebungsverb wird hier nicht weiter nachgegangen; s. hierzu Diewald (2000: 345 ff.).

3 Die Konstruktionstypen von *scheinen*

Das Lexem *scheinen* tritt im heutigen Deutsch in zahlreichen Konstruktionsweisen mit unterschiedlichen Grammatikalisierungsgraden auf, die hier zu folgenden Grundtypen zusammengefaßt werden (eine detaillierte Darstellung bietet Askedal 1998):

- Typ I: *scheinen* als intransitives Vollverb, wie *Die Sonne scheint*,
- Typ II: *scheinen* als Kopula, wie *Sie scheint glaubwürdig*,
- Typ III: *scheinen* als mit *sein* verstärkte Kopula, wie *Sie scheint glaubwürdig zu sein*,
- Typ IV: *scheinen* mit zu-Infinitiv, wie *Sie scheint sehr einsam zu leben*,
- Typ V: *scheinen* mit Komplementsatz, wie *Es scheint, daß sie sehr einsam lebt*,
- Typ VI: parenthetisches *scheinen* wie *(mir) scheint, (so) scheints*.

Synchrone konstruktionelle Varianz ist für Verben, die sich in Grammatikalisierungsprozessen befinden, geradezu typisch. Einschlägige Beispiele hierfür sind zum einen die Modalverben, aber auch die Perfekt- und Passivauxiliare im Deutschen. Beim Verb *scheinen* hat diese Konstruktionsvielfalt in der Forschung besondere Aufmerksamkeit erfahren. So wurde versucht, die verschiedenen synchronen *scheinen*-Konstruktionen voneinander abzuleiten bzw. gemeinsam auf eine Tiefenstruktur zurückzuführen. Insbesondere vertrat man die Auffassung, daß die Infinitivkonstruktion (Typ IV) auf die *daß*-Konstruktion (Typ V) zurückzuführen sei, was jedoch nicht unwidersprochen blieb (vgl. Reis 1982: 192, Askedal 1998: 68ff., Diewald 2000: 345ff.) und – wie schon erwähnt – einen Anlaß zum erneuten Aufgreifen dieser Fragen unter diachroner Perspektive darstellt.

Die Motivation dafür, daß die Konstruktionsvielfalt von *scheinen* intensiver diskutiert wurde als bei anderen Verben, speist sich möglicherweise aus einer semantischen Besonderheit dieses Verbs. Linguistische Einheiten in Grammatikalisierungsprozessen sind naturgemäß polysem zwischen konkret-lexikalischen und abstrakteren, tendenziell grammatischen Bedeutungen. Im Normalfall tritt nun diejenige abstrakte Bedeutung, die sich zur grammatischen Bedeutung weiterentwickelt, nur im jeweiligen grammatikalisierungsrelevanten Kontext auf (dieser besteht z.B. bei den Modalverben und auch bei *scheinen* aus der Verbindung mit einem Infinitiv). Bei *scheinen* jedoch ist die grammatikalisierungsrelevante Bedeutung nicht – wie man erwarten würde – auf die Infinitivkonstruktion beschränkt, sondern sie findet sich in fast allen diesem Verb möglichen syntaktischen Konstruktionen. *Scheinen* hat also bereits als lexikalische Einheit eine Bedeutung (‚erscheinen als', ‚wirken wie' usw.), die sehr leicht im Sinne einer evidentiellen Faktizitätsbewertung interpretiert werden kann. Dies wird auch von Askedal (1998: 62) hervorgehoben, der festhält, „daß die subjektive Modalität bei den Modalverben eine nicht lexikalisch festgelegte Interpretationsmöglichkeit, bei *scheinen* mit Infinitiv aber ein inhärent lexikalisches Bedeutungsmerkmal ist". Diese Bedeutung kann – gestützt vom Kanalisierungseffekt der Modalverbentwicklung – problemlos als neuer distinktiver Wert in das sich entfaltende System der periphrastischen Modi integriert werden. Sie war, diachron gesehen, sogar eine Voraussetzung dafür, daß *scheinen* überhaupt als Kandidat für den Eintritt in den modalen Grammatikalisierungsprozeß in Frage kam.

Die synchrone Folge davon ist eine große semantische Nähe zwischen Konstruktionen mit sehr unterschiedlichem Grammatikalisierungsgrad, was, wie angedeutet, vermutlich einen Beweggrund darstellt, auch die formale Seite, also die Konstruktionstypen, im Sinne eines Ableitungsverhältnisses aufeinander zu beziehen. Bevor diese Frage im nächsten Abschnitt unter diachroner Perspektive aufgegriffen wird, ist ein synchroner Überblick über die genannten Konstruktionstypen angebracht, der bereits einige Zusammenhänge erhellen dürfte.

Typ I: *scheinen* als intransitives Vollverb

Scheinen als intransitives Vollverb mit der Bedeutung ‚leuchten', ‚Helligkeit verbreiten' denotiert einen visuellen Effekt, wobei dem Subjekt die semantische Rolle des Ausgangspunktes oder „Verursachers" dieses Effektes zukommt:

(8)   a. Die Sonne scheint.

Dieser Konstruktionstyp kann mit adverbiellen Bestimmungen aller Art auftreten, zum Beispiel mit einem Adjektivadverb wie in (8b), einem adverbiellen *daß*-Satz wie in (8c) oder einem Vergleichssatz wie in (8d):

(8)   b. Die Sonne scheint hell.
        c. Die Sonne scheint, daß es in den Augen brennt.
        d. Die Sonne scheint, als ob es nie mehr Nacht werden sollte.

Typ II: *scheinen* als Kopula

Sehr häufig ist der Gebrauch von *scheinen* als Kopula mit allen Arten von Subjekten und prädikativen Ausdrücken; die folgenden Sätze geben Beispiele:

(9)   a. Graf Lambsdorff, ihr Aufwand scheint uns imponierend.
                                                                            (IDS-FB, XCE).
        b. In dem Zusammenhang ist natürlich scheint zehn Milliarden eine sehr
           große Zahl.   (IDS-FB, XBU)
        c. Nun scheint für mich der entscheidende Punkt, daß sie gesagt haben
           wiederholt gesagt haben auch Herrn Gromyko gesagt haben, der Vertrag wird erst ratifiziert, wenn es entscheidende Fortschritte in der Berlin-Frage gibt.   (IDS-FB, XCK)

Als Kopula steht *scheinen* in einer Reihe mit den Kopulaverben *sein*, *werden* und *bleiben*, wie in *Sie ist/bleibt/wird/scheint krank*. Die Bedeutung von *scheinen* in diesem Konstruktionstyp ist nicht diejenige eines visuellen Effektes im Sinne von ‚Helligkeit verbreiten', sondern kann mit ‚allem Anschein nach sein', ‚erscheinen als', ‚wirken wie' paraphrasiert werden.

Kopulaverben wie *scheinen* in Typ II sind stärker grammatikalisiert als Vollverben wie *scheinen* in Typ I. Sie haben nur eine quantitative Valenz, derzufolge zwei Positionen besetzt werden müssen, und üben keinerlei semantische oder morphologische Restriktionen aus.

Trotz dieser prinzipiellen Differenz der syntaktischen Strukturen des Vollverbgebrauchs mit Adverb (*Sie scheint hell*) und des Kopulagebrauchs (*Sie scheint krank*) gibt es einen Übergangsbereich zwischen beiden Konstruktionstypen, genauer, einen Kontexttypus, in dem eine Lesartambiguität auftritt. Dies ist dann der Fall, wenn ein Adjektiv oder Partizip entweder adverbiell oder prädikativ interpretiert werden kann. Während man aus semantischen Gründen *hell* in (10a) bevorzugt als Adverb im Sinne von ‚auf helle Weise' lesen und in (10b) die prädikative Lesart von *krank* präferieren wird, ist (10c) zwischen beiden Lesarten und Konstruktionstypen ambig.

(10) a. Sie scheint hell.
        ‚Sie leuchtet auf helle Weise.'
        ?‚Anscheinend trifft die Eigenschaft „hell" auf sie zu.'
     b. Sie scheint krank.
        ‚Anscheinend trifft die Eigenschaft „krank" auf sie zu.'
        ?‚Sie leuchtet auf kranke Weise.'
     c. Sie scheint warm.
        ‚Sie verstrahlt ein warmes Licht.'
        ‚Anscheinend trifft die Eigenschaft „warm" auf sie zu.'

Die Wahl zwischen einer Interpretation als adverbielle Bestimmung im engen Sinn, die auf die semantische Modifikation des Verbinhalts gerichtet ist, und einer Interpretation als Subjektsprädikativ ist also rein semantisch motiviert bzw. ergibt sich über konversationelle Implikaturen. In derartigen Kontexten kann eine Reanalyse der syntaktischen Struktur und damit der Übergang von der nicht-grammatikalisierten Gebrauchsweise als lexikalisches Vollverb zur stärker grammatikalisierten Gebrauchsweise als Kopulaverb ausgelöst werden.

Typ III: *scheinen* als mit *sein* verstärkte Kopula

Der Konstruktionstyp, der hier als „verstärkte Kopula" bezeichnet wird, ähnelt dem Kopulagebrauch in Typ II; jedoch tritt zusätzlich zum Prädikativum der *zu*-Infinitiv von *sein* auf. Diese Konstruktion ist im untersuchten Korpus sehr häufig. Sie ist in den Sätzen unter (11) illustriert:

(11) a. Sie scheinen einer der produktivsten Künstler überhaupt zu sein.
                                                              (IDS-FB, XAM)
     b. Also das Kind scheint mir etwas kompliziert zu sein.   (IDS-FB, XBZ)
     c. Was scheint ihnen das Gravierendste zu sein?   (IDS-FB, XCN)
     d. Diese beiden Fragen genau auseinanderzuhalten scheint mir ganz
        wesentlich zu sein.   (IDS-FB, XED)

Rein strukturell liegt hier bereits der grammatikalisierungsrelevante Kontext von *scheinen*, also der Anschluß einer Infinitiv-Konstruktion, vor. Im Gegensatz zu anderen Infinitiven, kann der Infinitiv mit *sein* jedoch in sehr vielen Fällen ohne weiteres entfallen (was in 12a und 12b deutlich wird), so daß immer die Nähe zu Typ II, zu *scheinen* als Kopula, gegeben ist.

(12) a. Sie scheint krank zu sein.
      b. Sie scheint krank.

Auf den ersten Blick liegt zwischen Typ II und Typ III also Bedeutungsgleichheit vor, doch unterscheidet sich die verstärkte Konstruktion in einem wichtigen Punkt von der einfachen Kopula-Konstruktion. Durch die Verstärkung besteht die Möglichkeit, Ambiguitäten wie in (10c) zu disambiguieren. Sobald *sein* hinzugefügt wird, ist die Lesart von *scheinen* als Vollverb mit der Bedeutung ‚leuchten' und des Adjektivs als Adverb wie in (10a) ausgeschlossen; es bleibt die Lesart von *scheinen* als Kopula.

Gegen eine gelegentlich postulierte syntaktische Ableitungsbeziehung, die Typ II auf Typ III zurückführt, lassen sich neben historischen Gründen, die im nächsten Abschnitt angesprochen werden, folgende Argumente anführen (nach Askedal 1998: 68): Die einfache Kopula-Konstruktion wird mit zahlreichen prädikativen Elementen unterschiedlicher Kategorien konstruiert, während die verstärkte Kopula-Konstruktion hier Restriktionen unterworfen ist (Askedal 1998: 64). Zum anderen kann Typ II im Gegensatz zu Typ III in infiniter Form auftreten und hat damit eine größere paradigmatische Variabilität (*Sie will klug scheinen* vs. **Sie will klug zu sein scheinen*).

TYP IV: *scheinen* mit *zu*-Infinitiv

Die Konstruktion von *scheinen* mit einem (lexikalisch und morphologisch) beliebigen *zu*-Infinitiv ist der am stärksten grammatikalisierte Typus, dessen Auxiliarisierungsgrad und Integration ins Modalverbparadigma in Abschnitt 2 erörtert wurde. Hier genügt es also, einige Beispiele aus dem untersuchten Korpus zu geben:

(13) a. Sie scheinen sehr viel zu arbeiten anscheinend. (IDS-FB, XAM)
      b. Und sehr eingeweihte Journalisten scheinen dafür auch mehr Beweise zu haben, daß heute nachmittag weitere Gespräche stattfinden.
      (IDS-FB, XBP)
      c. Und diese Bestimmtheit scheint darauf hinzuweisen, daß sie irgendetwas erwarten, daß irgendeine Überraschung auf uns zukommt.
      (IDS-FB, XBP)
      d. So ganz klar, wie es auszusehen scheint, ist es immer noch nicht.
      (IDS-FB, XAR)
      e. Ja und jetzt merke ich meine Belehrung vom letzten Mal scheint sie doch etwas nachdenklich gestimmt zu haben. (IDS-FB, XDF)
      f. Sein Talent und die die Freude am Risiko scheint sein zwanzigjähriger Sohn Hans-Joachim geerbt zu haben. (IDS-FB, XDB)

g. Und Caesar scheint das vorhergeahnt zu haben. (IDS-FB, XEE)
h. Auch darüber scheint gestern gesprochen worden zu sein.
(IDS-FB, XBP)

Typ V: *scheinen* mit Komplementsatz

Scheinen kann einen Komplementsatz anschließen, der meist mit den Konjunktionen *daß* oder *als ob* eingeleitet wird:

(14) a. Und es scheint, daß man wirklich ebensogut alles mit dem den von den von den Laboratorien gekannten Naturgesetzen erklären kann.
(IDS-FB, XDK)
b. Und es scheint mir so (und es bleibt einem gar nichts anderes übrig als sich von den Zahlen überzeugen zu lassen), daß das auch in Zukunft noch der Fall sein wird. (IDS-FB, XCE)

Die Konstruktion *Es scheint, daß ...* (im folgenden kurz *daß*-Konstruktion) wurde im Rahmen transformationeller Analysen oft als die Ableitungsbasis für die Infinitiv-Konstruktion (Typ IV) betrachtet. Diese Auffassung konnte jedoch vor allem deshalb nicht aufrechterhalten werden, weil die Ableitung der Infinitivkonstruktion aus der *daß*-Konstruktion eine Subjektanhebung in eine ursprünglich leere Subjektposition beinhaltet, was bedeutet, daß das *es* in *es scheint, daß ...* als ein Vorfeldfüller-*es* betrachtet werden muß. Wie in Diewald (2000: 346ff.) unter Bezug auf die entsprechende Literatur ausführlicher dargestellt, ist dies aber nicht zutreffend. *Es* in dieser Konstruktion ist kein Vorfeld-*es*, sondern ein „fixes" *es* bzw. ein „formales Subjekt" wie bei Witterungsimpersonalia (*es regnet*) oder bei Konstruktionen des Typs *es gibt X, es kommt zu X, es mangelt an X*.[4] Da also bereits in der Ausgangsstruktur ein Subjekt vorhanden ist, scheidet die Subjektanhebung und damit die Ableitung der Infinitiv-Konstruktion aus der *daß*-Satz-Konstruktion aus (s. Reis 1982: 192). Wie Beispiel (14b) zeigt, kann in dieser Konstruktion auch das Korrelat *so* auftreten, was m.E. auf die adverbielle Natur des *daß*-Anschlusses hinweist (s. Abschnitt 4).

---

[4] Das *es* bleibt im Gegensatz zu einem Vorfeldfüller-*es* auch bei anderer Besetzung des Vorfeldes erhalten, wie die folgenden Beispiele illustrieren:
(1) Es scheint, daß/als ob sie ihre Reden selbst schreibt.
(2) Zur Zeit/Mir scheint es, als ob/daß sie ihre Reden selbst schreibt.

Als Besonderheit gegenüber anderen Verben mit formalem Subjekt ist jedoch zu bemerken, daß das *es* dann nicht obligatorisch ist, wenn gleichzeitig ein Dativ auftritt, s. (3) und (4):
(3) Mir scheint, als ob/daß sie ihre Reden selbst schreibt.
(4) *Zur Zeit scheint, als ob/daß sie ihre Reden selbst schreibt.

Entsprechende Beispiele aus dem Untersuchungskorpus sind (5) und (6):
(5) Mir scheint, daß das Eigentliche der eigentliche Kern, wo die Begründung des Zölibats zu suchen ist, nicht richtig zur Sprache gekommen ist. (IDS, FB, XCO)
(6) Ganz generell gesagt scheint mir, daß die deutschen Standardwerte Kurschancen auf gerechnet gesehen auf zwölf Monate zwischen zwanzig und dreißig Prozent im einen oder andern Falle vielleicht auch etwas mehr haben sollten. (IDS-FB, XCE)

Zunächst ist also festzuhalten, daß aus synchroner Perspektive kein überzeugender Grund dafür angeführt werden kann, daß die Infinitiv-Konstruktion, also Typ IV, aus der *daß*-Konstruktion unter Typ V abzuleiten wäre oder daß die beiden Konstruktionstypen in anderer Weise eng aufeinander bezogen wären. Stattdessen sind getrennte, voneinander unabhängige Strukturen anzunehmen: Für die Konstruktion *es scheint, daß/als ob* wird daher eine impersonale Konstruktion mit einem fixen *es* als formales Subjekt angesetzt, die eine weitere satzförmige Ergänzung erfordert. Der Konstruktionstyp IV mit beliebigem Infinitiv wird dagegen als bereits stark auxiliarisierte Gebrauchsweise von *scheinen* betrachtet (Pafel 1989: 126, 152, 167; Askedal 1998: 69f.).

Typ VI: parenthetisches *scheinen* wie *(mir) scheint, (so) scheints*.

Konstruktionen wie *(mir) scheint* oder *(so) scheints* treten nicht selten ohne jegliche syntaktische Anbindung auf, was in folgenden Beispielen illustriert ist:[5]

(15) a. Es ist aber, so scheint mir jedenfalls, grade in den letzten Monaten für einen deutschen Anleger wieder interessanter geworden.
(IDS-FB, XCE)
b. Er ist, scheints, nicht zuhause.

Diese parenthetischen Einschübe sind adverbieller Natur und fungieren ähnlich wie die Modalwörter (z.B. *vielleicht, anscheinend*) und vergleichbare Einschübe mit Modalverben wie *mag sein* oder *kann sein*. Über ihren Zusammenhang mit anderen Konstruktionstypen läßt sich aus synchroner Perspektive keine Aussage machen. Sie werden hier also zunächst als eigener Typus aufgefaßt.

4 Zur diachronen Entwicklung der Konstruktionstypen von *scheinen*

Nachdem bisher ein Überblick über den synchronen Zustand der Grammatikalisierung und der Konstruktionsmuster von *scheinen* gegeben wurde, kann nun die diachrone Perspektive aufgenommen werden. Dabei interessieren vor allem die Fragen, wann und in welchen Kontexten die Infinitiv-Konstruktion entsteht, wann und unter welchen Umständen die Infinitivpartikel *zu* auftritt, und schließlich die Frage, inwieweit sich diachrone Zusammenhänge zwischen den verschiedenen Konstruktionstypen erkennen lassen.

Zur Beantwortung der ersten Frage muß weit zurückgeblickt werden. Bereits im Althochdeutschen ist *scheinen* in der prädikativen Konstruktion belegt, d.h. es zeigt in bestimmten Kontexten Verwendungsweisen, die dem Kopulage-

---

[5] Beispiele wie *Und da kann ich natürlich skeptisch sein und kann schließlich auch nihilistisch sagen es scheint ja die haben doch alles ganz wacker angefangen* (IDS-FB, XAV), d.h. *scheinen* mit einem „Ergänzungssatz ohne subjunktionales Einleitewort" (Askedal 1998: 52), werden hier dem Typ V zugeschlagen.

brauch angenähert sind.⁶ Wie im letzten Abschnitt dargelegt, kann die Kopula-Konstruktion (*Sie scheint krank*) leicht mit dem Infinitiv *sein* verstärkt werden (*Sie scheint krank zu sein*). Diese Verstärkung durch *sein* ist auch diachron ein entscheidender Schritt bei der Herausbildung der grammatikalisierten Infinitiv-Konstruktion, der sich allerdings erst im Frühneuhochdeutschen, und zwar im 16. Jh., vollzieht.⁷

Wie Ebert (1976: 41f.) ausführt, erscheint im 16. Jh. ausschließlich das Verb *sein* als Infinitiv nach *scheinen*. Es handelt sich um eine Konstruktion mit verstärkter Kopula, ähnlich wie sie in Abschnitt 3 für das heutige Deutsch beschrieben wurde, also um Formen wie *Sie scheint krank zu sein*. Und wie im heutigen Deutsch ist auch im 16. Jh. diese verstärkte Kopula-Konstruktion mit der einfachen Kopula-Konstruktion (also mit Typ II *Sie scheint krank*) austauschbar. Allerdings erscheint *sein* im 16. Jh. bevorzugt ohne die Infinitiv-Partikel *zu*.⁸ Typische Beispiele aus dem 16. und 17. Jh. sind in (16) gegeben (weitere Belege bei Ebert 1976: 42):

(16) a. Der glaub scheinet klein sein, ist aber viel edler und besser.
        (Luther 4, 135, nach DWB 14, 2449)
   b. Es scheinet wol ein geringer gottesdienst sein.
        (Luther 5, 190, nach DWB 14, 2449)
   c. Und dieses theil oder stücke ist so grosz und dick dasz es die halb leber seyn scheinet.
        (Uffenbach, Neues Rossb., F/M: 1603, nach DWB 14, 2449)
   d. Trifft uns nur solches leyd was klagens werth scheint seyn.
        (Opitz 1, 223, nach DWB 14, 2450)

Auf diese zunächst erstaunliche Erscheinung ist weiter unten noch einzugehen. Hier sei festgehalten, daß die diachrone Reihenfolge der Entstehung der beiden Konstruktionstypen eindeutig ist. Die Konstruktion mit *scheinen* als Kopula und nominalem oder adjektivischem Prädikativum existiert lange vor der mit *sein* verstärkten Kopula-Konstruktion. Es bestätigt sich die schon in Abschnitt 3 angedeutete Entwicklungslinie vom Vollverb *scheinen* mit adverbieller Bestimmung zum Kopulaverb *scheinen* mit prädikativem Element zur mit *sein* verstärkten Kopula. An dieser Stelle ist es nun Zeit zu fragen, wieso die Kopula-Konstruktion im 16. Jh. plötzlich mit einem *sein*-Infinitiv verstärkt wird und

---

⁶ Ein Beispiel hierfür ist der folgende Beleg aus Otfrid:
   er lâzit sunnûn sîna scînan filu blîda.   (Otfrid 2,19,21, nach DWB 14, 2443)
   ‚Er läßt seine Sonne sehr heiter scheinen.'
Es handelt sich bei der Adjektivkonstruktion *filu blîda* ‚sehr heiter' um eine prädikative Verwendung: das Adjektiv kongruiert mit *sunnûn* (s.a. Diewald 2000: 348 ff.).

⁷ Siehe DWB (14, 2449), wo festgehalten wird, daß im Mittelhochdeutschen Belege mit Infinitiv fehlen, „weil diese bedeutung überhaupt noch weniger entwickelt ist, und ein adjectivisches prädicat direct zu *scheinen* gesetzt wird ohne die jetzt übliche copula *sein*."

⁸ Laut DWB (14, 2449) steht jedoch im Mittelniederdeutschen und Mittelniederländischen auch in dieser Epoche die Infinitiv-Partikel *te*.

wieso dieser zunächst optional partikellose Infinitiv im weiteren Verlauf die Infinitivpartikel *zu* obligatorisch zu sich nimmt.

Ebert (1976: 41–45) diskutiert die Möglichkeit, daß *scheinen* den Infinitiv in Analogie zu *(be)dünken* erwirbt, das wie *scheinen* im Mhd. die Konstruktion mit einem prädikativen Adjektiv zuließ (*das dünkt mich gut, das scheint mir gut*) und das – so jedenfalls vermutet Ebert – vor *scheinen* den Infinitiv-Anschluß erwarb. Allerdings stammen Eberts früheste Belege für die Infinitiv-Anschlüsse beider Verben gleichermaßen aus der ersten Hälfte des 16. Jhs. (z.B. von Geiler von Kaisersberg: *Es dunckt mich das best sein* und *Es scheint klain sein*, nach Ebert 1976: 42f.). Aber auch wenn sich ein Beleg für *dünken* mit Infinitiv findet, der dieser Konstruktion bei *scheinen* zeitlich vorausgeht und daher als Muster für eine analogische Übertragung gelten kann, bleibt die Ausgangsfrage bestehen und wird nur auf *dünken* verschoben. Die Frage wäre dann also, wieso sich bei *dünken*, das u.a. eine Kopula-Konstruktion aufwies, die Konstruktion mit Infinitiv-Anschluß (die verstärkte Kopula) entwickelt hat. Als weiteres mögliches Muster für analogischen Wandel erwähnt Ebert (1976: 45) lateinische AcI-Konstruktionen und einige entsprechende Verben im Deutschen, bewertet diese Hypothese jedoch selbst als wenig plausibel. Insgesamt räumt Ebert die Vorläufigkeit seiner Ergebnisse ein und verweist zusammenfassend auf das Behaghelsche Verdikt: „Die Entstehung dieses Inf. ist unklar" (Behaghel 1924: 319).

Einen kleinen Schritt weiter kann man bei der Lösung dieser Frage jedoch kommen, wenn man die bekannten Fakten stärker in die Suche nach einem Vorbild für mögliche analogische Übertragungen einbezieht, wenn man also berücksichtigt, daß es sich bei der fraglichen Konstruktion um eine Kopula-Konstruktion handelt und daß der Infinitiv zunächst bevorzugt ohne *zu* angefügt wird.

Scheinen hatte sich schon im Mhd. dem Paradigma der Kopulaverben angeschlossen, also den Verben *werden, sein, bleiben*. Diese wurden in der Funktion als Kopulaverben u.a. auch mit einem prädikativ verwendeten Partizip Präsens konstruiert, z.B. *Sie wird/ist/bleibt liegend.*

Wie Dal (1966: 100ff., 115, 132) ausführt, hat in der Geschichte des Deutschen die Kontamination zwischen dem Infinitiv und dem Partizip Präsens, genauer die sukzessive Ersetzung des letzteren durch ersteren, mehrfach eine Rolle gespielt, wobei als Auslöser hierfür im allgemeinen der lautlich bedingte Verlust des auslautenden Dentals beim Partizip Präsens angeführt wird (Dal 1966: 102).

Insbesondere bei den Kopulaverben, aber auch bei einer Reihe anderer Verben, wie z.B. *stehen, liegen, hängen*, ist der angeschlossene Infinitiv aus dem ursprünglichen Partizip Präsens entstanden. Über einen langen Zeitraum gab es bei diesen Formen entsprechende Variationen, so z.B. zwischen *sie bleibt liegen* und *sie bleibt liegend*, oder auch *er fand sie im Stuhle sitzen(d)* (Dal 1966: 115).

Es ist daher nicht unwahrscheinlich, daß bei der Kopulaverwendung von *scheinen* der Infinitiv *sein* in Analogie zum „Infinitiv" bei den genannten Verben gesetzt und – da dieser sich ja aus einem Partizip I ableitete – zunächst ohne *zu* konstruiert wurde.

Das fakultative Hinzutreten des Infinitivs an die Kopula-Konstruktion wäre dann nichts anderes als die weitere Integration von *scheinen* in das relativ geschlossene, relativ stark grammatikalisierte Paradigma der Kopulaverben. Dieses ist nun zwar nicht die Zielkategorie, der sich das heutige *scheinen* mit beliebigem *zu*-Infinitiv angeschlossen hat, doch erwirbt *scheinen* durch diesen Anschluß an die Kopulaverben und durch die analoge Anlagerung der Form *sein* eine Konstruktionsweise, die es vorher nicht besaß und die die Voraussetzung für seine Auxiliarisierung ist.

Die Bedeutung von *scheinen* in der verstärkten Kopula-Konstruktion, also ‚den Anschein haben‘, ‚so aussehen wie‘, entspricht bereits derjenigen in den am stärksten grammatikalisierten Verwendungen mit dem Infinitiv eines lexikalischen Vollverbs. Dieses Faktum, das schon in Abschnitt 3 angesprochen wurde, dürfte die Weiterentwicklung von *scheinen* im modalen Grammatikalisierungskanal erheblich befördert haben.

Die Integration ins Paradigma der Kopulaverben ist also wegen der Anlagerung des Infinitivs ein wichtiger Schritt auf dem Weg zum evidentiellen Auxiliar. Sie hat allerdings auch eine Entwicklung zur Folge, die der vollständigen Integration ins Modalverbparadigma im weiteren Verlauf hinderlich ist, nämlich die neu entstehende Regel zur obligatorischen Verwendung von *zu*. Im Zusammenhang mit der sukzessiven Ersetzung des alten reinen Infinitivs durch den Infinitiv mit *zu*, die seit dem Ahd. vonstatten geht und nahezu alle Infinitivkonstruktionen erfaßt (Dal 1966: 100ff., Diewald 1999: 307f.),[9] wird auch der reine Infinitiv in der Position eines Prädikativums in Konstruktionen, die zum relevanten Zeitpunkt nicht stark genug grammatikalisiert sind, um der Verstärkung durch die Infinitivpartikel zu entgehen, vom *zu*-Infinitiv verdrängt (vgl. Keinästö 1986: 19). Auch der Infinitiv beim Kopula-Verb *scheinen,* der zu diesem Zeitpunkt ausschließlich eine prädikative und offensichtlich erst gering grammatikalisierte Funktion hat, wird von dieser Veränderung erfaßt. So erklärt sich, wieso die Infinitiv-Partikel *zu* nach *scheinen*, die im 16. Jh. mit offenbar großen regionalen und autorspezifischen Schwankungen fakultativ war, im Lauf des 17. Jhs. obligatorisch wird. Dazu folgende Belege aus dem 17. Jh.:

(17)   a. Und ob ich zwar scheinte nur ein zwerg zu seyn gegen meinen feind.
                         (Simpl. 3 (1684) 668, nach DWB 14, 2442)
      b. Was da scheinte mein unglück zu seyn.
                         (Simpl. 3 (1684), 669, nach DWB 14, 2442)

Wichtig ist hier, daß noch im 17. Jh. ausschließlich *sein* als Infinitiv nach *scheinen* auftritt DWB 14, 2449f.), daß hier also immer noch die verstärkte Kopula vorliegt, bei der der Infinitiv unter Umständen auch entfallen kann. Das Hinzu-

---

[9] Nur diejenigen Infinitivkonstruktionen, die bereits stark grammatikalisiert waren und mit dem Finitum eine Konstituente bildeten, waren davon ausgenommen – so z.B. die Infinitive nach den Modalverben.

treten der Infinitivpartikel *zu* geschah also, *bevor* die *scheinen*-Konstruktion andere Infinitive außer *sein* zuließ, d.h. *bevor* aus der verstärkten Kopula-Konstruktion die Konstruktion mit einem auxiliarisierten Moduselement hervorging.

Im nächsten Schritt wurde die Infinitiv-Konstruktion vom Infinitiv *zu sein* auf andere Infinitive ausgeweitet. Der folgende Beleg, der im übrigen der früheste ist, den das DWB nennt, gibt einen interessanten Hinweis, in welchen Kontexten diese Ausweitung ihren Anfang genommen haben könnte.

(18) Um was wir gestern weinten
und nicht zu trösten scheinten. (P. Fleming 330, nach DWB 14, 2448)

Hier liegt es zunächst nahe, eine modal-passivische *sein*-Konstruktion anzusetzen, also *wir sind nicht zu trösten* (‚wir können nicht getröstet werden'), die in Analogie zur Kopula-Konstruktion fakultativ ohne *sein* verwendet werden kann. Durch Wegfall von *sein* entstünde dann keine einfache Kopula-Konstruktion mit einem nominalen oder adjektivischen Prädikativum (also *wir scheinen trostlos*), sondern die Konstruktion *scheinen* mit beliebigem *zu*-Infinitiv (*wir scheinen zu trösten*). Zwei Faktoren machen es allerdings unwahrscheinlich, daß die Generalisierung auf andere Infinitive auf diese Weise erfolgte. Zum einen ist die modal-passivische *sein*-Konstruktion als Komplement von *scheinen* relativ selten. Zum andern ist zu bedenken, daß Askedal (1998: 63) in seiner diachronen Untersuchung vom 18. bis zum 20. Jh. nur Konstruktionen wie diejenige in (18), also ein modal-passivisches Infinitiv-Komplement ohne *sein*, nachweisen kann. Dieser Konstruktionstyp findet sich, wie (19) zeigt, auch im gegenwärtigen gesprochenen Deutsch neben vollständig realisierten modal-passivischen *sein*-Konstruktionen (s. Satz 20).

(19) Das scheint mir nicht ganz zu vertreten. (IDS-FB, XAR)

(20) Und weiterhin scheint mir die Frage politisch so zu sehen zu sein, daß man nach einem stärkeren Staat verlangt. (IDS-FB, XFG)

Die oben geäußerte Vermutung, die Konstruktion in (18) sei auf den Wegfall des *sein*-Infinitivs zurückzuführen, der wiederum in der Fakultativität von *sein* in der Kopula-Konstruktion sein Vorbild hat, wird also von den bisher bekannten Daten nicht gestützt. Dennoch spielt m.E. die modal-passivische *sein*-Konstruktion (*wir sind zu trösten*) bei der Ausweitung auf beliebige Infinitiv-Komplemente eine musterbildende Rolle. Diese Konstruktion ist, wie Dal (1966: 109) ausführt, seit dem Ahd. belegt. Die Annäherung von *scheinen* an die Kopula-Verben, deren zentraler Vertreter *sein* ist, könnte nun dazu geführt haben, daß auch die modal-passivische Verwendung von *sein* direkt von *scheinen* nachgebildet wurde (also *wir scheinen zu trösten* direkt nach dem Muster *wir sind zu trösten*) und daß auf diese Weise die Möglichkeit zur Anlagerung beliebiger Infinitive an *scheinen* bestärkt wurde. Wie im nächsten Abschnitt noch auszuführen, ist jedoch der entscheidende Impuls für die Ausbreitung auf alle Arten von Infinitiven im Grammatikalisierungsprozeß der Modalverben zu sehen. Obwohl über die Details dieser Ausbreitung bislang praktisch keine Erkenntnisse vorliegen, ist sicher, daß sie mit großer Schnelligkeit im Lauf des 18. Jhs. erfolgt und daß bereits in dessen zweiter Hälfte Infinitive beliebiger Verben sehr häufig sind (s. Askedal 1998). Die Belege in (21) aus dem 18. und 19. Jh. zeigen, daß zu dieser Zeit der heutige Stand weitgehend erreicht ist und sowohl der Infinitiv I, wie auch komplexere Infinitiv-Konstruktionen anzutreffen sind (21c, d, e):

(21) a. [...] sie schien sich nach dem Fremden umzusehen.
(Goe 177, nach Askedal 1998: 52)
b. Die naive Antwort schien ihn zu freuen, [...]
(Goe 427, nach Askedal 1998: 57)
c. [...] aber desto größere Verlegenheit schien die Gedichtfrage heraufbeschwören zu sollen [...].   (FoE 205 [Fontane], nach Askedal 1998: 57)
d. [...] Geld scheinen Sie mir diese Zeit über auch nicht gespart zu haben.
(Goe 223, nach Askedal 1998: 57)
e. Sie schien in einer intimen Unterhaltung gestört worden zu sein oder doch mindestens in ihrer Toilette.   (FoC 111, nach Askedal 1998: 57)

Wie Askedal nachweist, wächst der prozentuale Anteil dieser Konstruktion an allen *scheinen*-Konstruktionen seit dem 18. Jh. stetig an, und im heutigen Deutsch ist sie die insgesamt häufigste Gebrauchsweise von *scheinen*, die nach Askedals Zählung fast 50% aller Belege ausmacht (Askedal 1998: 54, 71). Sie ist in Abschnitt 3 als Typ IV mit zahlreichen Beispielen dokumentiert.

Die Fragen nach der Herkunft und Ausbreitung des Infinitivs und der Infinitiv-Partikel *zu* können also zusammenfassend folgendermaßen beantwortet werden: Die heutige grammatikalisierte Konstruktion ist von der Konstruktion mit verstärkter Kopula abgeleitet. Die Integration in das Paradigma der Kopulaverben führt zur Einfügung der Infinitivpartikel *zu* noch vor der weiteren Grammatikalisierung zum Modusmarker. Die Ausweitung vom *sein*-Infinitiv auf andere Infinitive wird vermutlich auch durch Analogie zum modal-passivischen *sein*-Infinitiv gestützt; der zentrale Faktor dürfte jedoch im Grammatikalisierungsprozeß der Modalverben zu finden sein (s. Abschnitt 5).

Nun kann – allerdings in sehr geraffter Form – die dritte der diesen Abschnitt strukturierenden Fragen, die Frage nach dem Zusammenhang und der Entstehung der übrigen Konstruktionstypen, angegangen werden.

Was die oft postulierte Ableitung der Infinitiv-Konstruktion aus der *daß*-Konstruktion betrifft, so ist festzuhalten, daß die diachronen Daten einen solchen Zusammenhang nicht bestätigen. Dies ergibt sich bereits aus der relativen Reihenfolge des ersten (bisher belegten) Auftretens der beiden Konstruktionen. Die Konstruktion mit *daß*-Satz ist erst seit dem 18. Jh. belegt (Paul & Henne 1992 s.v. *scheinen*, DWB 14, 2450), also um ca. 200 Jahre später als die Konstruktion mit Infinitiv, die sich, wie oben gezeigt, seit dem Frühneuhochdeutschen findet. Folglich kann die Infinitiv-Konstruktion diachron nicht aus der *daß*-Konstruktion entstanden sein. Auch eine umgekehrte Entwicklungslinie ist unwahrscheinlich. Die Entwicklung der *daß*-Konstruktion läßt sich stattdessen in Zusammenhang bringen mit dem Auftreten von *scheinen* in einer unpersönlichen Konstruktion und mit seiner Verwendung in Vergleichssätzen. Dies sei im folgenden kurz erläutert.

Scheinen tritt in einer unpersönlichen Konstruktion mit einem formalen Subjekt *es* als Witterungsimpersonale auf; *es scheint* bedeutet ‚es ist Tag', ‚es ist hell' oder auch ‚es blitzt' (DWB 14, 2445). Das DWB gibt hier Belege seit Luther:

(22) Samlet ein, weil es scheinet und gut wetter ist, braucht gottes gnaden und wort, weil es da ist. (Luther 2, 272^b, nach DWB 14, 2445)

Dieser Gebrauch von *es scheint* als Witterungsimpersonale mit fixem *es* ist gut belegt und verliert sich erst im neueren Deutsch. Möglicherweise kann man die parenthetischen Verwendungen, die in Abschnitt 3 als Konstruktionstyp VI zusammengefaßt wurden, zum Teil auf diesen alten Gebrauch von *scheinen* als Witterungsimpersonale zurückführen.

Aber auch die Entwicklung der *daß*-Konstruktion ist möglicherweise von der Existenz des Witterungsimpersonales beeinflußt, insofern, als letzteres in der Verwendung mit adverbiellen Bestimmungssätzen, wie in (23), rein oberflächlich das strukturelle Muster *Es scheint, daß/also ob...* bereitstellt.

(23) a. Es regnet, als ob die Welt untergehen wollte.
b. Es donnert, daß sich die Balken biegen.

Tritt noch eine semantische Abstraktion des Witterungsimpersonales von ‚es ist hell' zu ‚es ist offensichtlich', ‚es erweckt den Eindruck' hinzu, dann ist über diesen Bedeutungswandel der Weg zur Reanalyse im Sinne der heutigen *daß*-Konstruktion geebnet.

Zusätzlich dürfte es bei der Entstehung der *daß*-Konstruktion eine Rolle gespielt haben, daß *scheinen* in der Bedeutung ‚so aussehen, wie', ‚wirken wie', ‚den Eindruck erwecken' durch seine gesamte Geschichte hindurch in Vergleichskonstruktionen verwendet wird, wie die Belege unter (24) zeigen:

(24) a. Es schînet noch als ez dô schein
und ich wænez immer schîne:
sîn rede was nâch wîne. (Iwein 2457 ff., nach DWB 14, 2448)
b. Es scheint, ob wer es auß.
(Rompler Reimged. 232, nach DWB 14, 2450)
c. Dasz es scheinete, ob setzte er keinen fusz auffs erdreich nieder.
(Harnisch 57, nach DWB 14, 2442)

Der mögliche Einfluß der Konstruktion mit Vergleichssatz auf die *daß*-Konstruktion ist begründet in einem Faktum, das Paul ([1920] 1995: 163ff.) unter dem Stichwort der „Kontamination auf syntaktischem Gebiete" anführt. Er hält fest, daß „häufig, anstatt eines *dass* in Sätzen, deren Inhalt als nicht der Wirklichkeit entsprechend gedacht wird, ein *als* mit folgendem Bedingungssatz steht" (ebd. S. 168) und führt Beispiele wie die folgenden an (alle Sätze in 25 zitiert nach Paul [1920] 1995: 168):

(25) a. Glaubt nicht, als ob der Zweck nur die Vergnügung wäre. (Lichtwer)
b. So will ich mir einbilden, als ob ich die Fragmente zufällig fände.
(Schi)
c. Du musst hieraus nicht schliessen, als wenn ich jetzo schon gewiss wäre. (Klopstock)

Es ist leicht vorstellbar, daß diese Alternation zwischen *daß* und *als ob* bei irrealen Komplementsätzen auf die Möglichkeiten zum Satzanschluß nach *scheinen* eingewirkt hat, daß also beim Anschluß von Vergleichssätzen das ursprüngliche *als ob* mit *daß* wechseln konnte. Wie in Abschnitt 3 angeführt, wechseln noch im heutigen Deutsch in der *daß*-Konstruktion *daß* und *als ob*.

Insgesamt sprechen die verfügbaren Daten dafür, den Ursprung der diachron spät belegten *daß*-Konstruktion in einem adverbiellen Vergleichssatz zu suchen und das unpersönliche *es* der Konstruktion auf die Verwendung von *scheinen* als Witterungsimpersonale zurückzuführen. Damit dürfte auch deutlich sein, daß die diachronen Entwicklungslinien der Infinitiv-Konstruktion und der *daß*-Konstruktion bei *scheinen* getrennt voneinander verlaufen, was m.E. durchaus als weiteres Argument gegen eine synchrone Ableitung ersterer aus letzterer bedacht werden sollte.

5 Der Kanalisierungseffekt der Modalverbentwicklung auf *scheinen*

Nachdem nun die Entfaltung der zentralen Konstruktionstypen von *scheinen* sozusagen in Isolation skizziert ist, soll abschließend die Frage nach der Sogwirkung der fortgeschrittenen Grammatikalisierung der Modalverben auf die Entwicklung von *scheinen* mit Infinitivanschluß angeschnitten werden.

Wie in Diewald (1999: 428ff.) dargestellt, entwickelt sich das Gesamtsystem der Modalverben über einen sehr langen Zeitraum hinweg (seit dem Ahd.) und im Zusammenhang mit verschiedenen Sprachwandelvorgängen, die nicht nur die Modalverben selbst, sondern das gesamte Aspekt-, Tempus- und Modussystem betreffen. Ende des 17. Jhs. ist der Prozeß der Herausbildung der grammatikalisierten Verwendung der Modalverben weitgehend vollzogen. Insbesondere gibt es seit diesem Zeitpunkt für alle Modalverben zwei distinkte Konstruktionstypen, die jeweils entweder die nicht-grammatikalisierte oder die grammatikalisierte Lesart zugunsten der anderen ausschließen, so daß durch die Opposition dieser Konstruktionen die alte, lexikalische und die neue, grammatische Funktion der Modalverben als eigenständige, voneinander unabhängige Bedeutungen respektive Funktionen sichtbar werden. Diese beiden Konstruktionstypen, die *isolierenden Kontexte* (Diewald 1999), sind die Konstruktion mit dem Infinitiv II des Hauptverbs für die grammatikalisierte Bedeutung (*sie dürfte/kann/ mag/muß/soll/will den Brief abgeschickt haben*) und die Konstruktion mit dem

Modalverb in einer periphrastischen Tempusform für die weniger grammatikalisierte – meist deontisch genannte – Lesart (*sie hat den Brief (nicht) abschicken dürfen/können/mögen/müssen/sollen/wollen*).

Mit der Existenz der Opposition der beiden isolierenden Kontexte ist also die formale Seite der Grammatikalisierung der Modalverben abgeschlossen. Die semantische Differenzierung des Systems der Faktizitätsbewertung durch die Modalverben hat jedoch um 1700 noch keineswegs den heutigen Stand erreicht. Wesentliche semantische Veränderungen vollziehen sich im Lauf der nächsten Jahrhunderte, und erst in der Mitte des 19. Jhs. zeigen sich die heutigen Distinktionen, wie sie in Abschnitt 2 kurz erwähnt wurden.

Wie im letzten Abschnitt gezeigt, nimmt die Entwicklung von *scheinen* einen völlig anderen Verlauf. *Scheinen* hat, was die morphologische Klassenzugehörigkeit und die syntaktischen Strukturen betrifft, zunächst nichts mit den Modalverben gemein und entwickelt sich lange Zeit unabhängig von diesen. Allerdings ist *scheinen* aufgrund seiner lexikalischen Semantik, die über lange Zeiträume und in verschiedensten Konstruktionstypen relativ stabil bleibt, bestens dazu geeignet, als evidentieller Faktizitätsmarker „weiterverarbeitet" zu werden. Dies umso mehr, als die Modalverben selbst keine evidentielle Komponente aufweisen. Daneben hat es bis zum 17. Jh. eine konstruktionelle Varianz erworben, die auch den Anschluß eines Infinitivs erlaubt. Auffällig ist nun, daß *scheinen* diese Konstruktion (die verstärkte Kopula) – wie gezeigt wurde – über Jahrhunderte unverändert beibehält, aber im 18. Jh. sehr schnell das gesamte Spektrum von Infinitivanschlüssen aufweist, das die grammatikalisierten Modalverben haben. Insbesondere ist bei *scheinen* von dieser Zeit an auch der Anschluß eines Infinitivs II möglich, ohne daß eine den Modalverben vergleichbare Opposition der isolierenden Kontexte bestünde (*Sie scheint den Brief abgeschickt zu haben* vs. **Sie hat den Brief abschicken scheinen/geschienen*).

Scheinen erwirbt also die relevanten Konstruktionen schlagartig genau zu dem Zeitpunkt, zu dem die Modalverben ihr grammatikalisierungsrelevantes Konstruktionsspektrum vollends entwickelt haben, die semantische Differenzierung und Aufteilung der Einzelwerte im Modusparadigma jedoch noch nicht abgeschlossen ist, sondern sich vielmehr in einer sensiblen Phase der Neustrukturierung befindet.

All dies deutet darauf hin, daß die beschriebene Entwicklung von *scheinen* unter dem Einfluß der Grammatikalisierung der Modalverben steht, daß also das prägnante und mitgliederreiche Paradigma der Modalverben mit seinen neu erworbenen grammatischen Funktionen das Vorbild für die analogische Entwicklung der Infinitiv-Konstruktion bei *scheinen* abgibt. Sobald letzteres von der Sogwirkung des Grammatikalisierungskanals der Modalverben erfaßt ist, läßt es plötzlich den Anschluß von beliebigen Infinitiven zu, was vorher trotz der prinzipiellen Verfügbarkeit der Konstruktion jahrhundertelang nicht der Fall war.[10]

Der einzige Punkt, an dem die analogische Anpassung von *scheinen* an die Modalverben nicht greift, ist der Infinitivanschluß mit *zu*, der bei *scheinen* im heutigen Deutsch obligatorisch ist. Obwohl es verlockend ist, darüber zu spekulieren, ob und wann diese Infinitiv-Partikel bei *scheinen* abgebaut wird, soll dies hier nicht geschehen. Allerdings möchte ich abschließend zwei Beobachtungen anführen, die in diesem Zusammenhang relevant sein könnten.

Zum einen gibt es ein Vorbild für den Abbau der Infinitiv-Partikel *zu* zugunsten der Integration ins Modalverb-Paradigma. Das ist das Verb *brauchen*. Dieses Verb kann heute anerkanntermaßen auch in der Standardsprache ohne *zu* verwendet werden (Askedal 1989: 4), und es besteht kein Zweifel, daß die Modalverben (insbesondere *müssen*) das Muster für diesen analogischen Wandel abgeben (Lehmann 1991: 512f.). Daß diese Entwicklung vor weniger als 35 Jahren noch zu intensiven linguistischen Debatten geführt hat (siehe z.B. Folsom 1968 und Jäger 1968), zeigt nur zu deutlich, mit welchem Tempo sprachlicher Wandel vor sich gehen kann, wenn er von einem starken Grammatikalisierungssog motiviert ist.

Zum andern hat sich unter den 197 *scheinen*-Belegen des hier ausgewerteten Freiburger Korpus immerhin ein Beleg gefunden, in dem *scheinen* einen Infinitiv ohne *zu* anschließt:

(26)   Also scheinen auch hier noch durchaus erbauliche Reserven und Ausweichmöglichkeiten vorhanden sein.   (IDS-FB, XCE)

Selbstverständlich ist ein einziges derartiges Beispiel kein Beweis für einen bereits vor sich gehenden Abbau des *zu* nach *scheinen*; selbstverständlich handelt es sich bei diesen Texten um gesprochene Sprache, so daß man ohne weiteres einen Versprecher unterstellen kann.

Dennoch wäre es angesichts der skizzierten diachronen und synchronen Fakten unangebracht, die Möglichkeit einer solchen Entwicklung völlig auszuschließen. Diesbezügliche Spekulationen sind erst in der Zukunft verifizierbar; was die hier vorgebrachten Hypothesen über die bisherige diachrone Entwicklung von *scheinen* betrifft, so sei nochmals hervorgehoben, daß hier letztlich nur eine umfassende empirische Studie genauere Aufschlüsse erbringen kann.

---

[10] Ebert (1976: 44 f.) äußert sich hierzu wie folgt: „It appears that for centuries after the development of the type *daz dünket mich guot sîn*, the copula construction *daz dünket mich guot* exerted some form of paradigmatic pressure, which inhibited generalization in the infinitival construction." Statt wie Ebert davon auszugehen, daß eine bereits bestehende Konstruktionsmöglichkeit die analogische Ausbreitung verhindert, wird hier die Auffassung vertreten, daß erst durch die Existenz geeigneter Vorbilder diese Ausbreitung in Gang gesetzt wird.

Literatur

Anderson, L.B. (1986): "Evidentials, paths of change, and mental maps: typologically regular asymmetries". In: W. Chafe & J. Nichols, Hrsg.: Evidentiality: The Linguistic Coding of Epistemology. Norwood, New Jersey: Ablex (= Advances in Discourse Processes; 20), 273–312.

Askedal, J.O. (1989): "Über den Infinitiv ohne bzw. mit *zu* im heutigen Deutsch: Klassenbildung regierender Lexeme und Hauptzüge der Distribution". Deutsch als Fremdsprache 26, 2–7, 103–106.

Askedal, J.O. (1998): "Satzmustervariation und Hilfsverbproblematik beim deutschen Verb *scheinen*". In: K. Donhauser & L.M. Eichinger, Hrsg.: Deutsche Grammatik – Thema in Variationen: Festschrift für Hans-Werner Eroms zum 60. Geburtstag. Heidelberg: Winter, 49–74.

Bech, G. (1955): Studien über das deutsche verbum infinitum, Bd. 1. Kopenhagen: Munksgaard.

Behaghel, O. (1924): Deutsche Syntax: Eine geschichtliche Darstellung, Bd. II: Die Wortklassen und Wortformen, B. Adverbium, C. Verbum. Heidelberg: Winter.

Bybee, J. (1985): Morphology: A Study of the Relation between Meaning and Form. Amsterdam, Philadelphia: Benjamins (= Typological Studies in Language; 9).

Bybee, J., R. Perkins & W. Pagliuca (1994): The Evolution of Grammar. Tense, Aspect, and Modality in the Languages of the World. Chicago, London: University of Chicago Press (=Typological Studies in Language; 19).

Dal, I. (1966): Kurze deutsche Grammatik auf historischer Grundlage. 3., verbesserte Aufl. Tübingen: Niemeyer (= Sammlung kurzer Grammatiken germanischer Dialekte, B. Ergänzungsreihe; 6).

De Haan, F. (2001): "The relation between modality and evidentiality". [in diesem Heft]

Diewald, G. (1999): Die Modalverben im Deutschen: Grammatikalisierung und Polyfunktionalität. Tübingen: Niemeyer (= Reihe Germanistische Linguistik; 208).

Diewald, G. (2000): "*Scheinen* als Faktizitätsmarker". In: M. Habermann, P.O. Müller & B. Naumann, Hrsg.: Wortschatz und Orthographie in Geschichte und Gegenwart. Festschrift für Horst Haider Munske zum 65. Geburtstag am 5. Mai 2000. Tübingen: Niemeyer, 333–355.

Diewald, G. [demn.]: "Faktizität und Evidentialität. Semantische Differenzierungen bei den Modal- und Modalitätsverben im Deutschen". In: O. Leirbukt & P. Valentin, Hrsg.: Beiträge zum Internationalen Kolloquium „Tempus/Temporalität und Modus/Modalität im Deutschen – auch in kontrastiver Perspektive", Bergen, 8. – 9. September 2000. Tübingen: Narr.

DWB = Deutsches Wörterbuch. Jakob und Wilhelm Grimm. 33 Bde. Leipzig: Hirzel, 1854 ff. [Nachdruck München 1984].

Ebert, R.P. (1976): Infinitival Complement Constructions in Early New High German. Tübingen: Niemeyer (= Linguistische Arbeiten; 30).

Eisenberg, P. (1999): Grundriß der deutschen Grammatik, Bd. 2: Der Satz. Stuttgart, Weimar: Metzler.

Folsom, M.H. (1968): "*brauchen* im System der Modalverben". Muttersprache 78, 321–329.

Heine, B., U. Claudi & F. Hünnemeyer (1991): Grammaticalization: a Conceptual Framework. Chicago, London: University of Chicago Press.

Hopper, P. & E. Traugott (1993): Grammaticalization. Cambridge: Cambridge University Press.

IDS-FB = Elektronisch verfügbare Korpora des Instituts für deutsche Sprache: Freiburger Korpus.

Jäger, S. (1968): "Ist *brauchen* mit *zu* nicht 'sprachgerecht'?". Muttersprache 78, 330--333.
Keinästö, K. (1986): Studien zu Infinitiv-Konstruktionen im mittelhochdeutschen Prosa-Lancelot. Frankfurt/M. [u.a.]: Lang (= Regensburger Beiträge zur deutschen Sprach- und Literaturwissenschaft; 30).
Lehmann, C. (1991): "Grammaticalization and related changes in contemporary German". In: E. Traugott & B. Heine, Hrsg.: Approaches to grammaticalization, Vol. II: Focus on types of grammatical markers. Amsterdam, Philadelphia: Benjamins, 493–535.
Lehmann, C. (1995): Thoughts on Grammaticalization. Revised and expanded version. First published edition. München [u.a.]: Lincom Europa (= Lincom Studies in Theoretical Linguistics; 1).
Pafel, J. (1989): "*Scheinen* + Infinitiv. Eine oberflächengrammatische Analyse". In: G. Falkenberg, Hrsg.: Wissen, Wahrnehmen, Glauben: epistemische Ausdrücke und propositionale Einstellungen. Tübingen: Niemeyer (= Linguistische Arbeiten; 202), 123–172.
Paul, H. ([1920]/1995): Prinzipien der Sprachgeschichte. 10. Unveränderte Aufl. Tübingen: Niemeyer (= Konzepte der Sprach- und Literaturwissenschaft; 6).
Paul/Henne (1992) = Paul, H. (1992): Deutsches Wörterbuch. 9., vollständig neu bearbeitete Auflage von H. Henne und G. Objartel unter Mitarbeit von H. Kämper-Jensen. Tübingen: Niemeyer.
Reis, M. (1982): "Zum Subjektbegriff im Deutschen". In: W. Abraham, Hrsg.: Satzglieder im Deutschen. Vorschläge zur syntaktischen, semantischen und pragmatischen Fundierung. Tübingen: Narr (= Studien zur deutschen Grammatik; 15), 171–211.
Willett, T. (1988): "A cross-linguistic survey of the grammaticalization of evidentiality". Studies in Language 12, 51–97.
Zifonun, G. [u.a.] (1997): Grammatik der deutschen Sprache. 3 Bde. Berlin, New York: de Gruyter (= Schriften des Instituts für deutsche Sprache; 7.1–7.3).

Hamburg   Gabriele Diewald

Universität Hamburg, Institut für Germanistik I, Von-Melle-Park 6, D-20126 Hamburg, e-mail: diewald@uni-hamburg.de

„Es kann sein, daß der Junge ins Haus gegangen ist" – Zum Erstspracherwerb von *können* in epistemischer Lesart

Serge Doitchinov

Abstract

An experimental study was conducted on how children understand the epistemic meaning of the German modal verb *können* 'may' as compared to comprehension of the epistemic adverbial *vielleicht* 'maybe/perhaps'. The hypotheses are (a) that the epistemic meaning of *können* is acquired gradually, and (b) that children will have more difficulties to understand *können* correctly than *vielleicht*, due to the polyfunctionality of the modal *können*. The comprehension of sentences with *vielleicht* and non-ambiguous sentences with *können* by 91 children from 5;7 to 9;6 in four groups was tested in a picture-selection task. The results show that the 7 to 9-year-olds were significantly better than the 6-year-olds regarding *vielleicht*, and the 8 to 9-year-olds were significantly better than the younger groups regarding *können*. The results also show that the 6 to 8-years-olds understood the sentences with *vielleicht* significantly better than the sentences with *können*. These findings support Shatz & Wilcox's (1991) claim that the late acquisition of the epistemic meaning of modal verbs cannot be solely explained by the overall cognitive development of the child, but that, on the contrary, specific linguistic constraints may also play a role in the acquisition of the different epistemic devices.

1 Einführung*

Charakteristisch für die Bedeutung der Modalverben ist ihre Polyfunktionalität. Besonders hervorzuheben sind dabei ihre epistemische und ihre zirkumstantielle Funktion. Die epistemische Modalität gibt dem Standpunkt des Sprechers gegenüber dem Wahrheitsgehalt der Proposition Ausdruck. Sie gibt den Grad an Sicherheit des Sprechers hinsichtlich des Bestehens eines Sachverhaltes an. Die zirkumstantielle Modalität kann dagegen am besten als Ausdruck von Notwendigkeit bzw. Möglichkeit in der realen Welt aufgefaßt werden (Kratzer 1991). In diesem Sinne sind deontische, buletische, realistische und Fähigkeitslesarten als Varianten der zirkumstantiellen Modalität zu betrachten.

Die Unterscheidung zwischen epistemischer und zirkumstantieller Modalität scheint auch eine große Rolle im Spracherwerb zu spielen. Obwohl es nur wenige longitudinale Daten zum Erwerb der epistemischen Lesart von Modalverben gibt, zeigen Langzeitstudien von Kindern verschiedener Sprachen übereinstimmend, daß die epistemische Lesart von Modalverben lange nach der zirkumstantiellen erworben wird:

---

* An dieser Stelle möchte ich mich bei B. Dillenburger und F. Schlosser bedanken, die mir beim Aufbau bzw. bei der Durchführung des Experiments sehr behilflich waren.

(a) *Deutsch.* Adamzik (1985) und Ramge (1987) zeigen in ihren Arbeiten zum Erwerb der Modalverben bei deutschen Kindern, daß die ersten Modalverben, die erworben werden, *können* und *wollen* sind, und zwar in Fähigkeitsbzw. in deontischen/buletischen Lesarten. Sie werden zwischen 1;1 und 2;2[1] zum ersten Mal produktiv verwendet. Darauf folgen die anderen Modalverben ohne erkennbar feste Abfolge. Man kann jedoch feststellen, daß am Ende der untersuchten Periode (in beiden Arbeiten etwa im Alter von 3;3) (i) alle Modalverben verwendet werden, und (ii) die meisten Varianten der zirkumstantiellen Lesart als erworben gelten können. Im Gegensatz dazu wurden in keinem der Korpora Äußerungen mit epistemischen Modalverben gefunden. Beide Autoren kommen deshalb zu dem Schluß, daß der Erwerb der epistemischen Bedeutung der Modalverben nicht vor 3;3 einsetzt.

(b) *Englisch.* Die ersten Modalverben, die produktiv verwendet werden, sind *can* und *will*, und werden zwischen 1;10 und 2;6 erworben; sie drücken ausschließlich Fähigkeiten/Erlaubnisse bzw. Intentionen/Wünsche aus (vgl. Wells 1979 und Shatz & Wilcox 1991). Es folgen die anderen Modalauxiliare: Mit 3;6 werden *should, must, had better* (vgl. Wells 1979/1985) in zirkumstantieller Lesart regelmäßig verwendet.[2] Wells (1985: 253) schließt aus diesen Beobachtungen, daß der Erwerb aller Kategorien der zirkumstantiellen Modalität mit 3;3 weitgehend abgeschlossen ist.

Der Erwerb der epistemischen Lesart dagegen scheint auch im Englischen später zu beginnen. Zwar werden erste Belege mit epistemischen Modalverben schon mit 2;6 gefunden (vgl. u.a. Pea et al. 1982), dennoch bleiben sie bis etwa 3;6 isolierte Erscheinungen (Wells 1979; Kuczaj 1977). Wells' Analyse (Wells 1985) eines Korpus von 60 Kindern zwischen 3;0 und 5;0 zeigt zweierlei: Einerseits produzieren Kinder mit 4;0 regelmäßig epistemische Äußerungen mit *may* oder *might*, andererseits verwenden am Ende der Erhebungszeit (5;0) nur 25% der untersuchten Kinder das epistemische *must*. Diese Ergebnisse stimmen mit Perkins' Beobachtungen überein (Perkins 1983): Kinder zwischen 6;0 und 12;0 verwenden *may* und *might* zwar nur selten, aber immer in epistemischer Lesart. *Must* und *should* werden dagegen in 75% bzw. 90% der Fälle zirkumstantiell gebraucht. Die Ergebnisse von Perkins (1983) und Wells (1985) zeigen also, daß über eine relativ lange Periode nur *may* und *might* regelmäßig epistemisch verwendet werden.

(c) *Französisch.* Die Einzelstudie von Bassano (1996) zeigt, daß das beobachtete französische Kind die zirkumstantielle Bedeutung der Modalverben zwischen 2;0 und 4;0 erwirbt. Epistemische Modalverben treten dagegen nur sehr selten und sehr spät auf: Bassano konnte nur drei epistemische Belege mit *devoir* ‚müssen' zählen, und dies erst ab 3;9. Belege vom epistemischen *pouvoir* ‚können' konnte sie dagegen nicht finden.

---

[1] Altersangaben in Jahr;Monat.
[2] Im Unterschied jedoch zum deutschen *dürfen* wird in diesem Alter das deontische *may* nur sporadisch verwendet. Nach Wells (1979) wird das deontische *may* im Alter von 3;3 von lediglich 15% der untersuchten Kinder verwendet.

(d) *Griechisch*. Die Modalverben *boro* ‚können' und *prepi* ‚müssen' werden zuerst lediglich zirkumstantiell verwendet. Erste epistemische Belege von *bori* wurden mit 3;9 gefunden (Stephany 1986).

(e) *Polnisch*. Zirkumstantielle Modalverben erscheinen schon vor 2;0. Die epistemische Verwendung wird auch hier später erworben (Smoczyńska 1993).

Neben den Langzeitstudien wurden auch einige experimentelle Studien zum Verstehen der Modalverben durchgeführt.

Green (1979) untersuchte, ob Kinder zwischen 5;4 und 17;11 den epistemischen Charakter verschiedener Ausdrücke verstehen können, darunter auch die Modalverben *may* und *might*.[3] Seine Ergebnisse zeigen, daß erst die Kinder der zweiten Altersgruppe (ab 8;0) die getesteten Ausdrücke korrekt interpretiert haben. Da die Antworten der Kinder aber nur zusammengefaßt und nicht nach Ausdrücken ausgewertet wurden, liefert Greens Studie leider keine direkten Rückschlüsse auf den Erwerb der Modalverben.

Coates (1988) testete die Fähigkeit von 8- und 12-Jährigen, zwischen der zirkumstantiellen und der epistemischen Bedeutung von Modalverben zu unterscheiden, indem sie in einem *card-sorting game* Karten nach Bedeutungsähnlichkeiten gruppieren ließ, auf denen epistemisch und zirkumstantiell modalisierte Sätze aufgeschrieben waren. Ihre Ergebnisse zeigen, daß 8-Jährige zwar *may* und *might* eine ähnliche Bedeutung wie *maybe* oder *perhaps* zuschreiben, gleichwohl noch nicht über eine klar definierte Kategorie für die epistemische Modalität verfügen. Das Kategorisierungsmuster der 12-Jährigen dagegen unterscheidet sich kaum noch von demjenigen der Erwachsenen. Problematisch an ihrem Experiment ist, daß jeder Satz nur einer Kategorie zugeordnet werden konnte, so daß der polyfunktionale Charakter der Modalverben aufgrund dieses Designs unberücksichtigt blieb.

Das bekannteste und in der Forschung einflußreichste Experiment zum Erwerb der Modalverben wurde von Hirst & Weil (1982) durchgeführt. Ziel ihres Experiments war es herauszufinden, ob Kinder zwischen 3;0 und 6;6 die relative Stärke der Modalverben verstehen können.[4] Angenommen wurde, daß Modalverben um so schneller voneinander unterschieden werden, je größer der Kontrast zwischen ihnen ist.

Bei der epistemischen Aufgabe mußten die Kinder erraten, ob eine Nuß unter einer Schachtel oder unter einer Tasse versteckt war, und dies nur mit Hilfe zweier von Puppen ausgesprochener Sätze, so z.B. mit Hilfe des Satzpaares *the peanut may be under the cup* und *the peanut must be under the box*. Bei der zirkumstantiellen Aufgabe dagegen mußten die Kinder erraten, wohin eine Puppe gehen würde, nachdem sie Instruktionen von „Lehrern" (ebenfalls Puppen)

---

[3] Getestet wurden folgende Ausdrücke: (i) die Modalverben *may* und *might*, (ii) die Satzadverbien *probably, maybe* und *perhaps* und (iii) Kombinationen aus Modalverben und Satzadverbien. Es wurden also nur Ausdrücke der Unsicherheit getestet.

[4] Im Anschluß an Horn (1972) reihen Hirst & Weil die englischen Modalverben in die folgende Skala ein: <*is, must, should, may*>.

erhalten hatte, so z.B. nach folgenden Instruktionen: *You should go into the green room* und *you may go into the red room*.

Das allgemeine Ergebnis des Experiments zeigt, daß der Unterschied umso schneller verstanden wird, je weiter zwei Modalverben in der Skala voneinander entfernt sind (s. Anm. 4). So werden in der epistemischen Aufgabe *may* und *must* schon mit 3;0-3;6 voneinander unterschieden, während der Unterschied zwischen *should* und *must* erst mit 6;0-6;6 verstanden wird. Ferner zeigt das Experiment, daß die Kinder durchgehend bessere Ergebnisse in der epistemischen Aufgabe als in der deontischen erzielten.

Zunächst scheinen Hirst & Weils Ergebnisse denjenigen der naturalistischen Studien und der anderen Experimente zu widersprechen, wonach die deontische Bedeutung vor der epistemischen erworben wird.

Hirst & Weil bleiben jedoch in der Interpretation ihrer Ergebnisse vorsichtig. Sie betonen vor allem, daß zwei Faktoren die Ergebnisse der zirkumstantiellen Aufgabe negativ beeinflusst haben könnten: Die zirkumstantielle Aufgabe hing davon ab, (i) wie die Kinder die Autorität der jeweiligen Lehrer einschätzten, und (ii) inwieweit sie davon ausgingen, daß die Puppe mit sozialen Regeln umgehen konnte.

Eine weitere und viel wichtigere Schwäche von Hirst & Weils Experiment liegt im Aufbau der epistemischen Aufgabe selber. Es ist fragwürdig, ob Hirst & Weils Paradigma wirklich die Fähigkeit der Kinder testete, die epistemische Bedeutung von Modalverben zu verstehen. Man kann sich nämlich leicht vorstellen, wie die Kinder die epistemische Aufgabe lösen konnten, ohne den Testsätzen eine epistemische Bedeutung zu verleihen. Die Kinder könnten die Testsätze der epistemischen Aufgabe wie folgt interpretiert haben: „Etwas in der Welt macht es für die Nuß möglich, unter der Tasse zu sein, aber etwas anderes in der Welt macht es für sie notwendig, unter der Schachtel zu sein", d.h. eine rein zirkumstantielle Interpretation der Testsätze führt bei diesem Testparadigma genauso wie eine epistemische zur einer korrekten Wahl des Verstecks.

Eine solche Annahme wird noch plausibler, wenn man bedenkt, daß (i) die verwendeten Testsätze in der epistemischen Aufgabe unter Umständen auch zirkumstantiell deutbar waren, und (ii) die Kinder im Experiment davon ausgehen konnten, daß das Versteck der Nuß lediglich vom Willen der Experimentatoren abhing, was leicht zu einer buletischen bzw. deontischen Interpretation der Sätze geführt haben kann.

Aus diesen Gründen kann man also davon ausgehen, daß Hirst & Weils Experiment – und darüber hinaus alle Experimente, denen dieses Test-Paradigma zugrunde liegt (vgl. Hofmann 1986; Byrnes & Duff 1989; Day 1996; Noveck et al. 1996[5]) – zwar die Sensibilität von Kindern für die relative Stärke der Modalverben messen konnte, jedoch nur unzuverlässige Daten über das Verstehen

---

[5] Insofern Noveck et al. (1996) nicht-ambige Testsätze – wie z.B. *there might be a peanut under the box* – verwendet haben, stellt ihr Experiment eine Verbesserung des Paradigmas von Hirst & Weil (1982) dar. Problematisch bleibt dennoch in ihrem Experiment, daß eine rein zirkumstantielle Interpretation der Sätze weiterhin zu einem erfolgreichen Erraten des Verstecks führt.

ihrer epistemischen Bedeutung liefern und daher die Ergebnisse der Langzeitstudien und der anderen Experimente kaum in Frage stellen kann.

Im allgemeinen wird in der Forschung die kognitive Entwicklung des Kindes als Ursache für das spätere Auftreten der epistemischen Bedeutung betrachtet. Diesbezüglich kommt Stephany zu folgendem Schluß:

Since epistemically modalized expressions do not seem to be formally more complex than deontically modalized ones, the reason for the later emergence of epistemic modality in linguistic ontogenesis is generally sought in cognitive development. (Stephany 1995: 106)

Studien, die in der Tradition Piagets stehen – wie etwa Green (1979) oder Perkins (1983) – sehen in diesem Zusammenhang eine Parallele zwischen dem Erwerb der epistemischen Modalität und dem Übergang von der präoperationalen in die konkret operationale Phase, weil Kinder erst in der konkret operationalen Phase lernen, zwischen Sicherheit und Unsicherheit zu unterscheiden (vgl. dazu Piaget & Inhelder 1975).

In einem neuen Ansatz versucht Papafragou (1997) zu zeigen, daß es einen engen Zusammenhang zwischen der Entwicklung einer *theory of mind* und dem Erwerb epistemischer Ausdrücke gibt. Ihrer Ansicht nach sollten Kinder epistemische Ausdrücke weder korrekt verstehen noch richtig gebrauchen können, solange sie zwischen der Realität und mentalen Welten nicht unterscheiden können. Papafragous Annahme erscheint sinnvoll, wenn man bedenkt, daß Modalverben in ihrem epistemischen Gebrauch gerade zum Ausdruck bringen, daß eine gegebene Proposition verträglich ist mit der Menge der Propositionen, die den Glaubensinhalt des Sprechers bilden bzw. daß sie aus dieser Menge notwendigerweise folgt. Eine zielsprachliche Verwendung der epistemischen Modalverben beruht also auf der Fähigkeit, Glaubensinhalte als solche zu erkennen und über ihre Zuverlässigkeit reflektieren zu können (Papafragou 1997: 15).

Neben diesem eher logischen Argument liefern Studien zum Erwerb einer *theory of mind* auch empirische Evidenzen zugunsten eines Zusammenhangs zwischen dem Erwerb einer *theory of mind* und dem Auftreten epistemischer Modalverben. Sie zeigen vor allem, daß 3-Jährige kaum zwischen der realen und mentalen Welten unterscheiden können. Kinder in diesem Alter gehen noch davon aus, daß mentale Inhalte die reale Welt unmittelbar widerspiegeln (nach Wellman 1990 *copy theory* genannt). Dementsprechend sind 3-Jährige z.B. unfähig zu erkennen, daß Überzeugungen falsch sein können, und daß es verschiedene Grade der Überzeugtheit geben kann. Erst 4- bis 5-Jährige scheinen zu verstehen, daß die Welt immer mittels mentaler Repräsentationen erfaßt und erkannt wird (vgl. Wellman 1990 für einen Überblick). Diesem Modell zufolge ist es also zu erwarten, daß die ersten epistemischen Audrücke selten vor dem vierten Lebensjahr auftreten und kaum vor dem fünften vollständig erworben sein können – Annahmen, die genau zu den Erwerbsdaten passen (s.o.).

Obwohl der Erwerb einer *theory of mind* das späte Auftreten epistemischer Modalverben erklären könnte, zeigen Beobachtungen über den Erwerb anderer epistemischer Ausdrücke, daß eine rein kognitive Erklärung die Fakten nur partiell erfassen kann.

So stellt z.B. Stephany (1986: 395) fest, daß epistemische Satzadverbien wie *maybe/perhaps* teilweise vor den Modalverben in epistemischer Lesart erworben werden. Ferner ergibt sich aus der Untersuchung von Shatz et al. (1983), daß Kinder schon mit 3;0 mentale Verben wie *think* oder *guess* mit einer epistemischen Bedeutung verwenden können. Bassano (1996) macht ähnliche Beobachtungen: Während das epistemische *devoir* ‚müssen' nicht vor 3;9 auftritt und das epistemische *pouvoir* ‚können' nie vorkommt (s.o.), werden *peut-être* ‚vielleicht', *penser* ‚denken' und *savoir* ‚wissen' schon mit 3;0 verwendet.

Sollte der Erwerb einer *theory of mind* eine notwendige und hinreichende Bedingung – im Sinne der *strong cognition hypothesis* (Cromer 1974) – für den Erwerb epistemischer Ausdrücke sein, dann würde man nicht erwarten, daß mentale Verben oder epistemische Satzadverbien lange vor den epistemischen Modalverben produziert werden. Es ist daher eher anzunehmen, daß neben der allgemeinen kognitiven Entwicklung auch rein linguistische Einschränkungen eine Rolle beim Erwerb der epistemischen Modalverben spielen.

Um die unterschiedlichen Erwerbsverläufe bei Modalverben und mentalen Verben bzw. epistemischen Adverbien zu erklären, können mehrere Hypothesen herangezogen werden:

- *Die Input-Frequenz-Hypothese*: Shatz, Hoff-Ginsberg & McIver (1989) nehmen an, daß unterschiedliche Input-Frequenzen erklären können, warum die epistemische Lesart von Modalverben später erworben wird als *vielleicht* oder *denken*. In ihrer Studie fanden sie heraus, daß nur 10% der von Müttern verwendeten Modalverben eine epistemische Bedeutung haben (s. auch Anm. 9).
- *Die Kontrast-Hypothese*: Shatz & Wilcox (1991) erörtern, ob der Grund für das spätere Auftreten der epistemischen Lesart im Zusammenhang mit Clarks *principle of contrast* stehen könnte (vgl. Clark 1987). Dieses Prinzip besagt nämlich, daß unterschiedliche linguistische Formen auch immer unterschiedliche Bedeutungen haben müssen, daß es also keine Synonyme gibt. Demzufolge würden Kinder, die die Bedeutung von Satzadverbien (*vielleicht*) und mentalen Verben (*denken*) erfolgreich erworben haben, vermeiden, den Modalverben eine ähnliche Bedeutung zuzuschreiben. Die Polyfunktionalität der Modalverben könnte diesbezüglich eine entscheidende Rolle spielen: Kinder, für die die Modalverben schon eine gut etablierte zirkumstantielle Bedeutung besitzen, würden über eine lange Periode einfach annehmen, daß Modalverben zirkumstantielle Notwendigkeit bzw. Möglichkeit ausdrücken, während epistemische Möglichkeit bzw. Notwendigkeit durch konkurrierende Ausdrücke wie *vielleicht* oder *denken* dargestellt werden.
- *Die Anhebungshypothese*: Die traditionelle syntaktische Analyse der Modalverben betont die enge Verknüpfung zwischen ihrer Polyfunktionalität und den syntaktischen Eigenschaften ihrer Infinitivkomplementation: Die Modal-

verben in zirkumstantieller Lesart werden als Kontrollverben und in epistemischer Lesart als Anhebungsverben analysiert (vgl. u.a. Stechow & Sternefeld 1988; Abraham 1991). Da jedoch gute Argumente gegen diese klassische Kontroll- vs. Anhebungsanalyse sprechen, vertreten neuere Analysen folgende Position: Unabhängig von der Lesart werden *können, müssen, sollen, dürfen* und *mögen* als Anhebungsverben angesehen, *wollen* und *möchte* dagegen als Kontrollverben.[6] Die Zurückweisung der klassischen Kontrollvs. Anhebungsanalyse heißt aber auch nicht, daß eine systematische Korrelation zwischen der Polyfunktionalität und den Eigenschaften der Infinitivkomplementation zwangsweise aufgegeben werden muß. In dieser Hinsicht wurden mehrere Hypothesen vorgeschlagen, die alle auf verschiedene Art und Weise die Anhebungskonstruktion als syntaktischen Auslöser für die epistemische Lesart der Modalverben – und demzufolge für ihre Polyfunktionalität – betrachten.[7] Sowohl die Annahme der klassischen Analyse als auch der alternativen Hypothesen könnten also zur Konsequenz für den Spracherwerb haben, daß der Erwerb der epistemischen Lesart von Modalverben den Erwerb der Anhebungskonstruktion voraussetzt. In der Literatur zum Erwerb der Infinitivkomplementation gibt es bis jetzt jedoch keine direkte Evidenz zugunsten dieser Hypothese. Lediglich die Arbeit von Gawlitzek-Maiwald (1997) zeigt, daß die Anhebungskonstruktion nicht vor 5;0 erworben wird, was – zumindest zeitlich – zu den Daten zum Erwerb der epistemischen Lesart der Modalverben paßt.[8]

Da es sich jedoch bei den Daten, die auf verschiedene Erwerbsabläufe bei den Modalverben und bei mentalen Verben bzw. epistemischen Adverbien hindeuten, lediglich um Produktionsdaten handelt (s.o.), spiegeln sie möglicherweise die Kompetenz der Kinder nur unzureichend wider. Diewald (1999) zeigt nämlich, daß epistemische Modalverben von Erwachsenen nur sehr selten gebraucht werden.[9] Von daher ist es zu erwarten, daß Kinder – auch wenn sie die epistemische Bedeutung der Modalverben schon vollständig erworben haben – diese kaum verwenden werden und ihnen andere Ausdrücke wie *vielleicht* oder *denken* im spontanen Gebrauch vorziehen werden. Schon das allein könnte das seltene (bzw. Nicht-)Auftreten von epistemischen Modalverben in Korpora der

---

[6] Für eine detaillierte Diskussion der Pro- und Kontra-Argumente für die klassische Kontroll- vs. Anhebungsanalyse vgl. u.a. Öhlschläger (1989); Abraham (1991); Kiss (1995); Axel (2001) und Reis (2001).

[7] Für eine vollständige Beschreibung dieser Hypothesen vgl. Axel (2001) und Reis (2001).

[8] Reis (2001) setzt sich mit allen Varianten der Anhebungshypothese kritisch auseinander und plädiert dafür, daß die Polyfunktionalität der Modalverben mit ihrer Eigenschaft als Auslöser einer ‚starken Kohärenz' korreliert. Ihre Analyse mündet also in die Annahme einer ‚Kohärenzhypothese'. So wird auch von Reis (2001) angenommen, daß syntaktische Eigenschaften der Modalverben als Auslöser ihrer Polyfunktionalität angesehen werden. Die Kohärenzhypothese ist – genauso wie die Anhebungshypothese – ontogenetisch noch zu überprüfen.

[9] Epistemische *können*-Sätze bilden 7,2% und epistemische *müssen*-Sätze nur 4,9% der Belege in ihrem Korpus (Diewald 1999: 217).

Kindersprache im Vergleich zu anderen Ausdrücken erklären, unabhängig von der Annahme zusätzlicher linguistischer Einschränkungen beim Kind.

Diese Frage kann aber experimentell gelöst werden: Sollten linguistische Einschränkungen tatsächlich den Erwerb der epistemischen Lesart von Modalverben beeinflussen, dann sollte sich dies auch beim Verstehen der verschiedenen Ausdrücken bemerkbar machen.

Zusammenfassend kann man anhand der bisherigen Forschung zum Erwerb der Modalverben festhalten, daß Modalverben in epistemischer Lesart kaum vor 3;6 verwendet werden und erst im Laufe des fünften Lebensjahres vermehrt auftreten. Experimentelle Studien zeigen jedoch, daß Kinder möglicherweise erst in einem höheren Alter über die vollständige Bedeutung der Modalverben verfügen. Da die meisten Experimente aber wegen ihres Aufbaus dem polyfunktionalen Charakter der Modalverben nicht genug Rechnung tragen, kann wenig darüber gesagt werden, ab wann Kinder die epistemische Bedeutung der Modalverben tatsächlich verstehen können.

Ferner zeigen Langzeitstudien, daß die epistemischen Modalverben möglicherweise schwerer zu erlernen sind als andere epistemische Ausdrücke. Der Grund dafür könnte in der Polyfunktionalität der Modalverben liegen. Da jedoch die Unterschiede im Erwerbsverlauf verschiedener epistemischer Ausdrücke nur in Langzeitstudien beobachtet wurden, kann nicht ausgeschlossen werden, daß Kinder epistemische Modalverben vollständig erworben haben, auch wenn sie sie spontan kaum verwenden.

Aus dieser Diskussion ergeben sich also zwei Fragestellungen, denen in der folgenden Untersuchung experimentell nachgegangen werden soll: Zum einen soll überprüft werden, ab wann Kinder die epistemische Bedeutung von Modalverben verstehen können. Zum anderen soll der Frage nachgegangen werden, ob sie größere Schwierigkeiten haben, Modalverben zu verstehen als andere epistemische Ausdrücke, was auf linguistische Einschränkungen beim Erwerb der epistemischen Modalverben hindeuten würde.

Um ferner die Probleme, die mit dem Paradigma von Hirst & Weil verbunden sind (s.o.), zu vermeiden, wird das Experiment so konzipiert, daß nur eine epistemische Interpretation der Testsätze zu einer korrekten Lösung führen kann.

2 Methode und Versuchspersonen

2.1 Methode

2.1.1 Testsätze

Die im Experiment verwendeten Sätze hatten die Form *es kann sein, daß* ... wie in (1):

(1)   Es kann sein, daß der Junge ins Haus gegangen ist.

Diese Konstruktion wurde aus zwei Gründen gewählt. Erstens erzwingt sie eine epistemische Interpretation des Modalverbs, und zweitens ist sie sehr transparent: (i) Die impersonale Modalkonstruktion zeigt deutlich, daß das Modalverb hier kein semantisches Subjekt selegiert, und (ii) sind die Skopusverhältnisse an der Oberfläche leicht erkennbar: Das Modalverb ist syntaktisch getrennt von der Proposition, die den eigentlichen Sachverhalt ausdrückt, und nimmt Skopus über sie.

Als Vergleichskonstruktion zu den epistemischen *können*-Sätzen wurden Testsätze mit *vielleicht* verwendet, wie in (2):

(2)   Der Junge ist vielleicht ins Haus gegangen.

Das Satzadverb *vielleicht* wurde deshalb gewählt, weil es mit dem epistemischen *können* insofern vergleichbar ist, als beide Begriffe in etwa den gleichen Grad an Sicherheit beim Sprecher ausdrücken.[10] *Vielleicht* wurde aber auch deshalb gewählt, weil es schon sehr früh im kindlichen Lexikon auftritt.

Um die Reaktion der Kinder bei einer zirkumstantiellen Interpretation von *können*-Sätzen im Experiment kontrollieren zu können, wurden auch rein zirkumstantielle *können*-Konstruktionen herangezogen:

(3)   Der Junge konnte ins Haus gehen.

Es wurde also erwartet, daß Kinder keinen Unterschied zwischen den Satztypen (1) und (3) machen, wenn sie nicht in der Lage sind, *können* epistemisch zu verstehen.

Eine zweite Erwartung des Experiments war, daß Kinder die Sätze mit *vielleicht* besser verstehen sollten als die mit dem epistemischen *können*, wenn linguistische Einschränkungen – s.o. die Input-Differenz-, die Kontrast- bzw. die Anhebungshypothese – den Erwerb der epistemischen Lesart von Modalverben tatsächlich erschweren.

---

[10] Hier ist nicht gemeint, daß *vielleicht* und das epistemische *können* die gleiche Semantik aufweisen. Das epistemische *können* besitzt z.B. einen inferentiellen Charakter, der von *vielleicht* nicht geteilt wird. Dieser inferentielle Charakter ist jedoch nicht direkter Gegenstand dieser Untersuchung. Im Experiment wird lediglich davon ausgegangen, daß die untersuchten Kinder *können* mit Epistemizität verbinden und nicht mit Zirkumstantialität, wenn sie den Ausdruck mit Unsicherheit verbinden.

Ein potentielles Problem bei der Auswahl der Konstruktionen (1) und (2) liegt in ihrer unterschiedlichen syntaktischen Komplexität. Die *vielleicht*-Sätze sind einfache Hauptsätze, während die epistemischen *können*-Sätze aus einem Matrixsatz und einem eingebetteten untergeordneten Satz bestehen. Es könnte also sein, daß Kinder mehr Schwierigkeiten haben, die Konstruktion (1) korrekt zu interpretieren als (2), wenn sie einige Aspekte der Subordination noch nicht beherrschen.[11]

Hopmann & Maratsos (1978) beobachteten, daß 3-Jährige dazu neigen, den Wahrheitswert von finiten eingebetteten Sätzen unabhängig vom Wahrheitswert des Hauptsatzes zu interpretieren, wenn diese prinzipiell selbstständig sein können. Diese Tendenz wird *complement-only strategy* (COS) genannt (Abbeduto & Rosenberg 1985: 623). Eine ähnliche Tendenz konnte Bassano (1985a: 424) noch bei 4- bis 5-Jährigen feststellen. Die Anwendung der COS könnte also dazu führen, daß die Kinder den Wahrheitswert des Matrixprädikats in (1) einfach ignorieren, und daher keinen Unterschied zwischen (1) und (4) machen.

(4) Der Junge ist ins Haus gegangen.

Um den Effekt einer möglichen Anwendung der COS erfassen zu können, wurde ein Kontrollexperiment mit einer zweiten Gruppe von Kindern und folgenden Satztypen durchgeführt:

(5) Es ist wahrscheinlich, daß der Junge ins Haus gegangen ist.

(6) Der Junge ist wahrscheinlich ins Haus gegangen.

Die COS sollte dazu führen, daß (6) besser verstanden wird als (5).

2.1.2 Vorgehen

Das Experiment wurde in der Form einer *picture-selection task* durchgeführt. Den Kindern wurden zwei Bildgeschichten gleichzeitig gezeigt. Jede Bildgeschichte bestand aus zwei Bildern.

Die erste Geschichte zeigte im ersten Bild einen Jungen beim Vollzug einer Handlung. Am Ende der Geschichte war im zweiten Bild immer das Ergebnis der Handlung zu sehen. Diese Geschichte nenne ich im folgenden die ‚sichere Geschichte'. In bezug auf die Beispielsätze (1) und (2) stellte die sichere Geschichte dar, wie ein Junge auf ein Haus zugeht, und am Ende aus dem Haus schaut, also ins Haus gegangen ist (vgl. Abbildung 1).

Die andere Geschichte – die sogenannte ‚unsichere Geschichte' – zeigt im ersten Bild dieselbe Handlung wie die sichere Geschichte. Das zweite Bild läßt jedoch offen, ob der Junge die Handlung wirklich zu Ende gebracht hat oder

---

[11] Da in diesem Experiment nur Kinder zwischen 6 und 9 Jahren getestet wurden, gehe ich davon aus, daß zumindest die syntaktischen Aspekte der Subordination als erworben gelten können (zum Erwerb der syntaktischen Aspekte der finiten Subordination vgl. u.a. Rothweiler 1993 und d'Avis & Gretsch 1994).

nicht. Im Fall unserer Beispiel-Geschichte ist es am Ende der unsicheren Geschichte also unmöglich zu wissen, ob der Junge wirklich ins Haus gegangen ist (vgl. Abbildung 2).

Das *picture-selection*-Verfahren wurde anderen Testmethoden vorgezogen, weil es ermöglicht, daß die Kinder beide Geschichten gleichzeitig anschauen und sie leichter vergleichen können. Dadurch ist der unentscheidbare Charakter der unsicheren Geschichte möglicherweise leichter erkennbar. Damit die Kinder beide Geschichten besser voneinander unterscheiden konnten, hatten die Jungen jeweils eine andere Haarfarbe.

Das Experiment wurde den Versuchspersonen als Ratespiel vorgestellt. Ihnen wurden dann die zwei Bildgeschichten vorgelegt: Eine links von ihnen und die andere rechts, und immer deutlich voneinander getrennt. Es wurde ihnen genug Zeit gegeben, sich beide Geschichten genau anzuschauen. Nachdem das Kind ein Zeichen gegeben hatte, daß es bereit war, stellte ihm ein Experimentator folgende Frage: „Von welcher der Geschichten spreche ich, wenn ich sage '...'". An dieser Stelle wurde der Testsatz eingeführt.

Das Kind mußte also eine der Geschichten auswählen und anschließend seine Wahl begründen. Die Wahl des Kindes wurde auf einem Fragebogen notiert und die Begründung auf Tonband aufgenommen, um die spätere Auswertung zu vereinfachen.

Es wurde erwartet, daß die Kinder die unsichere Geschichte wählen, wenn ein epistemischer Testsatz vorgegeben wurde, weil die sichere Geschichte mit dem unsicheren Charakter des Testsatzes nicht übereinstimmt. Es wurde auch eine entsprechende Begründung – etwa in Form „Hier (bei der sicheren Geschichte) kann ich sehen, daß er es getan hat" oder „Hier (bei der unsicheren Geschichte) kann man nicht sehen, ob er es wirklich getan hat" – erwartet.

Bei den zirkumstantiellen *konnte*-Testsätzen ist dagegen die Frage nach der richtigen Auswahl viel schwieriger zu beantworten, weil beide Geschichten mit dem Testsatz prinzipiell konsistent sind. In beiden Fällen war man eigentlich berechtigt, davon auszugehen, daß der Junge in der Lage war, die Handlung zu vollziehen, unabhängig davon, ob er sie tatsächlich durchführte. Es wurde trotzdem erwartet, daß die Kinder bei den *konnte*-Sätzen eher auf die sichere Geschichte zeigen würden, weil sie in diesem Fall ganz sicher sein konnten, daß der Junge in der Lage war, die Handlung durchzuführen. Dies ist bei der unsicheren Geschichte nicht unbedingt der Fall. Hier konnte man nie ausschließen, daß der Junge unter Umständen nicht in der Lage war, die Handlung zu vollziehen.

Diese Überlegungen zeigen, daß im Experiment keine Rückschlüsse auf das Verstehen der zirkumstantiellen Modalverben erlaubt sind. Jedoch ist dies unproblematisch, weil diese Sätze nur zu Vergleichszwecken eingeführt wurden.

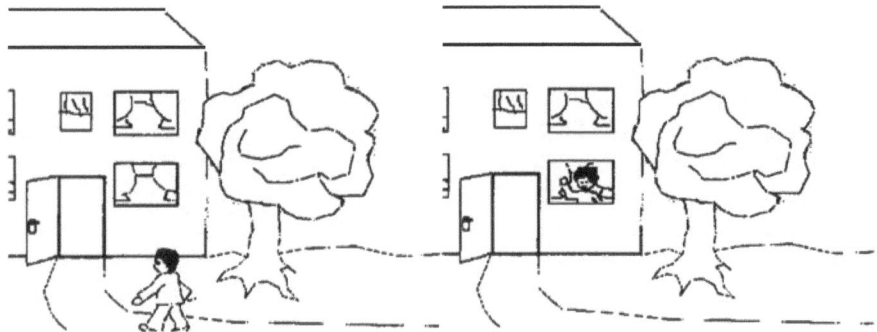

Abbildung 1: Beispiel einer ‚sicheren Geschichte'

Abbildung 2: Beispiel einer ‚unsicheren Geschichte'

Um zu vermeiden, daß eine Fehlinterpretation einer Geschichte das Ergebnis verfälschen würde, wurde das Experiment für jeden Satztyp viermal wiederholt.[12] Dabei wurde keine Geschichte für mehr als einen Testsatz verwendet. Der Typ von Handlungen wurde aber konstant gehalten: In allen Geschichten handelte es sich um Ortsbewegungen.

Um weitere Störeffekte zu vermeiden, wurde die Abfolge der Geschichten nach jeweils drei Kindern gewechselt; auch die Position der sicheren bzw. der unsicheren Geschichte (links oder rechts vom Kind) und die Verteilung der Haarfarbe des Jungen auf die Geschichten wurden randomisiert.

Um ferner sicherzustellen, daß das Kind in der Lage war, aus zwei Bildern jeweils eine Geschichte zu machen und die beiden Geschichten auseinander zu halten, wurde ein Vortest durchgeführt. In diesem Vortest wurden den Kindern zwei Probe-Bildgeschichten gezeigt, wobei diese einfach nacherzählt werden

---

[12] Das Experiment bestand insgesamt aus 20 Geschichten: 12 Testsätze und 8 sogenannte Füller (40% der gesamten Menge).

sollten.[13] Kinder, die den Vortest nicht erfolgreich absolvierten, wurden aus der Wertung genommen.

Die Kinder wurden einzeln in einem separaten Raum ihrer Schule bzw. ihres Kindergartens getestet. Das Hauptexperiment fand in zwei Sitzungen mit jeweils 10 Testsätzen statt. Jede Sitzung dauerte ca. 7 bis 10 Minuten. Das Kontrollexperiment fand in einer Sitzung von ca. 10 Minuten statt.

2.2 Versuchspersonen

Insgesamt beteiligten sich 124 Kinder und 10 Erwachsene am Experiment.

Am Hauptexperiment nahmen 91 Kinder von 5;7 bis 9;6 in vier Gruppen teil: Die 6-Jährigen (19 Kinder zwischen 5;7 und 6;6 mit einem Altersdurchschnitt von 6;2), die 7-Jährigen (22 Kinder zwischen 6;7 und 7;6 mit einem Altersdurchschnitt von 7;1), die 8-Jährigen (25 Kinder zwischen 7;7 und 8;6 mit einem Altersdurchschnitt von 8;1) und die 9-Jährigen (25 Kinder zwischen 8;7 und 9;6 mit einem Altersdurchschnitt von 9;2).

Zu Kontrollzwecken wurden im Hauptexperiment 10 Erwachsene getestet.

Am Kontrollexperiment nahmen 33 Kinder von 6;7 bis 8;6 in zwei Gruppen teil: Die 7-Jährigen (16 Kinder zwischen 6;7 und 7;6 mit einem Altersdurchschnitt von 7;2) und die 8-Jährigen (17 Kinder zwischen 7;7 und 8;6 mit einem Altersdurchschnitt von 8;3).

Für das Kontrollexperiment wurden keine Erwachsenen herangezogen.

Alle Kinder besuchten Grundschulen bzw. Kindergärten in Stuttgart.

3 Ergebnisse

Die Antworten wurden als korrekt bewertet, wenn (i) die passende Geschichte gewählt und (ii) eine korrekte Begründung gegeben wurde.

Eine typische korrekte Antwort für die *vielleicht*- und für die epistemischen *können*-Sätze (bzw. für alle *wahrscheinlich*-Sätze im Kontrollexperiment) war die Ablehnung der sichereren Geschichte mit dem Hinweis, man könne sehen, daß der Junge die Handlung vollzogen habe; oder umgekehrt die Wahl der unsicheren Geschichte mit dem Hinweis, daß man dort nicht sehen könne bzw. nicht sicher sei, ob der Junge die Handlung wirklich vollzogen habe.

Dieses Verfahren ist insofern sehr restriktiv, als es alle Antworten auf die epistemischen Testsätze als falsch bewertet, bei denen auf die unsichere Ge-

---

[13] Im Vortest wurden nur sichere Geschichten verwendet, um zu vermeiden, daß sich die Kinder beim Erzählen einer unsicheren Geschichte auf eine der möglichen Interpretationen festlegten. Dies hätte den Effekt haben können, daß die Kinder während der folgenden Aufgaben davon ausgingen, daß diese Interpretation die einzig mögliche sei.

schichte gezeigt wurde mit dem Hinweis, daß der Junge die Handlung vollzogen habe. Aber es wäre sowieso kaum möglich, diesen Typ von Antworten richtig zu deuten. Einerseits könnte er auf eine zirkumstantielle Deutung hinweisen (es wird immerhin gesagt, daß der Junge die Handlung vollzogen habe); andererseits auf ein partielles Verstehen der epistemischen Begriffe, da immerhin die unsichere Geschichte gewählt wurde, auch wenn die Erklärung nicht mit einer epistemischen Interpretation übereinstimmt. Man könnte also annehmen, daß das Kind den epistemischen Charakter der Sätze zwar versteht, aber noch nicht über die metasprachliche Fähigkeit verfügt, seine Wahl korrekt zu erklären.[14]

Dieses Verfahren bietet daher den Vorteil, daß nur ein eindeutig korrektes Verstehen der Sätze als eine richtige Antwort gewertet wird.

Die Kriterien für eine korrekte Antwort auf die *konnte*-Testsätze sind – wie schon unter 2.1.2 diskutiert wurde – wesentlich schwieriger festzulegen. Um einen Vergleich mit den epistemischen *können*-Sätzen zu ermöglichen, wurden zunächst alle Antworten als korrekt gewertet, bei denen das Kind die sichere Geschichte gewählt hatte mit der Begründung, der Junge habe die Handlung vollzogen. Antworten auf die *konnte*-Sätze, bei denen das Kind auf die unsichere Geschichte gezeigt hatte, wurden nur dann als korrekt bewertet, wenn aus der Begründung ersichtlich war, daß gemeint war, der Junge wäre in der Lage gewesen, die Handlung durchzuführen. Auch hier wurden also alle Antworten als falsch bewertet, bei denen das Kind auf die unsichere Geschichte gezeigt hatte mit der Begründung, daß die Handlung vollzogen worden sei.

Jede korrekte Antwort wurde mit 0,25 Punkten und jede falsche mit 0 Punkten bewertet. So konnte jedes Kind für jeden Satztyp innerhalb einer Skala von 0 bis 1,0 eingestuft werden.

3.1 Ergebnis des Hauptexperiments

Da ein 6-Jähriger Schwierigkeiten hatte, die Probe-Geschichten korrekt zu erzählen, wurde er aus der Wertung genommen. Bei der Auswertung der Daten besteht also die Gruppe der 6-Jährigen nur noch aus 18 Kindern.

Tabelle 1 zeigt den Durchschnitt der von den Kindern erzielten Punkte für die jeweiligen Altersgruppen und Satztypen beim Hauptexperiment.

---

[14] Da die Kinder nur in weniger als 2% der Fälle die unsichere Geschichte gewählt haben mit dem Hinweis, die Handlung sei vollzogen worden, kann man also davon ausgehen, daß die mit diesem Reaktionsmuster verbundenen Probleme im Rahmen des Experiments kaum ins Gewicht fallen.

	vielleicht	epis. können	zirk. können
6 Jahre (n=18)	.40 (sd=.30)	.22 (sd=.22)	.93 (sd=.14)
7 Jahre (n=22)	.69 (sd=.25)	.37 (sd=.33)	.85 (sd=.14)
8 Jahre (n=25)	.84 (sd=.28)	.68 (sd=.27)	.89 (sd=.13)
9 Jahre (n=25)	.81 (sd=.22)	.73 (sd=.29)	.92 (sd=.11)
Erwachsene (n=10)	1.0 (sd=0)	1.0 (sd=0)	.90 (sd=.13)

Tabelle 1: Durchschnitt der erzielten Punkte beim Hauptexperiment (mit Standardabweichung (=sd))

In einem ersten Schritt wurden die Daten auf Varianz mit dem Alter als Variable analysiert. Das Ergebnis zeigt keinen Effekt bei den zirkumstantiellen *können*-Sätzen ($F(4,95)=1,11$, $p>.35$). Ein signifikanter Effekt des Alters wurde dagegen für beide epistemischen Satztypen festgestellt ($F(4,95)=11,30$, $p<.000$ für *vielleicht* und $F(4,95)=15,25$, $p<.000$ für das epistemische *können*). Post-hoc Student-Newmann-Keul Tests ($\alpha=.05$) zeigen (vgl. Ramsey 1981), daß die Erwachsenen signifikant besser abschneiden als alle Gruppen der Kinder und dies sowohl bei den *vielleicht*- als auch bei den epistemischen *können*-Sätzen. Die post-hoc Tests zeigen aber auch Unterschiede zwischen den vier Gruppen der Kinder.

Bei den *vielleicht*-Sätzen zeigen die Tests, daß die 6-Jährigen signifikant schlechter abschneiden als die anderen Altersklassen. Es konnte dagegen kein Unterschied zwischen den 7-, 8- und 9-Jährigen festgestellt werden.

Auch bei den epistemischen *können*-Sätzen weisen die Tests auf zwei verschiedene Gruppen hin: Die 8- und 9-Jährigen erzielten signifikant bessere Ergebnisse als die zwei jüngeren Gruppen. Die Ergebnisse der 6- und 7-Jährigen einerseits und der 8- und 9-Jährigen andererseits unterscheiden sich dagegen nicht signifikant voneinander.

Es zeichnet sich also hier ab, daß der Erwerb von *vielleicht* und epistemischem *können* nicht parallel abläuft, wie die unterschiedlichen Ergebnisse bei den 7-Jährigen zeigen: Diese Gruppe verhält sich bei der *vielleicht*-Aufgabe wie die 8- und 9-Jährigen, bei den epistemischen *können*-Sätzen bleiben ihre Ergebnisse jedoch hinter denjenigen der zwei älteren Gruppen zurück.

Daß es Unterschiede im Erwerb beider epistemischer Begriffe gibt, kann am besten durch einen Vergleich der Ergebnisse innerhalb der jeweiligen Altersklassen gezeigt werden.

Die 6-, 7- und 8-Jährigen erzielen beim epistemischen *können* eine signifikant niedrigere Anzahl korrekter Antworten als bei *vielleicht* ($t=2,49$, $df=17$, $p<.03$ bei den 6-Jährigen; $t=4,66$, $df=21$, $p<.000$ für die 7-Jährigen; und $t=3,52$, $df=24$, $p<.002$ für die 8-Jährigen[15]). Im Gegensatz dazu konnte kein Unterschied bei den 9-Jährigen festgestellt werden ($t=1,61$, $df=24$, $p>.1$).

---

[15] Der Vergleich wurde mittels Student t-Test für abhängige Stichproben durchgeführt.

Ferner bestätigt eine Analyse der Antworten Kind-für-Kind die Ergebnisse der t-Tests. Wie Tabelle 2 zeigt, gibt es in jeder Gruppe – außer bei den 9-Jährigen – eine absolute Mehrheit von Kindern, die *vielleicht* besser verstanden hat als das epistemische *können*, während nur eine sehr kleine Menge von Kindern *vielleicht* schlechter verstanden hat als das epistemische *können*.

	vielleicht besser als *können*	*können* besser als *vielleicht*	*vielleicht* = *können*
6 Jahre (n=18)	11	2	5
7 Jahre (n=22)	16	1	5
8 Jahre (n=25)	13	2	10
9 Jahre (n=25)	10	5	10
Gesamt (n=90)	50	10	30

Tabelle 2: Verhältnis der korrekten Antworten zwischen *vielleicht* und *können*, Kind-für-Kind ermittelt (Hauptexperiment)

Charakteristisch für die Gruppe der Kinder, die bessere Ergebnisse beim epistemischen *können* erzielt haben als bei *vielleicht*, ist das niedrige Niveau korrekter Antworten insgesamt: Alle Kinder dieser Gruppe – außer einem 9-Jährigen – gaben nur eine korrekte Antwort bei der *können*-Aufgabe und keine bei der *vielleicht*-Aufgabe. Dies zeigt deutlich, daß diese Kinder eigentlich keinen von beiden Begriffen richtig verstanden haben. Man kann also davon ausgehen, daß es im Experiment keine Kinder gab, die das epistemische *können* verstehen konnten, *vielleicht* jedoch nicht.

Die Gruppe der Kinder hingegen, die bei *vielleicht* bessere Ergebnisse als beim epistemischen *können* erzielt haben, kann in zwei Teilgruppen aufgeteilt werden:

Die erste Teilgruppe enthält die Kinder, die nur eine korrekte Antwort mehr bei *vielleicht* als beim epistemischen *können* gegeben haben. Bei diesen Kindern ist also davon auszugehen, daß sie zwar mit *vielleicht* sicherer umgehen können als mit dem epistemischen *können*, aber man kann dabei nicht annehmen, sie würden *vielleicht* verstehen, jedoch das epistemische *können* nicht. Wenn z.B. ein Kind die *vielleicht*-Aufgabe viermal korrekt löst, das epistemische *können* dagegen nur dreimal richtig interpretiert, kann man daraus kaum schließen, daß dieses Kind nur *vielleicht* korrekt versteht.

Der Anteil der Kinder, die in diese Teilgruppe eingeordnet werden können, ist bei den 8-Jährigen auffällig hoch: Bei 77% der 8-Jährigen, die ein besseres Ergebnis bei *vielleicht* erzielten als beim epistemischen *können*, betrug der Unterschied zugunsten von *vielleicht* nicht mehr als eine korrekte Antwort. Dagegen gehören nur 50% der 9-Jährigen, 46% der 6-Jährigen und nur 38% der 7-Jährigen, die bei *vielleicht* um eine Antwort besser waren als beim epistemischen *können*, zu dieser Teilgruppe.

Die zweite Teilgruppe enthält alle Kinder, die mindestens zwei korrekte Antworten mehr bei *vielleicht* gegeben haben als beim epistemischen *können*.

Insofern der Unterschied korrekter Antworten zugunsten von *vielleicht* in dieser Gruppe relativ hoch ist, kann man also hier davon ausgehen, daß diese Kinder im Allgemeinen ein gutes Verständnis von *vielleicht* zeigten – mindestens zwei korrekte Antworten –, während sie noch erhebliche Probleme hatten, das epistemische *können* zu verstehen: Bestenfalls gaben sie nur zwei korrekte Antworten beim epistemischen *können*.

Erwartungsgemäß ist der Anteil solcher Kinder am höchsten bei den 6- und 7-Jährigen, d.h. bei den zwei Altersgruppen, die durchschnittlich die größten Unterschiede zwischen *vielleicht* und dem epistemischen *können* aufweisen: Bei den 6-jährigen gaben 54% der Kinder, die *vielleicht* besser verstanden haben als das epistemische *können*, mindestens zwei korrekte Antworten mehr bei der *vielleicht*-Aufgabe als bei *können*; dieser Anteil beträgt bei den 7-Jährigen sogar 62%, bei den 8-Jährigen dagegen nur 23%.

Diese Analyse Kind-für-Kind weist also auf einen Unterschied vor allem zwischen den 7-Jährigen und den 8-Jährigen hin: Charakteristisch für die 7-Jährigen ist, daß sie das epistemische *können* noch nicht verstehen, auch wenn sie *vielleicht* schon richtig interpretieren. Dies kann man aber nicht von den 8-Jährigen behaupten: Bei den 8-Jährigen muß man eher davon ausgehen, daß sie lediglich einen sichereren Umgang mit *vielleicht* haben als mit dem epistemischen *können*.

3.2 Ergebnis des Kontrollexperiments

Tabelle 3 zeigt den Durchschnitt der erzielten Punkte beim Kontrollexperiment.

	vielleicht	*wahrscheinlich*	*wahrscheinlich, daß*
7 Jahre (n=16)	.67 (sd=.31)	.50 (sd=.37)	.53 (sd=.40)
8 Jahre (n=17)	.75 (sd=.40)	.61 (sd=.38)	.57 (sd=.44)

Tabelle 3: Durchschnitt der erzielten Punkte beim Kontrollexperiment (mit Standardabweichung (=sd))

Auch die Ergebnisse des Kontrollexperiments wurden auf Varianz analysiert. Dabei zeigt sich, daß sich die 7- und 8-Jährigen bei keiner der Aufgaben signifikant voneinander unterscheiden (t=0,61, df=31, p>.5 bei *vielleicht*; t=0,88, df=31, p>.35 bei *wahrscheinlich*; und t=0,28, df=31, p>.75 bei *wahrscheinlich, daß*).

Die 7-Jährigen erzielen signifikant bessere Ergebnisse bei *vielleicht* als bei *wahrscheinlich* (t=2,71, df=15, p<.02) und *wahrscheinlich, daß* (t=2,77, df=15, p<.02), aber es konnte kein signifikanter Unterschied zwischen den beiden *wahrscheinlich*-Formen festgestellt werden (t=0,49, df=15, p>.6).

Bei den 8-Jährigen zeigt sich jedoch ein leicht abweichendes Bild: Die Ergebnisse zwischen *vielleicht* und *wahrscheinlich* unterscheiden sich zwar nicht signifikant voneinander (t=1,77, df=16, p>.09), aber die Kinder dieser Gruppe schneiden bei *wahrscheinlich, daß* signifikant schlechter ab als bei *vielleicht* (t=2,3, df=16, p<.04). Wichtiger für die Untersuchung ist jedoch, daß kein signifikanter Unterschied zwischen den zwei *wahrscheinlich*-Formen bei den 8-Jährigen gemessen werden konnte (t=1,0, df=16, p>.33).

Die signifikanten Unterschiede zwischen den Ergebnissen der *vielleicht*-Aufgabe und den *wahrscheinlich (daß)*-Aufgaben lassen sich dadurch erklären, daß die *wahrscheinlich*-Formen einen höheren Grad an Sicherheit als *vielleicht* ausdrücken. Andere Experimente (vgl. u.a. Bassano 1985b) zeigen – genauso wie hier –, daß Ausdrücke, die einen hohen Grad an Unsicherheit ausdrücken, als erste korrekt verstanden werden.

Auch eine Analyse Kind-für-Kind bestätigt diese Ergebnisse:

	wahrscheinlich besser als *wahrscheinlich, daß*	*wahrscheinlich, daß* besser als *wahrscheinlich*	*wahrscheinlich, daß* = *wahrscheinlich*
7 Jahre (n=16)	4	4	8
8 Jahre (n=17)	4	2	11

Tabelle 4: Verhältnis der Antworten zwischen *wahrscheinlich* und *wahrscheinlich, daß*, Kind-für-Kind ermittelt (Kontrollexperiment)

Wie Tabelle 4 zeigt, erzielen 58% der Kinder bei beiden *wahrscheinlich*-Formen das gleiche Ergebnis; bei 12 von den 14 Kindern, die ungleiche Ergebnisse zwischen beiden Formen erzielten, übertrifft der Unterschied zwischen den Begriffen nicht mehr als eine korrekte Antwort; bei lediglich 2 Kindern beträgt dieser Unterschied zwei korrekte Antworten oder mehr.[16]

Diese Analyse zeigt also deutlich, daß es kaum große Abweichungen beim Verhalten der Kinder in bezug auf die zwei *wahrscheinlich*-Formen gibt. Das bedeutet, daß eine mögliche Anwendung der COS in diesem Experiment aller Wahrscheinlichkeit nach keine Rolle gespielt hat.

4 Diskussion

Ziel dieser Untersuchung war es zu überprüfen, (i) ab wann Kinder die epistemische Lesart von *können* verstehen, und (ii) ob ihnen das epistemische *können* mehr Schwierigkeit bereitet als *vielleicht*.

Die Ergebnisse zeigen, daß erst die 7- bis 9-Jährigen in der Lage sind, die mit *vielleicht* modalisierten Sätze der unsicheren Situation weitgehend systematisch

---

[16] Es handelt sich um einen 7-Jährigen, der 0,75 bei *wahrscheinlich, daß* und 0 bei *wahrscheinlich* erzielt hat, und um einen 8-Jährigen, der 0,5 bei *wahrscheinlich* und 0 bei *wahrscheinlich, daß* erzielt hat.

zuzuordnen (zwischen 69% und 83% korrekte Antworten). Die Gruppe der 6-Jährigen assoziiert dagegen nur in 40% der Fälle die mit *vielleicht* modalisierten Sätze mit der unsicheren Situation. In den restlichen Fällen wählen sie einfach die sichere Geschichte und begründen ihre Wahl mit dem Hinweis, der Junge habe die Handlung vollzogen.

Die Ergebnisse zeigen ferner, daß die epistemischen *können*-Sätze erst von den 8-Jährigen korrekt verstanden werden (68% bzw. 73% korrekte Antworten bei den 8- und 9-Jährigen gegenüber 22% bzw. 37% bei den 6- und 7-Jährigen). Auch hier begründen die Kinder ihre Wahl – wenn sie die falsche Geschichte gewählt haben – mehrheitlich damit, daß die Handlung durchgeführt wurde.

Bei den zirkumstantiellen *können*-Sätzen haben sich die Kinder wie erwartet verhalten: In ca. 90% der Fälle wurde die sichere Geschichte gewählt mit der Begründung, der Junge habe die Handlung durchgeführt. Dies entspricht also genau dem Reaktionsmuster der Kinder, die bei den epistemischen *können*-Sätzen eine falsche Wahl getroffen haben.

Diese Ergebnisse stimmen weitgehend mit denjenigen anderer Untersuchungen überein, die sich mit dem Verstehen verschiedener epistemischer Ausdrücke beschäftigt haben (vgl. Green 1979 für *may* und *maybe*; Bassano 1985b für *peut-être* ‚vielleicht'). Beide Untersuchungen zeigen zwar, daß Kinder die epistemischen Adverbiale erst mit 8;0 – also etwa ein Jahr später als in der hier vorliegenden Untersuchung – verstehen; dieser zeitliche Unterschied kann aber einfach dadurch erklärt werden, daß beide Autoren eine andere Einteilung der Kinder als hier vorgenommen haben: In beiden Untersuchungen werden die 6- und 7-Jährigen in einer einzigen Gruppe zusammengefaßt, was möglicherweise dazu geführt hat, daß die Kompetenz der 7-Jährigen unterschätzt wurde.

Die Frage, die sich hier jedoch stellt, ist, warum 6-Jährige *vielleicht* bzw. das epistemische *können* noch nicht zielsprachlich verstehen, obwohl 3;0- bis 3;6-jährige Kinder schon beginnen, diese Ausdrücke in ihrer Sprache zu verwenden (s. Abs. 1).

An dieser Stelle seien mehrere Faktoren – sowohl kognitiver als auch semantischer und pragmatischer Art – erwähnt, die diesen Unterschied erklären können:

Zunächst könnten kognitive Einschränkungen die Ursache sein, warum die jüngeren Kinder nicht erkannten, daß es bei der unsicheren Geschichte unentscheidbar ist, ob der Junge die Handlung wirklich durchgeführt hat oder nicht. Moshman (1990) zeigt diesbezüglich, daß die Fähigkeit, die Lösung eines Problems als unentscheidbar zu erkennen, nicht vor 6;0 erworben wird. Eine solche kognitive Einschränkung könnte im Experiment dazu geführt haben, daß sich die 6-Jährigen bei der unsicheren Geschichte auf eine der möglichen Interpretationen festgelegt haben, ohne die Alternative zu berücksichtigen.

Die Form des Experiments könnte hier eine verstärkende Rolle gespielt haben: Von den drei eigentlich vorhandenen Alternativen – (a) daß man sicher sein kann, daß der Junge die Handlung vollzogen hat, (b) daß man nicht sicher sein kann, daß er sie vollzogen hat und (c) daß man sicher sein kann, daß er sie nicht vollzogen hat – wurden den Kindern nur zwei angeboten, nämlich (a) und (b). Die Kinder könnten deshalb fälschlicherweise davon ausgegangen sein, daß ihnen der maximale Kontrast angeboten wurde – also die Alternativen (a) und (c) –, d.h. sie hätten die unsichere Geschichte so interpretiert, daß der Junge die Handlung definitiv nicht vollzogen hat. Es ist nun leicht nachzuvollziehen, daß bei einer solchen Interpretation die unsichere Geschichte mit den epistemischen Testsätzen absolut inkonsistent wäre.[17] Deshalb kann man möglicherweise zu einer höheren Anzahl korrekter Antworten kommen, wenn man das Experiment so verändert, daß den Kindern alle drei Alternativen zur Auswahl angeboten werden.[18]

Der Unterschied zwischen Spachproduktion und -verstehen kann des weiteren damit erklärt werden, daß, wie Green (1979) bemerkt, 3- bis 4-jährige Kinder epistemische Ausdrücke noch nicht dazu verwenden, Unsicherheit auszudrücken. Wenn man bedenkt, daß sich der Erwerb einer *theory of mind* über mehrere Jahre erstreckt, so ist es zu erwarten, daß sich die Semantik epistemischer Ausdrücke auch nur Schritt für Schritt entwickelt. Es kann durchaus sein, daß epistemische Ausdrücke wie *vielleicht* in einer ersten Phase zwar schon verwendet werden, um auf mentale Zustände zu referieren, sie jedoch den für sie typischen Charakter des Unsicheren noch nicht besitzen. Eine solche semantische Restriktion hätte natürlich zur Folge, daß die Kinder nur die sichere Geschichte als die korrekte ansehen würden.

Neben dieser semantischen Einschränkung könnten ferner pragmatische Faktoren das Verstehen epistemischer Ausdrücke einschränken. Es ist durchaus möglich, daß die 6-Jährigen im Experiment zwar über eine vollständige Semantik von *vielleicht* verfügten, trotzdem noch nicht in der Lage waren, die von *vielleicht* ausgelöste skalare Implikatur zu verstehen.

Es ist seit Horn (1972) bekannt, daß epistemische Ausdrücke wie *sicher*, *vermutlich*, *vielleicht* oder die Modalverben dem Sicherheitsgrad nach angeordnete Skalen bilden und dementsprechend die für solche Skalen typischen Implikaturen auslösen (s. Anm. 4). Arbeiten zum Erwerb pragmatischer Fähigkeiten zeigen, daß 7-Jährige noch Schwierigkeiten haben, z.B. die von *or* ausgelösten Implikaturen zu verstehen (vgl. u.a. Paris 1973; Braine & Rumain 1981). Die Unfähigkeit, skalare Implikaturen zu verstehen, sollte also dazu führen, daß die Kinder beide Geschichten als korrekt betrachten. Jedoch hat kein einziges Kind während des Experiments jemals beide Geschichten als Antwort gewählt. Das will in dieser Hinsicht allerdings nicht viel besagen: Da den Kindern erklärt wurde, sie sollen erraten, welche der Geschichten zum Testsatz passe, wurden

---

[17] Die sichere Geschichte ist dagegen von einem semantischen Standpunkt mit den epistemischen Ausdrücken durchaus verträglich (s.o. die Diskussion um pragmatische Faktoren).
[18] Im Experiment von Bassano (1985b) allerdings wurden den Kindern alle drei Alternativen angeboten. Dies führte jedoch zu keinem besseren Verständnis der epistemischen Ausdrücke als in dem hier vorliegenden Experiment.

sie gerade dazu aufgefordert, nur eine der Geschichten auszuwählen und nicht beide.

Auch hier könnte eine Änderung des Testverfahrens Abhilfe schaffen. Die Geschichten müßten den Kindern einzeln vorgestellt werden, und sie sollten einfach gefragt werden, ob ein gegebener Satz zur vorgestellten Geschichte paßt oder nicht. Eine rein semantische Fehlinterpretation müßte dann bei den epistemischen Testsätzen zu einer Ablehnung der unsicheren Geschichte führen, während eine rein pragmatische Fehlinterpretation eine Akzeptanz beider Geschichtentypen nach sich ziehen müßte.

Die zweite wichtige Erkenntnis aus dieser Untersuchung ist, daß das Adverb *vielleicht* etwa ein Jahr vor dem epistemischen Modalverb *können* korrekt verstanden wurde. Dieser Unterschied ist besonders bei den 6- und 7-Jährigen von Bedeutung: Bei den 6-Jährigen wird *vielleicht* doppelt so oft korrekt interpretiert wie das epistemische *können*, und dieser Unterschied beträgt bei den 7-Jährigen immerhin noch 30%. Bei den 8-Jährigen dagegen konnte eine Analyse Kind-für-Kind zeigen, daß der immer noch signifikante Unterschied beim Verstehen beider Ausdrücke (ca. 16%) wahrscheinlich auf einen nach wie vor unsicheren Umgang mit der epistemischen Lesart von *können* zurückzuführen ist, und nicht auf eine systematische Schwierigkeit, *können* epistemisch zu verstehen (s. Abs. 3.1).

Da beide Ausdrücke hinsichtlich der experimentellen Aufgabe weder unterschiedliche kognitive Fähigkeiten erforderten, noch unterschiedliche Semantik bzw. Pragmatik aufwiesen, können die oben genannten Faktoren zwar erklären, warum 6-Jährige überhaupt Schwierigkeiten hatten, epistemische Ausdrücke zu verstehen, aber nicht, warum 6- bis 8-Jährige das epistemische *können* schlechter verstanden haben als *vielleicht*.

Insofern die Ergebnisse des Kontrollexperiments vor allem bei den 7-Jährigen deutlich machen, daß die Kinder keinen Unterschied beim Verstehen beider Satztypen mit *wahrscheinlich* zeigten, kann ferner ausgeschlossen werden, daß eine systematische Verwendung der *complement-only* Strategie eine Rolle im Experiment gespielt hat.

Die Ergebnisse dieser Untersuchung bestätigen also die Beobachtungen aus Langzeitstudien, wonach die epistemische Bedeutung von Modalverben später erworben wird als epistemische Adverbien oder mentale Verben; sie liefert empirische Evidenz dafür, daß ein rein kognitiver Ansatz – wie die Entwicklung einer *theory of mind* – nicht ausreicht, den Erwerb epistemischer Ausdrücke vollständig zu erklären. Es muß vielmehr angenommen werden, daß der späte Erwerb der epistemischen Bedeutung der Modalverben im Vergleich zu konkurrierenden Ausdrücken auf linguistische Einschränkungen beim Kind zurückzuführen ist.

In diesem Artikel wurden drei linguistische Hypothesen erwähnt, die erklären können, warum die epistemische Bedeutung von Modalverben schwerer zu erwerben ist als die Bedeutung anderer epistemischer Ausdrücke: Die Input-Frequenz-Hypothese, die Kontrast-Hypothese und die Anhebungshypothese.

Welche dieser Hypothesen tatsächlich für das spätere Auftreten der epistemischen Modalverben verantwortlich ist bzw. sind, kann anhand des hier durchgeführten Experiments nicht festgestellt werden.

Die hier vorgelegten Ergebnisse deuten also nicht auf eine einzige Erklärung hin, dennoch bieten sie einen interessanten Ausgangspunkt für weitere Forschungen zum Erwerb der epistemischen Lesart von Modalverben.

Literatur

Abbeduto, L. & S. Rosenberg (1985): "Children's knowledge of the presuppositions of *know* and other cognitive verbs". Journal of Child Language 12, 621–641.

Abraham, W. (1991): "Modalverben in der Germania". In: E. Iwasaki, Hrsg.: Begegnungen mit dem „Fremden": Grenzen – Traditionen – Vergleiche. Akten des VIII. Internationalen Germanisten-Kongresses, Tokyo 1990. Bd.4. München: Iudicium, 109–118.

Adamzik, K. (1985): "Zum primärsprachlichen Erwerb der deutschen Modalverben". In: G. Heintz & P. Schmitter, Hrsg.: Collectanea Philologica. Festschrift für Helmut Gipper zum 65. Geburtstag. Bd.1. Baden-Baden: V. Koerner, 15–37.

Axel, K. (2001): "Althochdeutsche Modalverben als Anhebungsverben". [in diesem Heft]

Bassano, D. (1985a): "Five-year-olds' understanding of *savoir* and *croire*". Journal of Child Language 12, 417–432.

Bassano, D. (1985b): "Modalités de l'opinion: quelques expressions de la croyance et de la certitude et leur différenciation entre 6 et 11 ans". Cahiers de Psychologie Cognitive 5, 65–87.

Bassano, D. (1996): "Functional and formal constraints on the emergence of epistemic modality: a longitudinal study on French". First Language 16, 77–113.

Braine, M.D.S. & B. Rumain (1981): "Children's comprehension of 'or': evidence for a sequence of competencies". Journal of Experimental Child Psychology 31, 46–70.

Byrnes, J.P. & M.A. Duff (1989): "Young children's comprehension of modal expressions". Cognitive Development 4, 369–387.

Clark, E. (1987): "The principle of contrast: a constraint in language acquisition". In: B. McWhinney, Hrsg.: Mechanisms of Language Acquisition. Hillsdale: L. Erlbaum, 1–33.

Coates, J. (1988): "The acquisition of the meanings of modality in children aged eight and twelve". Journal of Child Language 15, 425–434.

Cromer, R. (1974): "The development of language and cognition: the cognition hypothesis". In: B. Foss, Hrsg.: New Perspectives in Child Development. Hardmondsworth: Penguin Books, 184–252.

d'Avis, F.-J. & P. Gretsch (1994): "Variation on 'variations': on the acquisition of complementizers in German". In: R. Tracy & E. Lattey, Hrsg.: How Tolerant is Universal Grammar? Essays on Language Learnability and Language Variation. Tübingen: Niemeyer (= Linguistische Arbeiten; 309), 59–109.

Day, C. (1996): "Understanding of the French modal verbs *pouvoir* and *devoir* in school children and adults". Cahiers de Psychologie Cognitive 15, 535–553.

Diewald, G. (1999): Die Modalverben im Deutschen: Grammatikalisierung und Polyfunktionalität. Tübingen: Niemeyer (= Reihe Germanistische Linguistik; 208).

Gawlitzek-Maiwald, I. (1997): Der monolinguale und bilinguale Erwerb von Infinitivkonstruktionen. Ein Vergleich von Deutsch und Englisch. Tübingen: Niemeyer (= Linguistische Arbeiten; 370).

Green, M.G. (1979): "The developmental relation between cognitive stage and the comprehension of speaker uncertainty". Child Development 50, 666–674.

Hirst, W. & J. Weil (1982): "Acquisition of epistemic and deontic meaning of modals". Journal of Child Language 9, 659–666.

Hofmann, G. (1986): Zum Verständnis epistemischer Modalausdrücke des Deutschen im Kindergartenalter. Arbeitspapiere Nr.1 (neue Folge). Institut für Sprachwissenschaft, Univ. Köln.

Hopmann, M.R. & M.P. Maratsos (1978): "A developmental study of factivity and negation in complex syntax". Journal of Child Language 5, 295–309.

Horn, L.R. (1972): On the Semantic Properties of the Logical Operators in English. Mimeo: Indiana University Linguistic Club.

Kiss, T. (1995): Infinitive Komplementation: neue Studien zum deutschen Verbum Infinitum. Tübingen: Niemeyer (= Linguistische Arbeiten; 333).

Kratzer, A. (1991): "Modality". In: A. v. Stechow & D. Wunderlich, Hrsg.: Semantik. Ein internationales Handbuch der zeitgenössischen Forschung. Berlin/New York: de Gruyter, 639–650.

Kuczaj, S.A. (1977): Old and New Forms, Old and New Meanings: the Form-Function Hypothesis Revisited. Paper presented at the Society for Research in Child Development, New Orleans, 386–387.

Moshman, D. (1990): "The development of metalogical understanding". In: W. Overton, Hrsg.: Reasoning, Necessity, and Logic: Developmental Perspectives. Hillsdale: L. Erlbaum, 205–226.

Noveck, I.A., S. Ho & M. Sera (1996): "Children's understanding of epistemic modals". Journal of Child Language 23, 621–643.

Öhlschläger, G. (1989): Zur Syntax und Semantik der Modalverben des Deutschen. Tübingen: Niemeyer (= Linguistische Arbeiten; 144).

Papafragou, A. (1997): Modality in Language Development: a Reconsideration of the Evidence. UCL Working Papers in Linguistics, 9.

Paris, S. (1973): "Comprehension of language connectives and propositional logical relationships". Journal of Experimental Child Psychology 16, 278–291.

Pea, R.D., R. Mawby & S.J. McCain (1982): World Making and World Revealing: Semantics and Pragmatics of Modal Auxiliary Verbs during the Third Year of Life. Paper presented at the 7th Annual Boston Conference on Child Language Development, 376–399.

Perkins, M. (1983): Modal Expressions in English. London: Frances Pinter.

Piaget, J. & B. Inhelder (1975): The Origin of the Idea of Chance in Children. New York: Norton.

Ramge, H. (1987): "Quantitative Beobachtungen zur Ontogenese der Modalverben im Deutschen". In: E. Oksaar, Hrsg.: Soziokulturelle Perspektiven von Mehrsprachigkeit und Spracherwerb/Sociocultural Perspectives of Multilingualism and Language Acquisition. Tübingen: Narr (= Tübinger Beiträge zur Linguistik; 320), 127–157.

Ramsey, P.H. (1981): "Power of univariate pairwise multiple comparison procedures". Psychological Bulletin 90, 352–366.

Reis, M. (2001): "Bilden Modalverben im Deutschen eine syntaktische Klasse?". [in diesem Heft]

Rothweiler, M. (1993): Der Erwerb von Nebensätzen im Deutschen. Eine Pilotstudie. Tübingen: Niemeyer (= Linguistische Arbeiten; 302).

Shatz, M., E. Hoff-Ginsberg & D. McIver (1989): "Induction and the acquisition of English auxiliaries: the effect of differentially enriched input". Journal of Child Language 16, 121–140.

Shatz, M., H.M. Wellman & S. Silber (1983): "The acquisition of mental verbs: a systematic investigation of the first reference to mental state". Cognition 14, 301–321.

Shatz, M. & S.A. Wilcox (1991): "Constraints on the acquisition of English modals". In: S. Gelman & J. Byrnes, Hrsg.: Perspectives on Language and Thought. Cambridge, MA.: Cambridge University Press, 319–353.

Smoczyńska, M. (1993): "The acquisition of Polish modal verbs". In: N. Dittmar & A. Reich, Hrsg.: Modality in Language Acquisition/Modalité et Acquisition des Langues. Berlin: de Gruyter (= Soziolinguistik und Sprachkontakt/Sociolinguistics and Language Contact; 6), 145–169.

Stechow, A. v. & W. Sternefeld (1988): Bausteine syntaktischen Wissens. Ein Lehrbuch der modernen generativen Grammatik. Opladen: Westdeutscher Verlag.

Stephany, U. (1986): "Modality". In: P. Fletcher & H. Garman, Hrsg.: Language Acquisition: Studies in First Language Development. 2. Auflage. Cambridge, MA.: Cambridge University Press, 375–400.

Stephany, U. (1995): "Function and form of modality in first and second language acquisition". In: A. Ramat & G. C. Galea, Hrsg.: From Pragmatic to Syntax. Modality in 2. Language Acquisition. Tübingen: Narr (= Tübinger Beiträge zur Linguistik; 405), 105–120.

Wellman, H.M. (1990): The Child's Theory of Mind. Cambridge MA.: MIT Press.

Wells, G. (1979): "Learning and using the auxiliary verbs in English". In: V. Lee, Hrsg.: Cognitive Development: Language and Thinking from Birth to Adolescence. London: Croom Helm, 250–270.

Wells, G. (1985): Language Acquisition in the Preschool Years. Cambridge, MA.: Cambridge University Press.

Tübingen   Serge Doitchinov

Universität Tübingen, SFB 441, Nauklerstr. 35, 72074 Tübingen,
e-mail: serge@uni-tuebingen.de.

The syntactic category of the preterite-present modal verbs in German

John Durbin and Rex A. Sprouse

Zusammenfassung

Beim Vergleich zwischen den Modalverben des Standarddeutschen und Standardenglischen neigt man dazu, die englischen Modalverben eher als Auxiliarverben einzustufen, die deutschen Modalverben dagegen als lexikalische Vollverben. Die bekannten Kontraste zwischen den Modalverben der beiden Sprachen beruhen aber auf einer tiefer liegenden Unterscheidung zwischen epistemischen und nichtepistemischen Interpretationen, so daß das besondere Verhalten der englischen Modalverben gegenüber den Vollverben auf eine analoge Differenzierung zwischen den deutschen epistemischen und nichtepistemischen Modalverben schließen läßt. Während das dafür spricht, daß epistemische Modalverben (und englische Modalverben im allgemeinen) eine Basisposition weiter entfernt von VP einnehmen, wird zugleich empirische Evidenz angeführt, die dagegen spricht, deutsche nichtepistemische Modalverben als Vollverben einzustufen. Die Hypothese wird aufgestellt, daß deutsche Modalverben den Kopf einer Aspektphrase innerhalb von vP bilden (nach Travis 2000). Auf diese Weise läßt sich das aspektuelle Verhalten der Modalverben gegenüber dem eingebetteten Komplement erklären und zugleich eine Antwort auf die Frage der Zuweisung einer θ-Rolle geben.[*]

1 Introduction

A significant body of research has been devoted to showing that the preterite-present modal verbs of Modern Standard English (*can/could, may/might, shall/should, must*) belong to a morphosyntactic category (conventionally designated as M) distinct from (non-auxiliary) verbs of English.[1]

Arguments for this position include: the lack of person/number inflection (1); the lack of genuine tense forms (2); lack of perfect participles (3); lack of infinitives (4); the impossibility of iteration (5); systematic intransitivity (6); placement to the left of the negator *not* (7); the ability to undergo subject-auxiliary inversion (8) and to appear in tag questions (9) (Lightfoot 1979; Steele et al. 1981; and many others).

(1) s/he can(*s), may(*s), must(*s), etc.
(2) *I musted; I might ≠ I may[+past], etc.

---

[*] Parts of the material contained here were presented at the 1998 Berkeley Germanic Linguistics Roundtable. We would like to thank the audience at this conference for their remarks. We would also like to express our thanks to the members of the Modalverbprojekt for their helpful insights and critical suggestions. Special thanks also to Werner Abraham and Marga Reis for simultaneously challenging and encouraging us.

[1] Use of the terms 'English' and 'German' in this article refers solely to the modern standard variants of these languages as spoken in North America and Germany, respectively, unless otherwise noted.

(3) *I have could, should, would, must(ed)
(4) *It's important to can work
(5) *I must can work
(6) *I can German
(7) I must not work
    *I work not
(8) Must Mary work?
    *Works Mary?
(9) Mary can work hard, can't she?
    *Mary works hard, worksn't she?

In general, these arguments do not extend to the preterite-present modal verbs of Modern Standard German (*dürfen, können, mögen, müssen, sollen,* and, by analogy, *wollen*[2]): these verbs exhibit full inflectional paradigms, including person/number inflection (1'), tense forms (2'), perfect participles (3'), and infinitives (4'); they can be iterated (5'); they are not systematically intransitive (6'); and their placement is identical to that of other verbs in all clause types (7'–9'). This has generally led to the conclusion that these verbs are categorically indistinguishable from full verbs in German.

(1') ihr könnt, dürft, müßt, sollt
(2') ich kann, konnte
(3') ich habe gekonnt, gedurft, gemußt, etc.
(4') Es ist wichtig, arbeiten zu können
(5') Ich muß arbeiten können
(6') Ich kann Deutsch
(7') Klaus kann das nicht (V2)
     Klaus sieht das nicht (V2)

---

[2] Although *wollen* is traditionally included as one of the 'core' modal verbs, we will forego a discussion of it in this article for a number of reasons. First, from a diachronic perspective, *wollen* followed a course quite different from the other modal verbs of the 'core'. In more recent investigations of what might belong to the core category of modal verbs (e.g. Öhlschläger 1989), *wollen* has posed several problems, given some of its unique properties shared only by *möchten*. *Möchten,* on the other hand, while belonging to the other preterite-presents from a diachronic perspective, shows agreement morphology otherwise marking the subjunctive mood in German (and, by this token, a bond can perhaps be argued to exist between *möchten,* with subjunctive morphology, and *wollen,* whose verbal paradigm coincided with the historical optative endings). The question can be raised as to where exactly the 'modal' properties of *wollen* and *möchten* are derived from, i.e. to what degree these modal properties are not related in some way to the conditional or subjunctive mood (see also the discussion to examples (11–12) in this article). By the same token, one might equally well ask why the preterite-present verbs under discussion are limited to the modal verbs, excluding others such as *wissen.* As should become apparent in Section 4, it is not a historically conditioned property of belonging to the group of preterite-presents that determines modal features, but a question of an aspectual feature expressed by such verbs. By this token, then, we do not exclude the rise or fall of modal interpretations of verbs, if we assume that this aspectual feature may be acquired or lost over time. The restriction in this article to preterite-present modal verbs, then, is admittedly an ad hoc determination designed to convey the idea of relevant properties which can then be examined with respect to a larger group.

(8')   Kann Klaus das?   (V1)
       Sieht Klaus das?   (V1)
(9')   daß Klaus das nicht kann   (V-final)
       daß Klaus das nicht sieht (V-final)

The purpose of this article is two-fold: In section 2, we will systematically show that the syntactic tests above do not simply distinguish English modals from German modals, but rather point to a more universal characterization of modal verbs cross-linguistically, namely the split between epistemic and root interpretations. Specifically, it will be shown that the characteristics of English modals extend also to German epistemic modals. On the assumption that there is no separate Agr projection (cf. Chomsky 1995: Chapter 4), it then follows that there is no justification for treating German epistemic modals as syntactically distinct from their English counterparts. In fact, to the extent that there is cross-linguistic evidence for the sort of syntactic restrictions associated with German epistemic modals, it might appear that English has 'grammaticized' these restrictions in extending them to root modals. In sections 3 and 4, we turn to the morphosyntax of German root modals. Here we show that it is not quite correct to state that the root modals share all of the morphosyntactic properties of 'ordinary' German verbs. Rather, we show that their distribution is somewhat more limited – and apparently limited in ways that cannot be completely accounted for in terms of semantics nor as a result of some theoretic status as 'auxiliary'. In section 3, three syntactic tests will be used to show significant behavioral differences between modals and other lexical full verbs. Section 4 relates this behavior to more general observations on modals and aspect, suggesting an aspectual functional category as the base position of root modals.

2 Syntactic reflexes of the root/epistemic distinction

To begin, it must be noted that the relevance of the purely inflectional contrasts in (1/1') is somewhat misleading. The overt agreement properties of verbs in English are limited to the third person singular, where German preterite-presents also lack overt agreement morphology: (1) is better contrasted with (1'):

(1)   s/he can(*s), may(*s), must(*s)
(1')   er/sie kann(*t), darf(*t), muß(*t)

In other words, the German inflectional paradigm for modal verbs is impoverished with respect to the inflectional paradigm for German full verbs in exactly the same way that the English inflectional paradigm is impoverished with respect to English full verbs. German and English can thus be understood to display the same degree of inflection with respect to full verbs in each respective paradigm, so that the contrast between English as non-full verbs and German as full verbs can by no means be based upon this morphological characterization. Similarly, the properties sketched in (7/7')–(9/9') cannot be used to group German modal verbs with full verbs, because German word order does not make a distinction between full verbs and pure auxiliaries such as *haben/sein*.

The contrasts illustrated in (3/3')–(6/6'), however, merit further attention. Specifically, it is important to distinguish between two general types of modality with respect to the modal verbs, namely epistemic vs. non-epistemic, or root, meanings. Following Kratzer (1991a), we assume that the modal verbs can be characterized by a modal operator ('modal base'), either possibility (*can/können*) or necessity (*must/müssen*), and a modal force, and that the different interpretations presented by modal verbs are derived from different types of conversational backgrounds (i.e., an 'ordering source'). Despite a plethora of possible conversational backgrounds, Kratzer points to a definite distinction in types between epistemic interpretations and root modals.[3] The former make use of all available knowledge in order to make a determination of the truth value of the statement. The latter, however, are more specific, where it is not a question of all knowledge available, but enough knowledge, i.e. propositions in the conversational background, so as to arrive at an implementation of these propositions in the form of the modal verb with its circumstantial interpretation. Kratzer equates the epistemic backgrounds to a historian or a detective who wishes to gather as many facts as possible and uncover the entire truth, whereas circumstantial readings she likens to an engineer who asks the question, "What can I make out of these components?" (cf. Kratzer 1991a: 646). This distinction also relates to specific syntactic behavior, so that one can distinguish on the basis of the contrasts in (3/3')–(6/6') between the German root modals on the one hand and the German epistemic modals – plus all English modals – on the other.

With respect to the contrast in perfect tense given in (3/3'), it is well known that there is a distinction in the possibility for perfect tense formation between root and epistemic modals (10) (Abraham 1995:472, ex. 5).[4]

(10)   a. Er hat(te) viel Geld verdienen wollen/müssen/sollen.   (RMV, *EMV)
        b. Er wollte/mußte/sollte viel Geld verdienen.   (RMV, EMV)

As seen in (10b), both root and epistemic modals can occur in the preterite tense, but only the root modals can appear in the perfect/pluperfect periphrasis, as shown in (10a). A possible exception to this generalization is found with the subjunctive periphrastic form with *hätte* (Reis 2001: ex. 13)

(11)   Naja, da hätte sich Peter aber schwer täuschen müssen.   (RMV, EMV)

We note, however, that such an example can have an epistemic reading only in the subjunctive mood, compare (11) with (12):

(12)   Da hat(te) sich Peter aber schwer täuschen müssen   (RMV, *EMV)

Thus, although (11) may undoubtedly have an epistemic reading, it is not clear whether this interpretation stems from the modal verb or if it might rather be a

---

[3] We use the term 'root modals' for what Kratzer refers to as 'circumstantial interpretations'.
[4] RMV refers to root modal verb interpretation, EMV to epistemic modal verb interpretation.

function of the subjunctive mood. In this regard, it should be noted that in her discussion of conditionals, Kratzer (1991b) suggests a hidden epistemic modal operator at work. It is therefore conceivable that this hidden operator is responsible for the epistemic reading in (11), whereas the (plu)perfect modal by itself cannot induce an epistemic interpretation.

The distinction in periphrastic tense between English modal verbs and full verbs thus appears to offer a valid criterion for distinguishing epistemic modals from root modals in German, and this, in fact, may lie at the basis of this syntactic test in the first place. We assume that the results of this test in English point to a rather specific characterization of English modals that groups root and epistemic modals together.[5]

Pursuing this syntactic behavior further, one might wonder if epistemic modals possess any non-finite forms at all, i.e. if there is an epistemic modal infinitive. Since we have discounted the possibility of perfect periphrasis for epistemic modals, we can immediately eliminate the IPP, *infinitivus-pro-participio*, from discussion. Two other situations for infinitives are given in (4/4'), a PRO-structure with a modal, and (5/5'), with a modal as the bare infinitive complement to the verb, where it is shown that in general, German modal verbs can occur as infinitives. Do these constructions exhibit an epistemic/root distinction?

First, it indeed appears to be the case that epistemic modals are blocked from PRO-structures:

(13) a. Es ist sehr wichtig, in der UB arbeiten zu können/sollen/
müssen/mögen.   (RMV, *EMV)
b. Es ist dem Angeklagten sehr wichtig, in der UB gearbeitet haben zu
können/sollen/müssen/mögen.   (?RMV,[6] *EMV[7])

---

[5] This distinction in periphrastic behavior does not group English modal verbs together with all English auxiliaries, however, as the auxiliary *be* as progressive marker can be embedded under the periphrastic perfect:

(i) a. I am going.
b. I have been going.

Given our hypotheses on aspect in section 4, this distinction among English auxiliaries is worth noting and may correlate with the German root modals' compatibility with the perfect periphrasis.

[6] This interpretation is considerably improved with the addition of the phrase *bis morgen*:

(ii) Es ist dem Angeklagten sehr wichtig, bis am Morgen in der UB gearbeitet haben zu können.

[7] Not all speakers agree with this judgment. Several speakers argue that it is very difficult, but not impossible, to construct a context around (13b) such that it allows an epistemic reading. The context would be roughly as follows: the accused finds it very important to have a hard and fast alibi, and his alibi is that he was working at the time in the library. It is thus important for him for people to believe that he could/must have been working in the library. Several considerations can be made in this regard, however. First, it should be noted that not all speakers agree with the judgment of epistemicity, even given the context outlined above. Second, if one has been conditioned to look for epistemic readings, it may be that one has been 'over-conditioned' to think in terms of epistemic readings and discover them everywhere, so that these judgments become unreliable. Third, even after going to great lengths to find possible contexts in which an epistemic reading might possibly be

The examples in (13a) are acceptable, but only on the root meaning of the modal, and not on the epistemic reading. This point is perhaps brought out more strongly in the examples in (13b), where the use of the perfect infinitive, normally preferring the epistemic reading, disallows the epistemic reading when the modal is non-finite.

Although the PRO-structures thus seem to confirm a syntactic distinction between root and epistemic modals in German, the contrast (5/5') does not show such uniform behavior. In terms of iteration, either type of modal can be iterated and embedded as an infinitive under another modal of the same or different type in German. Öhlschläger (1989: 210, ex. 333) provides an example of a sentence with an embedded epistemic modal in the infinitive (see Kratzer 1976: 14 for a similar example):

(14)   Der Angeklagte kann der Täter sein müssen.

The distinction between the embedded and the finite modal is slight; in the embedded epistemic modal, the subjective determination of the truth value of the statement is made by a person or persons other than the speaker, so that the finite epistemic modal refers to the speaker's subjective determination as to how others regard the truth value of the proposition. In example (14), the speaker admits to the possibility that, given all the facts, the world at large is convinced of the person's guilt (Öhlschläger refers to this as 'objective epistemic' vs. 'subjective epistemic'). The epistemic modal can thus be embedded as an infinitive because the speaker has distanced himself/herself from the world, thereby allowing two epistemic viewpoints: what the world assumes based on all the available information, and what the speaker assumes based on his/her own personal information.

One could suggest a certain hierarchy of modals in terms of their capacity to be embedded and iterated (cf. Vater 1975, Öhlschläger 1989, Diewald 1999). In such a scheme, subjective epistemic modals can never be embedded or iterated, objective epistemics can only be embedded once under a subjective epistemic modal, and root modals can be iterated and embedded any number of times. However, Kratzer (1976) disputes this, going to great lengths to provide a con-

---

manifest, the question remains why it is so difficult to arrive at these contexts, and why the shift in structure almost always immediately suggests shifts in contexts. Compare, for example, (iii–v):

(iii) Der Angeklagte kann zur Zeit des Mordes in Tübingen gewesen sein.
(iv) Der Strafverteidiger räumt ein, daß der Angeklagte zur Zeit des Mordes in Tübingen gewesen sein kann.
(Der genaue Zeitpunkt des Mordes bleibt weiterhin ungeklärt.)
(v) ??Dem Angeklagten kommt es nicht gerade gelegen, zur Zeit des Mordes in Tübingen gewesen sein zu können.

Example (iii) allows a fairly clear epistemic reading. This interpretation is upheld in a normal embedded context (iv). As soon as this is shifted to a PRO-structure, however, the interpretation changes. In example (v), the epistemic interpretation evaporates; a non-epistemic interpretation seems to be evoked if the sentence is acceptable at all. Since this change is effected by the introduction of a PRO-structure, the semantic change, specifically, the blocking of an epistemic reading, appears to be syntactically conditioned.

text in which an epistemic modal is embedded under a root modal (Kratzer 1976:14, her italics):

(15) Ich befehle, daß die vorgelegten Berichte so sind, daß Paryphanta Hochstetteri Saugfüße haben kann. *Und auch in Zukunft muß diese Schnecke im Hinblick auf alle mir zu Augen oder Ohren kommenden Informationen Saugfüße haben können,* selbst wenn diese Informationen vom alten Mutis stammen sollten.

Here, again, we would argue that the embedded epistemic modal has an objective epistemic reading: the speaker is not making an individual determination as to the truth value of the proposition, but rather a general statement as to how the world must receive the proposition. Nevertheless, in both Öhlschläger's and Kratzer's examples, an epistemic modal appears iterated in the infinitive.

The limits of this iteration are significant, however. The semantics of the epistemic reading allow a separation of speaker from the conversational background of world knowledge, so that an evaluation of the truth value of the proposition may be made without the speaker. Although the speaker can be divorced from the world in this way, the world cannot be further divided up into parts such that each part brings its own evaluation of truth and hence multiple epistemic readings; the distinction is limited to the speaker vs. the world. Therefore, if one maintains that epistemic meanings cannot be iterated, then the semantic split in epistemicity might nevertheless allow for one occasion of iteration, and this is precisely what the above examples illustrate. On the other hand, there is no such limit on the number of iterations of root modals. The contrast stipulated in (5/5') regarding iterative capabilities of English and German modals, therefore, can also be reduced, with reservations, to a distinction between German epistemic vs. German root modals. However, in this case, it seems to be a semantic principle operating to block iteration, since the upper bound on the iteration of epistemic modals is determined by the number of allowable divisions within the world: speaker-exclusive and speaker-inclusive.

Thus, it is not the case that epistemic modals do not possess a non-finite form. By the same token, however, the infinitive of epistemic modals, according to our data, only appears in this limited case, embedded under another modal verb. It is by no means disconcerting that not all of the contrasts point to a syntactic difference between epistemic and root modals. In fact, it emphasizes the findings of the previous contrast, dealing with PRO-structure, all the more, as this behavior cannot be traced back to the lack of a morphological non-finite form.

Proceeding to the contrast stated in (6/6'), regarding the transitivity of modal verbs, it is evident that in the cases where German modal verbs can have an NP direct object, the interpretation is restricted to the root reading – the epistemic reading is excluded. This can be extended to include cases where the modal verb in German appears with a directional adverbial but without another verb:

(16) a. Sie kann/konnte Deutsch. (RMV, *EMV)
     b. Er muß nach Hause. (RMV, *EMV)

In German, the epistemic modals require some sort of verbal complement (cf. Barbiers 1995 for similar observations on Dutch).[8]

Thus, four syntactic properties often invoked to distinguish English modals from full verbs in fact distinguish cross-linguistically between root and epistemic modals. The question is, then, why the constructions that appear to disallow epistemic modals in general also disallow root modals in English.

One standard approach has attempted to explain the distinction in syntactic behavior between epistemic and root modals in terms of raising (epistemic) and control (root) structures. However, such a distinction simply cannot hold, because root modals show definite raising properties (see Öhlschläger 1989, Wurmbrand 1999). Recent treatments have tended towards a monoclausal treatment of the modals, positing the base position of epistemic modals to be closer to the inflectional head in the phrase structure and root modals to be nearer to the verb phrase.[9] The syntactic tests discussed above support the idea that epistemic and root modals occupy different positions in phrase structure, the epistemic modal being located further away from the verb phrase and possibly as high as the inflectional head, interfering with certain inflectional properties of tense. Epistemic modals make a statement as to the possible truth value of a proposition, so that it is equally understandable from a semantic point of view to locate the epistemic modal above a proposition, thus explaining the necessity of an embedded infinitive and the non-occurrence of epistemic modals in non-finite form.[10]

3 The syntax of root modal verbs vs. 'ordinary' verbs vs. tense/aspect auxiliaries in German

In this section, we argue that in German, root modal verbs belong to a morphosyntactic category distinct from full verbs. This claim is supported by the following three syntactic contrasts: active participial constructions in attributive function, *tun* periphrasis, and passivization.

Prenominal active participial constructions

As prenominal active participles, root modals (with or without complement infinitives) are far less acceptable than 'ordinary' lexical verbs. Compare (17a)

---

[8] This embedded verb phrase may be replaced by a pronoun, but there is always clear reference to the verb phrase in the discourse. The position may on no account be empty.

[9] Cf. Wurmbrand (1998) for German, MacDowell (1987) for English, and Picallo (1990) for Catalan.

[10] With the exception of the one possible iteration of an 'objective' epistemic modal.

with (17b). Nevertheless, root modal active participles contrast in this construction with the absolutely unacceptable active participles of the aspectual auxiliaries *haben* (17c) and *sein* (17d), as well as with epistemic modals (17e):[11]

(17) a. alle Deutsch sprechenden Studenten
 b. ??alle Deutsch (sprechen) könnenden/müssenden Studenten
 c. *alle Deutsch gesprochen habenden Studenten
 d. *alle gerade angekommen seienden Fahrgäste
 e. *alle Deutsch gelernt haben müssenden/könnenden Studenten

The root modals' marginal level of acceptability thus serves to distinguish them both from other lexical verbs and from auxiliaries and epistemic modals.[12]

Tun periphrasis

A further test draws an even sharper line between modals and lexical verbs in terms of acceptability. Consider the *tun* periphrasis of popular German, which allows as complements 'ordinary' lexical verbs such as *schreiben* and *sprechen*, as illustrated in (18).

(18) a. Er schreibt gut Englisch, aber er spricht nicht so gut.
 b. Er tut gut Englisch schreiben, aber er tut nicht so gut sprechen.

The examples in (18) can describe not only the instances at which the subject is engaged in the activity of speaking or writing, but rather make a general statement as to his ability. However, *tun* periphrasis excludes modal verbs with parallel interpretation (19b):

(19) a. Er kann gut Englisch.

---

[11] Marga Reis notes that there seems to be a more general prohibition on this participial form with verbs constructed with an infinitive (examples marked according to her judgments):

 (vi) ?*Die Deutsch zu lernen beabsichtigenden/versuchenden Studenten
 (vii) ?*-*Die ihn zu kommen veranlassenden Probleme
 (viii) *alle Deutsch gelernt zu haben vorgebenden Studenten

Certainly, much can be said as to this general phenomenon, and the more complex the verbal phrase becomes, the less grammatically acceptable it seems to become. The above examples show the added complexity of what in Bech's (1957) terms would be seen as 'non-obligatory coherence' (vi-vii) or even obligatory non-coherence (viii), in contrast to the obligatorily coherent modal structures. In our opinion, however, one does not have to reach so far for an explanation to serve the purposes of this article. (17b) demonstrates lesser acceptability with respect to (17a), with or without the infinitive *sprechen*. Likewise, (17e) with its infinitive + modal verb is completely unacceptable, in contrast to the marginal acceptability of (17b) with infinitive + modal. (One may argue, of course, that the infinitives are not equivalent forms, as (17e) shows the infinitive of the periphrasis, in traditional literature referred to as the past infinitive, perfect infinitive, or infinitive II. However, another contrast is demonstrated within (17b) itself: with the infinitive, the modal can receive only a root interpretation; the epistemic interpretation is unattainable.)

[12] It is by no means our claim that all lexical verbs construct this active participial construction equally well. In fact, as will become apparent in section 4, part of our analysis hinges upon this very fact.

b. *Er tut gut Englisch können.

Aspectual auxiliaries and epistemic modals are even more strongly ungrammatical in this construction, as in (20b, 21b–c):

(20) a. Er hat Englisch gesprochen.
b. **Er tut Englisch gesprochen haben.
(21) a. Er muß Englisch gelernt haben.
b. **Er tut Englisch gelernt haben müssen.
c. **Er tut Deutsch sprechen müssen, weil ich nur 'Bahnhof' verstehe.

The question arises, of course, if *tun* periphrasis is simply sensitive to *Aktionsart*, or 'situation aspect'.[13] With accomplishments and activities, this construction shows an imperfective function. That is, the focus of the event is on a time prior to its culmination. With achievements, however, the event is entirely captured within its culmination – anything prior does not belong to the event. This predicts an incompatibility between *tun* periphrasis and such verbs:

(22) a. Der Luftballon platzt (und der Junge weint).
b. *Der Luftballon tut platzen (und der Junge weint).

Given this focus on a time prior to the culmination of an event, one could expect states to be incompatible with *tun* periphrasis, as example (23) confirms, where (23a) can be paraphrased by (23b) but not by (23c):[14]

(23) a. Er tut 90 kg wiegen.
b. (=) Er wiegt 90 kg von etwas ab.
c. (≠) Sein Gewicht beträgt 90 kg.

However, states cannot always be ruled out:

(24) ?Er täte bloß 90 kg wiegen, wenn er diesen blöden Stahlhelm nicht tragen würde.
(25) a. Versteht er?
b. Ja, er versteht.
c. Verstehen tut er ja.

Nevertheless, it is interesting that the focus of this discussion is on aspect, considering our suppositions in section 4.

Passivization

Yet a third test reinforces this distinction between modals and other lexical verbs: passivization. Even when infinitival complements of various sorts are

---

[13] For the distinction between situation aspect and viewpoint aspect, see Smith (1997). See also Verkuyl (1993) for arguments against such a distinction.
[14] Our thanks to Marga Reis for drawing attention to *Aktionsart* and providing us with ex. (23).

pronominalized as *das* (26a–b, 27a–b), passivization is not possible with modals, in contrast to other lexical verbs; (26c) is acceptable, but (27c) is not:

(26) a. Hier versucht man, gute Arbeiten zu schreiben.
 b. Hier versucht man das.
 c. Hier wird das versucht.
(27) a. Hier kann man gute Arbeiten schreiben.
 b. Hier kann man das.
 c. *Hier wird das gekonnt.[15]

Each of these three tests – prenominal active participles, *tun* periphrasis, and passivization – thus serves to distinguish modal verbs from other lexical verbs. In addition, the prenominal active participle test and the *tun* periphrasis test indicate a distinction between the modal verbs and the auxiliary aspectual verbs *haben* and *sein*. One possible explanation for this, which we would like to suggest, is that the root modals occupy a functional category distinct both from that of lexical verbs and from that of the auxiliaries *haben* and *sein*. The question arises whether we need to posit a new functional category within current linguistic theory for these modal verbs, or whether there already exists a functional category that may account for the modal behavior our tests have revealed.

4 Modal verbs as aspectual heads

Wurmbrand (1998) proposed a special functional category, ModP, located just above the verbal phrase in order to account for the special features of the modal verb. However, it may well be unnecessary to posit such a specific category, given the behavior indicated in the above tests. The prenominal active participles registered a level of acceptability for modals somewhere between lexical verbs and auxiliary aspectual verbs, i.e. somewhere above V-bar but below I-bar. This by no means excludes the possibility that the modal verb has a base position in the outer verb shell, however. The second test, *tun* periphrasis, sheds further light on the matter. Clearly, *tun* does not contribute much to the meaning of the sentence. The function of *tun* in such constructions could be understood as a marker of imperfectivity, of ongoing or habitual action. In this sense, it is feasible to posit *tun* in the aspect phrase, which, following Travis (2000), we locate within the vP-shell above the VP.[16] A possible explanation for the un-

---

[15] In a small number of cases, passivization of modals is accepted by a larger number of native speakers, such as in (ix):
(ix) Deutsch wird gekonnt.
However, the addition of an agent is not possible in these constructions:
(x) *Deutsch wird von Hans gekonnt·

[16] Travis herself, following the distinction between situation aspect and viewpoint aspect, argues that this position of the aspect phrase is primarily for situation aspect; however, her conclusions are based on the position of viewpoint aspect morpheme. As mentioned in footnote 13, Verkuyl (1993) does not support such a distinction in types of aspect.

grammaticality of such sentences as (19b) is that the modal and the verb *tun* are competing for the same position within the phrase structure, the aspectual head.

Similarly, the marginal level of acceptability of the prenominal active participle construction may be explained in terms of the movement from the Aspect head, which, though marginally acceptable, is less preferable than the movement of a V-bar node to the participial position. In this regard, consider the participial construction with telic verbs:

(28) der die Antwort findende Student

There is a clearly acceptable reading of (28) in the sense of the student who repeatedly or always finds the answer. Such an interpretation, however, is a derived habitual state. The unmodified aspect, where the student finds one answer at only one specific point in time, is unavailable. Modal verbs do not show the same option of modifying their aspect; they thus remain at best only marginally acceptable in all cases of this construction.

In addition, the higher level of unacceptability of auxiliaries and epistemic modals can be explained by the lack of an inflectional node within the participial construction: an I-bar node is excluded from movement to a participial position. This is clearly indicated by the lack of tense in the participial constructions, as shown by the paraphrases of (29a), given in (29b–c):

(29) a. alle Deutsch sprechenden Studenten
      b. Alle Studenten, die Deutsch sprechen.
      c. Alle Studenten, die Deutsch gesprochen haben.

The relation of modal verbs to aspect was noted by Abraham (1995) in terms of a differentiation between epistemic and root modals. Looking at situation aspect, Abraham determined that the epistemic interpretation of modals is excluded with verbs characterized by [+telic] (Abraham 1995:471, ex. 3--4):

(30) a. Sie muß einen Diamanten kriegen.   (RMV, *EMV)
      b. Sie muß einen Diamanten haben.   (RMV, EMV)

Abraham explains this by claiming that epistemic modals are mono-phasic predicates and thus cannot project the necessary argument structure for a bi-phasic predicate such as kriegen. Root modals, on the other hand, are bi-phasic predicates and thus do not have this difficulty; therefore, the root modal interpretation is not blocked in either case.

As Abraham points out, there is still a context in which the epistemic reading of (30a) is possible, namely with the imperfective viewpoint. Paraphrased in English, it would mean something like: 'She must be getting a diamond this year, because I saw him buy one in the store the other day.' Likewise, perfect periphrasis allows an epistemic reading, since it assumes the final endpoint, the receiving, has occurred. It is interesting to note, however, that a third modification is possible, namely by a modal verb:

(31) Sie muß einen Diamanten kriegen können.

If root modal verbs are bi-phasic, then it is unclear why a mono-phasic predicate, i.e. an epistemic modal, should be possible in this situation. Obviously, the embedded modal has modified the situation, and, comparing it to the other two possibilities of modification, it is reasonable to suppose that it has done this by modifying the aspect.

This opens the question as to the nature of root modals and the aspectual head. Travis (2000) points to the existence of the aspectual head within a verb phrase by looking at the position of the morphemes in Austronesian languages, where the position of the telic morpheme corresponds to a position licensing a noun phrase. Moreover, her examples show that the telic morpheme is capable of assigning a θ-role that she classifies as 'non-volitional agency'. This falls well in line with the supposed θ-role of the modal verb – if one assumes that a θ-role is assigned at all, then it is not one of volitional agency, although the subject of the modal verb becomes the agent of the embedded verbal proposition: *Er muss arbeiten* means that he is obligated by something or someone (possibly himself) to work, but it is clear that he will be doing the working.

5 Conclusion

Modal verbs are thus generated in a position *within* the verb phrase, licensing a noun phrase in a specifier position to its head. Although not completely full verbs, they share many of the same properties by virtue of their location within the *v*P shell. However, we have categorized modal verbs as functional, not lexical heads, where their semantics can be reduced to a modal operator, either necessity or possibility. The conversational background and modal force combine with this operator to produce the modal verb at that position. We would further argue that this modal operator does indeed assign a θ-role to its specifier, rendering moot the debate over the status of modal verbs as raising vs. control verbs. However, the exact nature of this θ-role, entailing non-volition, merits further consideration and remains a topic for future research.

We concur with those who claim that the German preterite-present modal verbs are not 'full' verbs. Nevertheless, we also resist an analysis of the German modals as 'auxiliaries'. The English facts sketched in (1)–(9) represent a language where the root modal verbs have been grammaticized to such an extent that they exhibit the same behavior as epistemic modal verbs in these tests. In terms of aspect, however, the epistemic/non-epistemic distinction remains valid; with bi-phasic verbs, epistemic modals require some sort of imperfective or habitual state reading, as the paraphrase of (29a) indicates with the progressive form 'must be getting'. When applied to a language such as German, the same tests reveal a distinction between epistemic and root interpretations, lending credence to efforts to offer a syntactic solution for observed differences in syntactic behavior. As our own tests indicate, such solutions may do well to take aspectual differences into account as well.

Literature

Abraham, W. (1995): Deutsche Syntax im Sprachenvergleich: Grundlegung einer typologischen Syntax des Deutschen Tübingen: Narr. (= Studien zur deutschen Grammatik; 41).
Barbiers, S. (1996): „Complementen van modale werkwoorden". Nederlandse taalkunde 1-2, 135-154.
Chomsky, N. (1995): The Minimalist Program. Cambridge, MA: MIT Press (= Current Studies in Linguistics Series; 28).
Diewald, G. (1999): Die Modalverben im Deutschen: Grammatikalisierung und Polyfunktionalität. Tübingen: Niemeyer (= Reihe Germanistische Linguistik; 208).
Kratzer, A. (1976): "Was 'können' und 'müssen' bedeuten können müssen". Linguistische Berichte 42, 1-28.
Kratzer, A. (1991a): "Modality". In: A. von Stechow, D. Wunderlich (Hrsg.): Semantik: ein internationales Handbuch der zeitgenössischen Forschung. Berlin: de Gruyter (= Handbücher zur Sprach- und Kommunikationswissenschaft; 6), 639-650.
Kratzer, A. (1991b): "Conditionals". In: A. von Stechow, D. Wunderlich (Hrsg.): Semantik: ein internationales Handbuch der zeitgenössischen Forschung. Berlin: de Gruyter (= Handbücher zur Sprach- und Kommunikationswissenschaft; 6), 651-656.
Lightfoot, D. (1979): Principles of Diachronic Syntax. Cambridge: Cambridge University Press (= Cambridge Studies in Linguistics; 23).
McDowell, J. (1987): Assertion and Modality. Dissertation, USC, Los Angeles, CA.
Öhlschläger, G. (1989): Zur Syntax und Semantik der Modalverben des Deutschen. Tübingen: Niemeyer (= Linguistische Arbeiten; 144).
Picallo, C. (1990): "Modal verbs in Catalan". Natural Language and Linguistic Theory 8, 285-312.
Reis, M. (2001): "Bilden Modalverben im Deutschen eine syntaktische Klasse?" [this volume]
Smith, C. (1997): The Parameter of Aspect. Dordrecht: Kluwer. Second, revised edition (= Studies in Linguistics and Philosophy; 43).
Steele, S. et al. (1981): An Encyclopedia of AUX: a Study in Cross-Linguistic Equivalence. Cambridge, MA: MIT Press (= Linguistic Inquiry: Monographs; 5).
Travis, L. (2000): "Event Structure in Syntax". In: C. Tenny & J. Pustejovsky, (eds.): Events as Grammatical Objects: The Converging Perspectives of Lexical Semantics, Logical Semantics and Syntax. Stanford, CA: CSLI Publications (= CSLI lecture notes ; 100), 145-185.
Vater, H. (1975): "Werden als Modalverb". In: J. Calbert & H. Vater, (Hrsg.): Aspekte der Modalität. Tübingen, Narr (= Studien zur deutschen Grammatik; 1), 71-148.
Verkuyl, H. (1993): A Theory of Aspectuality: the Interaction Between Temporal and Atemporal Structure. Cambridge: Cambridge University Press, 1993 (= Cambridge Studies in Linguistics; 64).
Wurmbrand, S. (1998): Infinitives. Dissertation, MIT, Cambridge, MA.
Wurmbrand, S. (1999): "Modal verbs must be raising verbs". In: Proceedings of the 18th West Coast Conference on Formal Linguistics (WCCFL 18). Somerville, MA: Cascadilla Press, 599-612.

Bloomington, IN USA   John Durbin and Rex A. Sprouse

Indiana University, Dept. of Germanic Studies, 1020 E. Kirkwood Ave., BH 644, Bloomington, IN 47405-7103, e-mail: jdurbin@indiana.edu, rsprouse@indiana.edu

Was *nicht müssen* und *nicht können* (nicht) bedeuten können: Zum Skopus der Negation bei den Modalverben des Deutschen

Veronika Ehrich

Abstract

German modal verbs govern bare infinitives in coherent constructions. Accordingly, sentence negators (*nicht* –'not') combined with modal verbs allow for two different scope assignments, wide scope negation *Neg (Mod)* or narrow scope negation *Mod (Neg)*. As a matter of fact, wide scope negation is the default case in German. Based on Kratzer's notion of relative modality, I discuss various scope assignment patterns in the field of negation and modality. A peculiarity of German is the lexical coexistence between *nicht müssen* ('not must') and *nicht brauchen*. ('not need'), which are both to be analysed with wide scope negation. I argue, that *nicht müssen* and *nicht brauchen*, while conveying the same logical meaning 'not (Nec) p', are, nonetheless, semantically distinct, in that they express a distinction between unnecessary vs. superfluous courses of action. A further peculiarity is that negated *wollen* ('will') and *sollen* ('shall') often convey equivalent meanings, no matter whether the negation is assigned wide or narrow scope. I explain this fact by reference to modal force: *wollen/sollen* can be used as necessity or as possibility operators, such that wide scope negation of the necessity variant equals narrow scope negation of the possibility variant and vice versa. The restriction of quotative modals to narrow scope negation is another issue discussed. Rejecting the auxiliarization hypothesis, I argue that this restriction cannot be explained in syntactic terms, but rather follows from semantic/pragmatic properties of quotative as opposed to perceptual evidentiality. Finally, despite the general predominance of wide scope negation, narrow scope negation seems unmarked in cases where *nicht* combines with restrictive focus particles like *nur* ('only'). I show that, in these cases, narrow scope negation does not apply to the subject-infinitive-predication, but rather cancels the restriction expressed by *nur*. This is why different negation scopes do not correlate with different interpretations and convey pragmatically equivalent readings.

1 Vorbemerkungen

Am Ausgangspunkt der nachfolgenden Überlegungen stehen zwei Eigenschaften der dt. Modalverben (MV), über die es in der Forschungsliteratur keinen Dissens gibt: (i) syntaktisch konstruieren die MV obligatorisch kohärent, (ii) semantisch sind die MV polyfunktional, d.h. sie lassen neben den zirkumstantiellen Lesarten (1a) in der Regel auch epistemische (1b) oder evidentielle Lesarten (1c) zu.[1]

---

[1] (1a) spricht gegen die häufig vertretene These, deontische Lesarten seien nicht mit Zustandsaussagen verträglich. Nicht selten wird ferner die Ansicht vertreten, dass deontische Lesarten nicht in Kombination mit Vergangenheitstempora vorkommen können (z.B. Durbin & Sprouse 2001). Eisenberg (1986) zeigt jedoch, dass die Kombination mit dem Perfekt eine deontische Interpretation zulässt: (i*) Ein Germanist muss das Nibelungenlied gelesen haben*. Die einschlägigen

(1) a. Das Testament muss unterschrieben sein, sonst ist es nicht gültig.
    b. Das Testament muss unterschrieben sein, sonst wäre es nicht anerkannt worden.
    c. Das Testament muss unterschrieben sein, habe ich gehört.

Zu den syntaktischen Klasseneigenschaften kohärent konstruierender Verben gehört die doppelte Bezugsmöglichkeit der Negation, die (in der Begrifflichkeit von Bech 1951) als *negatio recta* (2a) oder als *negatio obliqua* (2b) gedeutet werden kann. Als *negatio recta* hat sie Skopus über MV (weshalb sie im Folgenden auch als 'externe Negation' bezeichnet wird), als *negatio obliqua* steht sie dagegen im Skopus von MV ('interne Negation').[2]

(2) <weil> Hans nicht schlafen kann[3]
    a. Hans nicht (schlafen kann)
    b. Hans (nicht schlafen) kann
    c. Du kannst ruhig einmal (NICHT schlafen).

(2a) ist für (2) zweifellos die näherliegende Klammerung, Sätze wie (2c) zeigen aber, dass die Klammerung (2b) nicht völlig ausgeschlossen ist.

Ebenfalls der Kohärenz geschuldet ist das Phänomen der kohäsiven Verbindung bei eingebetteten Quantorenausdrücken (3), wobei das Negationselement wiederum weiten (3a) oder engen Skopus (3b) haben kann (vgl. dazu Penka & Stechow 2001).

(3) Hans kann niemandem böse sein.
    a. Hans bringt es nicht fertig, jemandem böse zu sein.
    b. Hans bringt es fertig, niemandem böse zu sein.

Allerdings wird das Potential der doppelten Bezugsmöglichkeit nicht in allen Lesarten und bei allen MV ausgenützt. So kann man (4) zwar mit externer oder interner Negation lesen, doch ist die deontische Interpretation nur für die Varian-

---

Beschränkungen für die deontische Verwendung der MV betreffen also nicht das Tempus, sondern die Zeitreferenz. Auch die komplementäre Auffassung (Heine 1995), dass MV in epistemischer Lesart allein mit Zustandsaussagen und nicht mit Zukunftsbezug verwendet werden, ist nur statistisch korrekt: (ii) *Jonathan muss bald nach Hause kommen, <sonst würde Hanna nicht so viel einkaufen>* und (iii) *Hanna muss ab morgen an ihrer Dissertation arbeiten, <sonst hätte sie nicht so viele Bücher aus der Bibliothek entliehen>* sind epistemisch deutbar – trotz des Zustandsveränderungsverbs in (ii), des Tätigkeitsverbs in (iii) und des Zukunftsbezugs in beiden Beispielen.

[2] Bech (1951: 8) betont, dass, syntaktisch gesehen, die Negation in beiden Fällen dem MV übergeordnet ist: „Wo man zwei nexus hat: einen übergeordneten und einen davon abhängigen untergeordneten, muss man zwei Typen der Negation unterscheiden, die *negatio recta*, die sowohl syntaktisch als auch semantisch zum übergeordneten nexus gehört, und die *negatio obliqua*, die syntaktisch zum übergeordneten, semantisch aber zum untergeordneten nexus gehört". Ich werde mich in diesem Aufsatz hauptsächlich zur Deutung der Negation bei Modalverben äußern und spreche von externer oder interner Negation immer nur im Hinblick auf die semantischen Skopusverhältnisse.

[3] Die unterschiedlichen Klammerungen deuten hier die verschiedenen Skopusverhältnisse nur an. Im Folgenden setze ich das Element mit engem Skopus in Klammern, 'nicht (können)' steht dann für die externe,'(nicht) können' für die interne Negation.

te mit externer Negation (4a) naheliegend. Bei interner Negation wird eine epistemische oder eine evidentielle Deutung präferiert (4b).

(4) Der Bewerber muss nicht gut Spanisch können.
   a. Von dem Bewerber wird nicht verlangt, dass er gut Spanisch kann.
      ($\neg$ N p)
   b. Es muss nach allem, was ich weiß/nach allem, was man hört, so sein, dass der Bewerber nicht gut Spanisch spricht. (N $\neg$ p)

Die externe Negation bildet im Deutschen den unmarkierten Fall (s. auch Lerner & Sternefeld 1984). In diesem Aufsatz gehe ich der Frage nach, in welchen Lesarten und bei welchen Modalverben vom Primat der externen Negation abgewichen wird. In Abs. 2.1 betrachte ich die in der Literatur diskutierten MV-Verwendungen mit interner Negation. In Abs. 2.2 stelle ich den theoretischen Rahmen für die weitere Untersuchung dar. Dabei halte ich mich an die von Kratzer entwickelte Theorie der relativen Modalität. In Abs. 3 diskutiere ich das Zusammenspiel von Modalität und Negation, in deontischer Lesart bei *nicht müssen* vs. *nicht brauchen* (Abs. 3.1) und bei *nicht sollen/wollen* (Abs. 3.2); in quotativ-evidentieller Lesart bei *müssen/sollen/wollen...nicht* (Abs. 3.3); und schließlich bei *müssen/können* in *nicht...nur*-Verbindungen (Abs. 3.4).

2 Redehintergründe für MV in Negationskontexten

2.1 Skopusasymmetrien

Öhlschläger (1989: 245) vertritt die These, dass die deontischen MV im Deutschen nicht skopusambig sind und (mit Ausnahme von *sollen* und *wollen*) grundsätzlich mit externer Negation vorkommen (ähnlich de Haan 1997 und Diewald 1999). Lediglich die objektiv-epistemisch verwendeten MV lassen, so Öhlschläger, die interne Negation zu, ohne sie jedoch zu fordern. Korpusrecherchen in der Datenbank COSMAS stützen diese These. Unter 654 zirkumstantiell deutbaren *müssen...nicht*-Belegen im *Mannheimer Morgen* war keiner mit interner Negation zu finden. Man mag einwenden, dass die interne Negation intonatorisch hervorgehoben werden muss (*du darfst heute mal NICHT aufräumen*) und deswegen in der geschriebenen Sprache nicht vorkommt. Aber auch im *Freiburger Korpus der Gesprochenen Sprache* habe ich nur die wenigen Beispiele (5–7) für *müssen (nicht)* gefunden.

(5) Literatur ist ja immer ein Ferment gewesen, und ist auch heute gegen Erstarrungen und Dogmatisierungen, diese Perspektive *muss* man allerdings erkennen, und *muss* die Literatur *nicht* dann nur zum Vehikel nehmen, um irgend etwas vom Dogma zu beweisen. („Deutschstunde – aber wie?" Diskussion ZDF, 2.9.1970)

(6) Vielleicht, wäre zu fragen, kommt diese Widersprüchlichkeit im Phänomen selbst in der Sendereihe etwas zu kurz, zumindest in den sechs Folgen, die hier zu diskutieren sind, aber andererseits *muss* man eben *nicht* verkennen, dass die Sendereihe in einem bestimmten Kontext steht. („Roll over Beethoven", SWF 3, 12.2.1974)

(7) Ich gehe jedenfalls mit großer Wahrscheinlichkeit davon aus. Was da heute steht, *müssen* wir *nicht* überbewerten. („Landtagswahl in Rheinland-Pfalz", ZDF 18.3.1971)

Während deontische Lesarten die externe Negation bevorzugen oder sogar fordern und epistemische Lesarten die interne Negation zumindest vertragen, sind evidentielle Lesarten auf die interne Negation beschränkt. Die der externen Negation entsprechende Umschreibung (8b) kommt daher als Paraphrase zu (8) nicht in Betracht.

(8) Heiner muss nicht viele Freunde haben <sagen seine Kollegen>.
   a. Es muss so sein, dass Heiner nicht viele Freunde hat. (N $\neg$ p)
   b. Es muss nicht so sein, dass Heiner viele Freunde hat. ($\neg$ N p)

Derartige Skopusasymmetrien werden in der jüngeren MV-Literatur als Argument für die <u>Auxiliarisierungshypothese</u> herangezogen (Abraham 2001, Barbiers 1995, Diewald 1999). Danach sind epistemische/evidentielle MV im Gegensatz zu deontischen MV Auxiliarverben. Im Rahmen des generativen Modells bedeutet dies, dass MV$_{ep/ev}$ den Kopf einer funktionalen Projektion bilden, welche weiten Skopus über sämtliche anderen V-Projektionen hat und auch die Negation unter sich einbettet. Gestützt wird diese These durch die relative Distribution von epistemischen und deontischen MV: MV$_{ep/ev}$ betten deontische MV unter sich ein, aber nicht umgekehrt (9).

(9) a. Kinder müssen viel spielen dürfen.
   b. *Kinder dürfen viel spielen müssen.

Die Auxiliarisierungshypothese sagt vorher, dass epistemische MV die interne Negation fordern. Dem entspricht, dass subjektiv-epistemisches *dürfte* auf die interne Negation beschränkt zu sein scheint (Diewald 1999).[4] (10) ist daher durch (10a) zu paraphrasieren, (10b) scheidet als Paraphrase aus.

---

[4] Nach Öhlschläger ist subjektiv-epistemisches *dürfte* nur scheinbar negationsfähig. Zwar sind Sätze wie (i) *Der Angeklagte dürfte nicht der Täter sein* und (ii) *Der Angeklagte kann nicht der Täter sein* (Öhlschlägers Beispiele 311, 312, S. 208) möglich, doch handelt es sich hier laut Öhlschläger „nicht um ein satznegierendes, sondern eher um ein der sog. morphologischen Negation entsprechendes *nicht*." (S. 208). Deswegen sei (i) i.S.v. (iii) *Ich halte es für unwahrscheinlich, dass der Angeklagte der Täter ist* zu deuten und (ii) i.S.v. (iv) *Ich halte es für unmöglich, dass der Angeklagte der Täter ist*. Allerdings – doch darauf geht Öhlschläger nicht ein – lässt (i) auch die Umschreibung mit interner Negation zu (v) *Ich halte es für wahrscheinlich, dass der Täter nicht der Angeklagte ist*. Dabei sind (i) und (v) zumindest mitteilungsäquivalent. Bei (ii) führt die Umschreibung mit interner Negation (vi) *Ich halte es für möglich, dass der Angeklagte nicht der Täter ist* dagegen zu einer von (iv) deutlich verschiedenen Mitteilung.

(10) Er dürfte das Nibelungenlied (nicht gelesen haben).
   a. Es ist möglich, dass er das Nibelungenlied nicht gelesen hat.
   b. Es ist nicht möglich, dass er das Nibelungenlied gelesen hat.

Diewald findet unter ihren 9 epistemischen Belegen für *müssen* keinen mit Negation, was der Hypothese, dass MV$_{ep/ev}$ auf die interne Negation festgelegt sind, zumindest nicht zuwiderläuft. Auch de Haan (1997) geht davon aus, dass epistemisches *müssen* durch *nicht (können)* konträr und durch *können (nicht)* kontradiktorisch negiert wird. Tatsächlich kommt aber *müssen* in epistemischer Verwendung durchaus negiert vor. Unter 690 Belegen von *müssen...nicht* im *Mannheimer Morgen* (COSMAS) habe ich 46 epistemisch deutbare gefunden. In allen diesen Fällen hat die Negation weiten Skopus über MV. Beispiele sind:

(11) ¬ N p
   a. Abweichungen im Wortlaut müssen ja nicht Abweichungen in der Sache sein. (LIM/LI100357, Neue Juristische Wochenschrift).
   b. Peter Graf muss nicht gleich irre sein, wenn er ein psychiatrisches Gutachten über sich anfertigen lässt. (MMM/602.05407)
   c. Wer gegen den Kommunismus kämpft, muss nicht unbedingt ein Demokrat sein. (MMM/101.27589)
   d. Tradition muss nicht zwangsläufig Schlamperei bedeuten, auch wenn Gustav Mahler das vor knapp hundert Jahren in Wien behauptet hat. (MMM / 511.26859)
   e. Sie müssen nicht wirklich blöd sein, wenn Sie nichts verstehen. (MM/410.06835)

Die Skopusasymmetrien für MV in verschiedenen Lesarten lassen sich daher nicht durch Rekurs auf die Auxiliarisierungshypothese erklären, welche für MV$_{ep}$ ebenso wie für MV$_{ev}$ eine Beschränkung auf die interne Negation voraussagt. Ich vertrete deshalb in diesem Aufsatz die These, dass Beschränkungen der doppelten Bezugsmöglichkeit für die Negation durch Rekurs auf semantisch-pragmatische Eigenschaften der in Rede stehenden Lesarten bzw. der je einzelnen MV geklärt werden müssen. Ich entwickle diese These auf dem Hintergrund der Theorie der relativen Modalität (Kratzer 1976, 1981, 1991).

2.2 Redehintergründe: Die Theorie der Relativen Modalität

Wir haben am Beispiel (1) gesehen, dass ein gegebenes MV zirkumstantiell gedeutet werden kann, epistemisch oder evidentiell. Mit Kratzer (1976ff.) sehe ich diese Lesarten als Varianten einer gemeinsamen Grundbedeutung an. Die Grundbedeutung legt die modale Kraft eines MV fest: auf Notwendigkeit (N) im Fall von *müssen* und auf Möglichkeit (M) im Fall von *können*. Notwendigkeit und Möglichkeit sind im Rahmen der modelltheoretischen Semantik so definiert: Was in einer gegebenen Welt w notwendig ist, ist in jeder von w aus zugänglichen Welt w' der Fall. Was in einer gegebenen Welt w möglich ist, gilt in mindestens einer von w aus zugänglichen Welt w'. Unterschiedliche (z.B. deontische vs. epistemische) Lesarten kommen durch den Bezug auf verschiedene Redehintergründe zustande. *Müssen* und *können* in deontischer Lesart relativieren die Notwendigkeit/Möglichkeit von p auf die Liste kontextuell gegebener Pflichten und Vorlieben. 'Jonathan räumt die Küche auf' ist notwendig im Hinblick auf die Pflichten von Jonathan in (12), 'Jonathan geht ins Kino' ist möglich, d.h. verträglich mit den Anforgerungen an ihn, in (13).

(12) *Jonathan muss die Küche aufräumen* ist wahr in w gdw. in jeder Welt w', in der J. die Pflichten erfüllt, die er in w hat, gilt: J. räumt die Küche auf. (Allgemein: '*muss* p' ist wahr in w, gdw. für alle w' R_D w^5 gilt: w' $\in$ p)

(13) *Jonathan kann ins Kino gehen* ist wahr in w, gdw. in mindestens einer Welt w', in der sich J. so verhält wie es den Präferenzen von X in w entspricht, gilt: J. geht ins Kino. (Allgemein: '*kann* p' ist wahr in w, gdw. für mindestens eine Welt w' R_{PX} w gilt: w' $\in$ p).[6]

Müssen und *können* in epistemischer Lesart relativieren die Notwendigkeit/Möglichkeit von p auf das dem Sprecher verfügbare Wissen. 'Jonathan räumt die Küche auf' folgt aus dem, was S weiß in (14). 'Jonathan ist im Kino' ist verträglich mit dem Wissen von S in (15).

(14) Jonathan muss die Küche aufräumen <so laut wie er mit den Töpfen klappert>.

(15) Jonathan kann im Kino sein <sein Auto steht vor dem Eingang>.

Epistemische Lesarten beruhen auf einer sprecherseitigen Inferenz: Aus den ihm zur Verfügung stehenden Indizien (Töpfeklappern) schließt S auf p 'Jonathan räumt die Küche auf'. Vorausgesetzt ist dabei der normale Verlauf der Dinge q: 'Beim Küche aufräumen klappert Jonathan gewöhnlich mit den Töpfen'.[7] Quotativ-evidentielle MV kennzeichnen p als aus dem hervorgehend, was von anderer Seite berichtet wurde, (16,17).

(16) Jonathan muss bei seinen Klassenkameraden sehr beliebt sein <habe ich gehört>.

(17) Jonathan soll bei seinen Klassenkameraden sehr beliebt sein <hat die Lehrerin gesagt>.

---

[5] R ist die Zugänglichkeitsrelation, sie verbindet eine gegebene Welt w mit den von w aus zugänglichen Welten w'. Das Subskript D besagt, dass die Zugänglichkeit auf die Welten beschränkt ist, in denen J. seine Pflicht tut.

[6] (13) heißt natürlich nicht, dass es eine Welt w' gibt, in der J. die Pflicht hat ins Kino zu gehen, sondern dass es in mindestens einer Welt w' mit den Präferenzen von X verträglich ist, wenn J. ins Kino geht.

[7] Die epistemische Lesart heißt in der MV-Literatur deshalb auch 'inferentiell' (Eisenberg 1986, Vater 1975).

Häufig werden in der MV-Literatur (z.B. bei Öhlschläger) evidentielle Lesarten den epistemischen zugerechnet. Westmoreland (1996), Drubig (2001) sehen gerade umgekehrt Epistemizität als eine spezielle Variante der Evidentialität an. Aus meiner Sicht, die ich im Folgenden begründen will, sind beide Gleichsetzungen ungerechtfertigt.

Kratzer (1991) trennt zwischen epistemischer Basis und evidentieller Quelle der Modalisierung. Sie unterscheidet drei Bedeutungsparameter: (i) Modale Kraft (*modal force*) (ii) Modale Basis (*modal base*) und (iii) Quelle der Modalisierung (*ordering source*). Die modale Kraft (Notwendigkeit / Möglichkeit) ist nach Rangstufen geordnet: Notwendigkeit (*muss*) > schwache Notwendigkeit (*dürfte*) > Möglichkeit (*kann*) > geringe Möglichkeit (*wird*). Der Redehintergrund, der die Basis der Modalisierung (*modal base*) bildet, ist entweder zirkumstantiell (durch die Umstände gegeben) oder epistemisch (auf Inferenzen beruhend). Die Redehintergründe, die die Quelle der Modalisierung und damit den Bezugspunkt für die Rangabstufung (*ordering source*) bilden, sind vielfältig verschieden: deontisch, buletisch, teleologisch oder dispositionell, doxastisch oder alethisch etc.[8] (18) gibt der Notwendigkeit Ausdruck (modale Kraft), und zwar relativ zu den Welten, die unter den in der realen Welt w_0 gegebenen Umständen (zirkumstantielle Basis) meinen Wünschen (Quelle der Modalisation) am nächsten kommen.

(18)   Ich muss jetzt ein Bier trinken.   N (p)

Es ist nun leider so, dass die reale Welt w_0 oft nicht zu den Welten gehört, die unseren Wunschvorstellungen am nächsten kommen. Wenn (18) in w_0 wahr ist, folgt deshalb keineswegs, dass auch (19) in w_0 gilt, einfach deshalb nicht, weil w_0 von meinem Wunschbild ziemlich weit entfernt sein kann.

(19)   Ich trinke jetzt ein Bier.

Die Differenzierung zwischen dem Redehintergrund als modaler Basis und dem Redehintergrund als Quelle der Modalisierung (*ordering source*) ermöglicht es, verschiedene zirkumstantielle Lesarten voneinander zu unterscheiden. (20) hat – bei gleichbleibend zirkumstantieller Basis – zwei verschiedene Lesarten, eine sprecherrelative (a) und eine sprecherunabhängige (b). Analoges gilt für (21).

---

[8] „In modal reasoning, a conversational background may function as a modal base or as an ordering source. The modal base establishes a set of accessible worlds. The ordering source determines an ordering on this set." (S. 644).

(20) Wir demonstrieren, weil der Atommüll nicht zurückgenommen werden darf.
  a. Wir demonstrieren, weil wir nicht wollen, dass der Atommüll zurückgenommen wird. (Modale Basis: zirkumstantiell, Quelle der Modalisierung: unsere politischen Präferenzen).
  b. Wir demonstrieren, weil es verboten wurde, dass der Atommüll zurückgenommen wird. (Modale Basis: zirkumstantiell, Quelle der Modalisierung: die amtlichen Verbote).

(21) Der Minister muss zurücktreten.
  a. Wir verlangen, dass der Minister zurücktritt. (Modale Basis: zirkumstantiell, Quelle der Modalisierung: unsere politischen Präferenzen).
  b. Der Minister ist gezwungen zurückzutreten, er hat sich nicht länger halten können. (Modale Basis: zirkumstantiell, Quelle der Modalisierung: der Wille der politisch einflussreichen Kräfte).

Diewald (1999) rechnet die epistemischen Modalitäten – wegen ihres Rückbezugs auf Inferenzen des Sprechers – zu den deiktischen, die zirkumstantiellen zu den nicht-deiktischen Kategorien. Beispiele wie (20) und (21) zeigen aber, dass auch die zirkumstantiellen Modalitäten sprecherrelativ (20a, 21a) gedeutet werden können oder nicht (20b, 21b).

Westmoreland (1996, 1999) bestreitet in seiner Kratzer-Kritik vor allem die Adäquatheit der modallogischen Rekonstruktion für die epistemischen/evidentiellen Lesarten.[9] Während nämlich der Schluss von 'N (p)' auf 'p' in der Modallogik gültig ist, so Westmoreland, kommt er für epistemisch gebrauchtes *must* nicht in Frage, weil man aus (22a) nicht auf (22b) schließen kann.

(22) a. < q: the car is in the driveway, so> p: Jack must be home.
  b. Jack is home.

Dass ein solcher Schluss nicht zulässig ist, steht außer Frage – natürlich auch für Kratzer. Epistemisches *must (p)* besagt in der um Rangstufen erweiterten modallogischen Rekonstruktion, dass p in allen Welten gilt, die eine bestmögliche Annäherung an den in der Wissensbasis K spezifizierten üblichen Lauf der Dinge ('wenn q, dann p') darstellen. Die reale Welt ist voller Überraschungen, und so kann es sein, dass der tatsächliche Lauf der Dinge keine bestmögliche Annäherung an das übliche Schema darstellt und sogar weit davon abweicht. Das ist der Grund, warum der Schluss von (25a) auf (25b) nicht zulässig ist, was sich im Rahmen von Kratzer (1991) durchaus explizieren lässt. Dies jedoch bestreitet Westmoreland:[10]

---

[9] Westmoreland akzeptiert die Kratzersche Rekonstruktion für die zirkumstantiellen Lesarten der MV. Ironischerweise sieht Öhlschläger (1989: 132–139) es genau umgekehrt: Er weist Kratzers Ansatz für die deontischen Lesarten zurück (mit dem Argument, dass aus *Hans muss Klavier spielen* nicht folgt *Hans spielt Klavier*), und übernimmt ihn für die epistemischen Lesarten.

[10] Es ist, so Westmoreland, normal, dass der Lauf der Welt nicht normal ist. „There is nothing paradoxical or irrational about expecting the unexpected, about saying that it is normal for the

The attempt to model epistemic *must* as universal quantification over possible worlds, then, fails. Quantification over worlds consistent with speaker knowledge is too strong yielding the undesired entailment MUST Φ → Φ. Further restricting the modal base to completely normal worlds is not possible because such worlds are inconsistent, while restricting it to worlds that are normal in some contextually given respect yields undesired results when the modal base is empty. (Westmoreland 1996: 690)

Er zieht daraus zwei Schlussfolgerungen: 1. epistemische Modalitäten sind Evidentiale, 2. epistemisch gebrauchte MV sind „meta-propositional", d.h. sie tragen nichts zur eingebetteten Proposition bei, sondern verdeutlichen lediglich, wie der Sprecher S zu der Feststellung p gekommen ist, nämlich durch Inferenz. Meta-Propositionalität ist für Westmoreland die gemeinsame Eigenschaft aller Evidentiale (also auch der epistemischen und der quotativ verwendeten MV). Es ist diese Eigenschaft, die die epistemischen und die quotativen MV mit anderen Elementen geschlossener Klassen gemeinsam haben und die ihren Status als höchste funktionale Kategorien begründen.[11]

Wenn epistemische MV Evidentiale sind, dann sollten sie sich hinsichtlich der Negation wie evidentielle MV verhalten und wie diese auf die interne Negation beschränkt sein. In Abs. 2.1 haben wir jedoch gesehen, dass epistemisches *müssen* sehr wohl (und nahezu ausschließlich) mit externer Negation vorkommt. Hinsichtlich der Negation unterscheiden sich also epistemische und evidentiale Modalitäten erheblich. Es gibt zwei weitere Unterschiede zwischen Evidentialität und Epistemizität.

1) Von Evidenzen, die auf Hörensagen beruhen, kann der Sprecher sich distanzieren (23a), von Inferenzen, die er selbst anstellt, nicht (23b).

(23) a. Er muss – das belegen die Akten – von den schwarzen Konten gewusst haben, *aber das glaube ich nicht. (epistemische Lesart)
      b. Er soll – behauptet das Magazin – von den schwarzen Konten gewusst haben, aber das glaube ich nicht. (quotative Lesart)

2) Epistemische MV sind im Skopus gewisser Einstellungsausdrücke möglich (24), in denen evidentielle MV nicht vorkommen können (25).

(24) Ich bin überzeugt, dass er von den schwarzen Konten gewusst haben muss.

(25) *Ich bin überzeugt, dass er von den schwarzen Konten gewusst haben soll.

---

abnormal to take place. This is why people buy insurance policies and lottery tickets." (S. 688) Allerdings sind es gerade die Versicherungs- und Lotterieunternehmen, die mit dem Normalverlauf der Dinge rechnen. Wäre es normal, dass der Normalverlauf nicht eintritt, so brächte dies der Branche den sicheren Ruin.

[11] Westmoreland kommt hier zu einem ähnlichen Schluss wie Diewald, die die epistemischen MV wegen des Rückbezugs auf propositionale Einstellungen des Sprechers als eine eigene deiktische Klasse aussondert.

Diese Evidenzen und die Asymmetrien hinsichtlich der Negation sprechen dafür (cf. de Haan 1997, 2001), epistemische und evidentiale Redehintergründe als verschiedene modale Basen auseinander zu halten und nicht die eine der anderen Bedeutungsvariante zu subsumieren. Ich betrachte im Folgenden zirkumstantielle, epistemische (=inferentielle) und quotativ-evidentielle modale Basen als grundsätzlich verschieden. Sie bilden die Hauptvarianten einer gemeinsamen modalen Grundbedeutung (im Sinne von Bech (1949).[12] Das Verhalten bezüglich der Negation rechtfertigt diese Trennung: für zirkumstantielle Lesarten bildet die externe Negation den Normalfall, epistemische Lesarten haben – bei grundsätzlicher Präferenz für die externe Negation – die doppelte Bezugsmöglichkeit, quotativ-evidentielle Lesarten sind auf die interne Negation beschränkt.

3 Modalverben und Negation im Deutschen

3.1 nicht müssen und nicht brauchen

Das Zusammenspiel zwischen Modalität und Negation beschäftigt Logik und Linguistik seit je her.[13] Seit Aristoteles ist bekannt, dass *notwendig* und *möglich* (modern ausgedrückt) zu den dualen Operatoren gehören, was bedeutet, dass die externe Negation des einen äquivalent ist mit der internen Negation des anderen. Das lässt sich in den bekannten Äquivalenzbeziehungen darstellen (26):

(26) a. $N \neg p \equiv \neg M p$
     b. $\neg N p \equiv M \neg p$

Im Quadrat der logischen Oppositionen sind Möglichkeit und Notwendigkeit wie folgt angeordnet:

(27)[14]

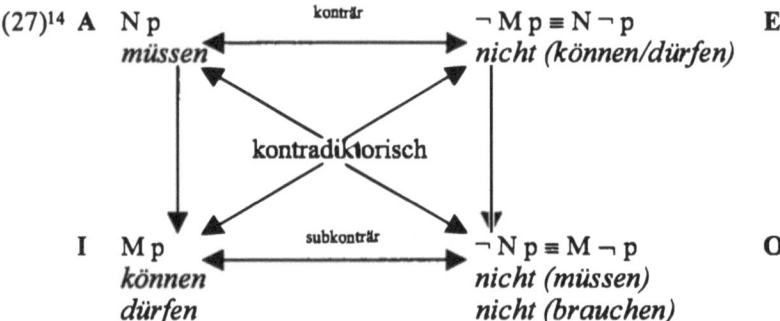

Der Bedeutung '$\neg N (p)$' (O-Vertex) entsprechen die beiden Varianten *nicht (müssen)* und *nicht (brauchen)*. Anders als im Englischen steht so im Deutschen

---

[12] Bech geht allerdings auf die epistemischen Lesarten nur am Rande ein.
[13] Die zweitausendjährige Geschichte der Logik und Linguistik der Negation würdigt Horn (1989).
[14] Die Namen der vier Ecken kommen von AFFIRMO und NEGO.

mit *nicht müssen* einerseits die externe Negation zu *müssen* und andererseits mit *nicht (brauchen)* das negative Polaritätselement (NPI) zu *müssen* zur Verfügung. Insofern kann für den O-Vertex weder von einer strikten *Modal Suppletion Strategy* (MSS) im Sinne von de Haan (1997) die Rede sein, bei der für die kontradiktorische Negation der Notwendigkeit ein gesondert lexikalisiertes NPI (im Engl. *need*, im Niederländischen *hoeven*) zwingend ist, noch macht die kohärente Konstruktionsweise der MV eine konsequente *Negation Placement Strategy* (NPS) möglich: die konträre und die kontradiktorische Negation von *müssen* lassen sich nicht wie im Italienischen oder im Französischen syntaktisch durch die Stellung der Negation auseinander halten.[15] Die Doppelbesetzung des O-Vertex wirft damit die Frage auf, ob *nicht (müssen)* und *nicht (brauchen)* bedeutungsverschieden sind und worin gegebenenfalls der Bedeutungsunterschied besteht.

In (28) sind *nicht (brauchen)* und *nicht (müssen)* unter Erhalt der Bedeutung für einander substituierbar. In (29) geht mit der Substitution von *nicht (müssen)* für *nicht (brauchen)* eine (subtile) Bedeutungsverschiebung einher.

(28)   a. Ich schätze das Schach, weil man Stunden lang nicht zu reden braucht, man braucht nicht einmal zu hören, wenn der andere redet. (MK1/LFH.00000, Frisch 'Homo Faber', S. 293)
       a'. (... weil man Stunden lang nicht reden muss, man muss nicht einmal hören, wenn der andere redet)
       b. Und so fuhren sie ohne Oskar, der wohlweislich nicht eingestiegen war, in Richtung Düsseldorf ab. Weit brauchte ich nicht zu gehen. (MK1/LGB.00000, Grass 'Die Blechtrommel', S. 448)
       b'. (... weit musste ich nicht gehen)

(29)   a. Die 'Grüne Minna' und wir, das waren zwei Welten, die sich nicht zu berühren brauchten. Und Merkur, der Gott der Diebe und des Handels, segnete uns. (MK1/LGB, Grass 'Die Blechtrommel', S. 149)
       a'. ?(... zwei Welten, die sich nicht berühren mussten)
       b. Allerdings gibt's Dichtungen, bei denen man nach einigen Sätzen weiß, in welchen literarischen Niederungen man sich befindet. Man braucht sie nicht zu Ende zu lesen. (MK1/LSO.00000 Strittmatter 'Ole Bienkopp, S. 313)
       b'. ?(... man muss sie nicht zu Ende zu lesen)

In (30) besteht zwischen *nicht (brauchen)* und *nicht (müssen)* ein deutlicher Unterschied. (30a) ist im Sinne von (31a) zu lesen, (30b) im Sinne von (31b).

(30)   a. Sie müssen sich nicht operieren lassen.
       b. Sie brauchen sich nicht operieren zu lassen.
(31)   a. Es ist nicht unumgänglich, dass Sie sich operieren lassen.
       b. Es ist überflüssig, dass Sie sich operieren lassen.

---

[15] (i) *Gianni non deve andare a Roma* gibt der externen Negation Ausdruck (¬ N p), (ii) *Gianni deve non andare a Roma* der internen (N ¬ p) (s. de Haan 1997: 86).

(30a,b) geben beide der kontradiktorischen Negation zu (32a) in der Interpretation (32b) Ausdruck.

(32)   a. Sie müssen sich operieren lassen.
        b. Alles spricht dafür, dass Sie sich operieren lassen.
        c. Nicht alles spricht dafür, dass Sie sich operieren lassen.

Sie sind damit zwar übereinstimmend als Negation von (32b), also im Sinne von (32c), zu deuten, doch ist damit ihre semantische Leistung noch nicht hinreichend beschrieben. Wer eine Handlungsentscheidung zu treffen hat, nimmt gewöhnlich eine Abwägung zwischen den Gründen für p (PRO), und den Gründen gegen p (CONTRA) vor. Die Feststellung, dass nicht alles für p spricht (32c), taugt allein nicht als Entscheidungshilfe. Es kommt auf das relative Gewicht der PRO- und CONTRA-Argumente an. Wenn die PRO-Argumente überwiegen (d.h. wenn sie zahlreicher oder gewichtiger sind als die CONTRA-Argumente), ist es vernünftig, p zu tun. Überwiegen die CONTRA-Argumente, so ist es – ungeachtet aller PROs – ratsam, p zu unterlassen. In (30) bringt *nicht müssen* ein Überwiegen von PRO, *nicht brauchen* ein Überwiegen von CONTRA zum Ausdruck. *Nicht müssen* und *nicht brauchen* sind also auf gegenläufige Skalen bezogen. *Nicht müssen* ist im oberen PRO- und im unteren CONTRA-Bereich angesiedelt, *nicht brauchen* im unteren PRO- und im oberen CONTRA-Bereich.

(33)   PRO p   CONTRA p

alle Gründe	*müssen*	keine Gründe
viele Gründe	*nicht (müssen)*	wenige Gründe
manche Gründe		manche Gründe
wenige Gründe	*nicht (brauchen)*	viele Gründe
keine Gründe	*nicht (können)*	alle Gründe

(34) ist ein Beispiel für eine Argumentation, die p als notwendig kennzeichnet, (35) drückt aus, dass p zwar nicht unumgänglich ist, dass aber viel für p und wenig dagegen spricht. (36) bringt zum Ausdruck, dass sich für p mehr (oder gewichtigere) PRO- als CONTRA-Argumente anführen lassen.

(34)   Ihre Krankheit ist lebensbedrohend. Und die Operation ist harmlos. Sie müssen sich operieren lassen **(N (p) Kein CONTRA hat Bestand)**

(35)   Ihre Krankheit ist nicht lebensbedrohend, aber schmerzhaft und unangenehm. Eine Operation hat natürlich immer ihre Risiken. Sie müssen sich nicht operieren lassen, aber ich rate Ihnen dazu. (¬ **N (p) , PRO > CONTRA**)

(36) Ihre Krankheit ist unangenehm, aber harmlos. Eine Operation hat immer ihre Risiken.
Sie brauchen sich nicht operieren zu lassen. Ich rate Ihnen davon ab.
(¬ N (p), CONTRA > PRO)

Sind PRO und CONTRA in etwa gleich verteilt (manche Gründe sprechen für, manche gegen p), so geben *können* und *können (nicht)* dieser Einschätzung gleichermaßen Ausdruck.

(37) Ihre Krankheit ist unangenehm, aber nicht lebensbedrohlich. Die Operation ist nicht aussichtslos, bietet aber auch keine Heilungsgarantie. Sie können sich operieren lassen oder Sie können sich NICHT operieren lassen. Die Entscheidung liegt bei Ihnen.

Können steht hier für das, was weder notwendig, noch ausgeschlossen ist. In dieser Bedeutung erlaubt es auch in deontischer Lesart die interne Negation.

Woran liegt es, dass *nicht müssen* und *nicht brauchen* in anderen Fällen (vgl. 38) als äquivalent anzusehen sind?

(38) a. Für das Staatsexamen in Deutsch brauchst du das Latinum nicht nachzuholen/musst du das Latinum nicht nachholen.
b. An den innereuropäischen Grenzen braucht man seinen Pass nicht mehr vor(zu)weisen/muss man seinen Pass nicht mehr vorweisen.
c. Heutzutage braucht eine Frau nicht mehr den Namen des Ehemannes anzunehmen/muss eine Frau nicht mehr den Namen des Ehemannes annehmen.

Die Antwort ist ganz einfach: In bestimmten Bereichen (exemplarisch dafür: Verordnungen und Gesetze) spielt das Abwägen von PRO und CONTRA keine Rolle. Die Prüfungsordnung für das Staatsexamen legt (ohne Bezug auf Gründe) fest, ob das Latinum erforderlich ist oder nicht. Ähnlich steht es mit den Bestimmungen für die innereuropäischen Grenzkontrollen oder mit dem Namensrecht. In allen diesen Fällen werden Festlegungen darüber getroffen, ob etwas geboten bzw. verboten ist oder nicht. Eine Güterabwägung (nach dem Muster 'Es ist besser nicht zu stehlen, aber manches spricht auch dafür') gibt es in diesem Rahmen nicht. Überall dort, wo deontische Lesarten nicht auf eine Güterabwägung Bezug nehmen, sondern auf klare Alternativen (verboten oder nicht verboten, geboten oder nicht geboten, akzeptabel oder nicht akzeptabel etc.) sind *nicht müssen* und *nicht brauchen* äquivalent.

3.2 *nicht sollen* und *nicht wollen* in deontischer Lesart

Wir haben oben gesehen, dass MV in deontischen Lesarten die externe Negation präferieren, wenn nicht fordern. Bei *sollen* und *wollen* ändert sich dieses Bild. Zu *sollen* gibt es in der MV-Literatur unterschiedliche Auffassungen. Bech (1951: 8) konstatiert für a-Verben (Verben mit Notwendigkeitslesart) generell eine „besondere Vorliebe für die negatio obliqua", die er bei engl. *must (not)* und dt. *soll (nicht)* realisiert sieht: In „Nhd. *du sollst nicht töten* ...wird natürlich nicht *sollen*, sondern *töten* negiert" (ibid. S. 9). Auch Diewald lässt für die Negation bei *sollen* nur engen Skopus zu. Sie erklärt dies damit, dass *nicht sollen* ein Gebot formuliert, im Gegensatz zu einem durch *nicht dürfen* ausgedrückten Verbot. Mit einem Verbot reagiert man auf eine Bitte um Erlaubnis, Verboten kann deshalb, so Diewald, das Merkmal [+reaktiv] zugeschrieben werden. *Nicht (dürfen)* drückt das Nicht-Gewähren der Bitte aus und und fordert deshalb die externe Negation. Gebote haben dagegen das Merkmal [-reaktiv], und die Negation ist dementsprechend auf den engen Skopus, also auf *sollen (nicht)* beschränkt. Öhlschläger lässt für *sollen* beide Bezugsmöglichkeiten der Negation zu: „Die Negation mit weitem Skopus scheint mir auch keineswegs so ungewöhnlich zu sein, wie dies meist angenommen wird" (Öhlschläger 1989: 91). Gestützt wird seine Auffassung durch Vorkommen von *sollen* mit doppelter Negation ((39) = Öhlschlägers Beispiel 142, S.91).

(39)   Nicht anrufen soll man auch nicht.

Problematisch ist die doppelte Bezugsmöglichkeit der Negation bei *sollen* vor allem deshalb, weil es einerseits Fälle gibt, bei denen es einen großen Unterschied macht, ob man die Negation als interne oder als externe realisiert; das Gebot *Du sollst nicht töten* wäre, mit externer Negation als 'es ist nicht notwendig zu töten' interpretiert, geradewegs lebensbedrohlich. Andererseits erscheinen die interne und die externe Negation bei *sollen* vielfach aber auch interpretationsäquivalent. So ist unklar, wie die Negation in den folgenden Belegen zu deuten ist, als interne Negation *sollen (nicht)* oder als externe *(sollen) nicht*.

(40) a. Die Kriegsdienstverweigerung *soll* aber *nicht* Ausdruck einer politischen Haltung oder Überzeugung oder einer aktuellen Meinung sein. (MK1/WUB.00000, Ullrich „Wehr dich Bürger")
b. Mangs Trainer Schnell und Wolfgang Peter sind einer Meinung: Mang ist trotz seiner 16 Jahre schon ein Zugpferd für das Gewichtheben, aber er *soll nicht* aus falschem Ehrgeiz verheizt werden. (MK1/ZB4.00853, BILD 7.4.1967)

Die *NEG-Raising*-Hypothese der frühen Transformationsgrammatik, ging deshalb davon aus, dass die externe Negation bei Verben wie *sollen* immer im Sinne der internen Negation verstanden und durch eine *NEG-Raising* (NR) genannte Transformation aus dem eingebetteten in den übergeordneten Satz angehoben wird (Fillmore 1963, Klima 1964, ausführliche Darstellung in Horn 1978, 1989).[16] Für die MV stellt sich die Frage, warum *sollen* und *wollen*

---

[16] Schon Bartsch (1973) hat allerdings gezeigt, dass die externe und die interne Negation in Sätzen wie (i,ii) nicht gleichbedeutend sind (vgl. auch Lerner & Sternefeld 1984). Zwar folgt (i) *Ich glaube nicht, dass Hans kommt* aus (ii) *Ich glaube, dass Hans nicht kommt*, das Umgekehrte gilt jedoch nicht. Den intuitiven Eindruck, dass zwischen beiden Stellungen der Negation kein Unterschied besteht, erklärt Bartsch pragmatisch: (i) und (ii) sind nicht gleichbedeutend, aber mittei-

NR-Eigenschaften haben, während *müssen* und *können* nicht zu den Verben des NR-Typs zählen. Geht man wie u.a. Diewald davon aus, dass epistemisches *müssen* nicht der Notwendigkeit, sondern der Wahrscheinlichkeit Ausdruck gibt, so lässt sich daraus keine Erklärung für das unterschiedliche NR-Verhalten von *wahrscheinlich* und epistemischem *müssen* gewinnen, da *wahrscheinlich* anders als *müssen* NR-Eigenschaften hat. Im Unterschied zu (41a,b) sind (42a,b) nämlich weder semantisch, noch pragmatisch äquivalent.

(41) a. Es ist nicht wahrscheinlich, dass Hans sein Geld ausgegeben hat
b. Es ist wahrscheinlich, dass Hans sein Geld nicht ausgegeben hat.

(42) a. Hans (muss) sein Geld nicht ausgegeben haben. ≡ Hans braucht sein Geld nicht ausgegeben haben.
b. Hans muss sein Geld (nicht) ausgegeben haben. ≡ Hans kann sein Geld nicht ausgegeben haben.

Horn erklärt das unterschiedliche NR-Verhalten von Einstellungsprädikaten wie *certain, likely* und *possible* unter Rekurs auf skalare Eigenschaften: <*certain, likely, possible*> bilden eine Skala, in der *certain* der stärkste, *possible* der schwächste und *likely* ein mittelstarker Term ist. Jemand, der einen Sachverhalt p als *likely* (bzw. als *possible*) einstuft, gibt damit – durch skalare Implikatur – zugleich zu verstehen, dass p *not certain* (respektive *not likely*) ist. Der positiven Skala <*certain, likely, possible*> steht eine negative <*impossible, not likely, not certain*> gegenüber.

(43)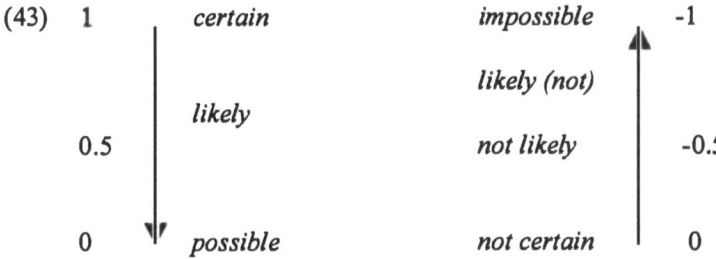

Unter Berufung auf Löbner (1985) stellt Horn fest, dass der jeweils schwächste Wert ein „toleranter" Term ist, d.h., er erlaubt es, die Affirmation und die konträre Negation zugleich zu behaupten (44a). Starke und mittlere Werte auf der Skala sind intolerant (44b,c).

---

lungsäquivalent. Zu den Verwendungsbedingungen von (ii) gehört nämlich, dass der Sprecher über den in Rede stehenden Sachverhalt nachgedacht hat. Daher gilt als erste Prämisse eines pragmatischen Schlusses (iii a). Wird als Ergebnis des Nachdenkens das erste Konjunkt der Prämisse verneint (iii b), so ergibt sich als Konklusion (iii c).

(iii) a   F (a, p) v F (a, ¬ p)   a nimmt an, dass p oder a nimmt an, dass nicht p
     b   ¬ F (a, p)   a nimmt nicht an, dass p
     ───
     c   F (a, ¬ p)   a nimmt an, dass nicht p

(44) a. Es ist möglich, dass Hans kommt und es ist möglich, dass Hans nicht kommt.
   b. *Es ist sicher, dass Hans kommt, und es ist sicher, dass Hans nicht kommt.
   c. *Es ist wahrscheinlich, dass Hans kommt und es ist wahrscheinlich, dass Hans nicht kommt.

Nach Horn sind die (intoleranten) mittleren Terme diejenigen, die NR-Eigenschaften haben, und das liegt an den logischen Eigenschaften der verschiedenen Skalenwerte. Die innere Negation eines toleranten Prädikats (*possible*) ist die subkonträre Negation: beide Terme (der positive wie der negative) können gleichzeitig wahr sein, aber nicht gleichzeitig falsch. Die innere Negation eines NR Prädikats (*likely*) ist die konträre Negation, d.h. der positive und der negative Term können nicht gleichzeitig wahr sein, aber gleichzeitig falsch. Die innere Negation eines NR-Prädikats (*likely not*) ist stärker als die äußere (*not likely*), d.h. ihr Skalenwert auf der negativen Skala ist höher als der Skalenwert der äußeren Negation. Beide Werte sind benachbart, aber nicht identisch.

Wie steht es nun mit der Negation von *sollen* in deontischer Lesart? Betrachten wir zunächst die Toleranzeigenschaft. *Sollen* ist in keiner seiner Lesarten ein tolerantes Prädikat (45).

(45) a. *Du sollst den Rasen mähen und du sollst den Rasen nicht mähen.
   b. *Er soll von den schwarzen Kassen gewusst haben und er soll nicht von den schwarzen Kassen gewusst haben.

Der Toleranztest weist darauf hin, dass für *sollen* eine Lesart mit mittlerem oder mit höherem Wert auf der positiven Skala in Betracht kommt (da Intoleranz ja für beide Werte kennzeichnend ist).Wenn *sollen* ein starkes Notwendigkeits-MV wie *müssen* wäre, dann sollte *sollen* nicht zu den NR-Prädikaten gehören.[17] Wenn *sollen* auf der Skala <*müssen, sollen, dürfen*> einen mittleren Wert (wie *likely*) repräsentieren würde, dann hätte die innere Negation in *sollen (nicht)* auf der negativen Skala einen schwächeren Wert als die äußere Negation in *nicht (dürfen)*. Dann müsste aber *du darfst nicht (töten)* ein stärkeres Verbot darstellen als *du sollst (nicht töten)*, was doch so nicht verstanden wird. *Sollen* ist also nicht als mittlerer Term auf einer Horn-Skala der Art (46*) zu betrachten und Horns Rekonstruktion der NR-Eigenschaften bietet für das Negationsverhalten von *sollen* keine Erklärung.

---

[17] (46*) ist nicht die angemessene Analyse; deshalb der Stern bei der Nummer.

(46*)

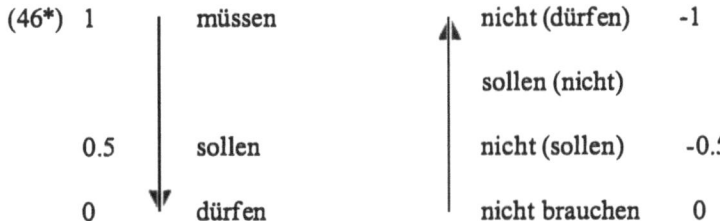

Hier wird nun eine Beobachtung von Bech (1949) relevant. Diese Beobachtung betrifft allerdings nicht *sollen*, sondern *wollen*. Bech stellt nämlich fest, dass *wollen* in zwei Bedeutungsvarianten vorkommt. Er unterscheidet aktives und passives *wollen*. Aktives *wollen* (im Folgenden WOLLEN) drückt aus, dass „der Wille des Subjekts auf die Realisation (Existenz, Realität) des Inhalts der Subjekt-Infinitiv-Prädikation gerichtet" ist. (47a) ist ein Beispiel für das aktive *wollen*. Passives *wollen* (im Folgenden wollen) drückt aus, dass „der Wille des Subjekts nicht auf die Nicht-Realisation des Inhalts der Subjekt-Infinitiv-Realisation gerichtet ist" (S.5). (47b) illustriert das passive *wollen*.

(47) a. Jonathan WILL Medizin studieren, um jeden Preis.
b. Jonathan will die Küche nun doch aufräumen. Ich habe ihn dazu breitschlagen können.

Passives *wollen* besagt so viel wie '¬N (¬ p)', es ist also (wegen der Äquivalenz von '¬ N (¬p)' mit 'M (p)') ein Möglichkeits-MV. Aktives WOLLEN kann entsprechend als ein Notwendigkeits-MV aufgefasst werden.

(48a) formuliert die Wahrheitbedingung für WOLLEN in Notwendigkeitslesart, (48b) die Wahrheitsbedingung für (47b) mit *wollen* in Möglichkeitslesart.

(48) a. WOLLEN, Notwendigkeits-MV, buletischer Redehintergrund
Die mit dem Satz (47a) ausgedrückte Proposition, dass Jonathan Medizin studieren WILL, ist wahr in w, gdw. für alle von w aus zugänglichen Welten w', die die Wünsche von Jonathan spezifizieren (w' R_Bw), gilt: w' ∈ q (mit q = 'Jonathan studiert Medizin').

b. wollen, Möglichkeits-MV, buletischer Redehintergrund
Die mit dem Satz (47b) ausgedrückte Proposition, dass Jonathan die Küche aufräumen will, ist wahr in w, gdw. es mindestens eine von w aus zugängliche Welt w' gibt, die die Wünsche von Jonathan spezifiziert (w' R_Bw), und w' ∈ q (mit q = 'Jonathan räumt die Küche auf').

Ich nehme nun an, dass es auch ein starkes *sollen* (SOLLEN) und ein schwaches *sollen* (sollen) gibt. (49a) ist ein Beispiel für die starke, (49b) ein Beispiel für die schwache Variante.

(49) a. Du SOLLST jetzt endlich den Rasen mähen. Ich habe es dir schon hundertmal gesagt.
b. Jonathan soll ruhig ins Kino gehen. Ich habe nichts dagegen.

(50a) gibt die Wahrheitsbedingung für (49a), (50b) die Wahrheitsbedingung für (49b) an.

(50) a. SOLLEN, Notwendigkeits-MV, buletischer Redehintergrund
Die mit dem Satz (49a) ausgedrückte Proposition p, dass du den Rasen mähen SOLLST, ist wahr in w, gdw. in jeder von w aus zugänglichen Welt w', die meine Wünsche spezifiziert (w'R_B w), gilt: w' ∈ q (mit q = 'du mähst den Rasen').

b. sollen, Möglichkeits-MV, buletischer Redehintergrund
Die mit dem Satz (49b) ausgedrückte Proposition, dass Jonathan den Rasen mähen soll, ist wahr in einer Welt w, gdw. es mindestens eine von w aus zugängliche Welt w' gibt, die meine Wünsche spezifiziert (w' R_B w), in der gilt: w' ∈ q (mit q = 'J. geht ins Kino').

Betrachten wir nun die negierten Sätze (51,52).

(51) a. Jonathan WILL nicht aufräumen, um keinen Preis.
b. Jonathan will nicht aufräumen, aber er macht es.

(52) a. Du SOLLST den Rasen nicht mähen. Ich habe es dir schon hundert mal verboten.
b. Du sollst den Rasen nicht mähen. Ich kann es doch selbst machen.

Das NR-Phänomen kommt dadurch zustande, dass die interne Negation von WOLLEN/SOLLEN bedeutungsäquivalent ist mit der externen Negation von wollen/sollen. Dies wird in (53,54) für WOLLEN/wollen demonstriert. Für SOLLEN/sollen ist die Ableitung ganz analog.

(53) a. Ich WILL aufräumen.   N p
b. Ich WILL (nicht aufräumen).   N ¬ p

(54) a. Ich will aufräumen.   ¬ N ¬ p
b. Ich will nicht (aufräumen).   ¬ (¬ N ¬ p) ≡ N ¬ p

Umgekehrt ist auch die externe Negation von WOLLEN/SOLLEN bedeutungsäquivalent mit der internen Negation von sollen/wollen. Dies wird in (55) am Beispiel von SOLLEN/sollen demonstriert. Für WOLLEN/wollen ist die Ableitung wiederum analog.

(55) a. Du SOLLST kommen.   N p
b. Du SOLLST nicht (kommen).   ¬ N p

c. Du sollst kommen.   ¬ N ¬ p
d. Du sollst (nicht kommen).   ¬ N ¬ ¬ p ≡ ¬ N p

Um es zusammenzufassen: das NR-Erscheinungsbild von *sollen/wollen* beruht darauf, dass es jeweils zwei duale Bedeutungsvarianten gibt: SOLLEN/WOLLEN und sollen/wollen. Der externen Negation der einen Variante entspricht die interne Negation der anderen. Wie kommt es dann, dass *Du sollst (nicht töten)* keineswegs äquivalent ist mit *du sollst nicht (töten)*? Das liegt daran, dass die zehn Gebote nur starkes SOLLEN kennen. Sie teilen uns nicht mit, was toleriert wird (sollen), sondern was geboten (*Du SOLLST Vater und Mutter ehren*) bzw. was verboten ist *du sollst nicht (töten)* ≡ *du SOLLST (nicht töten)*.

3.3 EQ-Lesarten für MV und Negation: *müssen/sollen/wollen (nicht)*

Evidentiell-quotative Lesarten (EQ-Lesarten) für MV unterliegen im Deutschen klaren Beschränkungen:

(56) a. Modalverb-Restriktion (MR): Im Deutschen ist die EQ-Lesart nur für MV mit Notwendigkeitsbedeutung zugänglich.
b. Skopus-Restriktion (SR): In EQ-Lesart hat MV immer weiten Skopus über NEG.

Aus MR folgt, dass die Beispiele unter (57) evidentiell deutbar sind, während die unter (58) zwar eine epistemische, nicht aber eine evidentielle Interpretation zulassen.

(57) a. Eine Zinssenkung muss/soll unmittelbar bevorstehen.
b. Meier will die Rechnung bereits bezahlt haben.

(58) a. Eine Zinssenkung kann/mag/dürfte unmittelbar bevorstehen.
b. Meier kann/mag die Rechnung bereits bezahlt haben.

SR ist de Haan (1997) zufolge eine universal gültige Beschränkung, jedenfalls gilt sie im Deutschen ebenso wie im Englischen oder Niederländischen. Über die mit MR und SR beschriebenen Sachverhalte gibt es in der MV-Literatur keinen Dissens. Im Folgenden geht es daher vor allem darum, MR und SR zu erklären.

Wenden wir uns zunächst quotativ evidentiellem *müssen* zu. Die Wahrheitsbedingung für die EQ Lesart von *müssen* (59 a) ist wie folgt anzugeben (59b):

(59) a. Eine Zinssenkung muss unmittelbar bevorstehen <habe ich gehört>.
b. Wahrheitsbedingung für *müssen* mit EQ-Redehintergrund
Die mit dem Satz (77a) ausgedrückte Proposition p, dass eine Zinssenkung unmittelbar bevorstehen muss, ist wahr in einer gegebenen Welt w, gdw. für jede von w aus zugänglichen Welt w', die die in w kursierenden Gerüchte Q spezifiziert (w' R_Q w), gilt: w' ∈ q (mit q= 'Eine Zinssenkung steht unmittelbar bevor').

Diese Rekonstruktion widerspricht nur scheinbar dem Eindruck, dass evidentielles *müssen* weit schwächer ist als deontisches oder epistemisches *müssen*. Diese Intuition ist nicht durch die Semantik von *müssen* bedingt, sondern durch die menschliche Natur und die Eigenheiten quotativer Redehintergründe. Oft genügt uns schon ein einziges Gerücht, um einen Sachverhalt als gegeben anzusehen; darauf beruht der Erfolg der yellow press. In solchen Fällen enthält die Gesamtheit aller zugänglichen Gerücht-Welten W' nur ein einziges Element w'. Dadurch kommt der Eindruck zu Stande, die evidentielle Lesart von *müssen* sei eher eine Möglichkeits- als eine Notwendigkeitslesart. Entscheidend für die Wahrheit von (68a) ist jedoch, dass keine Welt zugänglich ist, in der die Proposition q, dass eine Zinssenkung unmittelbar bevorsteht, nicht gilt. Dies erklärt nun auch, warum evidentielle Redehintergründe für Möglichkeits-MV wie *können, dürfen, mögen* nicht in Frage kommen. Mit MV in EQ-Lesarten bezieht man sich immer auf tatsächlich im Umlauf befindliche Redehintergründe. Die Berufung auf denkbare Behauptungen ist selbst für die Gerüchteküche ein zu schwaches Gebräu.

Auch SOLLEN relativiert die Notwendigkeit von q auf die Gesamtheit G aller kursierenden Gerüchte (60).

(60) a. Eine Zinssenkung soll unmittelbar bevorstehen.
   b. Wahrheitsbedingung für *SOLLEN* mit EQ-Redehintergrund
   Die mit Satz a ausgedrückte Proposition, dass eine Zinssenkung unmittelbar bevorstehen SOLL, ist wahr in w, gdw. für jede von w aus zugängliche Welt w', die die Behauptungen von X in w spezifiziert (w' $R_{Q/X}$ w), gilt: w' $\in$ q (mit q = 'Eine Zinssenkung steht unmittelbar bevor').

Der Unterschied zwischen *müssen* und *sollen* in EQ-Lesart ist geringfügig. Beide sind auf die Gesamtheit der zugänglichen Gerüchte relativiert. *Müssen* zielt auf die Gesamtheit aller kursierenden Gerüchte (beliebig verschiedener Provenienz) ab, *sollen* auf die Gesamtheit der Behauptungen bestimmter Urheber oder eines einzelnen Urhebers.

Die Tatsache, dass neben *müssen* und *sollen* auch *wollen* eine evidentielle Lesart zulässt, steht nicht in Widerspruch zu MR, da *wollen*, wie wir oben gesehen haben, auch in einer Notwendigkeitsvariante (WOLLEN) vorkommt.

(61) a. Matthäus will in Bayern sehr beliebt sein.
   b. Er will von den schwarzen Kassen nicht gewusst haben.
   c. Der Bewerber will sehr gut Spanisch können.

EQ-Lesarten von *wollen* sind WOLLEN-Lesarten. (61a) unterliegt folglich der Wahrheitsbedingung (61a'):

(61) a'. Wahrheitsbedingung für WOLLEN mit EQ-Redehintergrund
   Die mit dem Satz a ausgedrückte Proposition p, dass Matthäus in Bayern sehr beliebt sein WILL, ist wahr in einer Welt w, gdw. wenn für alle von w aus zugänglichen Welten w', die Behauptungen Q von Matthäus spezifizieren (w' R_Q w), gilt: w' $\in$ q (mit q= 'Matthäus ist in Bayern sehr beliebt').

Die Erklärung für SR ist nun ganz einfach. Sie folgt aus der Beschränkung von EQ-Lesarten auf Notwendigkeits-MV. Die externe Negation würde (wegen $\neg$ N p $\equiv$ M p) den Sachverhalt q nicht auf eine tatsächliche, sondern auf eine mögliche Quelle beziehen. Damit ist die externe Negation von *müssen*, SOLLEN und

WOLLEN zu schwach für den Zugang zu quotativen Redehintergründen. Tatsächlich würde ja '¬ N (p)' in EQ-Lesart soviel besagen wie 'Es braucht nicht so zu sein, dass p'. Auf ein Gerücht, von dem man nicht weiß, ob es existiert, kann man sich aber nicht berufen.

Allerdings gilt SR nur für quotative Evidenzen. Evidenzen aus eigenem Augenschein (Perzeptions-Evidentiale) werden im Deutschen durch Wahrnehmungsverben in AcI-Konstruktionen zum Ausdruck gebracht:

(62) a. Ich habe Sabine singen hören.
      b. Ich habe Sabine aus dem Auto steigen sehen.

Hören und *sehen* in P-evidentialen AcI-Konstruktionen konstruieren wie die MV kohärent. Das lässt für die Negation im Prinzip ebenfalls die doppelte Bezugsmöglichkeit erwarten. Tatsächlich sind Perzeptionsverben in AcI-Konstruktionen jedoch nur mit der externen Negation verträglich. (63,64) haben die Deutungen (a). Die Umschreibungen (b) kommen als Paraphrasen nicht in Betracht und sind grammatisch abweichend (s. Bayer 1986).

(63) Ich habe Sabine nicht singen hören.
      a. Ich habe nicht gehört, wie Sabine gesungen hat.
      b. *Ich habe gehört, wie Sabine nicht gesungen hat.

(64) Ich habe Sabine nicht aus dem Auto steigen sehen.
      a. Ich habe nicht gesehen, wie Sabine aus dem Auto gestiegen ist.
      b. *Ich habe gesehen, wie Sabine nicht aus dem Auto gestiegen ist.

Was nicht geschieht, kann man auch nicht sehen oder hören. Deswegen scheidet die interne Negation bei den P-evidentialen AcI-Verben aus. Es ist also nicht Evidentialität als solche, die die interne Negation fordert, diese Forderung gilt vielmehr nur für Q-Evidentiale.

Dieses Ergebnis hat Konsequenzen für die Auxiliarisierungshypothese: Aus den Skopusregularitäten für die Negation lassen sich keine Argumente für eine Analyse von Evidentialen als obersten V-Projektionen ableiten. Die Einschränkung der doppelten Bezugsmöglichkeit für die Negation auf weiten Skopus bei P-Evidentialen und engen Skopus bei Q-Evidentialen ist offensichtlich nicht durch den syntaktischen Status von Evidentialen als solchen bedingt, sondern allein inhaltlich, durch den Unterschied zwischen Evidenzen vom Hören-Sagen und Evidenzen aus eigenem Augenschein, determiniert.

3.4 MV in restriktiven Kontexten: *nicht nur müssen* und *nicht nur können*

Wie wir oben gesehen haben, bildet die externe Negation bei deontischen MV den präferierten, bei epistemischen den unmarkierten Fall. Recherchen in COSMAS zeigen allerdings, dass *nicht* in Verbindung mit *nur* als interne Negation analysierbar ist.

(65) a. Zum Beispiel Hans Eichel, bei dem aufrechten Sozialdemokraten *muss* (*nicht nur* er selbst, sondern ebenso sein Doppelreiher unglaubliche Spannungen aushalten). (MMM/512.33861)

b. Aber freilich *mussten* (*nicht nur* die Narrhallesen am Straßenrand – verkleidet oder gar leicht beschürzt kamen die wenigsten, sondern auch die Aktivisten eingehüllt in durchsichtige Regencapes – dem Wetter Tribut zollen). (MMM/602.07958)

c. Wer sein Grundstück unmittelbar an einer Haltestelle für Busse und Bahnen hat, *muss* (*nicht nur* den Fußweg vor seinem Grundstück von Schnee und Eis frei halten, sondern auch den Nutzungsbereich der Haltestelle). (MMM/601.03554)

d. Der Gesetzgeber *muss* (*nicht nur* mehr Steuergerechtigkeit erreichen, sondern auch ein Besteuerungschaos beenden). (MMM/508 13775)

(66) a. Mit diesem Verfahren *kann* (*nicht nur* die Restaurierungsarbeit von Schriften schnell, rationell und mit niedrigen Kosten durchgeführt werden), sondern die auf diese Weise restaurierten Schriften können im Mikrofilmverfahren vorzüglich restauriert werden und sind auch in ästhetischer Hinsicht 'originalgetreu'. (LIM/LI1.00139)

b. Für fünf Mark ist jeder dabei und *kann* (*nicht nur* nach Herzenslust schmausen), sondern nimmt automatisch auch noch an einer Tombola teil. (MMM/510.22312)

c. Die beiden *konnten* (*nicht nur* miteinander reden), sondern hatten sich auch was zu sagen. (MMM/104.01642)

d. Die Besucher *können* (*nicht nur* die Einführung der Schützenkönigin, des Schützen- und des Jugendschützenkönigs miterleben), auf sie wartet zudem ein buntes Programm. (MMM/511.29471)

Aufgrund der kohärenten Konstruktionsweise ist neben der Klammerung (67a), bei der MV wie in (65,66) weiten Skopus haben, auch die Klammerung (67b) mit engem Skopus von MV möglich.

(67) a. (nicht nur) muss   (nicht nur) kann
b. nicht nur (muss)   nicht nur (kann)

Die unterschiedlichen Skopuszuweisungen scheinen die Deutung allerdings nicht wesentlich zu beeinflussen. (68,69) lassen sich mit weitem Skopus des MV analysieren (68a,69a) oder mit engem (68b,69b), ohne dass sich ihre Interpretation entscheidend ändert.

(68) Der Gesetzgeber muss nicht nur mehr Steuergerechtigkeit erreichen, sondern er muss auch ein Besteuerungschaos beenden.

a. Es ist notwendig, dass der Gesetzgeber nicht nur mehr Steuergerechtigkeit erreicht, sondern dass er auch ein Besteuerungschaos beendet.

b. Es ist nicht nur notwendig, dass der Gesetzgeber mehr Steuergerechtigkeit erreicht, sondern es ist auch notwendig, dass er ein Besteuerungschaos beendet.

(69) Die Besucher können nicht nur die Einführung der Schützenkönigin ... miterleben, auf sie wartet zudem ein buntes Programm.
   a. Die Besucher haben die Gelegenheit, nicht nur die Einführung der Schützenkönigin mitzuerleben, ...
   b. Die Besucher haben nicht nur die Gelegenheit, die Einführung der Schützenkönigin mitzuerleben, ...

Jacobs (1983: 250) sieht die Verbindung *nicht nur* als einen „idiomatisierten Partikelkomplex" an, der als ganzer zum Ausdruck der kontrastierenden Negation (KN) dient und dessen Bedeutung sich daher nicht kompositionell aus der Bedeutung von *nicht* und der Bedeutung von *nur* errechnen lässt. Ein Indiz für die Unauflösbarkeit der *nicht nur*-Verbindung bildet, so Jacobs, die Tatsache, dass *nicht nur* stets in Kombination mit *sondern auch* verwendet wird. Es gibt allerdings deontische Vorkommen von MV mit *nicht nur* (Belege unter 70), bei denen *nicht* Skopus über MV hat, und *nur* getrennt von *nicht* zuunterst eingebettet ist (vgl. die Deutungen in 71).

(70) a. Das Staatsoberhaupt *kann nicht* (*nur* dokumentieren, dass es überall persönliche Wertschätzung genießt). (MMM/603.11679)
   b. Erst einmal zu Hause, will der Bundespräsident die am sozialen Brennpunkt im Dortmunder Norden erfahrene Realität mit dem bisher Gelesenen vergleichen. Ich *kann nicht* (*nur* aus meinen Berichten und aus Presseberichten lernen). (MMM/605.21472)
   c. Wir *können nicht* (*nur* die Quantitäten vergleichen), wir müssen auch die Qualität dieser einzelnen Materialien sehen. (MMM/409.02749)

(71) a. Dem Staatsoberhaupt ist es nicht erlaubt, nur zu dokumentieren, dass es überall persönliche Wertschätzung genießt.
   b. Es ist mir nicht erlaubt, nur aus meinen Berichten und Presseberichten zu lernen.
   c. Es ist nicht zulässig, nur die Quantitäten zu vergleichen.

Die Skopusverhältnisse in (70,71) sprechen m.E. gegen die Annahme eines unauflöslichen Partikelkomplexes *nicht nur*. Ich unternehme deshalb im Folgenden den Versuch, den Bedeutungsbeitrag von *nicht* und *nur* (in der Verbindung mit MV) getrennt zu ermitteln und unterscheide die folgenden Klammerungstypen.

(72) a. MOD (Neg (*nur*)) <weil> Gerd (nicht (nur (lächeln)$_F$)) muss/kann, sondern auch regieren muss/kann.
   b. Neg (*nur* (MOD)) <weil> Gerd nicht (nur ((lächeln)$_F$ muss/kann)), sondern auch regieren muss/kann.
   c. Neg (MOD (*nur*)) <weil> Gerd nicht ((nur (lächeln)$_F$) muss/kann), sondern auch regieren darf/muss.

Interessant ist der Beleg (70b), hier wiederholt als (73), der statt in deontischer Lesart (71) auch in einer Fähigkeitslesart interpretierbar ist. In dieser Lesart sind alle drei Klammerungen (a–c) möglich, während in deontischer Interpretation nur die Klammerungen (a–b) in Frage kommen. Auffällig ist, dass sich (73a,b) in ihrer Deutung kaum voneinander, aber klar von (73c) unterscheiden.

(73) Ich kann nicht nur aus meinen Berichten und Presseberichten lernen.
  a. Ich bin fähig, nicht nur aus meinen Berichten und Presseberichten zu lernen, sondern auch aus ...   MOD (Neg (*nur*))
  b. Ich bin nicht nur fähig, aus meinen Berichten und Presseberichten zu lernen, sondern ich bin auch fähig ...   Neg (*nur* (MOD))
  c. Ich bin nicht fähig, nur aus meinen Berichten und Presseberichten zu lernen, sondern ich brauche auch ...   Neg (MOD (*nur*))

Im Folgenden gehe ich der Frage nach, ob und gegebenenfalls wodurch sich die Klammerungen a und b semantisch voneinander unterscheiden. Ich diskutiere diese Frage an einem einfachen *müssen*-Beispiel in deontischer Lesart.

(74) <weil> Hanna nicht nur arbeiten muss, <sondern auch die Kinder versorgen muss>.
  a. <weil> Hanna (nicht (nur (arbeiten))) muss.[18]   MOD (Neg (*nur*))
     Hanna hat die Pflicht / ist gezwungen, nicht nur zu arbeiten, <sondern auch die Kinder zu versorgen>.
  b. <weil> Hanna nicht (nur ((arbeiten) muss)).   Neg (*nur* (MOD))
     Hanna hat nicht nur die Pflicht, / ist nicht nur gezwungen zu arbeiten, <sondern sie hat auch die Pflicht / ist auch gezwungen, die Kinder zu versorgen.>.

Fokuspartikeln[19] wie *nur* verbinden das Denotat der (in den obigen Beispielen unterstrichenen) Fokuskonstituente mit einer Menge von Entitäten, die an Stelle des Fokuselements stehen könnten (*Alternativenmenge*). In (75) wird das Fokuselement 'Hanna' in Verbindung gebracht mit der Menge aller kontextuell zugänglichen Entitäten, auf die das Prädikat 'arbeiten' im Prinzip anwendbar ist. Die restriktive Partikel *nur* verneint, dass die Alternativenmenge andere Entitäten als Hanna enthält. In (76) ist das Fokuselement eine Eigenschaft von Hanna: 'arbeiten', die Alternativenmenge umfasst alle kontextuell zugänglichen Eigenschaften von Hanna. Die restriktive Partikel *nur* verneint, dass Hanna andere Eigenschaften als die des Arbeitens hat.

(75) Nur Hanna arbeitet.

(76) Hanna arbeitet nur.

(75) und (76) bringen unterschiedlich strukturierte Propositionen (vgl. Jacobs 1983, König 1991, Rooth 1996, v. Stechow 1982) zum Ausdruck (75',76').

---

[18] Hier ist der Bezugsbereich der Partikel (Skopus) geklammert, das herausgehobene Element (Fokus) ist unterstrichen.

[19] Ich verwende hier die angelsächsische Terminologie, in der deutschen Linguistik ist der Terminus 'Gradpartikel' gebräuchlich. Reis & Rosengren (1997) argumentieren für die Bezeichnung 'Skopuspartikel'.

Zum Skopus der Negation bei den Modalverben des Deutschen   173

(75')   nur < λ x [A (x)], h >

(76')   nur < λ P [P (h)], A >

Mit (75') ist assertiert, dass kein anderer als Hanna arbeitet (75"), und mit (76'), dass Hanna nichts anderes tut als arbeiten (76"). Präsupponiert ist in beiden Fällen (77).

(75")   ¬ ∃x [A (x) & x ≠ h]

(76")   ¬ ∃ P [P (h) & P ≠ A]

(77)   A (h)   Hanna arbeitet.

Im Folgenden beschränke ich mich auf Fälle des Typs (74,76), bei denen das Prädikat im Fokus steht. Dabei lasse ich die 'weite' Fokuslesart von *nur* '<weil> Hanna (nicht (nur (arbeiten muss)$_F$))' außer Betracht.

(74a), hier wiederholt als (78), assertiert (78a) und präsupponiert (78b).

(78)   <weil> Hanna (nicht (nur (arbeiten)$_F$)) muss.
        a. Hanna muss noch etwas anderes tun als arbeiten.
           N ((∃ P [P (h) & P ≠ A]))
        b. Hanna muss arbeiten.
           N (A (h))

Negiert ist hier nicht, dass Hanna die Pflicht hat zu arbeiten. Was negiert wird, ist die Restriktion ihrer Pflichten auf die Arbeit. Die Negation hebt die durch *nur* ausgedrückte Restriktion auf und betrifft damit nicht das Zutreffen der Subjekt-Infinitiv-Prädikation (*Hanna...arbeiten*). Das erklärt, warum in deontischen Lesarten weiter Skopus von *müssen* über *nicht* + *nur* ohne weiteres möglich ist, obwohl weiter Skopus von *müssen* nur über *nicht* in deontischen Lesarten markiert ist oder sogar ausscheidet.

(74b), hier wiederholt als (79), assertiert (79b) und präsupponiert (79b).

(79)   <weil> Hanna nicht (nur ((arbeiten)$_F$ muss))   Neg (*nur* (MOD))
        a. Zu dem, was Hanna tun muss, gehört noch etwas anderes als arbeiten.
           ∃ P [N (P (h) & P ≠ A)]
        b. Hanna muss arbeiten.   N (A (h))

Damit bleibt zu klären, worin sich (78) und (79) semantisch unterscheiden und warum die Mitteilungen, denen sie Ausdruck geben, so ähnlich sind. In (78b) hat der Notwendigkeitsoperator Skopus über den Existenzquantor, in (79b) steht er im Skopus des Existenzquantors. Damit gelten für (78) und (79) unterschiedliche Wahrheitsbedingungen. (78) ist wahr, wenn Hanna in jeder Welt, in der sie ihre Pflicht tut und arbeitet, noch eine weitere Pflicht P erfüllt. P kann in jeder dieser Welten etwas anderes sein (die Kinder versorgen in w1, ihre Eltern pflegen in w2, ihre Geschwister unterstützen in w3, etc.). (79) ist wahr, wenn es eine Pflicht gibt, die Hanna in jeder Welt erfüllt, in der sie ihrer Pflicht zu arbeiten nachkommt. Hier wird nun deutlich, warum die Deutungen, denen die unterschiedlichen Klammerungen zugrunde liegen, so schwer zu unterscheiden sind. In Fällen, in denen es einen genau umgrenzten Pflichtenkatalog gibt, sind nämlich beide Lesarten, obwohl semantisch verschieden, kommunikativ äquivalent. Wenn für Hanna die Erfüllung von mindestens zwei Pflichten P1 und P2 vorgeschrieben und P1 festgelegt ist, läuft die Feststellung, dass Hanna nicht nur P1, sondern auch P2 tun muss, darauf hinaus, dass sie in jeder Welt sowohl P1 als auch P2 tut. Unter dieser Voraussetzung gibt es zwischen (78) und (79) keinen Unterschied.

4 Zusammenfassung

Die kohärente Konstruktionsweise der MV geht im Prinzip einher mit der doppelten Bezugsmöglichkeit der Negation. Tatsächlich ist das Skopuspotential jedoch eingeschränkt. Im Default-Fall hat die Negation weiten Skopus über MV. Dementsprechend geben *nicht müssen* und *nicht brauchen* übereinstimmend der kontradiktorischen Negation der Notwendigkeit Ausdruck. Sie sind semantisch, aber nicht pragmatisch äquivalent. In Kontexten, in denen zwischen PRO p und CONTRA p abgewogen wird, weist *nicht müssen* auf ein Überwiegen von PRO, *nicht brauchen* auf ein Überwiegen von CONTRA hin.

Abweichend vom Default-Fall erlauben *sollen* und *wollen* neben der externen auch die interne Negation. Die häufig konstatierte Mitteilungsäquivalenz zwischen *nicht (sollen/wollen)* und *(nicht) sollen/wollen* beruht nicht auf Negationsanhebung (NEG-Raising), sondern auf der Doppeldeutigkeit von *wollen/sollen* als Notwendigkeits-MV (WOLLEN, SOLLEN) und als Möglichkeits-MV (sollen, wollen). Die interne Negation von WOLLEN/SOLLEN (z.B. in *du sollst nicht töten*) ist äquivalent mit der externen Negation von wollen/sollen.

EQ-Lesarten von MV sind Notwendigkeitslesarten. Abweichend vom Default-Fall hat die Negation in EQ-Kontexten grundsätzlich engen Skopus. Q-Evidentiale unterscheiden sich in diesem Punkt von P-Evidentialen, die auf die externe Negation festgelegt sind, und von epistemisch gebrauchten MV, die die interne Negation zwar zulassen, aber der Default-Regel entsprechend meistens mit externer Negation vorkommen.

In restriktiven Kontexten kann dem MV weiter Skopus über *nicht nur* zugewiesen werden. In diesen Kontexten wird jedoch nicht die Subjekt-Infinitiv-Prädikation negiert, sondern allein die durch *nur* ausgedrückte Restriktion der Alternativenmenge auf das Bezugselement. Insofern weichen diese Verwendungen nur scheinbar von der Default-Regel ab.

In ihrer Gesamtheit zeigen diese Evidenzen, dass die Skopusbeschränkungen für MV und Negation nicht syntaktisch, sondern semantisch-pragmatisch determiniert sind. Sie sprechen zudem dagegen, MV_{ep} und MV_{ev} einer gemeinsamen Auxiliar-Kategorie zuzurechnen.

Literatur

Abraham, W. (2001): "Modals: toward explaining the 'epistemic non-finiteness gap' ". [in diesem Heft]
Barbiers, S. (1995): The Syntax of Interpretation. The Hague: Holland Academic Graphics (= HIL Dissertations; 14).
Bartsch, R. (1973): " 'Negative Transportation' gibt es nicht". Linguistische Berichte 73, 1-8.
Bayer, J. (1986): "The role of event expressions in language". Studies in Language 10, 1-51.
Bech, G. (1949): "Das semantische System der deutschen Modalverba". Traveaux du Cercle. Linguistique de Copenhague 4, 3-46.
Bech, G. (1951): Grundzüge der semantischen Entwicklungsgeschichte der hochdeutschen Modalverba. Kopenhagen: Munksgaard (= Det Kongelige Danske Videnskabernes Selskab / Dan. Hist. Filol. Medd. 32, no. 6).
Bublitz, W. (1992): "Transferred negation and modality". Journal of Pragmatics 18, 551-577.
Diewald, G. (1999): Die Modalverben im Deutschen. Grammatikalisierung und Polyfunktionalität. Tübingen: Niemeyer (= Reihe Germanistische Linguistik; 208).
Drubig, H.-B. (2001): On The Syntactic Form of Epistemic Modality. Konferenzvortrag 2/2001. Tübingen.
Eisenberg, P. (1986): Grundzüge der deutschen Grammatik. Stuttgart: Metzler.
Fillmore, Ch. (1963): "The position of embedding transformations in a grammar". Word 19, 208-231.
De Haan, F. (1997): The Interaction of Modality and Negation. A Typological Study. New York: Garland.
Heine, B. (1995): "Agent-oriented vs. epistemic modality: some observations on German modals". In: J. Bybee & S. Fleischman, Hrsg.: Modality in Grammar and Discourse. Amsterdam, Philadelphia: Benjamins, 17-53.
Horn, L. (1978a): "Remarks on Neg-raising". In: P. Cole, Hrsg.: Pragmatics. New York: Academic Press, 129-220.
Horn, L. (1978b): "Some aspects of negation". In: J.H. Greenberg, Hrsg.: Universals of Human Language. Vol.4. Stanford: University Press, 126-211.
Horn, L. (1989): A Natural History of Negation. Chicago: University Press.
Jacobs, J. (1982): Syntax und Semantik der Negation im Deutschen. München: Fink (= Studien zur theoretischen Linguistik; 1).
Jacobs, J. (1983): Fokus und Skalen. Zur Syntax und Semantik der Gradpartikeln im Deutschen. Tübingen: Niemeyer (= Linguistische Arbeiten; 138).
Jacobs, J. (1991): "Negation". In: A. von Stechow & D. Wunderlich, Hrsg.: Semantik. Ein internationales Handbuch der zeitgenössischen Forschung. Berlin, New York: de Gruyter, 560-596.
Jespersen, O. (1924): The Philosophy of Grammar. London: Allen & Unwin.
Klima, E.S. (1964): "Negation in English". In: J.A. Fodor & J.J. Katz, Hrsg.: The Structure of Language: Readings in the Philosophy of Language. Englewood Cliffs, New York: Prentice Hall, 246-323.
König, E. (1991): The Meaning of Focus Particles. A Comparative Perspective. London, New York: Routledge.
Kratzer, A. (1976): "Was 'können' und 'müssen' bedeuten können müssen". Linguistische Berichte 42, 1-28.
Kratzer, A. (1981): "The notional category of modality". In: H.-J. Eikmeyer & H. Rieser, Hrsg.: Words, Worlds and Contexts: New Approaches in Word Semantics. Berlin, New York: de Gruyter (= Research in Text Theory; 6), 38-74.

Kratzer, A. (1991): "Modality". In: A. von Stechow & D. Wunderlich, Hrsg.: Semantik. Ein internationales Handbuch der zeitgenössischen Forschung. Berlin, New York: de Gruyter (= Handbücher zur Sprach- und Kommunikationswissenschaft; 6), 639–650.

Kürschner, W. (1983): Studien zur Negation im Deutschen. Tübingen: Narr (= Studien zur deutschen Grammatik; 12).

Lerner, Y. & W. Sternefeld (1984): "Zum Skopus der Negation im komplexen Satz des Deutschen". Zeitschrift für Sprachwissenschaft 3, 159–202.

Löbner, S. (1985): "Quantification as a major module of natural language semantics". In: J. Groenendijk, D. de Jongh & M. Stokhof, Hrsg.: Studies in Discourse Representation Theory and the Theory of Generalized Quantifiers. Dordrecht, Providence: Foris, 53–85.

Öhlschläger, G. (1989): Zur Syntax und Semantik der Modalverben des Deutschen. Tübingen: Niemeyer (= Linguistische Arbeiten; 144).

Palmer, F.R. (1997): "Negation and modality in the Germanic languages". In: T. Swan & O.J. Westvik, Hrsg.: Modality in Germanic Languages. Berlin, New York: de Gruyter, 211–230.

Papafragou, A. (1998): "Inference on word meaning: the case of modal auxiliaries". Lingua 105, 1–47.

Penka, D. & A. von Stechow (2001): "Negative Indefinita unter Modalverben". [in diesem Heft]

Reis, M. (2001): "Bilden Modalverben im Deutschen eine syntaktische Klasse?". [in diesem Heft]

Reis, M. & I. Rosengren (1997): "A modular approach to the grammar of additive particles: the case of German *Auch*". Journal of Semantics 14, 237–309.

Rooth, M.. (1996): "Focus". In: S. Lappin, Hrsg.: The Handbook of Contemporary Semantic Theory. Oxford: Blackwell (= Blackwell Handbooks in Linguistics), 272–297.

Durbin, J. & R. A. Sprouse (2001): "The syntactic category of the preterite present modal verbs in German." [in diesem Heft]

Stechow, A. von (1982): Structured Propositions. SFB 99. Linguistik. Universität Konstanz.

Vater, H. (1975): "*Werden* als Modalverb". In: J.J. Calbert & H. Vater, Hrsg.: Aspekte der Modalität. Tübingen: Narr (= Studien zur deutschen Grammatik; 1), 71–148.

Westmoreland, R. (1996): "Epistemic *must* as evidential". In: P. Dekker & M. Stokhof, Hrsg.: Proceedings of the Tenth Amsterdam Colloqium, Part III. Amsterdam: Institute for Language, Logic, and Computation, 683–702.

Westmoreland, R. (1999): Information and Intonation in Natural Language Modality. PhD Diss. University of Michigan: Ann Arbor.

Tübingen   Veronika Ehrich

Universität Tübingen, Deutsches Seminar, Wilhelmstr. 50, 72074 Tübingen,
e-mail: veronika.ehrich@uni-tuebingen.de

Gebrauchsweisen von Modalverben und Texttraditionen

Thomas Gloning

Abstract

In this paper, I shall highlight some interrelations between text types and certain usages of modals in the history of German. On the one hand, there are instances of a specific profile of the use of modals in certain text types (e.g. charters, cookery recipes etc.), on the other hand, certain usages of modals are prominent in certain text types (e.g. epistemic usages in chronicles, newspapers etc.). An explanation for both interrelations is given in terms of communicative tasks. In addition, it is shown, how knowledge of text types can be both a resource of mutual understanding in communication with modals and an important factor in the mechanism of semantic change.

1 Fragestellungen und Ziele

Ausgangspunkt für die Frage nach dem Zusammenhang der Gebrauchsweisen von Modalverben und bestimmten Texttraditionen ist die Beobachtung, daß es offenbar Texttraditionen gibt, in denen einzelne Gebrauchsweisen von Modalverben besonders prominent sind und daß der Gebrauch der Modalverben in bestimmten Texttraditionen, z.B. in älteren Urkunden, in Kochbüchern oder Zeitungen ein jeweils eigenes ‚Gebrauchsprofil' zeigt im Hinblick auf das Vorkommen und die Frequenz bestimmter Modalverb-Verwendungsweisen.[1]

In den alten Zeitungen des 16. und 17. Jahrhunderts zum Beispiel wird *sollen* unter anderem dazu verwendet, Nachrichten als Berichte aus zweiter Hand zu kennzeichnen:

(1)   Es soll auch (...) der Don Philippo, mit deß Ladigera Dochtermann gekämpfft/ vnd denselben vmbgebracht haben.   (1599 Meurer 10,21)
‚Wie berichtet wird, hat Don Philippo sich mit dem Schwiegersohn des Herrn Ladigera duelliert und diesen dabei getötet.'

Natürlich sind in diesen Zeitungen auch andere Verwendungsweisen von *sollen* belegt, aber man kann sagen, daß die hier veranschaulichte epistemisch-evidentiale Verwendungsweise zur Kennzeichnung von Berichten aus zweiter Hand im Spektrum der sprachlichen Mittel der Zeitungsberichterstattung auffällig ist.[2]

---

[1] Texttypen kann man ansehen als Realisierungsmuster für bestimmte sprachliche Handlungen, die sich in unterschiedlichem Maß verfestigt haben. Insofern solche Texttypen eine historische Dimension haben, spreche ich auch von Texttraditionen.

[2] Zur epistemischen Verwendungsweise von *sollen* in den frühen Zeitungen und zu konkurrierenden Ausdrücken siehe Fritz (1991: 33–36).

Auf den Zusammenhang von Modalverb-Verwendungsweisen und Texttraditionen kann man in zwei Perspektiven blicken: Man kann von einzelnen Texttraditionen her fragen, ob und ggf. welche Verwendungsweisen der Modalverben hier prominent sind. Man kann umgekehrt aber auch von einzelnen Verwendungsweisen her nach den Texttraditionen und Texttypen fragen, in denen die betreffende Verwendungsweise eine wichtige Rolle spielt. Es ist eine vertraute Erfahrung bei empirischer Arbeit, daß man bestimmte Gebrauchsweisen von Ausdrücken bevorzugt in bestimmten Texttraditionen findet, während man in anderen Arten von Texten gar nicht erst danach zu suchen braucht. Interessiert man sich etwa für den Gebrauch von *wollen* als verbum dicendi im Sinne von ‚behaupten, eine Auffassung vertreten', dann hat man gute Chancen, in älteren Fach- und Wissenschaftstexten fündig zu werden, in denen Autoritäten oder Positionen angeführt werden, zum Beispiel bei Konrad von Megenberg:

(2)   die runstâdern sind die, dâ durch daz pluot vleuzt von dem herzen in alliu glider, *wan Aristotiles wil, daz* sie ursprinch haben von dem herzen, wann sô der mensche sich fürht, sô lauft daz pluot zuo dem herzen (...).   (1350 Megenberg 36.2)
‚... denn Aristoteles behauptet/vertritt die Auffassung, daß ...'

Ich möchte diese Beobachtungen zum Zusammenhang von Modalverbgebrauch und Texttraditionen vorläufig in zwei Thesen von noch begrenzter Reichweite formulieren, die ich in den Abschnitten 3 und 4 dann näher erläutere:

(T1)   Es gibt Texttypen und Texttraditionen, in denen der Gebrauch von Modalverben ein eigenes ‚Gebrauchsprofil' zeigt.
(T2)   Es gibt Verwendungsweisen von Modalverben, die besonders eng an bestimmte Texttypen und Texttraditionen gebunden sind.

Nun kann man die Frage stellen: Worauf beruhen solche Zusammenhänge? Wie kann man solche Erscheinungen erklären? Und welche Reichweite haben solche Beobachtungen, welchen Grad der Generalisierung erlauben die darauf bezogenen Thesen? Bei der Frage nach einer Erklärung für die beiden komplementären Befunde kommt man zu der Vermutung, daß es bestimmte kommunikative Aufgaben[3] sind, die im Rahmen von Texten eines bestimmten Typs immer wieder anfallen, welche die jeweilige Gebrauchsspezifik der Modalverben bedingen.

Die Erklärung für den mehr oder weniger prominenten Gebrauch von *wollen* im Sinne von ‚behaupten, die Auffassung vertreten' in älteren Fachtexten zum Beispiel beruht auf zwei charakteristischen Aspekten des älteren Sprachgebrauchs: einem semantischen und einem textfunktionalen Aspekt, die zusammenwirken. Der semantische Aspekt: Das Modalverb *wollen* hatte im älteren Deutsch eine Verwendungsweise als verbum dicendi im Sinne von ‚behaupten, eine Auffassung vertreten', und in dieser Verwendungsweise eignete es sich für den Gebrauch in Situationen, in denen man Behauptungen oder Auffassungen

---

[3] Zum Begriff und zur Rolle kommunikativer Aufgaben siehe u.a. Strawson (1971: 17); Fritz (1993); Strecker (1994); Grammatik der deutschen Sprache (1997).

anderer Leute wiedergeben mußte. Der textfunktionale Aspekt: Die Autoren älterer Fachtexte berufen sich häufig auf die Meinungen von Autoritäten und verwenden hierzu sprachliche Mittel, mit denen man etwas als Auffassung einer Autorität kennzeichnen kann. Der Textbaustein Autoritätenwiedergabe ist also einigermaßen häufig vertreten in Texten dieser Art. Der mehr oder weniger prominente Gebrauch des Modalverbs *wollen* in der Verwendungsweise ‚behaupten, eine Auffassung vertreten' in älteren Fachtexten ist also mit den semantischen Eigenschaften des Modalverbs und mit den funktionalen Aufgaben innerhalb des Texttyps zu erklären. Die Redeweise vom *mehr oder weniger prominenten Gebrauch* in solchen Texten ist nötig, weil es für kommunikative Aufgaben wie die Kennzeichnung einer fremden Meinung alternative sprachliche Mittel gibt. So ist es zwar richtig, daß man *wollen* im Sinn von ‚behaupten, eine Auffassung vertreten' bei Megenberg im Buch der Natur findet, aber richtig prominent ist diese Ausdrucksweise dennoch nicht: denn die Standardausdrucksweise für diese Textfunktion ist offenbar der Typ *X spricht* (*sam Aristotiles spricht*). Bei Fragen der Prominenz von Verwendungsweisen sind also nicht nur semantische Eigenschaften von Ausdrücken und funktionale Charakteristika von Texttypen zu berücksichtigen, sondern auch der Bestand an möglichen Konkurrenzausdrücken zur Realisierung bestimmter kommunikativer Aufgaben.

Ein weiteres Beispiel, das in Abschnitt 3 ausführlicher behandelt wird: Mittelhochdeutsch *suln* wird in Urkunden hochfrequent dazu gebraucht, eine Äußerung als rechtliche Verfügung zu kennzeichnen. Ein solcher Befund – hochfrequenter Gebrauch in einer bestimmten Verwendungsweise – läßt sich erklären, wenn man annimmt, daß zum einen die Kennzeichnung von Äußerungen als rechtliche Verfügungen eine immer wieder zu erledigende Aufgabe im Rahmen von Urkunden ist, daß zum anderen das Modalverb *suln* aufgrund seiner semantischen Eigenschaften gebraucht werden kann, eine solche kommunikative Aufgabe zu realisieren. In allgemeiner Form kann man die beiden Elemente eines solchen Erklärungszusammenhangs in folgende These fassen:

(T3)   Im Rahmen von Texten eines bestimmten Typs sind vielfach charakteristische kommunikative Teilaufgaben immer wieder zu erledigen. Wenn sich ein Modalverb in einer bestimmten Verwendungsweise zur Erledigung einer dieser kommunikativen Teilaufgaben besonders eignet, dann erklärt diese Eignung den prominenten Zusammenhang zwischen Texttyp und Modalverb-Verwendungsweise (wobei ggf. die Rolle von Konkurrenzausdrücken für dieselbe kommunikative Aufgabe mit berücksichtigt werden muß).

Die Thesen T1, T2 und T3 und ihre empirische Vertiefung tragen einerseits zur näheren Charakterisierung von Texttypen und ihrer Entwicklung bei (z.B. Urkunden), zum anderen tragen sie aber auch zur Charakterisierung der Modalverben und ihrer Gebrauchsweisen bei.

Die Betrachtung dieser Zusammenhänge hat aber noch einen weiterführenden sprachtheoretischen Aspekt. Beim Versuch, Verwendungsweisen zu beschreiben, wie sie für bestimmte Texttypen charakteristisch sind, ist es zum Teil fraglich, inwiefern solche Verwendungsweisen von etablierten Verwendungsweisen getragen sind, ob sie eigene, etablierte und für bestimmte Texttypen charakteristische Verwendungsweisen darstellen oder ob wir es möglicherweise mit Zwischenstufen auf dem Weg der Routinisierung und der semantischen Verfestigung zu tun haben.[4] Solche Fragen sind sprachtheoretischer Natur, weil es im Kern um die Frage nach den Ressourcen der Verständigung geht: die semantischen Eigenschaften von Ausdrücken (die etablierten Gebrauchsweisen) sind offenbar nur eine Ressource der Verständigung. Einzelne Implikaturen und auch routinisierte Implikaturen auf dem Wege der Verfestigung sind Beispiele für Verständigung ohne Rückgriff auf konventionelle Grundlagen. Für die Deutung und die Auflösung von Implikaturen kann unter anderem auch das gemeinsame Wissen über Funktionen und Bedingungen der Kommunikation mit Texten eines bestimmten Typs genutzt werden. Wenn jemand zum Beispiel weiß, wofür Urkunden da sind und welche Konstellation der Beteiligten in einer rechtlichen Kommunikation mit Urkunden vorliegt, dann kann er oder sie erschließen, in welchem besonderen Sinne *suln* ‚verpflichtet sein' in einem solchen Text gebraucht wird. Diesen Gesichtspunkt möchte ich in folgende These fassen:

(T4)   Das Wissen um relevante Bedingungen der Kommunikation mit Texten eines bestimmten Typs gehört in bestimmten Fällen mit zu den ‚Ressourcen der Verständigung', die eine umfassende Sprachtheorie berücksichtigen muß.

Der soeben skizzierte Aspekt hat überdies eine sprachhistorische Komponente. Wie schon angedeutet kann die Wirkung von texttypischen Ressourcen der Verständigung unter geeigneten Bedingungen dazu führen, daß solche Deutungen im Lauf der sprachhistorischen Entwicklung einen gewissen Grad an semantischer Eigenständigkeit und damit den Status etablierter Verwendungsweisen erlangen: Fälle von *pragmatic strengthening* also, bei denen Aspekte des Textmusterwissens routinisiert werden. Ich möchte dieses Phänomen in Abschnitt 5 an einem Beispiel aus der Verwendungsgeschichte von *müssen* verdeutlichen: es gibt einen Verwendungstyp von *müssen*, der im 16. und 17. Jahrhundert in kulturkritischen Zusammenhängen nicht selten war, um Mißbilligung an Handlungen und Handlungsweisen auszudrücken, die von Leuten in offenbar mutwilliger Weise vollzogen wurden:

(3)   die haar ... müssen gestroblet sein/ als wann ein Saw zornig ist
                    (1588 Osiander B4bf.)
      ‚die Haare tragen sie struppig und abstehend, wie wenn eine Sau zornig ist, was zu mißbilligen ist, was die Leute aber in mutwilliger Weise trotzdem machen'

---

[4] Zur Routinisierung und Konventionalisierung von ursprünglich konversationellen Implikaturen und damit verbundenen Gebrauchsaspekten vgl. Fritz (1998: 15, 17–21, 65–69, 101–103).

Diesen Verwendungstyp von *müssen* gibt es auch heute noch, und die Frage ist, ob und inwiefern sich die Gebrauchsaspekte der Mißbilligung und der Unterstellung hartnäckiger und mutwilliger Praxis sich aufgrund wiederkehrender Routine mit dem Modalverb verbunden haben, ob Ansätze zu einer solchen Routinisierung immerhin früher vorhanden waren oder nicht oder ob die erwähnten Gebrauchsgesichtspunkte nur pragmatischer Natur sind und nichts mit der Semantik von *müssen* zu tun haben. Anhand dieses Falls möchte ich prüfen, inwiefern die typischen Bedingungen von Texttraditionen eine Umgebung sein können für das Aufkommen und die Verfestigung neuer Verwendungsaspekte von Ausdrücken. Auch für diesen sprachhistorischen Aspekt wieder eine Formulierung als These, die unten näher erläutert werden soll:

(T5) Texttypen und das Wissen um die damit verbundenen kommunikativen Situationen können Bedingungen (*met.* ein Nährboden) sein für die Entstehung und die weitere Entwicklung von Verwendungsweisen von Modalverben.

Bevor ich diese fünf skizzierten Fragestellungen und Thesen im folgenden ausführlicher behandle, möchte ich den Begriff der Verwendungsweise und die ihn umgebende semantische Konzeption kurz erläutern.

2 Bedeuten, Meinen, Verstehen, Verwendungsweisen, Bedeutungsentwicklung

Verwendungsweisen sind Einheiten der kommunikativen Praxis. Darauf aufbauend sind sie Einheiten der semantischen Beschreibung, die dazu dienen, die Bedeutung sprachlicher Ausdrücke und die semantischen Fähigkeiten der Sprecher zu rekonstruieren, die diese Ausdrücke benutzen. Die Bedeutung eines Ausdrucks kann man auffassen als das Spektrum der etablierten Gebrauchsweisen des Ausdrucks. Die wechselseitige Kenntnis gemeinsamer Verwendungsweisen stellt eine wichtige, wenn nicht *die* wichtigste Ressource für die Verständigung dar. Die Annahme solcher Kenntnisse erklärt, warum Sprecher mit der Verwendung von Ausdrücken etwas meinen können und wie Hörer aufgrund von Äußerungen verstehen können, was ein Sprecher damit gemeint hat. Viele Ausdrücke haben mehrere Verwendungsweisen, die an typisierbare Bedingungen geknüpft sind, deshalb empfiehlt sich die terminologische Regelung, von der Bedeutung als einem Spektrum von Verwendungsweisen zu sprechen.

Für die Sprecher sind Ausdrücke in bestimmten Verwendungsweisen die Werkzeuge, mit denen man die verschiedenen Aufgaben, die in der Kommunikation anfallen, erledigen kann. Das *dürfen* zur Rede über eine Erlaubnis etwa und das *dürfte* zum Ausdruck einer Vermutung sind ganz verschiedene Werkzeuge für ganz unterschiedliche Aufgaben, obwohl die Formen zum selben Wort gehören. Die gemeinsame Kenntnis der üblichen Gebrauchseigenschaften von Ausdrücken in einer bestimmten Verwendungsweise ist eine Basis der Verständigung und ein wichtiger Teil der semantischen Fähigkeiten von Sprechern.

Die Werkzeug-Metapher trägt noch einen Schritt weiter zur Frage nach den Arten von Aufgaben, die in der Kommunikation erledigt werden müssen und damit zur Frage nach den Typen von Beiträgen zur Satzbedeutung. Die Modalverben liefern nach meiner Auffassung auch Beispiele für Arten von Beiträgen zur Satzbedeutung, die jenseits des Beitrags zu den Wahrheitsbedingungen von Sätzen liegen. Modalverben werden unter anderem dafür verwendet, die Art der sprachlichen Handlungen zu modifizieren, die mit Sätzen gemacht werden können, in denen diese Modalverben vorkommen. Hier sind zwei Beispiele dafür:[5]

(4)   Ich darf Sie bitten, sich anzuschnallen.

(5)   Ich muß Ihnen mitteilen, daß Ihr Gehalt um 20 % gekürzt wird.

Zum Vergleich auch die Ausdrucksweisen ohne Modalverben:

(6)   Ich bitte Sie, sich anzuschnallen.

(7)   Ich teile Ihnen mit, daß Ihr Gehalt um 20 % gekürzt wird.

Die Frage ist nun, wie man die vorliegende Verwendungsweise beschreiben kann bzw. was eigentlich der Bedeutungsbeitrag der Modalverben ist. Ich will diese Frage am Beispiel von *Ich darf Sie bitten* behandeln. Zunächst fasse ich als Satzbedeutung das Illokutionspotential des betreffenden Satzes auf. Zum Illokutionspotential gehört nicht nur die Möglichkeit, eine bestimmte Art von sprachlicher Handlung zu machen, sondern auch die Möglichkeit, eine bestimmte Proposition auszudrücken. Das Illokutionspotential bzw. die Satzbedeutung von (6), der Version ohne Modalverb, könnte man so formulieren:

(8)   Satzbedeutung von (6)
       Mit der Verwendung von (6) kann man jemanden (X) bitten, daß X sich anschnallt.
       [Es müßten noch Erläuterungen zur sprachlichen Handlung des Bittens, wortsemantische Erläuterungen etc. folgen.]

Auch die Satzbedeutung von (4) fasse ich als Illokutionspotential auf:

(9)   Satzbedeutung von (4)
       Mit der Verwendung von (4) kann man jemanden (X) auf höfliche Weise bitten, daß X sich anschnallt.
       [zusätzliche Erläuterungen wie in (8)]

Den Bedeutungsbeitrag des Modalverbs kann man ermitteln, indem man die beiden Illokutionspotentiale vergleicht:

---

[5] Ausführlicher hierzu mein Beitrag ‚Modalisierte Sprechakte mit Modalverben' (1997).

(10) Bedeutungsbeitrag des Modalverbs
Das Modalverb in (4) macht aus einem Satz, mit dem man eine Bitte ausdrücken kann, einen Satz, mit dem man eine höfliche Bitte ausdrücken kann.

Die hier beschriebene Verwendungsweise als Mittel der sprachlichen Höflichkeit sehe ich als eine konventionelle, etablierte Gebrauchsweise von *dürfen* an, die unabhängig ist von anderen etablierten Verwendungsweisen, z.B. der ‚Erlaubnis'-Verwendungsweise oder der ‚ohne-negative-Konsequenzen-zulassen'-Verwendungsweise, wie immer man sie beschreiben will. Wichtig für die semantische Beschreibung wäre darüber hinaus, den spezifischen Höflichkeitswert, die Stellung dieser Ausdrucksweise im abgestuften System von sprachlichen Höflichkeitsmitteln des Deutschen (z.B. *darf ich/dürfte ich bitten*) mit zu erfassen. Hier ging es vorrangig darum zu zeigen, daß der Bedeutungsbeitrag von Modalverben jenseits der Wahrheitsbedingungen liegen kann.

Auch Verwendungsweisen wie das epistemisch-evidential gebrauchte *sollen* (*Er soll das getan haben*), das *dürfte* zum Ausdruck einer Vermutung, das *müssen* zur Kennzeichnung nachdrücklicher Ausdrucksweisen (*Ich muß Sie bitten, ...*) sind Beispiele für Bedeutungsbeiträge, die über den wahrheitsfunktionalen Bereich, kommunikativ gesprochen über die Aufgabe des Ausdrucks von Propositionen, hinausgehen.

Verwendungsweisen kann man ansehen als Bündel von etablierten bzw. typischen Gebrauchsaspekten. Wenn man von *etablierten* Verwendungsweisen und Gebrauchsaspekten spricht, dann stellt diese Redeweise allerdings eine Idealisierung dar, denn die Gebrauchsaspekte, die einzelne Verwendungsweisen charakterisieren, sind teilweise in unterschiedlichen Graden der Konventionalisierung begriffen. Die einzelnen Gebrauchsaspekte, die für Verwendungsweisen charakteristisch sind, sind jedenfalls ein wichtiger Ansatzpunkt für die Bedeutungsentwicklung und für die Beschreibung von historisch-semantischen Entwicklungen: historisch-semantische Entwicklungen betreffen z.B. einzelne Gebrauchsaspekte wie etwa Formen der Bewertung, die sich im Lauf der Zeit als zusätzliche Gebrauchsaspekte von Ausdrücken etabliert haben (z.B. bei *Pfaffe*).

Mit der Möglichkeit eigenständiger bedeutungsgeschichtlicher Entwicklungen von Verwendungsweisen hängt auch die wichtige Frage zusammen, ob sich eine bestimmte Verwendungsweise oder gar alle Verwendungsweisen eines Ausdrucks auf eine Grundbedeutung zurückführen lassen oder nicht bzw. ob es semantische Zusammenhänge mit anderen Verwendungsweisen gibt, ob es also mit anderen Worten eine Ordnung in der Verwandtschaft der Verwendungsweisen gibt. Nehmen wir als Beispiel das Vorausdeutungs-*sollen*:

(11) A: Hans kaufte sich ein Motorrad. Das sollte er bereuen.

Das Modalverb in dieser Verwendungsweise gehört zu den Ausdrücken, die im Deutschen gebraucht werden können, um Sachverhalte und Ereignisse zeitlich zu situieren. Hier dient es dazu, den Zeitpunkt für das Bereuen zeitlich zu situieren und zwar später als den Zeitpunkt des Kaufens (Ereigniszeit) und bedingt durch die Präteritalform früher als den Zeitpunkt, zu dem A spricht oder schreibt. Auch zeitliche Situierung ist eine Aufgabe in der Kommunikation und eine mögliche Art von Bedeutungsbeitrag. Diese Verwendungsweise von *sollen* zur Vorausdeutung kommt vor allem in narrativen Zusammenhängen vor, die Verwendungsweise ist also ein weiteres Beispiel für den Zusammenhang von Verwendungsweise und Texttyp bzw. Texttradition. Soweit ich sehe, kann man diese Verwendungsweise synchron weder auf eine ‚Grundbedeutung‘ noch auf eine andere aktuell gebräuchliche Verwendungsweise zurückzuführen, und sie weist auch keine Zusammenhänge zu anderen Verwendungsweisen auf. Sie ist offenbar ein Relikt der älteren Verwendungsweise von *sollen* als Futurindikator und ist heute isoliert. Beispiele dieser Art sind wichtig, weil sie zeigen, daß historische Entwicklungen zu isolierten Verwendungsweisen führen *können*, die keinen Zusammenhang mehr mit anderen Verwendungsweisen oder mit einer angenommenen Grundbedeutung aufweisen. Gleichwohl ist natürlich der Versuch, Grundbedeutungen oder Zusammenhänge zwischen Verwendungsweisen zu ermitteln, methodisch wichtig und heuristisch wertvoll.

3 Zum Gebrauchsprofil von Texttraditionen: Modalverbgebrauch in deutschen Urkunden 1280-1360

Unser Ausgangspunkt war die Beobachtung, daß es Texttypen und Texttraditionen gibt, in denen bestimmte Verwendungsweisen von Modalverben mehr oder weniger prominent sind, und daß in bestimmten Fällen ein auffälliges Verwendungsprofil bei den Modalverben erkennbar ist. Ein solches Verwendungsprofil von Modalverben besteht vor allem in der Auswahl und in der Frequenz bestimmter Verwendungsweisen, teilweise auch in texttypenspezifischen Verwendungsweisen. Ich möchte das nun mit einigen Aspekten des Modalverbgebrauchs in mittelalterlichen Urkunden verdeutlichen.

Ich habe hierfür den ersten Band des Esslinger Urkundenbuches ausgewertet.[6] Unter den insgesamt 1146 Nummern sind 96 deutschsprachige Urkunden aus den Jahren von 1280 bis 1360, die entweder vollständig oder neben dem Regestentext doch mit einem nennenswerten Anteil an mittelhochdeutschem Text abgedruckt wurden. Die meisten Urkunden liegen in originaler Ausfertigung vor, nur wenige Texte sind ausschließlich kopial überliefert.

Aus den Ergebnissen der Untersuchung und Auswertung der belegten Modalverben und ihrer Verwendungsweisen möchte ich einige Hauptgesichtspunkte hervorheben. Auf einer sehr oberflächlichen Ebene zeigt sich ein texttypenspezifisches Gebrauchsprofil zunächst schon an der Verteilung der Belege auf die einzelnen Modalverben:

---

[6] Urkundenbuch der Stadt Esslingen. Erster Band. Bearbeitet von A. Diehl, unter Mitwirkung von K.H.S. Pfaff. Stuttgart 1899 (Württembergische Geschichtsquellen 4).

Verteilung der 960 deutschen Modalverb-Belege in den Esslinger Urkunden:
suln: 721 Belege,
wellen: 125 Belege,
mügen: 96 Belege,
müezen: 9 Belege,
künnen: 7 Belege,
türren: 2 Belege,
durfen nicht belegt, *bedurfen* in 18 Belegen,
ein Beleg für *vermügen*.

Die hohe Zahl der *suln*-Belege hängt vor allem mit zwei Verwendungsweisen zusammen, die für Urkunden wichtig sind, der Gebrauch zum Ausdruck rechtsgültiger Verfügungen und der Gebrauch in der Promulgatio. Die Promulgatio ist ein typischer, wiederkehrender Textbestandteil von Urkunden, mit der ein Aussteller den Text als öffentliche Kundgabe seines Willens kennzeichnet.

(12) *suln* in der Promulgatio von Urkunden
 a. Alle, die disen brif ansehen, die sulen wizzen, daz (...).   (1280; 45,30)
 b. Alle, die dise brieve ansehent, lesent oder horent lesen, den sol kunt sin, daz (...).   (1293; 101,4)

In der Promulgatio verwenden die Aussteller typischerweise Wendungen wie *die sulen wizzen* und dergleichen zur Kennzeichnung der Willenskundgabe. Der Gebrauch dieser Wendungen und des Modalverbs hat ein deutlich formelhaftes Element.

Noch häufiger ist die Verwendungsweise, bei der *suln* zur Kennzeichnung einer rechtlichen Verfügung dient.

(13) Gebrauch von *suln* zur Kennzeichnung rechtsgültiger Verfügungen
 a. und swelhe ir erben daz gut buwent, der sol den vröwen gen imer me daz dritdel.   (1280; 46,4)
 ‚und wer von ihren Erben das Gut später landwirtschaftlich nutzt, den verpflichten wir hiermit rechtsgültig, den Klosterfrauen weiterhin ein Drittel des Ertrags als Abgabe zu leisten.'
 b. unde han ir davon gelobet ze gen von gemeinem rate in phunt gulte alliu jarre. Die sol siu nemen von einem, haizet Appo, der git zwelf schillinge ze wihennachten.   (1285; 73,17)
 ‚... und haben ihr zugesichert, daß wir ihr davon von seiten des Rats ein Pfund Gült jährlich zuwenden. Wir verfügen hiermit, daß sie diesen Betrag von jemandem eintreibt, der Appo heißt und der zwölf Schillinge zu Weihnachten an Abgabe zahlt.'

Daß *suln* in diesen Urkunden so außerordentlich häufig belegt ist, läßt sich unter anderem damit erklären, daß es eine wesentliche Funktion von Urkunden ist, rechtliche Verfügungen dieser Art zu machen und daß *suln* eines der Mittel ist, mit denen man Äußerungen als rechtliche Verfügung kennzeichnen kann. Man könnte sagen, daß sich damit ein Teilaspekt des Gebrauchsprofils (nämlich die

Verwendungsweise und ihre Frequenz) mit Hilfe von ‚kommunikativen Aufgaben' erklären läßt, die im Rahmen von Urkunden immer wieder realisiert werden müssen (siehe Abschnitt 1, T3).

Nun stellt sich die Frage, wie diese für den Texttyp charakteristische Verwendungsweise mit den zentralen Verwendungsweisen[7] bzw. ihren bisherigen Beschreibungen zusammenhängt. Zunächst habe ich geprüft, ob sich diese Verwendungsweise vielleicht mit dem von Öhlschläger für das Neuhochdeutsche gegebenen Vorschlag erfassen läßt.

(14)   Eine mit einem Satz der Form *e soll IP* ausgedrückte Proposition ist dann und genau dann wahr, wenn eine (vom Kontext gelieferte) Quelle Q es vorzieht, daß der mit der IP bezeichnete Sachverhalt eintritt (1989: 174).

Bei der Verwendungsweise von *suln* zur Kennzeichnung einer rechtsgültigen Verfügung ist der Erlasser der Verfügung als Quelle anzunehmen und man könnte natürlich sagen, daß der Erlasser der Verfügung das Verfügte in irgendeiner Weise vorzieht. Aber ich habe dennoch gewisse Bedenken, ob damit das Spezifikum rechtsgültiger Verfügung erfaßt ist. Das Vorziehen erscheint mir für den Charakter der Verwendungsweise als rechtsgültige Verfügung ein unerheblicher Aspekt. Zum anderen gibt es sogar Fälle – z.B. bei erzwungenen Notverkäufen –, bei denen man nicht einmal sagen kann, daß der Erlasser der Verfügung das Verfügte dem Nicht-Verfügten vorzieht. Zum Beispiel: Jemand muß ein Äckerlein verkaufen, weil er Schulden hat. Er verfügt rechtsgültig und unter Verwendung des Modalverbs, daß für einen bestimmten Kaufpreis der Acker nun dem Kloster soundso gehört. Wir haben also eine rechtsgültige Verfügung, den Acker zu verkaufen, *obwohl* der Erlasser der Urkunde es vorziehen würde, den Acker nicht zu verkaufen.

Zum anderen kann man fragen, wie diese Verwendungsweise zusammenhängt mit dem Gebrauch von *sollen* bzw. *suln* zur Bezeichnung einer Verpflichtung (*sollen* ‚verpflichtet sein'). Diesen Zusammenhang sehe ich recht eng, man könnte diesen Zusammenhang versuchsweise so formulieren: Die Zuschreibung einer Verpflichtung aus berufenem Munde oder in einem geeigneten Text (z.B. einer Urkunde) zählt als rechtliche Verfügung, mit der eine neue Rechtslage mit ganz bestimmten Verpflichtungen hergestellt wird. Schematisch könnte man sagen: Die etablierte Verwendungsweise von *suln* im Sinne von ‚verpflichtet sein' im Zusammenwirken mit den Texttypenbedingungen bzw. dem Texttypenwissen ergibt eine für den Texttyp charakteristische Verwendungsweise zur Kennzeichnung einer rechtlichen Verfügung. Im Hinblick auf die sprachtheoretische Frage nach den Ressourcen der Verständigung ist bemerkenswert, daß es nach dieser Sichtweise texttypenspezifische Verwendungsweisen gibt, deren Entstehung und Routinisierung auf den für diesen Texttyp charakteristischen Bedingungen beruht, z.B. der Personenkonstellation und der typischen Aufgabe von Texten dieser Art.

---

[7] Zu zentralen und marginalen bzw. peripheren Verwendungsweisen vgl. Fritz (1997, Abschnitt 3.2).

Diese Verwendungsweise von *suln* zur Kennzeichnung von rechtsgültigen Verfügungen überwiegt alle anderen Verwendungsweisen bei weitem. Es gibt Urkunden, die im wesentlichen aus einer Reihung solcher Verfügungen bestehen, die jeweils mit *suln* gekennzeichnet sind (z.B. die Urkunde Nr. 253).

Wir können ein vorläufiges Ergebnis festhalten. Der Gebrauch der Modalverben in den untersuchten mittelalterlichen Urkunden zeigt ein eigenes Gebrauchsprofil. Dieses Gebrauchsprofil ist charakterisiert durch texttypenspezifische Verwendungsweisen und durch typische Frequenzverhältnisse (bezogen auf die einzelnen Modalverben und bezogen auf einzelne Verwendungsweisen). Das Gebrauchsprofil ist zumindest teilweise zu erklären durch wiederkehrende kommunikative Aufgaben in Texten dieses Typs, zu deren Realisierung Modalverben beitragen. Texttypenspezifische Verwendungsweisen beruhen auf dem Zusammenwirken von etablierten Verwendungsweisen mit den ‚Texttypen-Bedingungen'. Solche Verwendungsweisen haben in der Tradition zwar eine gewisse Eigenständigkeit erlangt, aber man erkennt den Zusammenhang mit anderen, zentralen Verwendungsweisen.

Nun möchte ich die Perspektive umdrehen und von einer Verwendungsweise aus nach den Texttypen und Texttraditionen fragen, in denen die Verwendungsweise eine besonders prominente Rolle spielt.

4 In welchen Texttraditionen ist die Verwendungsweise von *sollen* als ‚Quellenkennzeichner' prominent?

Eines der Ergebnisse der Untersuchung der ersten deutschen Zeitungen war, daß in den Zeitungen von 1609 das System der epistemisch-evidentialen Verwendungsweisen von Modalverben im wesentlichen vorhanden ist (Fritz 1991). Beispiele für die epistemische Verwendung von *sollen* in Zeitungen um 1600 sind etwa:

(15) vnder dessen hat der Herr Cantzler das Haubt Castel/ in welchem *der gefangnen Außsag nach/* ein sehr grosse Reichthumb sein *solle/* starck beschossen. (1597 AChr 174,4)

(16) darauff mit grossem Frolocken frewdenfewr gehalten worden/ vnnd *sollen* die Ständ in Brabant mit guttem contentament respondiert haben. (1597 AChr 192,27)

(17) vnd *soll* Herr Hagenmüller absonderlichen Befelch haben/ mit Ertzhertzog Matthias wieder zu tractiren. (1609 Aviso 19,24)

Die Funktion des Modalverbgebrauchs ist es hier, dem Leser zu signalisieren, daß das Berichtete auf einer Quelle beruht bzw. aus zweiter Hand stammt, in einigen Belegen wird die Quelle auch genannt (*der gefangnen Außsag nach*).

In den Wörterbüchern ist das epistemisch bzw. evidential verwendete *sollen* erst für spätere Zeiträume, für die Zeit um 1700, stabil dokumentiert (z.B. im

DWb), andererseits bieten die mhd. Wörterbücher vereinzelte Belege dafür (z.B. BMZ), die aber durch die große Beleglücke für die Zeit dazwischen verdächtig waren. Diese Beleglücke läßt sich darauf zurückführen, daß bestimmte Texttypen im Belegcorpus unterrepräsentiert waren. Der in manchen Fällen sehr enge Zusammenhang zwischen Texttraditionen und bestimmten Verwendungweisen hat also zuweilen ganz praktische Folgen: Wer bestimmte Texttraditionen bzw. Texttypen nicht berücksichtigt, der findet bestimmte Verwendungsweisen entweder gar nicht, nur selten oder nicht lückenlos.

Die Grundlage für den Zusammenhang zwischen Verwendungsweisen und Texttypen bzw. Texttraditionen habe ich im Zusammenhang mit der Vorstellung von T3 und bei der Besprechung der Urkunden schon angedeutet: Ausdrücke in bestimmten Verwendungsweisen dienen dazu, bestimmte Aufgaben in der Kommunikation zu realisieren (z.B. Bezugnahme auf Gegenstände, Zeitangabe, Spezifizierung von Umständen, Ausdruck von Sprechereinstellungen, Signalisieren einer Quellenperspektive usw.). Texttypen sind zwar nicht immer, aber doch häufig geprägt von bestimmten kommunikativen Aufgaben, die in Texten eines bestimmten Typs immer wieder erledigt werden müssen. Deshalb sind Ausdrücke in Verwendungsweisen, mit denen diese kommunikativen Aufgaben typischerweise realisiert werden können, in Texten dieses Typs besonders prominent. Wenn man deshalb nach bestimmten Verwendungsweisen sucht, muß man nach den Texttypen schauen, in denen kommunikative Aufgaben erledigt werden müssen, für deren Realisierung die betreffende Verwendungsweise geeignet ist.

Diesen Zusammenhang kann man mit der epistemischen Verwendungsweise von *sollen* verdeutlichen. Wie schon erwähnt, dient *sollen* in dieser Verwendungsweise dazu, Behauptungen, Berichte etc. aus zweiter Hand als solche zu kennzeichnen. Wenn wir also nach Texttypen und Texttraditionen fragen, in denen diese Verwendungsweise vorkommt oder sogar prominent vorkommt, dann müssen wir Texttraditionen suchen, in denen die kommunikative Aufgabe des ‚aus-zweiter-Hand'-Berichtens, des quellengestützten Redens vorkommt. Die Frage ist somit: In welchen Texttraditionen ist die kommunikative Aufgabe des ‚aus-zweiter-Hand'-Berichtens, des quellengestützten Redens prominent bzw. wo kommt sie überhaupt vor?

Eine Teilantwort bieten die Belege aus der Frühgeschichte der epistemischen Verwendungsweise von *sollen*, von denen ich hier einige in einer längeren, chronologisch geordneten Belegliste aufführe.

(18)   Jh han lang vergessen, das ich nit mit dir rett umb ainen barfußen, der haiset der Ebner, und soll bischoff worden sein von dem ungerechten babist, den der Paier machit ze Rom.
(1335f. Privatbriefe II 12)   (Privatbrief)

(19)   In disen zwayen heysern wachsen plabe körner. Die wachsen sünst in der gantzen wellt nit. Die söllen den schwangeren frauen guet sein. Der pracht ich auch ain tail zewegen.   (15. Jh. Pilgerfahrt 446,46)
(Reisebericht)

Gebrauchsweisen von Modalverben und Texttraditionen   189

(20)   do wurdt (...) in der gantzen stat gesagt wie das (...) auch liecht oder
       ander scheyn zuzeyten geschinen soll haben (...). Mer soll in demsel-
       ben spigel zu mermal geschehen sein worden ye zwey liechtlein (...).
       (1507 Chr. Streyt 74,4)   (öffentliche Berichterstattung)

(21)   Und hatt Rest seins guotz, (des ain namhaffte Sum soll gwest seyn,)
       gemelt 4 synen (= Söhnen) verlassen.   (16. Jh. A Rem Tb 1,25)
                                                              (Tagebuch-Bericht)

(22)   Und insonderheit sollen die Luterischen (...) aus irem selbsaignen
       mutwillen das allerheiligst sacrament (...) unter pederlai gestalt ze nie-
       ssen, auch andern ze raichen furnemen.   (1519ff. Druffel Bl. 692,3)
                                                              (Diplomatenbericht)

(23)   vber fiel der gros Türck Moratbeg genant/ mit erschröcklichem gewalt
       jn die gegent der Sibenburg (...) Der soll/ ward gesagt/ haben gehabt
       allein dreyhundert tausent reysiger.   (1530 ChrTürckey A4b)
                                                                      (Chronik)

(24)   Es sein grosse Newe Zeittung (...) herkommen Nemlich das die vnsere
       Spangarten alda aber (...) ein newes lanndt endeckt vnnd funden ha-
       ben, das soll in desselben Landtssprach peruw genannt, vberflüssig vol
       golds (sein). (1534 HZt 197,16)   (Handschriftl. Zeitung)

(25)   Vns langt glouplich an/ wie das N. von N. (...) vns by üwer liebd yn-
       gebildet/ als solten wir rc.   (1538 Meichszner XIXa,11)
          (Rhetorisches Kanzleihandbuch; Wiedergabe einer Verleumdung o.ä.)

(26)   Der margt ist zimlich gross, wjrd vor zejtten was herlichers gewesen
       sei; (...) soll vorzeitten, wie Ptolemeus schreibt, Morenia gehaissen
       haben. (1553f. Dernschwam 22,48)   (Reisebericht)

(27)   Solchs (...) soll beschehen sein nach Christi unseres herrn gepurt (...)
       (1566 ZimChr I 15,36)   (Chronik)

(28)   ich hab glaublichen gehert, es solle herzog Willhelm (...).
       (1566 ZimChr I 18,13)   (Chronik)

(29)   Die Alten (...) haben derhalben/ daß die gedertte wurtzel/ mit Wein
       Eingenommen/ für die vergifftten Wunden (...) sehr gůt sein soll/ an-
       gezeigt. Also soll dises auch für das Crimmen (...) sehr gůt sein. (1578
       Thurneisser 32a)   (Kräuterbuch)

(30)   die zeith, so die graven desz Kochengawes von ihnen entsprungen
       sollen sein. (1586E Widman 8,4)   (Chronik)

(31)   Ein schöner berg ligt an der hand/ // (...) Am selben wächst der Grie-
       chisch wein/ // Der soll sehr gut vnd herrlich sein.
       (1588 Tüb Reimfaust 107)   (lit. Beschreibung)

(32) (...) vnd der Alchymey obgelegen/ daher man von jhm schreibet/ daß
er soll ein gülden Bein gehabt haben/ welchs er sonder zweifel durch
diese Kunst mit Gold vberzogen. (1610 PrAlch (3)3b)
(Alchemie-Handbuch)

(33) F. Jst das alte Rahthauß/ da vor zeiten ein Bad gewesen mit einem
steinern Sessel/ darinn Keyser Carol sitzend soll gebadet haben
(1625 Karlsbad 13)
(Beschreibung in einem balneologischen Werbeflugblatt)

Diese längere Belegreihe zeigt dreierlei. Sie zeigt zum einen, daß man die Frühgeschichte der epistemischen Verwendungsweise von *sollen* sehr viel dichter belegen kann, als es bisher im Deutschen Wörterbuch der Fall ist, wo eine Lücke von mehreren Jahrhunderten klaffte, welche die Frühbelege verdächtig macht. Die dort aufgeführten Kandidaten und ein weiterer früher Beleg aus dem Tristan sind als Glieder einer offenbar durchgängigen Verwendungstradition sehr viel weniger verdächtig. Das heißt dann, daß seit etwa 1200 eine epistemischevidentiale Verwendungsweise von *sollen* zur Kennzeichnung einer Quellenperspektive dokumentierbar ist. Sodann zeigt die Belegreihe, daß die Verwendungsweise in ganz bestimmten Texttypen vorkommt: Epistemisch-evidential verwendetes *sollen* wird in solchen Berichtstexten oder darstellenden Texten verwendet, in denen der Bezug auf Quellen und Informationen aus zweiter Hand eine Rolle spielt. Solche Texte sind z.B. Zeitungen, Briefe, Rechtsaussagen, Reiseberichte, medizinische und andere wissenschaftliche Texte u.ä. Die Gruppe dieser Texte ist also keineswegs homogen, aber eine funktionale Gemeinsamkeit besteht offenbar darin, daß in Texten dieser Art Informationen aus zweiter Hand mitgeteilt und auch als solche gekennzeichnet werden.

5 Texttraditionen: Ressourcen der Verständigung und Umgebungen für die Routinisierung von Verwendungsweisen

Das Wissen um relevante Bedingungen der Kommunikation mit Texten eines bestimmten Typs gehört vielfach zu den Ressourcen der Verständigung, mit denen die Sprecherinnen und Sprecher zu ihren Verständnissen von Äußerungen kommen.

Je nachdem, ob man eine semantische Konzeption befürwortet, die von einheitlichen Bedeutungen ausgeht und die Verständnisse der Sprecher als kontextgestützte ad-hoc-Ableitungen ansieht, oder ob man von etablierten Verwendungsweisen ausgeht, spielt dieses Wissen eine unterschiedliche Rolle.

Zunächst zum Beitrag des Wissens um relevante Bedingungen der Kommunikation für die Verständigung in Konzeptionen der einheitlichen Modalverb-Bedeutung, wie sie u.a. von Öhlschläger (1989) vorgetragen wurde. Der Grundgedanke einer solchen Konzeption ist, daß Modalverben eine einheitliche Bedeutung haben, die dann bei der Äußerung von Sätzen mit Modalverben mit dem

Interaktionsrahmen, dem Kontext der Äußerung zusammenwirkt und ein bestimmtes spezifischeres Verständnis der Äußerung erlaubt. Die Formulierung der einheitlichen Bedeutung für nicht-epistemische Verwendungen von *müssen* zum Beispiel nutzt den Ausdruck *nur die eine Möglichkeit zulassen*. Der Kontext der Äußerung liefert in dieser Sichtweise eine *Quelle*, die nur die eine Möglichkeit zuläßt, und deren Kenntnis die Sprecher dann in die Lage versetzt, zu einem bestimmten Verständnis der Äußerung zu gelangen (Öhlschläger 1989: 144f.). Nach dieser Auffassung ist anzunehmen, daß *müssen* zum Beispiel in den folgenden Fällen denselben Bedeutungsbeitrag leistet, nämlich anzuzeigen, daß eine Quelle nur die eine Möglichkeit für etwas zuläßt:

(34) a. Eine Wanderjacke muß luftdurchlässig sein. (Wanderhandbuch)
b. Sprachkenntnisse müssen bis zur Zwischenprüfung nachgewiesen werden. (Studienordnung)
c. Der Kühlwassertank mußte explodieren. Kein Frostschutzmittel, Temperatur unter Null.

Das Wissen um die unterschiedlichen Quellen erlaubt es den Sprechern nach dieser Sichtweise, die erste Äußerung als Formulierung notwendiger Materialeigenschaften, die zweite als gesetzliche Vorschrift und die dritte als Bericht über ein kausal notwendiges Ereignis zu verstehen. Ableitungsmechanismen dieser Art werden bei der semantischen Beschreibung eingesetzt, um eine einheitliche Bedeutung zu retten. Man errreicht dies, indem man die Verschiedenheit der Gebrauchsweisen auf Kontextfaktoren zurückführt, die als Leerstellen schon in der semantischen Struktur vorgesehen sind (so bei Öhlschläger 1989: 145).

Zunächst erscheint mir bemerkenswert, daß die Kenntnis der Art der Quelle bzw. des Redehintergrundes sich in einigen Fällen aus dem Wissen von Sprechern um die typischen Kommunikationsbedingungen in Texttraditionen bzw. Texttypen herleitet. Das Wissen um die relevanten Konstellationen in Texttypen wie mittelalterlichen Urkunden oder neuzeitlichen Studienordnungen zum Beispiel trägt das Verständnis bestimmter Modalverbverwendungen als Mittel der Kennzeichnung rechtsgültiger Verfügungen (bei der Verwendung von *sollen* oder *müssen*). Neben der Art der Quelle spielen für das Verständnis von Äußerungen auch Erwartungen eine Rolle, welche Arten von sprachlichen Handlungen und kommunikativen Aufgaben in Texten eines bestimmten Typs normalerweise vorkommen. So wird man eine Äußerung wie (35) in einem alten Kochbuch

(35)   kanst im oben auch ein kleines glütlein geben
(1609 Nürnberger Kochbuch)
‚Du kannst ihm auch etwas Oberhitze mit einer schwachen Glut auf dem Deckel geben'

aufgrund solcher Erwartungen nicht als Bericht über eine Fähigkeit verstehen, sondern als Kennzeichnung einer optionalen Handlungsmöglichkeit im Rahmen einer Zubereitungsweise, die man ohne Schaden auch unterlassen kann.

Man kann also zusammenfassen, daß das Wissen um kommunikative Bedingungen von Texttraditionen und Texttypen für Konzeptionen der einheitlichen Bedeutung vor allem in zweierlei Hinsicht eine Rolle spielt: Bestandteile dieses Wissens steuern die Ableitungsprozeduren von einheitlichen Bedeutungen zu spezifischeren Verständnissen, indem die Art der Quelle spezifiziert oder der Spielraum plausibler Verständnisse eingeschränkt wird.

Problematisch bei unterschiedlichen Konzeptionen der einheitlichen Bedeutung erscheint mir, daß diese einheitlichen Bedeutungen zunächst nur im Rahmen von sprachlichen Formulierungen gegeben sind, die Ausdrücke enthalten wie *nur die eine Möglichkeit zulassen* (bei *müssen*) oder *es vorziehen, daß ein Sachverhalt eintritt* (bei *sollen*). Diese Ausdrücke sind so gewählt, daß sie möglichst ohne sprachliche Härte ganz unterschiedliche Fälle abdecken; dennoch sind es unterschiedliche Fälle. Öhlschläger sagt an einer Stelle in bezug auf einige Beispielsätze: „*müssen* (...) hat in allen Fällen die gleiche Bedeutung, und es ist nur in den unterschiedlichen Quellen begründet, daß die durch *müssen* ausgedrückte Notwendigkeit jeweils als eine andere verstanden wird bzw. verstanden werden kann" (145f.). Wichtig erscheint hier, daß es ganz unterschiedliche Fälle der Notwendigkeit sein können, um die es beim *nur die eine Möglichkeit zulassen* geht. Öhlschläger sagt, daß die Vervielfachung der Bedeutungen in der älteren Literatur unter anderem durch die Wahl der Paraphrasenmethode bedingt ist. Umgekehrt kann man hier fragen, ob die Vereinheitlichung der Bedeutung nicht Ergebnis einer Formulierungsanstrengung ist, die unterschiedliche Verwendungsprototypen einebnet und die unterschiedlichen Gebrauchsaspekte der Verwendung der Modalverben nur eine Ebene weiter transportiert, zur Frage nach der Verwendung der Beschreibungsausdrücke: Was heißt *nur die eine Möglichkeit zulassen*, was heißt *notwendig*? Welche unterschiedlichen Fälle werden damit zusammengefaßt? Der Verstoß gegen eine notwendige Materialanforderung, wie in (34), hat ganz andere Folgen als ein Verstoß gegen ein Gesetz und in bezug auf Naturgesetze sind Verstöße bzw. Ausnahmen überhaupt nicht vorgesehen.

Vor diesem Hintergrund erscheint die Frage legitim, wo das bedeutungsminimalistische Beschreibungsprinzip seinen Wert hat und wo nicht. In Lehr- und Lernzusammenhängen etwa erscheint es mir vorteilhaft, zumindest in Ergänzung zu den schlanken ‚einheitlichen' Beschreibungen wichtige prototypische Deutungen und die dazugehörigen typischen Kontextfaktoren mit einzubeziehen. Grob gesprochen: Wenn die Semantik minimalistisch konzipiert ist, dann sollte man soviel Pragmatik in Lehrwerken oder Wörterbüchern zulassen, daß ein nachvollziehbares Bild der prototypischen Gebrauchsweisen von Ausdrücken entsteht.

Unabhängig von diesen eher praktischen Gesichtspunkten, die sich vom Zweck von Bedeutungsbeschreibungen herleiten, stellt sich die Frage nach der Eigenständigkeit einzelner Verwendungsweisen, die sich aus sprachlicher Routine ergibt, auch wenn sich der Zusammenhang solcher routinisierter Verwendungsweisen mit einer Grundbedeutung noch zeigen läßt. Als ein Beispiel für eine solche im Lauf von Texttraditionen routinisierte, eigenständig gewordene Verwendungsweise sehe ich den oben besprochenen Gebrauch von *sollen* bzw. *suln* in Rechtstexten an: Wenn ein Ausdruck wie *sollen* in einem bestimmten Textzusammenhang und einer bestimmten Funktion immer wieder verwendet wird und auch immer wieder in derselben Weise verstanden wird, dann kann man annehmen, daß neue Verwendungen in denselben Textzusammenhängen unmittelbar in einem weiterführenden Sinn verstanden werden ohne den Umweg über eine Ableitung nach Griceschem Muster. Die bedeutungsminimalistische Position mit einer einheitlichen Bedeutung kann hier als wertvolle Rekonstruktion des Zusammenhangs der routinisierten Verwendungsweise mit anderen Verwendungsweisen gelten, auch wenn die einheitliche Bedeutung nicht mehr in allen Fällen Grundlage für das Verständnis von Äußerungen ist. In solchen Fällen kann man sagen, daß Texttypen und das Wissen um die damit verbundenen kommunikativen Bedingungen Ausgangspunkt sein können für eine Routinisierung von eigenständigen Verwendungsweisen.

Verwendungsweisen, die ursprünglich in bestimmten texttypenspezifischen Zusammenhängen entstanden oder prominent wurden, können sich von dort in den allgemeineren Sprachgebrauch ausbreiten. Ich möchte nun eine solche Verwendungsweise von *müssen* besprechen, bei der ich vermute bzw. zumindest die Möglichkeit sehe, daß ursprünglich pragmatische Gebrauchsaspekte, die sich nicht aus einer ‚normalen' Bedeutung von *müssen* ableiten lassen, in bestimmten Textzusammenhängen routinisiert wurden. Solche Beispiele der Verwendung von *müssen* sind in unterschiedlichen Texten des 16. und 17. Jahrhunderts zu belegen, deren funktionale Gemeinsamkeit darin besteht, daß sie moralkritische oder kulturkritische Textelemente enthielten. Zu diesen Texten gehören etwa gedruckte Predigten, Satiren oder kulturkritische Flugblätter. Solche Verwendungen haben eines gemeinsam: Sie beziehen sich in der Regel auf Handlungsweisen, die vom Standpunkt des Sprechers aus neuartig sind, die mißbilligt werden, die aber von den Kritisierten in offenbar mutwilliger Weise unter Mißachtung der Kritik fortgeführt werden. Ein Beispiel für eine solche Kritik ist die eingangs unter (3) schon erwähnte Stelle:

(36) die haar ... müssen gestroblet sein/ als wann ein Saw zornig ist
              (1588 Osiander B4bf.)
  ‚die Haare tragen sie struppig und abstehend, wie wenn eine Sau zornig ist, was zu mißbilligen ist, was die Leute aber in mutwilliger Weise trotzdem machen'

Ältere Belege für diesen Gebrauch von *müssen* sind in den einschlägigen kulturkritischen Texten des 16. und 17. Jhs. nicht selten. Hier einige längere Textauszüge:

(37) Vnd was bißher gemeldet/ ist nur stuckwerck von der jetzigen Hoffart/ vnd kaum der halbe theil. Dann es *muß* alle Kleydung (so man zun ehren vnd gepräng tregt) auffs aller scherpffest gemacht/ vnd zur hoffart gerichtet werden. Vnd ist kein maß noch auffhören da/ sondern was

auß Franckreich/ Niderland/ Welschland/ vnnd andern hoffertigen Völckern herauß ins Deutschland kompt/ das *muß* man alßbald auch haben/ vnnd hinnach thun/ es kost gleich was es wölle.

(1588 Osiander B1a)

Vnnd erstlich/ so *muß* man vmb den Hut haben ein sammetene Weibergürtel/ mit vergülten oder silberen Rincken vnd Spangen: darmit man zuuerstehen gibt/ daß man das Mannshertz hingelegt/ vnnd ein Weibshertz im Leib hab. Die Weibergürtel aber *muß* ob dem Haupt sein/ darmit anzuzeigen/ das solche Mannspersonen sich gutwillig dem weiblichen Geschlecht submittiern (...) wöllen.

(1588 Osiander B4b)

So *muß* man auch haben ein lang/ breit/ vnd dickes Kröß: gleich als wann ein solche Mannsperson eines Weibs Schlayr vmb den halß herumb gewicklet hette: dann weil sie die Schleyr nicht mögen auff den Köpffen haben/ machen sie dieselbigen dieser gestalt vmb den Halß herumb. Sonderlich aber stehet es gar zierlich/ wann das lang vnnd breit Kröß sich herunter auff die Achßlen legt/ vnnd ein langer/ schwartzer/ dürrer Halß vberauß raget. Dann ein schwartzer langer Halß vnd ein weiß breites Kröß zieren einander gar herrlich (...) Vnd nach dem gemeldte eisene Ketten in abgang kommen/ tregt man jetzt am Halß ein seiden Strick/ der *muß* vngefehrlich eins kleinen fingers dick sein/ daran *muß* ein langer seidener Zott auff den Rücken hinab hangen/ mit Silber vnd Gold geschmuckt/ bey demselbigen Zotten ist gemeinlich ein Knopff/ vnnd das sol ein Zierd sein. Dasselbige Mäntelin (oder vil mehr Goller) *muß* mit vilen Premen/ biß gar nahe oben an/ belegt sein/ darmit man kaum sehen möge/ auß was Zeug es gemacht sey/ vnd *muß* auff der Seiten vnter dem rechten Arm gefast/ oder auff der lincke[n] Schultern gehenckt/ vnnd das vberig vber den halben Leib hinab hangen/ damit man nicht eigentlich wissen möge/ ob ein solcher Hofman ein Mantel an sich habe/ oder ob er in Hosen vnd Wammes/ ohne ein Mantel daher gehe: welches eben souil were. Vnd das sol nun auch ein Teutsche Erbarheit sein/ die wir von den Jtalienern gelernet haben. Auch *muß* man nicht allein im Winter (welches etlicher massen ein entschuldigung hette) sondern auch im Sommer auff Pantoffeln daher schlirffen/ vnd junge Kärle schleiffen dieselbigen an den Füssen hernach vnnd klopffen darmit/ wie die alte sechtzigjärige oder sibentzigjärige Weiber. (1588 Osiander B5aff.)

Ja solte einer vber daß/ die Kauffmansbrieff lesen/ ich meine er würde schnitz finden. Das *Laus Deo semper*/ *muß* in allen jhren brieffen/ (welches zwar an jhnen selbsten nicht vnrecht) dazu mit Teutschen buchstaben oben an stehen. (1644 Schorer A4a)

Aber es *muß* bey der jetzigen allomodischen Welt alles net daher gehen. (1644 Schorer D6a)

Jn dem wort vnd nahmen David setzen sie ein starckes T hinder daß D/ damit der David der etwan ein kleine person ist/ nicht vmb falle. Es *muß* jhnen bald ein jedes wort mit eim grossen buchstaben anfangen/ damit sie daß blatt außfüllen mögen/ vnd etwan nur 2. oder 3. wörter auff eine zeilen kommen. Vber dem Y. *müssen* zwey grosse dupffen/ oder lange strich stehen/ sonsten wuste man nicht waß es vor ein buchstab. Vber dem V *muß* auch ein zug gemahlt sein der etliche buchstaben zugleich zieren vnd berüren solle. Dieses alles aber vnd dergleichen noch mehr zu geschweigen/ so will ich allein/ jetzunder von der verderb vnd stümpelung Teutscher sprach reden.Dann es ist leider in den Cantzeleyen nunmehr dahin gekommen/ daß auch nicht ein Sicher geleitbrieff/ ein Paß-zedel/ Paß-wort (welches jhnen doch/ damit es mit Welschem Brey angerichtet werde/ passe-port heissen *muß*) kan/ geschriben vnnd verfertiget werden/ ohne einmischung frembder Lateinisch vnnd Frantzösischer wörter. (1644 Schorer D8b)

Wenn man Belege dieser Art in größerer Zahl vorfindet, dann stellt sich die Frage, ob und inwiefern die beiden Gebrauchsaspekte des Ausdrucks der Mißbilligung und der Unterstellung hartnäckiger und mutwilliger Praxis der kritisierten Personengruppe aufgrund wiederkehrender Routine sich an das Modalverb angelagert haben. Die Frage ist, ob solche Verwendungen von *müssen* eine ähnliche Entwicklung hervorgerufen haben wie verwandte Verwendungen, z.B. in der Entwicklung des Wortes *Pfaffe*. Beim Gebrauch von *Pfaffe*, das ursprünglich eine neutrale Bezeichnung für Geistliche war, haben sich pragmatische Zusatzannahmen, die im 16. und 17. Jahrhundert verbreitet waren (z.B. ‚Geistliche sind üble, sittenlose Gesellen'), mit dem Gebrauch des Ausdrucks in einer Weise verbunden, daß der Gebrauch des Ausdrucks *Pfaffe* bis auf den heutigen Tag nur als eine abwertende Bezeichnung für Geistliche gebraucht werden kann. Der konventionalisierte Gebrauchsaspekt der negativen Bewertung, der mit der Verwendung des Wortes *Pfaffe* verbunden ist, wurde in dieser Zeit routinisiert und läßt sich auch heute nicht ohne weiteres tilgen. In gleicher Weise ist nun zu fragen, ob Gebrauchsaspekte von *müssen*, die zunächst nur pragmatischer Natur waren und vorrangig in bestimmten Textzusammenhängen vorkamen, im Lauf der Zeit routinisiert wurden zu semantischen, also konventionalisierten und nicht mehr tilgbaren Aspekten des Gebrauchs von *müssen*. Vergleichbare Ausdrucksweisen der Gegenwartssprache sind etwa Beispiele wie:

(38) a. Mußt Du die Musik so laut machen?
b. Mußt Du die Musik immer so laut machen?

(39) a. Georg mußte seine Schlaghose anziehen.
b. Georg mußte wieder mal seine Schlaghose anziehen.

Und als Vergleichsobjekt, bezogen auf nicht-menschliche Bezugsgegenstände, vielleicht auch noch:

(40) a. Ich hatte ihn fast eingeholt, da mußte mir die Fahrradkette herunterspringen.
b. Diese Fahrradkette muß immer herunterspringen.

Äußerungen wie diese werden dazu verwendet, Mißbilligung und Unerwünschtheit zum Ausdruck zu bringen im Rahmen von Vorwürfen oder Berichten. Gegenstand solcher Äußerungen sind vielfach einzelne Handlungen (*die Musik laut machen, seine Schlaghose anziehen*), teilweise wird aber auch durch zusätzliche sprachliche Mittel signalisiert, daß die betreffenden Handlungen keine Einzelfälle, sondern Beispiele für Gewohnheiten und wiederkehrende Handlungsweisen sind (*immer, wieder mal*).

Die Gebrauchsbedingungen für diese Verwendungen lassen sich versuchsweise mit einer Reihe von Festlegungen beschreiben, die jemand eingeht, der oder die einen Satz wie (39a) verwendet:

(41) Mit der Verwendung von (39a) legt sich ein Sprecher/eine Sprecherin A darauf fest:
(i) daß Georg seine Schlaghose angezogen hat [= p]
(Faktizitäts-Festlegung)
(ii) daß A p mißbilligt (Mißbilligungs-Festlegung)
(iii) daß A annimmt, daß Georg weiß, daß A p mißbilligt bzw. das Georg weiß, daß p in irgendeiner Form problematisch ist, es aber (in hartnäckiger, mutwilliger Weise) trotzdem tut.
(eine Art ‚Mutwilligkeits'-Festlegung)

Nehmen wir an, Karin und Georg erscheinen auf einer Party, beide treffen eine Bekannte B und Karin sagt zu ihr: „Georg mußte seine Schlaghose anziehen". Soweit ich sehe, hätte die Bekannte B in bezug auf eine solche Äußerung zwei Verständnismöglichkeiten: Sie könnte zum einen annehmen, daß jemand oder bestimmte Umstände Georg in irgendeiner Form gezwungen haben, seine Schlaghose anzuziehen. Wenn dieses Verständnis nicht infrage kommt, dann kann sie aufgrund dieser Äußerung annehmen, daß Karin es mißbilligt, daß Georg seine Schlaghose angezogen hat, und möglicherweise wird sie darüber hinaus annehmen, daß Georg sogar weiß, daß Karin nicht leiden kann, daß er die Schlaghose anzieht, daß er sie aber trotzdem angezogen hat. Unter den Faktoren, die die Auswahl unter solchen Verständnisweisen steuern, sind neben den Annahmen über Personen auch die Intonation der Äußerung zu berücksichtigen.

Bemerkenswert erscheint mir, daß bei der zweiten Verständnisweise Verwendungsaspekte mit im Spiel sind, die über die Zuschreibung einer Notwendigkeit hinausgehen und offenbar Routinisierungen von ehemals pragmatischen Verwendungsaspekten darstellen, die besonders in kulturkritischen Texttypen prominent waren, die heute aber nicht mehr an solche Texttypen gebunden sind. Der

Gebrauchsaspekt des Signalisierens von Mißbilligung, Unerwünschtheit oder unpassendem Vorkommen hat sich an das Modalverb angelagert und ist – soweit ich sehe – heute noch Bestandteil unserer sprachlichen Routine bzw. der Semantik von *müssen*, der sich sogar auf Ereignisse nicht-intentionaler Natur beziehen kann. Wenn jemand sagt: „Ich wäre noch rechtzeitig angekommen, aber auf der Herfahrt mußte mir die Fahrradkette herunterspringen", dann signalisiert er oder sie mit der Verwendung von *müssen* nicht, daß eine Quelle nur die eine Möglichkeit zuließ, daß die Fahrradkette heruntersprang, sondern er bzw. sie signalisiert damit, daß dieses Ereignis unerwünscht war oder unpassend eintrat.

6 Ergebnisse und Zusammenfassung

Den Zusammenhang zwischen Verwendungsweisen von Modalverben und Texttraditionen kann man in zwei Richtungen sehen: (a) Texttraditionen haben in manchen Fällen ein eigenes Profil des Modalverbgebrauchs; (b) bestimmte Verwendungsweisen von Modalverben sind prominenterweise in bestimmten Texttypen zu finden. Eine plausible Erklärung solcher Zusammenhänge führt zu den kommunikativen Aufgaben, die im Rahmen von Texten eines bestimmten Typs immer wieder zu erledigen sind. Das Wissen um relevante Bedingungen der Kommunikation mit Texten eines bestimmten Typs spielt eine wichtige Rolle sowohl für die Ableitung von Verständnissen auf der Grundlage von ‚einheitlichen' Bedeutungen im Rahmen bedeutungsminimalistischer Konzeptionen als auch für die Etablierung routinisierter Verwendungsweisen in Konzeptionen, die eher eine Eigenständigkeit einzelner Verwendungsweisen von Ausdrücken betonen. In einer solchen Konzeption gehören die Regularitäten von Texttypen mit zu den Umgebungsbedingungen für eine mögliche Routinisierung von Gebrauchsaspekten, wie am Beispiel von texttypenspezifischen Verwendungsweisen von *sollen* und *müssen* verdeutlicht werden sollte. Das Wissen um Bedingungen der Kommunikation in unterschiedlichen Texttypen ist in beiden Arten von semantischer Konzeption eine wichtige Ressource der Verständigung.

Literatur

Forschungsliteratur, Wörterbücher

BMZ = Benecke, G.F., W. Müller & F. Zarncke (1990): Mittelhochdeutsches Wörterbuch. Nachdruck der Ausgabe Leipzig 1854–66. Mit einem Vorwort und einem zusammengefaßten Quellenverzeichnis von E. Nellmann sowie einem alphabetischen Index von E. Koller, W. Wegstein, N.R. Wolf. Fünf Bde. Stuttgart: Hirzel.

DWb = Deutsches Wörterbuch von Jacob und Wilhelm Grimm. 16 Bde (32 Teile) und ein Quellenverzeichnis. Leipzig: Hirzel 1854–1971. Nachdruck München 1984.

Fritz, G. (1991): "Deutsche Modalverben 1609 – Epistemische Verwendungsweisen. Ein Beitrag zur Bedeutungsgeschichte der Modalverben im Deutschen". Beiträge zur Geschichte der deutschen Sprache und Literatur 113, 28–52.

Fritz, G. (1993): "Kommunikative Aufgaben und grammatische Mittel. Beobachtungen zur Sprache der ersten deutschen Zeitungen im 17. Jahrhundert". Sprache und Literatur in Wissenschaft und Unterricht 71, 34–52.

Fritz, G. (1997): "Historische Semantik der Modalverben. Problemskizze – exemplarische Analysen – Forschungsüberblick". In: G. Fritz & Th. Gloning, Hrsg.: Untersuchungen zur semantischen Entwicklungsgeschichte der Modalverben im Deutschen. Tübingen: Niemeyer (= Reihe Germanistische Linguistik; 187), 1–157.

Gloning, Th. (1991): "Bedeutung und zusammenhängendes sprachliches Handeln: 'sollen' und das Vorausdeutungsspiel". In: S. Stati, E. Weigand & F. Hundsnurscher, Hrsg.: Dialoganalyse III. Referate der 3. Arbeitstagung, Bologna 1990. Teil 1. Tübingen: Niemeyer, 123–134.

Gloning, Th. (1996): Bedeutung, Gebrauch und sprachliche Handlung. Ansätze und Probleme einer handlungstheoretischen Semantik aus linguistischer Sicht. Tübingen: Niemeyer (= Reihe Germanistische Linguistik; 170).

Gloning, Th. (1997): "Modalisierte Sprechakte mit Modalverben. Semantische, pragmatische und sprachgeschichtliche Untersuchungen". In: G. Fritz & Th. Gloning, Hrsg.: Untersuchungen zur semantischen Entwicklungsgeschichte der Modalverben im Deutschen. Tübingen: Niemeyer (= Reihe Germanistische Linguistik; 187), 307–437.

Grammatik der deutschen Sprache. Von G. Zifonun, L. Hoffmann, B. Strecker und J. Ballweg, U. Brauße, U. Breindl, U. Engel, H. Frosch, U. Hoberg, K. Vorderwülbecke. Drei Bde. Berlin/ New York 1997. [Schriften des Instituts für deutsche Sprache 7.1, 7.2, 7.3]

Grice, H.P. (1989): Studies in the Way of Words. Cambridge, Mass.: Harvard University Press.

König, E. & E. Traugott (1988): "Pragmatic strengthening and semantic change: the conventionalizing of conversational implicature". In: W. Hüllen & R. Schulze, Hrsg.: Understanding the Lexicon. Tübingen: Niemeyer (= Linguistische Arbeiten; 210), 110–124.

Kratzer, A. (1978): Semantik der Rede. Kontexttheorie – Modalwörter – Konditionalsätze. Königstein/Ts.: Scriptor (= Monographien Linguistik und Kommunikationswissenschaft; 38).

Öhlschläger, G. (1989): Zur Syntax und Semantik der Modalverben des Deutschen. Tübingen: Niemeyer (= Linguistische Arbeiten; 144).

Strawson, P.F. (1971): Logico-Linguistic Papers. London: Methuen.

Strecker, B. (1994): Dialoganalyse und Grammatik. In: G. Fritz & F. Hundsnurscher, Hrsg.: Handbuch der Dialoganalyse. Tübingen: Niemeyer.

Quellen

(1280f) Essl. UB = Diehl, A. (Bearb.): Urkundenbuch der Stadt Esslingen. Erster Band. Unter Mitwirkung von K.H.S. Pfaff. Stuttgart 1899 (= Württembergische Geschichtsquellen; 4).

(1335f) Privatbriefe = Steinhausen, G. (Hg.): Deutsche Privatbriefe des Mittelalters. Erster Band: Fürsten und Magnaten, Edle und Ritter. Berlin 1899. Zweiter Band: Geistliche – Bürger I. Berlin 1907.

(1350) Megenberg = Konrad von Megenberg: Das Buch der Natur. Die erste Naturgeschichte in deutscher Sprache. Mit einem Wörterbuch. Hg. von F. Pfeiffer. Stuttgart 1861.

(15. Jh.) Pilgerfahrt = Schön, Th.: Eine Pilgerfahrt in das heilige Land im Jahre 1494. In: Mitteilungen des Instituts für österreichische Geschichtsforschung 13 (1892). 435–469.

(1507) Chr. Streyt = Von dem christenlichen streyt geschehen jm M.CCCCC.vj. Jar zu Lißbona ein haubtstat in Portigal zwischen den christen vnd newen christen oder juden/ von wegen des gecreutzigisten got [1507]. In: Yerushalmi, Y.H.: The Lisbon massacre of 1506 ond the royal image in the »Shebet Yehudah«. Cincinnati 1976.

(1519f) Druffel Bl. = Druffel, A. von: Die Bairische Politik im Beginne der Reformationszeit 1519–1524. In: Abhandlungen der historischen Classe der Bayerischen Akademie der Wissenschaften 17 (1886). 595–706. Beilagen (Briefe und Aktenstücke). 667–706.

(1530) ChrTürckey = Chronica vnnd beschreibung der Türckey mit yhrem begriff/ ynnhalt/ prouincien/ völckern/ ankunfft/ kriegen/ reysen/ glauben/ religionen/ gesatzen/ sytten (...). Nürnberg 1530. Nachdruck in: Chronica unnd Beschreibung der Türckey. Mit einer Einführung von C. Göllner. Köln/ Wien 1983.

(1538) Meichszner = Meichßner, J.E.: Handtbuechlin grundtlichs berichts Recht vnd wolschrybens der Orthographie vnd Grammatic. Tübingen 1538. Nachdruck Hildesheim/ New York 1976.

(1553f) Dernschwam = Babinger, F. (Hg.): Hans Dernschwam's Tagebuch einer Reise nach Konstantinopel und Kleinasien (1553/55). Nach der Urschrift im Fugger-Archiv hg. und erläutert von F. Babinger. München/ Leipzig 1923. Neudruck mit einem Nachwort von R. Schnur. Berlin/ München 1986.

(1566) ZimChr = Zimmerische Chronik (1566). Urkundlich berichtet von Graf Froben Christof von Zimmern (gest. 1567) und seinem Schreiber Johannes Müller (gest. 1600). Nach der von K. Barack besorgten 2. Ausgabe neu hg. von P. Herrmann. Vier Bde. Meersburg/ Leipzig 1936. (Froben ist Alleinverf.).

(1578) Thurneisser = Thurneysser zum Tuhrn, L.: Historia Vnnd Beschreibung Jnfluentischer/ Elementischer vnd Natürlicher Wirckungen/ Aller fremden vnnd Heimischen Erdgewechssen/ auch jrer Subtiliteten/ sampt warhafftiger vnd Künstlicher Conterfeitung (...). Berlin 1578. Nachdruck Grünwald 1981.

(1586E) Widman = Kolb, Ch. (Bearb.): Geschichtsquellen der Stadt Hall. Zweiter Band: Widmans Chronica. Stuttgart 1904 (Württembergische Geschichtsquellen 6).

(1588) Osiander = Osiander, L.: Ein Predig/ Von den hoffertigen/ vngestalten Kleidungen/ der Weibs vnd Mans personen. Tübingen (Hock) 1588.

(1588) Tüb Reimfaust = Mahal, G. (Hg.): Der Tübinger Reim-Faust von 1587/88. Aus dem Prosa-Volksbuch »Historia von D. Johann Fausten« (1587) in Reime gebracht von Johannes Feinaug. Faksimiledruck des einzigen vollständigen Exemplars in der K. Bibl. in Kopenhagen. Kirchheim, Teck 1977.

(1597) AChr = Annus Christi, 1597. Historische erzöhlung/ der fürnembsten Geschichten vnd handlungen/ so in diesem 1597. Jahr (...) abgelauffen. Durch Samuelem Dilbaum/ Burgern zu Augspurg/ auff das trewlichest (...) beschrieben (...). Rorschach 1597. Nachdruck Walluf-Nendeln 1977.

(1599) Meurer MRH = Meurer, Th.: Relatio historica semestralis. Das ist: Historische Beschreibung aller fürnemmen vnnd denckwirdigen Geschichten/ so sich vom Martio an/ biß in den September diß 99. Jahrs (...) verlauffen: Colligirt vnnd beschrieben durch Theodorum Meurer. Ursel 1599.

(16. Jh.A) Rem TB = Greiff, B. (Hg.): Tagebuch des Lucas Rem aus den Jahren 1494–1541. In: Sechsundzwanzigster Jahresbericht des historischen Kreis-Vereins im Regierungsbezirke von Schwaben und Neuburg für das Jahr 1860. Augsburg 1861, VII–XXII und 1–110.

(1609) Aviso = Schöne, W. (Hg.): Der Aviso des Jahres 1609. Faksimiledruck und Nachwort von W. Schöne. Leipzig 1939.

(1609) Kochbuch = Nürnberger Kochbuch 1609: Anno Christy 1609 in Nürnberg. Ein schön künstlich Kochbüchlein von vielen vnd manchen Richten. Faksimile der Handschrift aus dem Besitz von Erna Horn, hg. von Tupperware Deutschland. Frankfurt a.M. 1987.

(1610) PrAlch = Promptuarium Alchemiæ, Das ist: Vornehmer gelarten Philosophen vnd Alchimisten Schrifte & Tractat (...) publicirt Durch Joachimum Tanckium (...). Leipzig (H. Gross) 1610. Nachdruck mit einer Einleitung von K.R.H. Frick. Graz 1976.

(1625) Karlsbad = Kurtze entwerffung deß weitberühmbten Keyser Carolsbadt/ wie dasselbig etwas gegen Orient gelegen/ mit etlichen Buchstaben erkläret. Durch Johann Steffan Strobelberger/ Medicinæ Doctorem vnd Thermiatrum Cæsareum. Karlsbad/ Nürnberg 1625. [Abb.: Ant. Beran »Am Rhein«, Basel, Kat. 62, IV/1995.]

(1644) Schorer = Schorer, Chr. (Anon.): C.S. Teutscher vnartiger Sprach- Sitten vnd Tugendverderber. Gemehret vnd verbesseret/ vnd zum andern mal in Truck gegeben. Getruckt im Jahr/ Da Sprach/ Sitten vnd Tugend verderbet war. M.DC.XXXXIV.

Marburg   Thomas Gloning

Institut für Germanistische Sprachwissenschaft der Philipps-Universität Marburg,
Wilhelm-Röpke-Straße 6A, 35032 Marburg, e-mail: gloning@mailer.uni-marburg.de

The Relation between Modality and Evidentiality

Ferdinand de Haan

Zusammenfassung

In diesem Artikel wird die Beziehung zwischen Evidentialität und epistemischer Modalität unter sprachübergreifender Perspektive untersucht. Es wird gezeigt, daß diese beiden Phänomene – entgegen der gängigen Forschungsmeinung – in keiner engen Beziehung stehen. Vielmehr handelt es sich um unterschiedliche Thematisierungen der Rolle des Sprechers: Evidentiale nehmen Bezug auf die Evidenz, über die ein Sprecher verfügt, während epistemische Modale eine Behauptung mit Bezug auf das, was der Sprecher für wahr hält, bewerten. Darüber hinaus wird gezeigt, daß für das Verständnis des germanischen Modalverbsystems das Konzept der ‚Konfirmativität' erforderlich ist.

1 Introduction

One of the most interesting problems that scholars of evidentiality are faced with is the relation between *evidentiality*, the marking of the source of the information of the statement, and *epistemic modality*, the degree of confidence the speaker has in his or her statement. Many scholars believe the relation between these two categories is a strong one (or even a necessary one). For instance, in a widely cited work on modality, Palmer divides the realm of epistemic modality as follows (Palmer 1986: 51):

There are at least four ways in which a speaker may indicate that he is not presenting what he is saying as a fact, but rather:
(i)   that he is speculating about it
(ii)   that he is presenting it as a deduction
(iii)   that he has been told about it
(iv)   that is it a matter only of appearance, based on the evidence of (possibly fallible) senses.

Possibility (i) is the area of what is commonly called *jugd(e)ments* and is what people usually associate epistemic modality with. The other three possibilities represent three types of *evidentiality*. What binds these four possibilities together, according to Palmer (1986: 51) is: "... the indication by the speaker of his (lack of) commitment to the truth of the proposition being expressed". Evidence for this position comes from languages in which evidentiality and epistemic modality are expressed by the same elements, such as the Germanic languages. A sentence such as (1) below, from Dutch, is, out of context, ambiguous between an epistemic and an evidential interpretation.[1] In other words, the modal verb *moeten* 'must' can be both evidential and modal.

---

[1] Sentence (1) of course also has a deontic interpretation but because deontic modality does not play a role in this paper, it will be ignored.

(1)   Het moet een goede film zijn.
        'It must be a good movie.'   or
        'It is said to be a good movie.'

Similar examples can be found in most other Germanic languages (though not in all. English is an exception). Because these are the languages most linguists are familiar with, it comes as no surprise that the use of evidentials is often seen as a diminished commitment to the truth of the statement (e.g. Givón 1982, Haarmann 1970, Willett 1988 and Bybee, Perkins & Pagliuca 1994).

Possibly because of this, evidential meanings are usually listed under epistemic modality in grammars of Germanic languages; see e.g., Allan, Holmes & Lundskær-Nielsen (1994: 295) for the report reading of *skulle* in Danish. It is listed under epistemic modality. Similar statements can be made for Dutch (the ANS, Geerts et al. 1984, gives the evidential reading of *moeten* 'must' under the epistemic reading) and Swedish (*lär*, from *lära* 'to learn', as quotative is listed under modal auxiliaries in Holmes & Hinchcliffe 1993, see also section 3 below).

This paper examines the status of evidentiality in Germanic. Although the emphasis will be on Dutch, examples from other Germanic languages will be used where needed. Where appropriate, the data from Germanic are compared with data from a crosslinguistic sample of 200 languages, referred to here as the WALS sample (see De Haan (in preparation) for details). This is done to place the data from Germanic in its proper crosslinguistic perspective.

It will be shown that the relation between the areas evidentiality and epistemic modality is not a strong one, let alone a necessary one. Rather, epistemic modality is but one of many factors that can play a role in evidentiality. In the Germanic languages, it is the principal source for evidentiality (something which needs to be explained, see section 5), but it is by no means the only source, even in Germanic.

The paper is built up as follows. In section 2 I will define both epistemic modality and evidentiality. Section 3 discusses the various ways in which evidentiality is expressed in the Germanic languages. Section 4 examines whether there is a necessary relation between evidentiality and epistemic modality. It will be shown that the answer is negative. Section 5 discusses how epistemic modals can turn into evidentials. Section 6 attempts to give an explanation for why certain Germanic languages have more ways of encoding indirect evidentiality. It discusses the notion of confirmation, rather than evidentiality, as a driving force behind certain modal or evidential forms. Section 7, finally, draws some conclusions and places the Germanic evidentials in crosslinguistic perspective.

2 Definitions

Given that the link between epistemic modality and evidentiality is in dispute, we need to start with outlining the definitions of the two areas that are used in this paper. Both areas have been defined differently by different scholars, and so it is very important to have a precise understanding of each area.

Epistemic modality is concerned with the areas of possibility and necessity, which are referred to as *weak* and *strong* epistemic modality, respectively. Weak epistemic modality is grammaticalized in Germanic with the verbs *may* and *can* and its cognates in other Germanic languages, for example: *können* (German), *mogen/kunnen* (Dutch), or *kunne/måtte* (Danish), among others. Strong epistemic modality is grammaticalized as *must* or *shall*, or a cognate verb in the other Germanic languages, for example, *sollen/müssen* (German), *moeten* (Dutch), *måtte/skulle* (Danish). In addition, there are verbs that encode intermediate levels, such as *should* in English, or *böra* 'should' in Swedish. This list is by no means exhaustive of course, but it is meant merely as a bird's eye view of modality in the Germanic languages.

Possibility and necessity refer to the commitment of the speaker to the truth of what he/she is saying. When the speaker uses a weak epistemic modal, his/her level of commitment to the truth is obviously lower than when he/she uses a strong epistemic modal.

Evidentiality refers to the source of evidence the speaker has for his statement. Commonly, evidentiality is divided into *direct* and *indirect* evidentiality. Direct evidentials are used when the speaker has witnessed the action (visually, aurally, or potentially, with the other senses) while indirect evidentials are used when the speaker has not witnessed the action personally but has either deduced the action or has heard about it from others. When the action is deduced, we are talking about *inferentials*, when information about the event is conveyed through others, they are called *quotatives*.

In order to exclude such lexical markers of evidentiality as the English adverbs *reportedly* or *evidently* from the discussion, the second part of the definition of evidentiality requires some level of grammaticalization of evidential morphemes.[2] It is not always possible to give exact requirements for grammaticalization since this is to a certain degree a language-specific issue.[3] In the next section I will discuss to what degree evidentiality has been grammaticalized in the Germanic languages.

In examining the semantic definitions alone, one can wonder about the a priori relation between modality and evidentiality, since they encode entirely different cognitive areas. Examining the WALS data for those languages for which reliable inferences regarding sources of evidentials can be made, modal elements as source for evidentials are comparatively rare. This is one of the reasons why the link between epistemic modality and evidentiality is not a necessary one. Thus, it is necessary to explain the use of modal elements in Germanic.

---

[2] Similar considerations also apply to epistemic modality. Adverbs such as *possibly* or *likely* are excluded as well.

[3] In De Haan (1997) I have given some tentative requirements for grammaticalization.

3 Expressions of evidentiality in Germanic

This section gives a short overview of expressions of evidentiality in Germanic. It is not meant to be exhaustive: as mentioned in the previous section, what is and what is not an evidential is to a certain degree a theoretical issue. Some frameworks allow a wider interpretation of the term evidential.

As discussed in the previous section, my definition of evidentials comprises only those morphemes that a) mark source of information only and b) show signs of grammaticalization. According to this definition, one can divide evidentials in Germanic into two categories: those that are derived from modal elements and those that are not.

3.1 Evidentials from modal elements

Evidentials from modal elements come mainly from strong epistemic verbs. The reason for this will be discussed in section 4 below. The two main verbs most commonly used are verbs that are cognate with English *must* and those that are cognate with English *shall*.

The Dutch verb *moeten* is cognate with English *must* and an example was already shown in (1) above. Using a cognate of the verb *shall* is more common, however. Below are examples of German, Danish and Swedish, respectively:

(2) a. Er soll steinreich sein.
 'He is said to be extremely rich.' (Palmer 1986: 72)
 b. De skal have købt bil.
 'They are said to have bought a car.' (Allan et al. 1995: 295)
 c. Hon skall vara vacker.
 'She is said to be beautiful.' (Holmes & Hinchcliffe 1993: 293)

In addition, German and Dutch make use of the subjunctive for indirect evidentiality. In German, the subjunctive is a separate inflectional category while in Dutch it is expressed with the past tense of the verb *zullen* 'shall'.[4] Examples are given in (3):

(3) a. Er sei krank.
 'He is said to be ill.'
 b. Jan zou ziek zijn.
 'Jan is said to be ill.'

---

[4] The Dutch use of *zullen* differs from the use in other Germanic languages as discussed in (2), because only the past tense of *zullen* is evidential. Note that all examples of *shall*-cognates in (2) are in the present tense. In these languages, both present and past tenses appear to be evidential. This can be compared to the use of Dutch evidential *moeten* 'must' which is also evidential in both the present and past tense.

German and Dutch have therefore two ways of indicating that the action reported on was not witnessed directly. This suggests that there is a functional difference between the use of a modal verb and the use of the subjunctive. This question will be taken up in section 6 below.

From a crosslinguistic point of view, evidentials from modal verbs (as in (2) above) are not as common as evidentiality expressed through mood (subjunctive, irrealis, or otherwise). Finnish is the only example in the WALS sample of a language with evidentiality deriving from a modal verb. This is in all likelihood due to the areal influence of Germanic. It does not seem to occur, for instance, in Estonian.[5] The other possibility is more common, with examples from the Australian languages Mangarayi and Gooniyandi, as well as several Siberian languages and the Baltic languages.

3.2 Evidentiality from non-modal sources

Even though the focus of this paper is the behavior of evidentiality and modal verbs in Germanic, it must be mentioned that the Germanic languages have several other ways of marking source of information. These other possibilities are on the whole not as grammaticalized in these languages as the examples in section 3.1. Nevertheless, they are interesting from a theoretical perspective since they appear to run counter to some well-established typological patterns.

In a number of studies I have linked evidentiality with the notion of *deixis*. In De Haan (forthcoming a) I treat visual evidentials as being morphemes in which the action is viewed from the perspective of the speaker. In De Haan (forthcoming b), inferential evidentials are being viewed as being ambiguous between those that denote that the action is being viewed from the perspective of the speaker (similar to direct evidentials) and those that denote that the action is viewed as one in which the speaker plays no role at all. The latter is the usual definition of indirect evidentiality.

In English, as well as other Germanic languages, complements of perception verbs such as *see* and *hear* show evidential interpretations:[6]

(4)   a. I see that John is sick.
        b. I hear that John was fired from his job.

What is interesting about sentences like the ones in (4) is that the complement of *see* and *hear* in these cases does not mean that the action was witnessed directly, but rather that the action described was deduced (as in (4a)) or reported to the

---

[5] As a more general statement, it is true that evidentiality is a linguistic category that can spread quite easily from language to language as an areal feature. This is witnessed, for instance, by the spread of evidentiality in the Balkan area and the Amazon region.
[6] Three is a vast bibliography on perception verbs. See e.g. Dik & Hengeveld (1991) for a discussion.

speaker (as in (4b)). In other words, *see* and *hear* act as indirect evidentials, not as direct evidentials.

These verbs are not (yet?) grammaticalized evidentials, however. For one, the most common syntactic construction with *see* or *hear* as indirect evidentials is with a first person subject, although second person subjects are apparently also possible. Third person subjects of *see* and *hear*, however, do not seem to have an evidential interpretation. Secondly, the sentences in (4) are biclausal structures whereas fully grammaticalized evidentials never occur in biclausal structures (see De Haan 1997 and 1999b for discussion).

The development of perception verbs into indirect evidentials is relatively rare crosslinguistically. In the WALS sample, the only clear example of such a language is Sanuma, a Yanomam language spoken in the Venezuela/Brazil border area of the Amazon region (Borgman 1990). In Sanuma, a preverbal particle *a/ha* can be used to denote both auditory, direct, evidence and quotative, indirect, evidence (1990: 212). More often than not, indirect evidence, especially quotative evidentiality, is expressed with a grammaticalized form of a verb meaning 'to say' (see e.g. Harris & Campbell 1995: 171 for discussion). Because the important part of indirect evidentials is to denote that the speaker had no role in observing the action he/she describes, it is very natural to use a deictic form which directly conveys that. In the use of 'say'-verbs as quotatives, it is expressly stated that the information came to the speaker. In using a form of 'see' or 'hear' for indirect evidentiality, the deictic relation is reversed, placing more emphasis on the speaker's role than is warranted. For this reason, the use of perception verbs as source for indirect evidentials is in general not preferred.

There are a number of other evidentials used in the Germanic languages. In Swedish, the particle *lär* is used, from the verb *lära* 'to learn'. An example is given in (5) below:

(5) Hon lär skriva dikter.
 'She is said to write poetry.' (Holmes & Hinchcliffe 1993: 295)

The verb 'to learn' is also an uncommon source of evidentials crosslinguistically, for the same reason as perception verbs: the deictic relation is reversed.

An intriguing example of grammaticalization in action is exemplified by the use of the raising verb 'seem' in many Germanic languages. In De Haan (1999b) I have sketched the development of *schijnen* 'seem' in Dutch; from a full verb, with the meaning 'to shine' to a raising verb with the abstract meaning of 'there is evidence that'. Diewald (this volume) discusses the grammaticalization of German *scheinen*. Verbs like *schijnen* and *seem* exhibit essentially a deverbalization pattern (cf. also the Afrikaans example (15) below of the evidential particle *glo*, from a full verb *glo*, meaning 'believe'). These verbs developed from a full verb with a very concrete meaning into verbs with a more auxiliary-like status and with a very abstract meaning. This grammaticalization path is not unlike the path modal verbs have taken. In some linguistic theories modal verbs are analyzed as raising verbs, an approach which is consistent with the deverbalization approach. It is very likely that similar cognitive patterns are at work here.

4 The link between modality and evidentiality

In the Germanic languages a strong epistemic modal verb is used for evidential purposes as we have seen above. This has compelled some scholars to define strong epistemic modality in evidential terms, thereby implicitly assuming that there is a necessary link between them. For instance, Sweetser (1990: 61) gives the following analysis of a sentence with the strong epistemic modal verb *must*:

(6) You must have been home last night.
'The available (direct) evidence compels me to the conclusion that you were home.'

By explicitly linking a strong modal verb with the notion of evidence, the impression is created that this is a necessary part of the meaning of strong epistemic modality. This also entails that evidence is somehow absent from other types of modality. Indeed, Sweetser's analysis of weak epistemic modality makes no mention of the notion of evidence. Rather, the traditional analysis of *nihil obstat* is chosen (Sweetser 1990: 61):

(7) John may be there.
'I am not barred by my premises from the conclusion that he is there.'

As argued in De Haan (1999a), this type of analysis is flawed for two reasons: one, it implies that evidentials can be derived only from strong modal elements, and, two, that evidence is relevant only for strong epistemic elements. Both statements are false.

In many languages, the evidential morphemes are not necessarily derived from strong modal verbs. Firstly, there are many cases where evidentials do not derive from a modal element at all, as is for instance the case with perfects that turn into inferentials or the well-known path of 'say'-verbs grammaticalizing into a quotative (see e.g., Harris & Campbell 1995 with data from Caucasian languages and De Haan 1999a with data from Mesoamerican languages. See also the previous section.). These do not involve modal elements at all. Secondly, even in those cases where evidentials do derive from modals, it is not necessarily the case that strong modals are involved. We have already seen examples of the subjunctive used in an evidential sense, but there are a number of languages where even weak epistemic modals, such as *dubitatives*, can take on evidential interpretations.

Such an example is Acoma, a Keresan language spoken in New Mexico (Miller 1965). In Acoma, each verb must be accompanied by a pronominal prefix. These pronominal prefixes mark both subject-object relations and mood. According to Miller (1965: 100) there are a number of pronominal sets, depending on the mood. One of the mood sets is the dubitative set. There are three main functions of the dubitative set: "The dubitative is used (1) when there is a doubt in the speaker's mind that the event happened or will happen, (2) when the event was not witnessed by the speaker, and (3) in asking questions." (Miller 1965: 123). An evidential example of these morphemes is:

(8) ʔúutisdyáwísti   taʔ- a'ukúy'awi
    saddle   DUB:1-lose
    'I lost my saddle (and did not know it).'   (Miller 1965: 123)

Thus, we have seen that weak epistemic modals can also produce evidentials. At this point we may be tempted to draw the conclusion that the strength of evidence is somehow related to the level of confidence of the speaker. In other words, strong modals should produce stronger evidentials. This is an appealing idea, but it is not supported by the data. There is no evidence that evidentials derived from strong epistemic modals have an inherently higher degree of speaker confidence than evidentials derived from weak epistemic modals. Note that Germanic evidentials and the Acoma evidential shown in (8) are both indirect evidentials, covering approximately the same evidential area on the hierarchy of evidentiality.

There is thus no good reason to suppose that there is a causal link between strong epistemic modality and evidentiality. We can further strengthen this argument by looking at the following sentences:

(9) a. John must be at home. The light is on.
    b. John may be at home. The light is on.

In both (9a), which is the typical evidential, and in (9b), the evidence for the statement is expressed overtly. Moreover, the evidence is the same in both cases. Yet in one instance we find the strong modal verb, in the other the weak modal verb.

This example shows that there is no inherent link between modal and evidential. In both cases, the situation is identical (the speaker sees light, but no John) and the speaker must evaluate the situation based on what he/she knows of John's behavior. In sentence (9a) he/she knows that there is a high correlation between the turned-on light and John's being at home, while in (9b) this correlation is much lower. What is relevant, therefore, is not the availability of evidence but the speaker's interpretation of the situation, something which includes the evidence, but evidence is only a part of the picture. A speaker could even say a sentence like (9c):

(9) c. John is at home. The light is on.

In this example, there is no modal present at all, but the same evidence is present in the situation. The speaker has apparently no direct evidence of the statement (John was not seen or heard) but evidently the correlation between evidence and situation is so high, that the speaker does not feel the need to assign a degree of doubt to his or her statement.

It would therefore be entirely possible for languages to grammaticalize indirect evidentiality by means of a morpheme that otherwise means certainty or is unmarked for doubt. Such an example is Suena, a New Guinean language (Wilson 1974). In Suena, the marker for the Quotative is the sentence-final particle *sia*, as shown in (10) below:

(10) Oneki   gutu-ra   bam-i   sia.
      Oneki   isle-to   went-he   QUOT
      'Oneki reportedly went to the island.'   (Wilson 1974: 151)

This use of *sia* contrasts with its use in a sentence such as (11), in which it is used as a marker of certainty (Wilson 1974: 113):

(11) ma-n-a   sia
      come-I-IND   CER
      'It is that I've come.'   or
      'It's true, I've really come.'

In other words, we must distinguish between morphemes that are epistemic in nature, which evaluate the statement, and evidential morphemes, which assert the level of evidence on which the statement is based.[7] There are languages in which both types of morphemes can occur side by side. Such a language is Western Tarahumara, a Uto-Aztecan language (Burgess 1984):

(12) a. alué   hu-rá
         he   be-QUOT
         'They say it is he.'
      b. rahá-ra-guru
         burn-QUOT-truth
         'They say he burned it and it's probably true.'
      c. simí-le-ga-ra-e
         go-PAST-STAT-QUOT-DUB
         'Someone said he went but he did not.'   (Burgess 1984: 104)

In Western Tarahumara, the quotative suffix *-ra* can be optionally followed by a suffix indicating truth or doubt. (12a) is a sentence with only an evidential morpheme, while (12b) and (c) are sentences in which the evidential is accompanied by an epistemic morpheme that shows the evaluation of the statement by the speaker. In Western Tarahumara, then, the category of evidentiality is neutral

---

[7] In addition, there may be a third category that is relevant, namely the category of *assertives*. These are morphemes that assert that the action happened, happens, or will happen. This assertion is not based on any evidence. In some languages, assertives are separate morphemes, such as the Germanic modal particles (an example is the Dutch particle *toch*). In languages like English, assertiveness is handled via a special intonation.

with respect to the degree of confidence and a separate epistemic morpheme is needed to show this.

5 Evidentiality and epistemic modality: which comes first?

Even though the link between evidentiality and epistemic modality is clearly not a necessary one, we still need to explain why evidentiality in the Germanic languages is so often expressed by means of modal verbs. One way of looking at this question is to ask which category derives from which and why? Does evidentiality in Germanic derive from epistemic modality or is it the other way around? In the literature, both viewpoints are found.

5.1 Epistemic modality from evidential meanings

In a highly influential paper, Traugott (1989) addresses the issue of the development of epistemic meanings from deontic ones in English. Her argument is that epistemic modality arose from evidential meanings because of the process of subjectivization. Traugott (1989: 35) posits a grammaticalization tendency according to which "Meanings tend to become increasingly based in the speaker's subjective belief state attitude toward the proposition." In her view, statements based on evidence such as *It is obvious from evidence that* are "weakly subjective" while epistemic statements such as *I conclude that* and *I think that* are "strongly subjective".

Given that the tendency runs from less to more subjective, the prediction is then that deontic modals acquire an "evidential" reading (i.e., a weakly epistemic one) before they become fully epistemic. The earliest examples of epistemic modals in English should therefore be weakly subjective. Traugott gives two examples of this evidential use of the Old English verb *sculan*, one of which is cited in (13), from Traugott (1989: 41):

(13)   &   to   þam   Pentecosten   wæs   gesewen
        and   at   that   Pentecost   was   seen

        blod   weallan   of   eorþan, swa swa mænige sæden
        blood   to:well:up from earth   as   many   said

        þe   hit   geseon *sceoldan*
        that it   see   should

'And at the Pentecost ... blood was seen welling up from the ground, as many said who supposedly saw it.'

Traugott states that strongly subjective epistemic interpretations for the English modal verbs do not occur until well after the Old English period.[8]

According to this scenario, the driving force behind the grammaticalization of epistemic modality is *subjectivity*. Given that this process is independently attested, this scenario is plausible, but the data given by Traugott are inconclusive and another scenario is possible.

5.2 Evidentiality from epistemic modality

One reason to doubt the scenario outlined in section 5.1 above is that evidentiality has a narrow use. Evidentials are used when there is a question of evidential basis, which is a relatively rare occurrence (one such place is the matter of *confirmation*, discussed in section 6 below). From a pragmatic point of view, the epistemic *I doubt that* is much more likely to be relevant in conversation than *I have evidence that*. Also, the order evidentiality before epistemic modality would seem to imply that there are languages in which there are evidentials but no epistemic modals. To my knowledge, there are no such languages whereas there are languages in which there are epistemic modals but no evidentials (English would qualify as such a language). We need therefore to explore the reverse development: evidentials from epistemic modals.

In De Haan (1999b) I argued that the evidential use of Dutch *moeten* arose through pragmatic strengthening of the evidence used to make the statement and a bleaching out of the epistemic part of the meaning of *moeten*. Thus:[9]

(14) epistemic *moeten*   probability for action   (which can be based on evidence)
    evidential *moeten*   evidence for action   (without any indication regarding the truth or falsehood of the action)

The syntactic history of the modal verbs also points in this direction. The development from main verbs to (in the case of evidential verbs) a position in which basically the entire sentence is in the scope of the modal verb is essentially a process of deverbalization of this group of verbs.

As I have argued elsewhere (see De Haan 1997, 1999b), *moeten* as an evidential verb cannot be in the scope of negation because the entire sentence has to be in the scope of the evidential. While there exists an epistemic modal verb which denotes that the negation has scope over the modality (i.e. the interpretation *it is not necessary that*), namely *hoeven* 'need', this verb is not evidential,

---

[8] Traugott also states that the quotative interpretation of the German modal verb *sollen* do not fully develop until after 1700. If this is true, this is further evidence for the position that evidentials arise from epistemic modals and not the other way around. Gloning (2001), however, claims that the quotative use of *sollen* is already present in examples from the 13th century.

[9] The phrasing is reworded slightly from De Haan (1999: 79).

since this would mean that negation has scope over the evidential, something which, as we have seen, is an impossibility.

The deverbalization of an epistemic verb into an evidential particle has reached the final stage in Afrikaans, a language with very little verbal morphology anyway. The particle *glo*, from a verb meaning 'to believe' (cf. German *glauben* and Dutch *geloven*), is now used as an evidential particle, as in:

(15)   Sy boeke was *glo* baaie populêr vroeër
       'His books are said to have been very popular before.'

Thus, the diachronic evidence appears to point to the second scenario as the most likely one, on the grounds that it is more consistent with known patterns of deverbalization, although it needs to be tested in diachronic corpus-linguistic studies.

6 Confirmed and unconfirmed information

In languages such as Dutch and German, more than one form exists to denote that the action was not witnessed personally. In German, the forms used are the modal verb *sollen* and the subjunctive (see examples in (16)) while in Dutch the corresponding forms are the modal verb *moeten* and the past tense of the verb *zullen, zou(den)*. Examples are given in (17).

(16)   a. Er soll krank sein.
       b. Er sei krank.
          'He is said to be ill. '

(17)   a. Het moet een goede film zijn.
       b. Het zou een goede film zijn.
          'It is said to be a good film.'

We can then ask why there are essentially two ways to convey the same thing, indirect evidence. Are these two possibilities functionally equivalent or are there differences in usage? I would suggest here that there are indeed differences and I will argue that the difference between the two is that the forms in *sollen* and *moeten* are used evidentially and the other forms are used when the action reported is *unconfirmed*. The basis for this hypothesis is Friedman's work on evidentiality in the Balkan area.

In a series of papers (Friedman 1979, 1986, 1999), Friedman has argued that much of what is commonly called evidential is not actually evidential in the sense that the statement is based on some kind of evidence, but rather on whether the speaker has personally confirmed the action or not. Based on in-depth studies of the Balkan Slavic (especially Bulgarian and Macedonian), Friedman has come to the conclusion that indirect evidentiality in Bulgarian and Macedonian is a pragmatic inference of the primary notion from nonconfirmation. If an event is non-confirmed, but we feel secure enough to report it, it can be assumed that we have some sort of (indirect) evidence for it.

In languages such as Bulgarian, the confirmed vs. unconfirmed distinction is in everyday use, according to Friedman. I will argue that the same distinction can be used in Germanic as well, but on a much narrower scale. It is only attested in certain registers of language. I will limit myself to Dutch in this discussion.

It would appear that the distinction between confirmed and non-confirmed events in Dutch is limited to registers where the distinction is crucial. Such a register is newspaper language (and language in the media in general). It turns out that in this register the evidential verb *moeten* is not used at all, but that the past tense of *zullen* is used exclusively. The following example is typical evidential usage of the media register. It comes from the NOS Teletekst service (Tuesday, Jan 16, 2001):

(18) "Kabila gedood bij couppoging"

KINSHASA De Congolese president Laurent Kabila *zou* dinsdag tijdens een poging tot staatsgreep zijn gedood. Dat meldt het persbureau Reuters *op gezag van de veiligheidsdienst van Oeganda.*
Volgens de Belgische ambassade is er geschoten bij de residentie van Kabila. De radio en televisie werken niet, en de telefoon is afgesloten. Een officier van het Congolese leger had eerder bevolen de luchthaven en de haven aan de Congo-rivier af te sluiten.
Oeganda en Rwanda steunden de rebellen die sinds augustus 1998 proberen Kabila af te zetten. De president kreeg de steun van Angola, Namibie en Zimbabwe.

' "Kabila reportedly killed in coup attempt"

KINSHASA The President of the Congo Laurent Kabila was reportedly killed Tuesday during a coup attempt. This is reported by Reuters on the authority of Ugandan Security.
According to the Belgian embassy shots were fired near Kabila's residence. Radio and television are off the air and telephones are disconnected. Earlier, a Congo Army officer had ordered the closure of the airport and port on the River Congo.
Uganda and Rwanda supported the rebels who have been trying to depose Kabila since August of 1998. The President received the support of Angola, Namibia and Zimbabwe.'

The first part of the text is unconfirmed information, which is signalled by several means. The main focus of the text is unconfirmed (but newsworthy) and this is clearly stated in the first sentence with the use of *zou*. Further on, some parts are confirmed (and are left unmarked for confirmation) and those sentences that convey unconfirmed information give the source of information. This is marked overtly with phrases such as *op gezag van* 'on the authority of' or *volgens* 'according to'.[10]

Another way of marking unconfirmed actions is the use of quotation marks in the title. This is also used to denote unconfirmed information. Note that the title is not a direct quotation, since it is not attributable to any specific person. It is rather a convenient way of marking a general rumor. This use shows that headlines are a special register within newspaper language in general, given that quotation marks outside of titles are used for direct quotes.

Newspaper headlines are about the only place where grammaticalized evidentials can be found in English, as is shown in the following headlines from the on-line edition of the New York Times:

(19)   a. Sierra Leone Mine *Said* Collapses.   (March 7, 2000)
        b. Plane *Said* Crashed Just Flying Low.   (January 7, 2001)

The particle *said* has been stripped of its verbal properties, as demonstrated by the fact that the present tense is used in (19a) and the past in (19b). Its usage corresponds to the use of the form *zou* in the Dutch example (18); it is a nonconfirmational particle.

At present, it is unclear just how widespread the use of the nonconfirmational particles is outside of the newspaper register. I have tested examples (19) with some speakers of Standard American English and it was universally judged ungrammatical in everyday use. More studies on the use of confirmed and unconfirmed reports (preferably crosslinguistic ones) are needed.

As far as the evidential verb *moeten* is concerned, it is unclear at present how widespread it is. It is not used to denote that an action is unconfirmed and it would seem that *moeten* is purely evidential, i.e., its function as an evidential verb is to show that the speaker has only indirect evidence for his or her statement. What is needed is a corpus-linguistic study of the verb *moeten* with special reference to its evidential use.

---

[10] The corresponding English version (from the New York Times, January 16, 2001) runs as follows:
                      Congo President Reportedly Shot
    KINSHASA, Congo (AP) -- Congolese President Laurent Kabila was shot during an attempted coup d'etat on Tuesday, a senior military official in neighboring Republic of Congo said. It remained unclear whether Kabila had been killed during an intense 30-minute gunbattle at his palatial residence in the capital. Intelligence officials in Rwanda, which supports rebels battling Kabila's government, said they had unconfirmed reports that Kabila was dead.
Apart from the use of the adverb *reportedly*, the unconfirmed parts of the text are clearly marked lexically, with such phrases as *it remained unclear* and a direct attribution of the statements. Note that the situation is not treated as doubtful; there are no modals present in the text.

7 Conclusions

In this paper, I have looked at the link between modality and evidentiality. While definitive answers are hard to give (as has been shown by countless, sometimes contradictory studies in this area), it appears to be the case that the link between these highly abstract areas of grammar is much weaker than it would appear if one just looked at data from Germanic. Given the difficulty in defining of what constitutes an evidential and what is a modal verb (and we are not yet even close to a definitive answer here either), we must be very careful not to leap to any conclusions before more data is in. Many studies have been based on just a handful of carefully selected languages and not much attention has been given to the wider picture.

We know that evidentiality relates to a number of other areas. Epistemic modality is one of them, but it may not be the most important one. Other areas that are just as important include (spatial) deixis, and tense/aspect systems, not to mention the areas of *perception* (see De Haan forthcoming a) and *mirativity*, the marking of unexpected information (see De Lancey 1997). Mirativity is often expressed with the same morphemes as evidentiality. Fortunately, more and more scholars are starting to pay attention to such matters, as evidenced by the recent flood of articles and books dealing with evidentiality, the two most recent ones being Guentschéva 1996 and Johanson & Utas (2000). With the help of studies such as the ones contained in these books and in the present volume, the time that evidentiality was considered to be a category that only occurs in a couple of "exotic" languages is surely behind us.

Bibliography

Allan, R., P. Holmes & T. Lundskær-Nielsen (1995): Danish: A Comprehensive Grammar. London: Routledge.

Borgman, D.M. (1990): "Sanuma". In: D. Derbyshire & G. Pullum, eds.: Handbook of Amazonian Languages 2. Berlin: Mouton de Gruyter, 15–248.

Burgess, D. (1984): "Western Tarahumara". In: R. Langacker, ed.: Studies in Uto-Aztecan Grammar 4. Dallas: SIL, 1–149.

Bybee, J., R. Perkins & W. Pagliuca (1994): The Evolution of Grammar: Tense, Aspect, and Modality in the Languages of the World. Chicago: University of Chicago Press.

De Haan, F. (1997): The Interaction of Modality and Negation: a Typological Study. New York: Garland.

De Haan, F. (1999a): "Evidentiality and epistemic modality: setting boundaries". Southwest Journal of Linguistics 18, 83–101.

De Haan, F. (1999b): "Evidentiality in Dutch". Proceedings of the 25th Meeting of the Berkeley Linguistics Society, 74–85.

De Haan, F. (to appear; a): "The cognitive basis of visual evidentials". Proceedings of the 4th Conference on Conceptual Structure, Discourse, and Language. Stanford: CSLI Publications.

De Haan, F. (to appear; b): "The Place of Inference within the Evidential System". International Journal of American Linguistics.

De Haan, F. (in preparation): "Evidentiality". In: B. Comrie, M. Dryer, D. Gil & M. Haspelmath, eds.: World Atlas of Language Structures.
DeLancey, S. (1997): "Mirativity: the grammatical marking of unexpected information". Linguistic Typology 1, 33–52.
Diewald, G. (2001): "*Scheinen*-Probleme: Analogie, Konstruktionsmischung und die Sogwirkung aktiver Grammatikalisierungskanäle". [this volume]
Dik, S. & K. Hengeveld (1991): "The hierarchical structure of the clause and the typology of perception verb complements". Linguistics 29, 231–259.
Friedman, V.A. (1979): "Toward a typology of status: Georgian and other non-Slavic languages of the Soviet Union". CLS 15 parasession, 339–350.
Friedman, V.A. (1986): "Evidentiality in the Balkans: Bulgarian, Macedonian, and Albanian". In: W. Chafe & J. Nichols, eds.: Evidentiality: The Linguistic Coding of Epistemology. Norwood, NJ: Ablex (= Advances in Discourse Processes; 20), 168–187.
Friedman, V.A. (1999): "Proverbial evidentiality: on the gnomic uses of the category of status in languages of the Balkans and the Caucasus". Mediterranean Language Review 11, 135–155.
Geerts. C. et al. (1984): Algemene Nederlandse Spraakkunst. Groningen: Wolters Noordhoff.
Givón, T. (1982): "Evidentiality and epistemic space". Studies in Language 6, 23–49.
Gloning, Th. (2001): "Gebrauchsweisen von Modalverben und Texttraditionen". [this volume]
Guentschéva, Z. (1996): L'énonciation mediatisée. Leuven: Peeters.
Haarmann, H. (1970): Die indirekte Erlebnisform als grammatische Kategorie. Eine Eurasische Isoglosse. Wiesbaden: Harrassowitz.
Harris, A. & L. Campbell (1995): Historical Syntax in Cross-linguistic Perspective. Cambridge: Cambridge University Press.
Holmes, P. & I. Hinchcliffe (1993): Swedish: a Comprehensive Grammar. London: Routledge.
Johanson, L. & B. Utas (2000): Evidentials: Turkic, Iranian and Neighbouring Languages. Berlin: Mouton de Gruyter.
Miller, W. (1965): Acoma Grammar and Texts. Berkeley: University of California Press.
Palmer, F.R. (1986): Mood and Modality. Cambridge: Cambridge University Press.
Sweetser, E.E. (1990): From Etymology to Pragmatics: Metaphorical and Cultural Aspects of Semantic Structure. Cambridge: Cambridge University Press.
Traugott, E. (1989): "On the rise of epistemic meanings in English: an example of subjectification in semantic change". Language 65, 31–55.
Willett, T.L. (1988): "A cross-linguistic survey of the grammaticization of evidentiality". Studies in Language 12, 51–97.
Wilson, D. (1974): Suena Grammar. Workpapers in Papua New Guinean Languages 8. Ukarumpa, Papua New Guinea: Summer Institute of Linguistics.

Albuquerque, NM   Ferdinand de Haan

Department of Linguistics, University of New Mexico, Albuquerque, NM 87131, USA, e-mail: fdehaan@unm.edu

Was ist modal an Modalen Infinitiven?

Daniel Holl

Abstract

This paper is about so-called Modal Infinitives in German. The core cases consist of the auxiliaries *sein* or *haben* and a *zu*-infinitive. It is argued that in contrast to modal verb constructions it is the (*zu*-)infinitive, not the auxiliary, which bears the structurally relevant properties of Modal Infinitives. It is this type of *zu*-infinitive that leads to a modal interpretation and to a passive effect (in certain structural contexts) that is observable with *sein-zu*-constructions. Furthermore it preserves residues of a purposive meaning. A semantic analysis shows that *sein-zu*-constructions and *haben-zu*-constructions share, in spite of some prima facie differences, important semantic properties so that the same type of *zu*-infinitive is taken to be part of both constructions. The fact that Modal Infinitives are restricted to a few types of circumstantial modal readings, which is a substantial difference to German modal verbs, is shown to be correlated with the syntactic and semantic properties of the *zu*-infinitive as the bearer of modal meaning. Thus, even the puzzling polysemy between necessity and possibility readings found with *sein-zu*-constructions appears to be evidence for assuming a modal *zu*-infinitive.

1 Einleitung[1]

Daß die Konstruktionen in (1) modal sind, daran besteht nach allgemeiner Auffassung kein Zweifel. Schließlich läßt sich deren Bedeutung durch Modalverbparaphrasen wie in (2) wiedergeben.

(1)   a. Diese Aufgabe ist zu lösen.
       b. Anna hat diese Aufgabe zu lösen.
(2)   a. Diese Aufgabe kann/muß gelöst werden.
       b. Anna muß diese Aufgabe lösen.

Dabei wird häufig angenommen, daß in (1) modale Varianten von *sein* bzw. *haben* auftreten und damit in gewisser Weise so etwas wie Modalverbkonstruktionen vorliegen. Wenn in diesem Zusammenhang von modalem *sein* bzw. *haben* gesprochen wird, wie dies etwa in Höhle (1978), v. Stechow (1990), Wurmbrand (1998)[2] oder der IdS-Grammatik (1997) geschieht, dann ist den Autoren freilich bewußt, daß hier keine typischen Modalverben vorliegen. Zum einen verbinden sich nämlich *sein* und *haben* in (1) anders als etwa *müssen* und *können* nicht mit einem bloßen, sondern mit einem *zu*-Infinitiv, zum anderen sind beide ‚modale' Verben nicht polyfunktional in dem Sinne, wie es die Modalverben des Gegenwartsdeutschen sind (s. Diewald 1999), da sie nur zirkumstantiel-

---

[1] Der Aufsatz stellt die zentralen Thesen meiner Magisterarbeit dar. Für fördernde Gespräche in diesem Zusammenhang danke ich Marga Reis, Jürgen Pafel, Ulrike Demske und Veronika Ehrich.
[2] Zumindest finden sich in Wurmbrand (1998: 126), die sich auf die syntaktische Beschreibung der sogenannten *auxiliary-infinitive construction* beschränkt, Hinweise auf eine solche Sicht.

le, jedoch keine epistemischen Verwendungen zulassen. Die vermeintliche Parallele zu Modalverben besteht nach jener Auffassung aber darin, daß in beiden Fällen das Matrixverb einer kohärenten Konstruktion als lexikalisches modales Ausdrucksmittel sowohl die syntaktische als auch die semantische Struktur der Konstruktion bestimmt.

Dagegen wird im vorliegenden Aufsatz dafür argumentiert, daß sich die Eigenschaften der *sein-zu*-Konstruktion (1a) wie der *haben-zu*-Konstruktion (1b) im wesentlichen auf den beiden Konstruktionen gemeinsamen *zu*-Infinitiv zurückführen lassen. Dieser *zu*-Infinitiv, der zu unterscheiden ist von anderen Vorkommen des *zu*-Infinitivs etwa in inkohärenten Konstruktionen, ist zum einen Träger der modalen Bedeutung, zum anderen löst er in geeigneten Kontexten Argumentblockierung aus, was zur ‚passivischen' Eigenart der *sein-zu*-Konstruktion führt.

Insofern ist der im folgenden verwendete und auf Brinkmann (1962) zurückgehende Terminus *Modaler Infinitiv* für die Konstruktionen unter (1) durchaus wörtlich zu nehmen. Darüber hinaus macht er deutlich, daß die beiden genannten Konstruktionen nicht isoliert voneinander betrachtet werden können.

Im folgenden geht es nach einem Überblick über die verschiedenen Konstruktionstypen zunächst um die Syntax der Modalen Infinitive, wobei ausgehend von der passivischen Struktur der *sein-zu*-Konstruktion die für die Argumentblockierung entscheidenden Faktoren untersucht werden. Darauf folgt eine semantische Analyse der Modalen Infinitive, in der die Restriktionen der modalen Lesarten dargestellt werden. Schließlich wird skizziert, wie sich diese Eigenschaften zu finalen Residuen des beteiligten *zu*-Infinitivs, aber auch zu Infinitheit und Argumentblockierung in Beziehung setzen lassen.

Damit soll gezeigt werden, wie wichtig für die Analyse Modaler Infinitive eine Syntax und Semantik verschränkende Betrachtungsweise ist, welche in der Literatur bislang aber vernachlässigt wurde.

2 Modale Infinitive – ein erster Überblick

Neben den in (1) genannten Konstruktionen zählt auch die attributive Variante der *sein-zu*-Konstruktion in (3) in zentraler Weise zu den Modalen Infinitiven, insofern als eine reguläre Ableitungsbeziehung zwischen (1a) und (3) besteht, nämlich die zwischen Supinum und Partizipium im Sinne von Bech (1955/57).

(3)   die zu lösende Aufgabe

Beide Varianten der *sein-zu*-Konstruktion unterscheiden sich von der *haben-zu*-Konstruktion darin, daß erstere passivische Eigenschaften haben und prinzipiell zwei Lesarten zulassen: eine Möglichkeits- sowie eine Notwendigkeitslesart. Die ‚aktivische' *haben-zu*-Konstruktion hingegen läßt nur eine Notwendigkeitslesart zu.

Darüber hinaus gibt es eine Gruppe von Konstruktionen, in denen die *sein-zu*-Konstruktion durch ein Adjektiv ergänzt ist. Wie (4d) zeigt, liegt dabei nicht immer eine modale Bedeutung vor, und nur (4c) ist im Sinne von (1a) ambig.

(4)   a. Die Aufgabe ist leicht zu lösen.
        = Die Aufgabe kann leicht gelöst werden.
      b. Die Aufgabe ist gut/schlecht zu lösen.
        = Die Aufgabe kann gut/schlecht gelöst werden.
      c. Die Aufgabe ist schnell zu lösen.
        = Die Aufgabe muß/kann schnell gelöst werden.
      d. Der Weg ist beschwerlich zu gehen.
        ≠ Der Weg kann/muß beschwerlich gegangen werden.

Die Konstruktion unter (4d) möchte man aufgrund ihrer nicht-modalen Semantik im Gegensatz zu den übrigen Fällen nicht zum Modalen Infinitiv zählen. Eine nähere Analyse ergibt, daß sich die Ausgliederung auch syntaktisch rechtfertigen läßt, da in (4d) das Adjektiv in prädikativer und nicht wie in den übrigen Fällen in adverbialer Funktion auftritt. Da *sein-zu*-Konstruktionen mit Adjektiv jedoch einige spezielle Fragen aufwerfen, die über die für alle Modale Infinitive, ob mit oder ohne Adjektiv, relevanten hinausgehen, werden sie im weiteren nur am Rande eine Rolle spielen.

Bei genauerer Betrachtung fällt auf, daß es auch im Bereich der *haben-zu*-Konstruktion Fälle gibt, in denen eine Notwendigkeitslesart nicht zwingend bzw. zweifelhaft ist, vgl. (5):

(5)   a. Wir hatten nur ein Brot zu essen.
      b. Wir hätten uns noch soviel zu erzählen.

Wie sich später zeigen wird, hat man es hier mit einer Konstruktion zu tun, die mit der *haben-zu*-Konstruktion unter (1b) strukturell nicht identisch ist. Nicht zu den Modalen Infinitiven zählen per definitionem nicht-modale, idiomatische Verbindungen von *haben* mit Verben im *zu*-Infinitiv wie in (6):

(6)   weil das nichts zu sagen/hier nichts zu suchen/nichts damit zu tun hat.

Neben den *sein-zu-* und *haben-zu*-Konstruktionen gibt es noch strukturell ähnliche Fälle, in denen statt *sein* oder *haben* ein anderes Matrixverb auftritt. Im Gegensatz zu *sein-zu-* und *haben-zu*-Konstruktionen sind diese Randtypen des Modalen Infinitivs (MI) allerdings starken Restriktionen unterworfen:[3]

(7)   a. Es bleibt abzuwarten, ob Susi kommt.
      b. Es steht zu hoffen, daß er bald wieder gesund ist.
      c. Das geht leicht zu öffnen.

Diese Fälle bleiben im weiteren jedoch unberücksichtigt.

---

[3] So läßt sich *bleiben* nach Höhle (1978: 48ff.) nur mit abstrakten Subjekten konstruieren, *stehen* ist wohl nur mit einer Reihe von epistemischen Verben kombinierbar, *gehen-zu*-Konstruktionen haben nur eine Möglichkeitslesart.

3 Zur Syntax der Modalen Infinitive

Ein erster Hinweis auf die zentrale Funktion des *zu*-Infinitivs in Modalen Infinitiven ergibt sich aus einer genaueren syntaktischen Analyse der *sein-zu*-Konstruktion. Wie bereits erwähnt, zeichnet sich diese durch das Phänomen der Argumentblockierung aus. Argumentblockierung beschreibt den Mechanismus, der für die erwähnte passivische Eigenart der Konstruktion verantwortlich ist. Wie etwa beim *werden*-Passiv läßt sich hier nämlich feststellen, daß das externe Argument nicht obligatorisch realisiert ist, im Falle der Realisierung aber als Präpositionalphrase ausgedrückt wird. Während in der Aktivkonstruktion das externe Argument im Nominativ und das interne im Akkusativ steht, bekommt das interne Argument in der passivischen Konstruktion Nominativkasus.

(9) a. Anna löst diese Aufgabe.
 b. Diese Aufgabe wird (von Anna) gelöst.
 c. Diese Aufgabe ist (von/für Anna) zu lösen.

Wie beim *werden*-Passiv ist auch eine unpersönliche Konstruktion möglich:

(10) a. Ihr wird geholfen.
 b. Ihr ist zu helfen.

Blockierung zeigt sich also gegebenenfalls in zwei Formen, im blockierten externen Argument und in der blockierten Akkusativzuweisung an das interne Argument. Der Zusammenhang wird in der GB-Literatur als *Burzios Generalisierung* erfaßt, die besagt, daß ein Verb genau dann dem direkten Objekt strukturellen (Akkusativ-)Kasus zuweist, wenn es das Subjekt theta-markiert.[4] Damit sind Ergativ- und Passivkonstruktionen erfaßt, in denen das interne Argument keinen strukturellen Akkusativ erhalten kann und deshalb in der Subjektposition Kasusmerkmale prüft, wo es Nominativ erhält. Das externe Argument, das in Passivkonstruktionen auf der D-Struktur vorhanden ist, wird nicht getilgt, sondern blockiert, d.h. es kann realisiert werden, allerdings nur innerhalb einer PP. Aufgrund der Nähe zu anderen Passivkonstruktionen wird die *sein-zu*-Konstruktion mit und ohne Adjektiv zuweilen als modale Passivvariante aufgefaßt, wofür vor allem Höhle (1978) und Demske-Neumann (1994) argumentieren.[5]

Da in der *haben-zu*-Konstruktion keine Argumentblockierung vorliegt, ergibt sich eine *sein/haben*-Alternation, die auch aus anderen Fällen bekannt ist, so

---

[4] Burzios Generalisierung und eine (mit dem deutschen Rezipientenpassiv verträgliche) revidierte Fassung findet sich etwa bei v. Stechow (1990: 185ff.).

[5] Gegen eine solche Sichtweise sprechen sich Brinker (1969) und Rosengren (1992) aus. Daß dieser Kritik allerdings ein zu enger Begriff von Passiv zugrunde liegt, der sich mehr von den Standardpassivarten und den diesbezüglichen Restriktionen leiten läßt, zeigt Demske-Neumann (1994). Eisenberg (1999: 341) geht andererseits soweit, dem Modalen Passiv ein Modales Aktiv, die *haben-zu*-Konstruktion, gegenüberzustellen. Während die Passivvarianten jedoch durch strukturelle Gemeinsamkeiten hervortreten, die sie als abgeleitete Konstruktionen ausweisen (Auxiliar, Argumentblockierung), ist unklar, wodurch die Redeweise von einem Modalen Aktiv begründet sein soll, außer durch die Diatheserelation zu einem Modalen Passiv.

wenn man das Perfekt ergativer und akkusativischer Verben (vgl. (11)) oder das *haben*-Perfekt und das *sein*-Passiv (vgl. (12)) gegenüberstellt.

(11)   a. Ihm ist der Hut vom Kopf geflogen.
        b. Er hat diesen Hubschrauber schon oft geflogen.

(12)   a. Er hat den Baum gefällt.
        b. Der Baum ist gefällt.

Es scheint also, daß die Auxiliarselektion in Zusammenhang mit den Blockierungsverhältnissen steht. Um diesen Zusammenhang bei *sein-zu-* und *haben-zu-* Konstruktionen zu erklären, gibt es drei Optionen, die im folgenden diskutiert werden.

3.1 Blockierung aufgrund von *sein*

Wurmbrand (1998) argumentiert dafür, daß restrukturierende Infinitive, also Infinitive in kohärenten Konstruktionen, grundsätzlich keinen strukturellen Kasus zuweisen können. Stattdessen projiziert das Matrixverb gegebenenfalls eine mit [+acc/+act] ausgewiesene light-vP, die strukturellen Akkusativ lizensiert. So erhält auch in Satz (13), in dem Kohärenz und keine Blockierung vorliegt, das Objekt des infiniten Verbs *reparieren* nicht in der eingebetteten VP Akkusativkasus, sondern innerhalb einer VP-Schale des Matrixverbs *versuchen* (vgl. Wurmbrand 1998: 115f.).

(13)   da [$_{TP}$ Hans$_j$ [$_{vP}$ den Wagen$_i$ [$_{vP}$ t$_j$ [$_{VP}$ [$_{VP}$ t$_i$ zu reparieren] versuchte]]]]

Wenn man nun davon ausgeht, daß *sein*, im Gegensatz zu *haben*, keinen strukturellen Kasus lizensiert, ist für die *sein-zu-*Konstruktion nicht eine Struktur wie in (13), sondern wie in (14) anzunehmen, wo das interne Argument erst in Subjektposition (=SpecTP) Kasus, und zwar Nominativkasus erhalten kann (vgl. Wurmbrand 1998: 127).

(14)   weil [$_{TP}$ der Lastwagen$_i$ [$_{AuxP}$ [$_{VP}$ t$_i$ zu reparieren] ist]]

Allerdings ist damit nicht erklärt, weshalb es bei der attributiven *sein-zu-* Konstruktion, in der das Auxiliar fehlt, zu Argumentblockierung kommt. Wie der Kontrast in (15) zeigt, ist das nicht bei allen Partizipia der Fall, und auch die nominale Flexion bzw. das *-d-*Affix kann hierbei nicht ausschlaggebend sein.

(15)   a. der zu reparierende Lastwagen
        b. der den Lastwagen reparierende Mechaniker

Daß analog zu (14) in (15a) das Hilfsverb *sein* dafür verantwortlich ist, kann ausgeschlossen werden, da nichts für die Annahme einer Ellipse von *sein* spricht, wie die Daten unter (16) beweisen.

(16)   a. Die österreichische Nationalelf ist zu schlagen.

b. die zu schlagende österreichische Nationalelf
c. *die zu schlagen seiende österreichische Nationalelf

Ein adäquater Ansatz zur Erklärung der Argumentblockierungsverhältnisse der *sein-zu*-Konstruktion kann also nicht allein auf den Lizensierungseigenschaften der vorkommenden Auxiliare aufbauen.

3.2 Blockierung aufgrund von *sein* oder adjektivischem *zu*-Infinitiv

Demske-Neumann (1994) versucht, dem Problem dadurch gerecht zu werden, daß sie zwei kategorial unterschiedliche Typen des *zu*-Infinitivs annimmt. Für den nicht-attributiven Fall der *sein-zu*-Konstruktion nimmt sie an, daß der *zu*-Infinitiv eine verbale [+V,-N]-Kategorie bildet, die als [-N]-Kategorie prinzipiell strukturellen Kasus zuweist. Allerdings ist der *zu*-Infinitiv hier in das Auxiliar inkorporiert, wie in (17a) dargestellt. Dabei kann der von der Spur des *zu*-Infinitivs regierten Phrase *ihm* noch lexikalischer Kasus zugewiesen werden, struktureller Kasus aber ist aufgrund der Subkategorisierungseigenschaften von *sein* blockiert. Infolge dessen erhält das interne Argument *der Lastwagen* in SpecIP Nominativ. Entsprechend geht Demske-Neumann (1994: 156) bei der *haben-zu*-Konstruktion von einem in *haben* inkorporierten *zu*-Infinitiv aus, während nun *haben* Akkusativ lizensiert. Das Subjekt ist basisgeneriert (vgl. das leicht modifizierte Beispiel (17b)).

(17) a. daß [$_{IP}$ der Lastwagen$_i$ [$_{VP}$ [$_{VP}$ ihm t$_i$ t$_j$ [$_{V°}$ zu verkaufen$_j$ ist]]]]
b. daß [$_{IP}$ Herr K.[$_{VP}$ [$_{VP}$ ihm den Lastwagen t$_i$ [$_{V°}$ zu verkaufen$_i$ hat]]]]

Nach Demske-Neumann ist der attributive *zu*-Infinitiv dagegen nicht verbal, sondern als Adjektiv zu analysieren, d.h. er trägt die kategorialen Merkmale [+V,+N] und kann deswegen keinen strukturellen Kasus zuweisen. Hauptargument sind dabei Koordinationsdaten. Demnach sei die Koordination mit einem Adjektiv in (18a) ungrammatisch, im attributiven Fall jedoch möglich.

(18) a. *Der Umstand ist interessant und zu beachten.
b. der interessante und zu beachtende Umstand
(nach Demske-Neumann 1994: 198)

Abgesehen davon, daß der Grammatikalitätskontrast nicht so stark wie behauptet scheint, sind Koordinationsdaten als Argument für die Identität der syntaktischen Kategorie bei Prädikativen zweifelhaft. Was dort gilt, ist nur, daß Koordination gleiche Komplexität der Projektion voraussetzt, weiter lässt Koordination wohl höchstens auf semantische Verträglichkeit schließen.

(19) a. Michael ist Rennfahrer und sehr risikofreudig.
b. #Das Buch ist quadratisch und spannend.

Dies zeigt sich auch an den Akzeptabilitätsunterschieden in (20):

(20) a. *der zu beachtende und interessante Umstand
b. Paul ist gefährlich und (deswegen) zu isolieren.
c. Die Aufgaben sind nicht leicht, aber (durchaus) zu lösen.

Vor allem (20a) zeigt, daß die Reihenfolge der beiden Ausdrücke entscheidend ist, worauf schon van Riemsdijk (1983) hinweist. Der zu-Infinitiv stellt aufgrund seiner komplexeren Semantik nämlich eine Folgerung aus dem ersten Konjunkt dar und ist daher nur in der letzten Position zulässig. Je deutlicher dieser Folgerungskontext ist, desto akzeptabler sind anscheinend auch Supinkonstruktionen.

Würde Demske-Neumanns These zutreffen, wäre weiter anzunehmen, daß dem Kontrast von verbaler und adjektivischer Kategorie des zu-Infinitivs ein ebensolcher in der lexikalisch-semantischen Struktur (LSS) des Verbs entspräche, wie es Rapp (1997) in der Diskussion von Vorgangs- und Zustandspassiv ausführt. Dabei kommt Temporaladverbialen eine diagnostische Rolle zu:

(21) a. Er strich den Zaun um drei Uhr/drei Stunden lang.
b. Der Zaun wurde um 3 Uhr/drei Stunden lang gestrichen.
c. Das Zaun war um 3 Uhr/*drei Stunden lang gestrichen.

Prozeßverbkonstruktionen wie (21a) lassen sich typischerweise sowohl mit Punkt- als auch mit Spannenadverbialen verbinden. Anhand der Punktadverbiale zeigt sich nun der Unterschied zwischen einem Vorgangspassiv (21b) und einem Zustandspassiv (21c). Während Punktadverbiale „bei Aktiv/Vorgangspassiv einen bzw. den Moment der Zustandsänderung benennen, bezeichnen sie beim Zustandspassiv einen Moment des Nachzustandes" (Rapp 1997: 176). Die LSS des Verbs bleibt also nicht erhalten, was dazu führt, daß Rapp das Partizip im Zustandspassiv – aber auch nur in diesem Fall – als Adjektiv analysiert. Dies gilt entsprechend für den attributiven Fall, wo auch nur die (21c) entsprechende Resultativkonstruktion in (22b) – sichtbar an der Unzulässigkeit von Spannenadverbialen –, nicht jedoch (22a) adjektivisch analysiert wird.

(22) a. der (drei Stunden lang) geschobene Wagen
b. der (*drei Stunden lang) gestrichene Zaun

Dagegen läßt sich beim Modalen Infinitiv keine vergleichbare Veränderung der semantischen Struktur des Basisverbs feststellen. Zwar entsteht durch die Konstruktion ein modales Prädikat, das wie alle modalen Prädikate ein Zustandsprädikat ist, doch die LSS des eingebetteten Verbs bleibt erhalten, wie der Test mit den Adverbialen zeigt:

(23) a. Der Zaun war drei Stunden lang/um 3 Uhr zu streichen.
b. der drei Stunden lang/um 3 Uhr zu streichende Zaun

Anders als beim Zustandspassiv können sich die Adverbiale sowohl auf das modale Zustandsprädikat als auch auf die LSS des eingebetteten Verbs beziehen, wobei im letzteren Fall die durch die Adverbiale modifizierte Ereignisstruktur dieselbe wie beim Aktiv und beim Vorgangspassiv ist.

Es bleibt also festzuhalten, daß es weder Evidenz dafür gibt, daß sich Partizipium und Supinum in ihrer syntaktischen Kategorie unterscheiden, noch dafür, daß beide nicht verbal sind. Von daher scheint auch Demske-Neumanns Versuch, die Argumentblockierungsverhältnisse zu erklären, zu scheitern.

3.3 Blockierung aufgrund des (modalen) *zu*-Infinitivs, ‚Deblockierung' durch *haben*

Da also für den *zu*-Infinitiv eine einheitliche kategoriale Spezifizierung angenommen werden muß, ist nicht einzusehen, weshalb die Argumentblockierung nur in der attributiven Konstruktion und nicht auch in der Supinkonstruktion auf den *zu*-Infinitiv zurückzuführen sei, zumal der Verweis auf das Auxiliar nur für einen der beiden Fälle eine Erklärung liefert. Ein anderer Vorschlag findet sich bei Haider (1984), der ein System entwickelt, in dem sich aus dem Zusammenspiel von blockierenden und deblockierenden Faktoren die jeweiligen Blockierungsverhältnisse bestimmen lassen. Demnach ist *zu* Blockierer, wohingegen *haben* Deblockierung auslöst. Durch diese Hierarchisierung der Operationen läßt sich miteinander vereinbaren, daß in der *haben-zu*-Konstruktion zwar der gleiche blockierende (modale) *zu*-Infinitiv wie in der *sein-zu*-Konstruktion vorliegt, aber dennoch struktureller Kasus zugewiesen wird.

Damit haben *sein* und *haben* einen unterschiedlichen funktionalen Status: Während *haben* gegebenenfalls Blockierung verhindert, ist *sein* lediglich Indikator für vorliegende Blockierung, was beispielsweise auch das *sein*-Perfekt von ergativen Verben erklärt, die auch ohne Hilfsverb unakkusativisch sind.

Wenn ich auch Haider im Prinzip folge, nehme ich im Gegensatz zu ihm nicht an, daß alle Instanzen von *zu*-Infinitiven diese blockierende Eigenschaft aufweisen, was gerade für inkohärente Konstruktionen die Annahme weiterer deblockierender Faktoren erzwingen würde.[6] Vielmehr ist es plausibel, hier zwischen dem obligatorisch kohärenten *zu*-Infinitiv, wie er beim Modalen Infinitiv vorkommt, und anderen *zu*-Infinitiven zu unterscheiden. Die weitere Argumentation wird zeigen, daß dies auch durch die semantische Analyse gestützt wird, der ich mich jetzt zuwende.

4 Zur Semantik der Modalen Infinitive

4.1 Der *zu*-Infinitiv als Träger der modalen Bedeutung

Modale Infinitive (oder zumindest bestimmte Varianten davon) stießen in der neueren Forschung, wenn überhaupt, allenfalls bei Syntaktikern auf Interesse. Aussagen zur Semantik werden dabei entweder explizit vermieden (vgl. Wurm-

---

[6] Haider geht beispielsweise von einem infiniten INFL-Knoten aus, der *zu*-Infinitiv-Kontexte wieder deblockiert.

brand 1998: 127) oder eher beiläufig gemacht, wie in Demske-Neumann (1994).⁷ Ältere Arbeiten, die in umfassenderer Weise die Bedeutung von *sein-zu-* und *haben-zu*-Konstruktionen darstellen, wie Gelhaus (1977), Matzke (1977), Zorn (1970), sind stark deskriptiv orientiert und blenden die Frage nach einer einheitlichen Bedeutung und deren Spezifik gegenüber anderen modalen Ausdrücken weitgehend aus.

Wie eingangs erwähnt, findet sich oft der Vorschlag, *sein* und *haben* als modale Verben und – verknüpft mit der Annahme, die Blockierungsgegebenheiten ließen sich allein durch die Auxiliarselektion erklären – als Kern der jeweiligen Konstruktion zu verstehen. So formuliert v. Stechow (1990: 183) etwa einen Lexikoneintrag für ein modales *sein*: „Modal *sein* a. governs 2. Status, b. blocks accusative government, i.e. has the feature *[acc_] _." Höhle (1978) nimmt sogar zwei Lexikoneinträge an, ein ‚adhortatives *sei-*‘ und ein ‚*sei-* possibilitatis‘, um den beiden modalen Lesarten gerecht zu werden.

Schon bei der Diskussion der Argumentblockierungsverhältnisse wurde an den Daten unter (16) gezeigt, daß attributiven *zu*-Infinitiven keine Ellipse von *sein* zugrunde liegt. Nachdem diese aber dieselbe modale Bedeutung aufweisen wie die Vorkommen mit *sein*, weist dies darauf hin, daß Träger der modalen Bedeutung nicht das Auxiliar, sondern der *zu*-Infinitiv ist.

Da es bei der *haben-zu*-Konstruktion keine attributiven Fälle gibt, ist hier der Nachweis für einen modalen *zu*-Infinitiv schwerer zu führen. Interessant sind in diesem Zusammenhang jedoch Konstruktionen wie die in (24).

(24)   Anna hatte noch ein Brot zu essen (das sie Uli überließ).

(25)   Anna hatte ihrer Mutter zu helfen.

(24) stellt eine Konstruktion mit *zu*-Infinitiv in der Umgebung von *haben* dar, ohne daß man von einer *haben-zu*-Konstruktion sprechen könnte, wie sie in (25) vorliegt. Anders als in (25) ist der *zu*-Infinitiv streichbar und bildet ein Attribut zur DP$_{akk}$. Diese ist von *haben* subkategorisiert, das hier als Vollverb mit possessiver Semantik fungiert.⁸ Der *zu*-Infinitiv ist hier in Adjunktposition und weist die bekannten Blockierungseigenschaften auf, was daran ersichtlich ist, daß das externe Argument von *essen* nicht realisiert ist. Wie der Relativsatz in (24) zeigt, ist das externe Argument des *zu*-Infinitivs nicht notwendig referenzidentisch mit dem von *haben*. Bemerkenswert ist nun nicht nur, daß (24) erst durch den adjungierten *zu*-Infinitiv seine modale Bedeutung erhält,⁹ sondern auch daß diese anders als in (25) eher einer Möglichkeits- als einer Notwendigkeitslesart zuneigt.

---

⁷ Dort ist allerdings manches irreführend, wie etwa die Anmerkungen zu angeblichen epistemischen Verwendungsweisen (vgl. Demske-Neumann 1994: 76).
⁸ Analog dazu gibt es Konstruktionen mit anderen Vollverben und *zu*-Infinitiv:
   (i) Es gab noch Reis zu essen.
   (ii) Ich sehe dort noch was zu essen.
⁹ Vgl. (i) Anna hatte noch ein Brot.

Ebert (1978: 113) weist darauf hin, daß dieser von ihm als *shared-object-construction*[10] bezeichnete Typus der Entstehung der *haben-zu*-Konstruktion im Sinne von (25) vorausging und diese bedingte. Zumindest aus diachroner Sicht geht die *haben-zu*-Konstruktion damit auf denselben *zu*-Infinitiv zurück wie die *sein-zu*-Konstruktion. Ähnlich jedoch wie bei der durch den Reanalyseprozeß entstandenen *haben-zu*-Konstruktion die Blockierungseigenschaften des *zu*-Infinitivs verdeckt werden, sind auch die allen Modalen Infinitiven gemeinsamen semantischen Charakteristika etwas verstellt. Aus diesem Grund soll durch die folgende Analyse der modalen Bedeutung von *sein-zu-* und *haben-zu*-Konstruktionen gezeigt werden, daß die Annahme eines einheitlichen modalen *zu*-Infinitivs den weitgehenden Gemeinsamkeiten gerecht wird.

4.2 Restriktionen der modalen Lesarten

Untersucht man die semantischen Eigenschaften Modaler Infinitive nach für Modalverben bekannten Beschreibungsansätzen, wird zweierlei deutlich: Zum einen gibt es wichtige Gemeinsamkeiten zwischen *haben-zu-* und *sein-zu*-Konstruktionen, zum anderen setzen sich Modale Infinitive durch die Art ihrer modalen Bedeutung klar von Modalverben ab, da sie im Bereich der zirkumstantiellen Lesarten spezifische Restriktionen aufweisen und epistemische Verwendungen gar nicht zulassen.

Aufschlußreich ist zunächst eine Analyse nach einer der klassischen Modalverbklassifikationen, etwa der in Bech (1951) vorgestellten. Bech entwirft darin ein System, nach dem sich die Bedeutung jedes der sechs Modalverben des Deutschen anhand von drei Oppositionen bestimmen läßt. Dabei kann das Modalverb jeweils durch einen der beiden polaren Werte oder den neutralisierten Wert charakterisiert werden. Die erste Opposition ist die zwischen Notwendigkeit/Forderung (*a*) und Möglichkeit/Erlaubnis (*A*). Als *a*-Verben fungieren *müssen* und *sollen*, als *A*-Verben *dürfen* und *können*. *Mögen* und *wollen* sind bei Bech neutral und damit α-Verben.[11] Die Auszeichnung als neutral umfaßt dabei sowohl Fälle von Ambiguität als auch solche von Vagheit.[12]

Während die *haben-zu*-Konstruktion, die nur eine Notwendigkeitslesart zuläßt, den Wert *a* erhält, stellt die *sein-zu*-Konstruktion aufgrund der bekannten strukturellen Ambiguität einen Fall von ‚α-Modalität' dar. Bei Konstruktionen mit epistemischen Verben finden sich sogar Belege für Vagheit oder Unterbestimmtheit der modalen Bedeutung in dem Sinne, daß unklar ist, welche bzw. ob überhaupt eine Modalverbparaphrase angemessen ist, vgl. (26).

---

[10] Der Begriff erklärt sich daher, daß hier nach Ebert das Objekt gleichsam von beiden Verben selegiert wird.
[11] Der neutrale Wert wird mit griechischen Buchstaben angezeigt.
[12] Bech (1951: 21) führt zum Beispiel zu mhd. *kann* aus, das in seiner Analyse ein β-Verb ist, daß es *b*- wie auch *B*-Vorkommen gibt, aber ebenso „varianten, wo die lokalisierung ganz unbestimmbar ist".

(26)   Es ist anzunehmen, daß Uli mit seiner neuen Freundin kommt.

Die zweite Dimension bestimmt die Art der Größe, die den Inhalt des sogenannten Modalfeldes, d.h. der eingebetteten Proposition, ermöglicht bzw. notwendig macht. So ist *wollen* stets intrasubjektiv (*b*), *sollen* und *dürfen* extrasubjektiv (*B*). Die Verben *müssen*, *können* und *mögen* sind hier neutral (ß). Unter (27) sind extrasubjektive Instanzen von *müssen und können* aufgeführt, in (28) intrasubjektive.

(27)   a. Die Schüler müssen die Aufgaben bis morgen lösen.
        b. Ihr könnt jetzt nach Hause gehen.

(28)   a. Bei guter Musik muß sie (unwillkürlich) den Rhythmus mitschnippen.
        b. Ich muß diesen Film sehen, ich freue mich schon so lange darauf.
        c. Anna kann die Marseillaise singen, Uli kann sie nur pfeifen.
        d. Isa konnte mitunter sogar die Nachbarn durch ihr Schnarchen wecken.
        e. Ich kann (gerne) diese Gläser spülen. Ich habe nichts dagegen.

Wie die entsprechenden Konstruktionen unter (29) zeigen, ist eine intrasubjektive Variante bei Modalen Infinitiven nicht möglich.

(29)   a. *Bei guter Musik ist (von ihr) unwillkürlich der Rhythmus mitzuschnippen.
        a'. *Bei guter Musik hat sie unwillkürlich den Rhythmus mitzuschnippen.
        b. *Dieser Film ist von mir zu sehen, ich freue mich schon so lange darauf.
        b'. *Ich habe diesen Film zu sehen, ich freue mich schon so lange darauf.
        c. *Die Marseillaise ist für Anna zu singen, für Uli ist sie nur zu pfeifen.
                                                (* in der Interpretation (28c))
        d. *Von/Für Isa waren mitunter sogar die Nachbarn durch ihr Schnarchen zu wecken.
        e. *Diese Gläser sind von mir (gerne) zu spülen. Ich habe nichts dagegen.

Die gegebenen Kontexte machen deutlich, daß zumindest eine mit den Sätzen in (28) vergleichbare Interpretation nicht möglich ist. (29c) ist zwar grammatisch, aber nicht in dem intrasubjektiven Sinne von *können* zu verstehen, da damit keine Aussage über die Fähigkeiten von Anna und Uli, sondern über die Eigenschaften der Marseillaise gemacht wird. An den Beispielen zeigt sich, daß die Modalen Infinitive stets extrasubjektiv (*B*) zu interpretieren sind.

Die dritte Opposition ist die von Kausalität und Autonomie. Dazu heißt es bei Bech (1951: 7): „Die notwendigkeit oder möglichkeit ist bei den c-verben (*müssen* und *können*) kausal, d.h. sie wird als auf irgend einem gesetze beruhend aufgefaßt. Bei den C-verben (*sollen, dürfen, wollen* und *mögen*) dagegen ist die notwendigkeit (forderung) oder möglichkeit (erlaubnis) autonom, d.h. sie wird als keinem gesetze unterliegend hingestellt." Verständlich wird diese Unterscheidung vor dem Hintergrund der Bedeutungsexplikationen in Bech (1949), denen zufolge für *mögen* ein Lustgefühl, für die anderen C-Verben *wollen, dürfen* und *sollen* ein Wille maßgeblich ist, bei *müssen und können* allerdings ein Kausalzusammenhang besteht, „der ein Komplex von Ursachen und Wirkungen (Gründen und Folgen) ist" (Bech 1949: 31). Kausal ist hier nicht im Sinne einer naturgesetzlichen Kausalität zu verstehen, was implizieren würde, daß der fragliche Sachverhalt in jedem Fall realisiert würde. Stattdessen ist an Begründungszusammenhänge zu denken, in denen Einstellungen keine Rolle spielen, sondern Notwendigkeit bzw. Möglichkeit allein aus den objektiv gegebenen Umständen folgen, vgl. die Beispiele unter (30):

(30)   a. Wenn ich sterbe, sollst du mein Haus erben.   (autonom)
        b. Erwin darf im ‚Tantris' gratis Austern essen.   (autonom)
        c. Meinetwegen darf der Rasen auch sonntags gemäht werden.   (autonom)
        d. Ihrer Ansicht nach kann der Rasen bei Regen gemäht werden.   (kausal)
        e. Neuerdings muß um 22 Uhr die Musik abgeschaltet werden.   (kausal)

Ersetzt man die Modalverbkonstruktionen in (30) durch die entsprechenden Modalen Infinitive, wie in (31), zeigt sich, daß letztere in autonomen Kontexten nicht akzeptabel sind und deshalb als strikt kausal zu charakterisieren sind:

(31)   a. *Wenn ich sterbe, ist von dir mein Haus zu erben.   (autonom)
        b. *Für/von Erwin sind im ‚Tantris' gratis Austern zu essen.   (autonom)
        c. *Meinetwegen ist der Rasen auch sonntags zu mähen.   (autonom)
        d. Ihrer Ansicht nach ist der Rasen bei Regen zu mähen.   (kausal)
        e. Neuerdings ist um 22 Uhr die Musik abzuschalten/hat man
           die Musik abzuschalten.   (kausal)

Es bleibt noch anzumerken, daß Bechs Bestimmung von *müssen* und *können* als c-Verben deren tatsächlichem Bedeutungsumfang nicht gerecht wird. In (30c) ließe sich nämlich statt *dürfe* auch *könne* verwenden, ohne daß sich die Satzbedeutung änderte. Auch *müssen* läßt Verwendungen zu, in denen Einstellungen eine entscheidende Rolle spielen (vgl. (32)–(33)), und die daher als autonom charakterisiert werden müssen.

(32)   a. Diesen Film muß ich unbedingt sehen.
         = Diesen Film will ich unbedingt sehen.

(33)   a. Du mußt dieses Auto unbedingt kaufen. Ich wünsche es mir doch so.
        b. *Dieses Auto ist (von dir) zu kaufen. Ich wünsche es mir doch so.
        c. *Du hast dieses Auto zu kaufen. Ich wünsche es mir doch so.[13]

Somit ergeben sich für die Modalen Infinitive im Vergleich mit den Modalverben folgende Charakteristika:

---

[13] Dies alles schließt natürlich nicht Fälle aus, in denen die tatsächliche Abhängigkeit von Einstellungen verschleiert werden soll wie in (i)–(ii).
     (i)   Bevor Sie in meine Sprechstunde kommen, haben Sie sich anzumelden.
     (ii)   Bevor Sie in meine Sprechstunde kommen, ist mit Frau Maier ein Termin zu vereinbaren.

(34) sein-zu-Konstruktion: α*Bc*   *dürfen*: *ABC*
      haben-zu-Konstruktion: a*Bc*   *sollen*: a*BC*
      müssen: aβγ   *mögen*:   αβ*C*
      können: *A*βγ   *wollen*: α*bC*

Diese Aufstellung zeigt, daß *sein-zu*- und *haben-zu*-Konstruktionen wichtige semantische Gemeinsamkeiten aufweisen, und daß sie – nach der Revision von Bechs Analyse für *müssen* und *können* – als einzige Ausdrücke in dieser Zusammenstellung strikt kausal zu interpretieren sind. Dies mag mit ein Grund sein, weshalb die Modalen Infinitive durchaus häufig, und dabei vor allem in bürokratisch-juristischen und wissenschaftlichen Zusammenhängen verwendet werden (vgl. IdS-Grammatik 1997: 1900).

Eine kurze Analyse nach dem Ansatz von Kratzer (1981, 1991) macht die Abgrenzung Modaler Infinitive von Modalverben noch stärker deutlich. Bei Kratzer spielen drei Begriffe eine Rolle: die modale Relation, die modale Basis und die *ordering source*. Als modale Basis und *ordering source* fungieren Redehintergründe, die kontextuell bestimmen, inwiefern die modale Relation ‚Notwendigkeit' bzw. ‚Möglichkeit' jeweils gilt. Als modale Kraft gilt bei der *sein-zu*-Konstruktion ‚Notwendigkeit' bzw. ‚Möglichkeit', bei der *haben-zu*-Konstruktion nur ‚Notwendigkeit'. Als modale Basis sind nur zirkumstantielle Redehintergründe zugelassen, epistemische Redehintergründe sind nicht möglich. Darauf, und warum das so ist, wird weiter unten noch einzugehen sein. Man kann aber bereits festhalten, daß darin ein wesentlicher Unterschied zu Modalverben besteht, die alle neben zirkumstantiellen auch epistemische Redehintergründe zulassen.[14] Liegt als modale Kraft ‚Notwendigkeit' vor, kommen bei der *sein-zu*- wie bei der *haben-zu*-Konstruktion nur deontische oder teleologische Redehintergründe als *ordering source* in Frage, das heißt verkürzt gesagt, die Notwendigkeit besteht nur hinsichtlich der Menge der relevanten Umstände, die in Form einer Menge von Geboten, Gesetzen etc. (35), bzw. einer Menge von Zielen des logischen Subjekts (36) Geltung haben.

(35) a. Ab 20 Uhr ist der Fahrausweis unaufgefordert dem Fahrer zu zeigen.
     b. Ab 20 Uhr hat man dem Fahrer unaufgefordert den Fahrausweis zu zeigen.

(36) a. Zum Gipfel hatten wir noch 200 Höhenmeter aufzusteigen.
     b. Zum Gipfel waren noch 200 Höhenmeter aufzusteigen.

Für den Fall der modalen Kraft ‚Möglichkeit' nehme ich im unmarkierten Fall einen stereotypen Redehintergrund als *ordering source* an, was in etwa dem entspricht, was Kratzer in früheren Arbeiten als dispositionell bezeichnete (vgl. Kratzer 1978: 121).[15]

---

[14] Unter epistemisch fasse ich hier auch evidentielle Verwendungsweisen wie (i):
(i) Er will/soll gesehen haben, daß Anna gestern auf der Party war.
[15] Gegen die Annahme einer leeren *ordering source* spricht vor allem die Möglichkeit der Gradierung, wie sie in *sein-zu*-Konstruktionen mit Adjektiv zum Ausdruck kommt:

Neben stereotypen sind allerdings auch vereinzelt deontische Redehintergründe bei Möglichkeitslesarten zugelassen, wie (37) zeigt:

(37)   a. Der Text ist ab 12 Uhr an die Presse weiterzugeben.
        = Der Text kann/darf/(muß/soll) ab 12 Uhr weitergegeben werden.

Als Ergebnis läßt sich also festhalten: Hinsichtlich der semantischen Restriktionen verhalten sich die *haben-zu-* und die *sein-zu*-Konstruktion mit Notwendigkeitslesart identisch, für modale Infinitive insgesamt gilt, daß sie i) keine epistemischen Verwendungen haben und ii) strikt extrasubjektiv und kausal sind. Damit setzen sich Modale Infinitive in zweifacher Weise von Modalverben ab, von denen keines eine der beiden Restriktionen i) oder ii) teilt.

4.3 Die epistemische Lücke beim Modalen Infinitiv

Warum sind nun epistemische Redehintergründe bei Modalen Infinitiven unzulässig? Auf diese in der Literatur nicht weiter erörterte Frage zeichnet sich bislang keine ganz klare Antwort ab. Eine Theorie, die aber nicht die Auxiliare *haben* und *sein* als ‚Modalverben', sondern den *zu*-Infinitiv als Träger der modalen Bedeutung identifiziert, hat hier zumindest den Vorteil, daß das unterschiedliche semantische Verhalten von Modalverben und Modalen Infinitiven mit einem klaren strukturellen Unterschied korreliert. Dabei mag eine Rolle spielen, daß beim modalen *zu*-Infinitiv Modalität stets mit Infinitheit einhergeht, was im folgenden skizziert werden soll.

Es ist bekannt, daß epistemische Modalverben, anders als zirkumstantielle, nicht iteriert[16] oder von einem zirkumstantiellen Modalverb eingebettet auftreten, vgl. (38):

(38)   a. Otto muß$_{zirk}$ singen können$_{zirk}$ (sonst sage ich meine Teilnahme ab).
       b. Otto muß$_{ep}$ singen können$_{zirk}$ (sonst wäre er wohl nicht im Opernchor).
       c. *Otto muß$_{zirk/ep}$ (möglicherweise) singen können$_{ep}$.

Weiter lassen auch die infiniten Modalverbvorkommen in (39) keine epistemische Interpretation zu:

(39)   a. *der sich jetzt (sicher) ärgern müssende$_{ep}$ Erwin
       b. *Erwin hat gestern zu Hause sein müssen$_{ep}$, weil so ein Krach war.

    (i) Die Aufgaben sind leicht/schwer zu lösen.

[16] Die Gegenbeispiele, die in Kratzer (1976: 14) angeführt werden (vgl. (i)), sind m.E. marginal und von zweifelhafter Akzeptabilität:
    (i) Ihrer Darstellung nach muß ja diese Schnecke im Hinblick auf die zur Verfügung stehenden Berichte auf jeden Fall irgendwelche Saugfüße haben können.

Andererseits besitzen, wie Reis (2001) zeigt, selbständige bloße Infinitive keine deklarative Lesart, was unter anderem an der Selektion der Modalpartikeln in (40c) deutlich wird.

(40)   a. Radfahrer rechts abbiegen!
        b. Wohin sich wenden?
        c. Das Haus (*ja, *wohl, *vermutlich) vornehm einrichten.

Der Gedanke liegt nahe, daß die infiniten epistemischen Modalverben in (38)–(39) aus einem ähnlichen Grund wie der deklarative Satzmodus in (40c) nicht zulässig sind. Im Falle der Akzeptabilität sollte dort nämlich jeweils ein Bezug zu einer wahrheitswertfähigen Proposition gegeben sein. Dies versteht sich für deklarativen Satzmodus von selbst, aber auch für epistemische Modalität ist es einsichtig, geht es hier doch gerade um eine Aussage über die Wahrheitsbewertung einer Proposition. Andererseits sind die fraglichen Fälle alle durch Infinitheit charakterisiert. Da auf der Hand liegt, daß Finitheit für die erforderliche semantische Relation eine wichtige Kategorie ist,[17] läßt sich so ein Hinweis darauf finden, weshalb auch bei Modalen Infinitiven epistemische Verwendungen ausgeschlossen sind. Denn wenn bei Modalen Infinitiven Träger der modalen Bedeutung tatsächlich der *zu*-Infinitiv ist, liegt stets ein infiniter Modalausdruck vor, und die Inakzeptabilität der epistemischen Lesart ist nach dem eben Ausgeführten genau das, was zu erwarten ist.

4.4 Finale Residuen beim Modalen Infinitiv

Wie läßt es sich allerdings erklären, daß ein *zu*-Infinitiv Modalität ausdrückt, und wie verhält sich dies zu der Beobachtung, daß *zu*-Infinitive oft genug in nicht-modalen Kontexten auftreten? Haspelmath (1989) vertritt die These, daß der finale Charakter, der schon das Verbalnomen im Indoeuropäischen kennzeichnet, auf den der Infinitiv zurückzuführen ist (vgl. etwa Demske-Neumann 1994: 50), in unterschiedlichem Maße in gegenwartssprachlichen Infinitkonstruktionen präsent sei. Dieser finale Charakter des *zu*-Infinitivs zeige sich auch in der Tatsache, daß es gerade die allative Präposition *zu* bzw. im Englischen *to* sei, die als Infinitivmarker fungiere (Haspelmath 1989: 289). Für Haspelmath, der einen grammatikalisierungstheoretischen Ansatz vertritt, liegt dem eine Entwicklung zugrunde, die durch (42) angedeutet ist.

(42)   a. Mary went to Sabina's apartment.
        b. Mary went to take photos of Sabina.

---

[17] Daß es trotzdem marginale infinite Vorkommen von epistemischen Modalverben gibt, auf die Reis (2001) hinweist, hängt damit zusammen, daß dort der oben erwähnte Bezug auf eine wahrheitswertfähige Proposition anderweitig gegeben ist, sei es durch die Art der Einbettung (i) oder durch die Besonderheit des kontrafaktischen Realitätsbezugs in (ii):
   (i)   Der Verdacht, sich täuschen zu müssen, drängte sich auf.
   (ii)   Naja, da hätte sich Peter aber schwer täuschen müssen.

c. Mary bought a camera to take photos of Sabina.

Während (42a) klar die lokativ-allative Bedeutung von *to* repräsentiert, stellt *to take photos of Sabina* in (42c) eine finale Infinitivkonstruktion dar. (42b) mit einem direktionalen Matrixverb bildet demnach das Bindeglied, da es sich in beiden Lesarten interpretieren läßt. Im Gegenwartsdeutschen stellt sich die Situation etwas anders dar, da in inkohärenten Finalkonstruktionen mit *zu*-Infinitiv mittlerweile der Komplementierer *um* obligatorisch ist.[18] Die eigentliche Argumentation bezieht sich jedoch auf (inkohärente) Infinitivkomplemente, bei denen dies keine Rolle spielt. Haspelmath versucht zu zeigen, daß es unterschiedliche Klassen von Infinitivkomplementen gibt, die sich als geordnete Stadien auf dem Grammatikalisierungspfad unter (43) darstellen lassen.

(43)

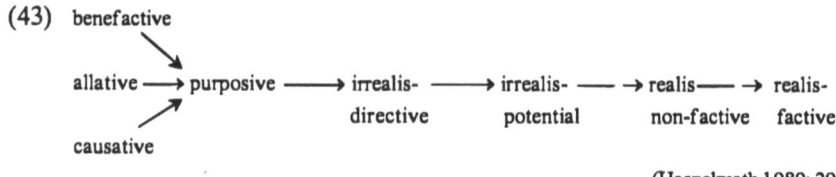

(Haspelmath 1989: 298)

Für uns ist nun weniger von Interesse, was die spezifische Grammatikalisierungsthese stützt, also inwiefern damit ein diachroner, unidirektionaler Prozeß beschrieben ist, in dem das Aufkommen eines bestimmten Stadiums tatsächlich das im Pfad links stehende Stadium voraussetzt.[19] Wichtiger ist die Feststellung, daß es Instanzen des *zu*-Infinitivs gibt, die unterschiedlich weit von einer finalen Bedeutung entfernt sind. Die ‚irrealis-direktive Modalität' kennzeichnet etwa Infinitivkomplemente von Verben des Bittens, Forderns und Befehlens sowie von desiderativen Verben. Hier steht die Erwartung der Realisierung eines bestimmten Sachverhalts in naher Zukunft noch stark im Zentrum.

Die ‚irrealis-potentiale Modalität' umfaßt nach Haspelmath Infinitivkomplemente, die von modalen Prädikaten wie ‚be necessary', ‚be able', ‚be possible' etc. sowie von evaluativen Prädikaten selegiert werden. Wie bei den irrealis-direktiven Fällen, ist der betreffende Sachverhalt ebensowenig realisiert, „but it is not expected to be realized sometime in the future; rather, it is presented as potentially occurring anytime" (Haspelmath 1989: 298).

Bei Möglichkeitslesarten des Modalen Infinitivs ist die Parallele zu den von Haspelmath charakterisierten irrealis-potentialen *zu*-Infinitiven offenkundig, doch auch bei Notwendigkeitslesarten wie (44) geht es oft um generelle Verpflichtungen, wobei sich eine aktuelle Aufforderung mit entsprechender Erwartungshaltung wie in irrealis-direktiven Fällen erst durch Implikatur ergibt:

---

[18] Da dies in früheren Sprachstufen des Deutschen nicht der Fall war, spräche dies aus Sicht der Grammatikalisierungstheorie dafür, daß der Finalitätsmarker *zu* im Laufe der Sprachgeschichte so ausgebleicht ist, daß ein neues Lexem dessen Aufgabe übernimmt, welches aber seinerseits nach und nach grammatikalisiert wird.

[19] Daß Finalitätsmarker auch aus Lexemen entstehen können, die zuvor eine benefaktive oder kausative Bedeutungsrelation denotierten, ist hier nicht Gegenstand des Interesses.

(44)   Die Fahrausweise sind unaufgefordert vorzuzeigen.

Evaluative Prädikate, die nach Haspelmath die zweite Kontextklasse für irrealis-potentiale *zu*-Infinitive bilden, stellen dagegen einen wichtigen und häufigen Typ der zu Beginn erwähnten *sein-zu*-Konstruktion mit Adjektiv dar, vgl. (45a). Nach Umformung zur inkohärenten Konstruktion (45b) ergibt sich genau der Konstruktionstyp, von dem Haspelmath spricht.

(45)   a. Die Aufgaben sind leicht/schwer zu lösen.
        b. Es ist leicht/schwer, die Aufgaben zu lösen.

Wie die Graphik unter (43) zeigt, gibt es auch ‚realis'-Modalitäten des *zu*-Infinitivs, also solche, in denen das Infinitivkomplement einen Sachverhalt ausdrückt, dem ein bestimmter Wahrheitswert zugeordnet ist. Dabei unterscheidet Haspelmath noch zwischen nicht-faktiven und faktiven Modalitäten.[20]

So wird aus dieser Perspektive noch einmal deutlich, weshalb Modale Infinitive als Instanzen einer irrealis-potentialen Modalität keine epistemischen Verwendungen zulassen. Da für epistemische Redehintergründe die Wahrheitsbewertung einer Proposition kennzeichnend ist, setzt dies einen von der modalen Relation unabhängigen Wahrheitswert voraus.[21] Dies ist bei den irrealis-potentialen Modalitäten Haspelmaths aber nicht der Fall.

Die Annahme finaler Residuen beim Modalen Infinitiv bietet auch eine Erklärung für Restriktionen bei *sein-zu*-Konstruktionen, die Höhle (1978) konstatiert. Danach sind als logische Subjekte nämlich nur intentionsbegabte Entitäten zugelassen. Angesichts der festgestellten Beschränkung der Notwendigkeitslesart auf deontische und teleologische Redehintergründe muß nicht verwundern, daß Sätze wie (46a) inakzeptabel sind.[22] Doch auch bei Möglichkeitslesarten, für die stereotype (dispositionelle) Redehintergründe typisch sind, zeigen sich nach Höhle (1978: 52f.) ähnliche Restriktionen, wie an den Sätzen unter (47) deutlich wird.

(46)   a. *Die Lampe ist von einem starken Haken zu halten. (Höhle 1978: 48)
        b. Die Lampe muß von einem starken Haken gehalten werden.
(47)   a. *So ein Kanal ist für eine starke Quelle ohne weiteres zu speisen.
        b. So ein Kanal kann von einer starken Quelle ohne weiteres gespeist werden.

---

[20] Vgl. Infinitivkomplemente von nicht-faktiven und faktiven Verben:
 (i)   Er glaubte, Anna gesehen zu haben.
 (ii)   Er bedauerte, Anna gesehen zu haben.

[21] Dies schließt Propositionen mit Zukunftsbezug wie (i) nicht aus. Gäbe es nämlich eine solche objektive Belegung des Wahrheitswertes nicht, was aber nicht Fälle von Wahrscheinlichkeitsverteilungen ausschließt, hätte es keinen Sinn, darüber Hypothesen wie (i) aufzustellen:
 (i)   Morgen muß/dürfte/könnte es in München schneien.

[22] Auch *haben-zu*-Konstruktionen mit unbelebtem Subjekt wie (i) sind stets im Sinne von (i'), d.h. mit implizitem Agens zu verstehen:
 (i)   Diese Tür hat stets offen zu sein.
 (i')   Man hat dafür zu sorgen, daß diese Tür stets offen ist.

Bei Finalkonstruktionen verhält es sich nun ähnlich. Diese setzen nämlich nicht nur die Intention eines Veranlassers voraus, sondern sie verlangen auch ein intentionsbegabtes ‚logisches Subjekt', wo dieses nicht referenzidentisch mit dem Veranlasser ist. Dies zeigt sich in den Sätzen unter (48), in denen als Veranlasser *man* bzw. *ich* fungiert, das logische Subjekt *wilder Wein oder sonst eine Pflanze* im Gegensatz zu *junge Leute* aber unzulässig ist.

(48) a. Man suchte junge Leute zum Mitreisen.
b. *Ich suche einen wilden Wein oder sonst eine Pflanze zum Klettern.

Schließlich findet sich auch für die bei *sein-zu*-Konstruktionen auffallende Mehrdeutigkeit zwischen Möglichkeits- und Notwendigkeitslesart eine Parallele bei Finalkonstruktionen. Boon (1981: 194) erklärt die Möglichkeit einer solchen *notio ambigua* damit, daß sie einerseits „der Spektraldispersion der ursprünglich final-konsekutiven Bedeutung des Infinitivs zuzuschreiben ist, andererseits dem Umstand, daß diese Fügung im Deutschen (...) als ‚patienszentriert' zu betrachten ist".[23] Inwiefern hier der Verweis auf Finalkonstruktionen erhellend ist, zeigt (49), wo für die Finalkonstruktion sowohl eine *können/dürfen*- als auch eine *müssen/sollen*-Paraphrase möglich ist:

(49) a. Erwin ließ kürzlich einem Historiker seinen gesamten Briefwechsel mit Helmut Kohl zur Auswertung zukommen.
= ...seinen gesamten Briefwechsel zukommen, der ausgewertet werden sollte/mußte//durfte/konnte.

Trotz der unterschiedlichen Modalverbparaphrasen läßt sich eine einheitliche Grundbedeutung angeben: Erwin übergab einem Historiker seinen Briefwechsel, der die Eigenschaft hatte, gegebenenfalls ausgewertet zu werden. Die Bedeutungsparaphrase macht deutlich, daß auch hier eine ‚patienszentrierte' Konstruktion vorliegt, also ein Pendant zur *sein-zu*-Konstruktion mit blockiertem externen Argument. Da mit (49) nur die potentielle Eigenschaft des Briefwechsels, nicht der aktuelle Vollzug seiner Auswertung ausgedrückt ist, sind Paraphrasen durch Modalverben möglich. Der aktuelle Vollzug der Eigenschaft jedoch bedarf noch der Handlung eines intentionsbegabten Subjektes, des ‚logischen Subjektes' der Finalkonstruktion. Dabei erfordern die *sollen/müssen*-Paraphrase und die *dürfen/können*-Paraphrase unterschiedliche Kontexte. Diese unterscheiden sich darin, was gegebenenfalls als eigentliche Ursache der Realisierung anzunehmen ist. Bei der Möglichkeitslesart ist dies das logische Subjekt (etwa der Historiker), das gewissermaßen autonom[24] handelt, während dies bei der Notwendigkeitslesart heteronom handelt. Denn hier ist im Falle der Realisierung

---

[23] Ähnlich wird der passive Charakter der *sein-zu*-Konstruktion in Raynaud (1977) zur Erklärung herangezogen: Die *sein-zu*-Konstruktion „drückt nur die verfügbarkeit des passiven grammatischen subjekts zu einer realisierung des in der infinitivgruppe genannten prozesses aus, und nur dadurch kann eine möglichkeit auf eine notwendigkeit reduziert werden" (Raynaud 1977: 389).

[24] Der Ausdruck ‚autonom' ist hier nicht im weiter oben gebrauchten Bechschen Sinn als C-Modalität zu verstehen und steht in Opposition zu ‚heteronom'.

als eigentliche Motivationsquelle eine externe Instanz (Erwin oder eine nicht benannte Größe) anzunehmen.

Ähnliches ließe sich nun aber auch für unser Standardbeispiel der *sein-zu*-Konstruktion in (50) demonstrieren:

(50)   Diese Aufgaben sind zu lösen.

Mit (50) ist zunächst eine Eigenschaft des internen Arguments ausgedrückt, nämlich die Potenz, gegebenenfalls gelöst zu werden. Die aktuelle Realisierung erfordert ein intentionsbegabtes externes Argument. Ob dazu noch eine weitere Instanz ins Spiel kommt, wird erst aus dem Kontext klar.[25] Analog zur Finalkonstruktion ergibt sich daraus der Kontrast der Lesarten. Gibt es eine solche externe Instanz, gilt das logische Subjekt als heteronom, und es liegt eine Notwendigkeitslesart vor. Im anderen Fall steht die Potenz im Vordergrund, die für eine prinzipiell offene Menge von (autonom handelnden) Individuen Gültigkeit hat und von diesen realisiert werden kann. An den Konditionalzusätzen der Modalverbparaphrasen in (50') zeigt sich zum einen der Unterschied von Autonomie und Heteronomie, zum anderen, daß für die Möglichkeit der Realisierung spezifische Fähigkeiten des logischen Subjekts in keinem Fall relevant sind.

(50')   a. Diese Aufgaben können gelöst werden, wenn man es nur will/*wenn
        man sehr schlau ist.   (* für Interpretation entsprechend (50))
        b. Diese Aufgaben müssen gelöst werden, ob man will oder nicht.

Grundlage für beide Lesarten ist also eine Potenzbedeutung, die sich als eine spezifische, nämlich ‚patienszentrierte', ‚passivnahe' Art von Disposition erweist. Wie auch andere Dispositionen sind Potenzen logisch als kontrafaktisches Konditional aufzufassen, in dem Sinne, daß in der gegenwärtigen Welt w gilt: (i) ‚wenn p, dann q' und zugleich (ii) ‚non-p'. Potenzen ließen sich dann derart spezifizieren, daß bei ihnen ‚p' notwendig ein von einem intentionsbegabten Veranlasser ausgehender Impuls ist.[26]

Die dargestellten Beobachtungen deuten natürlich nur an, wie sich das Zustandekommen der modalen Bedeutung bei bestimmten *sein-zu*-Konstruktionen (nämlich solchen mit Handlungsverben) erklären läßt. Neben einer vertieften Untersuchung dieses Zusammenhangs bleibt noch einiges zu Fällen mit anderen, etwa perzeptuellen oder epistemischen Verben zu sagen. Weiter oben (vgl. (26)) wurde schon darauf hingewiesen, daß gerade bei epistemischen Verben Fälle von Vagheit zu beobachten sind. Dies aber führt für Theorien, die wie Höhle (1978) von einer strikten Ambiguität der *sein-zu*-Konstruktion ausgehen,

---

[25] Eine Analyse der Kontextcharakteristika findet sich in Thim-Mabrey (1986), wo auch die zentrale Stellung einer Instanz bei Notwendigkeitslesarten deutlich gemacht wird.
[26] Der Unterschied zwischen normalen Dispositionen und Potenzen kommt in dem Kontrast von (i) und (ii) zum Ausdruck. Nur im Dispositionsfall (i) ist es möglich, daß der Brand auch durch einen Blitzschlag, also ohne intentionalen Akt, ausgelöst wird:
   (i)   Dein Wagen ist leicht entflammbar.
   (ii) Dein Wagen ist leicht anzuzünden.

zu Problemen, und unterstützt andererseits die eben entwickelte Idee einer zugrundeliegenden einheitlichen Potenzbedeutung.

Nach diesen Ausführungen zur *sein-zu*-Konstruktion sei aber abschließend noch einmal auf Zusammenhänge mit der *haben-zu*-Konstruktion hingewiesen. Höhle (1978), der zwei Lexikoneinträge für ein modales *sein* annimmt, begründet dies vor allem damit, daß in Notwendigkeitslesarten das externe Argument gegebenenfalls durch eine *von*-PP, in Möglichkeitslesarten durch eine *für*-PP realisiert sei. Abgesehen von den Ergebnissen der Korpusuntersuchungen von Gelhaus (1977), die darauf hindeuten, daß solche PPs sehr selten vorkommen,[27] ist es fraglich, ob die Distribution tatsächlich so strikt komplementär ist, wie Höhle annimmt. Zumindest findet sich etwa in der IdS-Grammatik (1997: 1899) das in (51) zitierte Beispiel, das der Generalisierung widerspricht.

(51) Weil die Scharniere geölt sind, ist das Fenster jetzt von jedem Kind aufzumachen.

Trotzdem läßt sich in jedem Fall, eine starke Tendenz feststellen, bei Möglichkeitslesarten eine *für*-PP für eher akzeptabel zu halten. Weiter scheinen Möglichkeitslesarten stärker als Notwendigkeitslesarten auf eine generische PP beschränkt zu sein (vgl. Thim-Mabrey 1986: 239).

Beides hängt damit zusammen, daß bei der Notwendigkeitslesart der Handlungsaspekt, und damit unter Umständen der Bezug auf ein spezifisches Ereignis stärker im Vordergrund steht. Anders als bei der Möglichkeitslesart ist hier eine spezifizierte *von*-Phrase eher am Platz, wenngleich auch hier die Potenzbedeutung sich noch dahingehend auswirkt, daß eine nicht nur kontextuelle Spezifizierung des externen Arguments die Ausnahme darstellt. Auch drückt der Unterschied von *von*- und *für*-Phrase aus, daß bei der Notwendigkeitslesart eine agensnahe thematische Markierung vorliegt, wohingegen bei der Möglichkeitslesart die Präposition im unmarkierten Fall auf einen Experiencer verweist. Im zweiten Fall wird ja zuallererst eine Eigenschaft des internen Arguments bezeichnet, die für eine durch die *für*-Phrase benannte Menge von Individuen Geltung hat. Insofern verwundert es nicht, daß es die stärker handlungsorientierte Notwendigkeitsvariante der *sein-zu*-Konstruktion ist, die in einer Diatheserelation zur aktiven *haben-zu*-Konstruktion steht und deren semantische Restriktionen teilt.

5 Zusammenfassung

Sowohl die syntaktische Analyse als auch die Diskussion der semantischen Eigenheiten der Modalen Infinitive haben deutlich gemacht, daß es nicht nur an einzelnen Punkten sinnvoll ist, dem beteiligten *zu*-Infinitiv eine tragende Funk-

---

[27] In Gelhaus' Korpus von 698 Belegen finden sich nur zwei Fälle (Gelhaus 1977: 211f.), in denen ein spezifisches externes Argument realisiert wurde, generische Vorkommen werden nicht erwähnt, sind aber wohl auch nicht allzu häufig.

tion zuzuschreiben. Vielmehr zeigt sich, daß durch die These der zentralen Stellung des *zu*-Infinitivs eine Syntax und Semantik verschränkende Beschreibung der Konstruktionen ermöglicht wird. Zweifelsohne tritt der Gewinn des vertretenen Ansatzes bei der *sein-zu*-Konstruktion stärker hervor. Trotzdem rechtfertigen die herausgestellten syntaktischen und semantischen Gemeinsamkeiten von *sein-zu*- und *haben-zu*-Konstruktion, daß beiden Konstruktionen ein modaler *zu*-Infinitiv mit denselben Eigenschaften zugeschrieben wird. Demnach ist der bei Modalen Infinitiven vorkommende *zu*-Infinitiv dadurch charakterisiert, daß er i) als Auslöser von Argumentblockierung fungiert, ii) Träger modaler Bedeutung ist und iii) starke finale Residuen aufweist. Die Diskussion der Restriktionen und Besonderheiten der modalen Bedeutung insbesondere der *sein-zu*-Konstruktion hat gezeigt, inwiefern sich diese durch den Verweis auf Passiveigenschaften, Finalität und Infinitheit des *zu*-Infinitivs verstehen lassen.

Literatur

Bech, G. (1949): "Das semantische System der deutschen Modalverba". Travaux du Cercle Linguistique de Copenhague 4,3–46.
Bech, G. (1951): Grundzüge der semantischen Entwicklungsgeschichte der hochdeutschen Modalverba. Kopenhagen: Munksgaard (= Det Kongelige Danske Videnskabernes Selskab/ Dan. Hist. Filol. Medd. 32, no. 6).
Bech, G. (1955/57): Studien über das deutsche verbum infinitum. 2 Bde. Kopenhagen: Munksgaard (= Historisk-filologiske Meddelelser udgivet af Det Kongelige Danske Videnskabernes Selskab; Bd. 35, no.2:1955, Bd. 37, no.6:1957).
Boon, P. (1981): "Der Gebrauch des sog. 'modalen Infinitivs' in den Verbgefügen *sein* + Infinitiv mit *zu* bzw. *haben* + Infinitiv mit *zu* durch Thomas Murner". Beiträge zur Erforschung der deutschen Sprache 1, 191–198.
Brinker, K. (1969): "Zur Funktion der Fügung *sein* + *zu* + Infinitiv in der deutschen Gegenwartssprache". Neue Beiträge zur deutschen Grammatik 37, 23–34.
Brinkmann, H. (1962): Die deutsche Sprache. Gestalt und Leistung. Düsseldorf: Schwann (= Sprache und Gemeinschaft: Grundlegung; 1).
Demske-Neumann, U. (1994): Modales Passiv und *Tough Movement*. Zur strukturellen Kausalität eines syntaktischen Wandels im Deutschen und Englischen. Tübingen: Niemeyer (= Linguistische Arbeiten; 326).
Diewald, G. (1999): Die Modalverben im Deutschen. Grammatikalisierung und Polyfunktionalität. Tübingen: Niemeyer (= Reihe Germanistische Linguistik; 208).
Ebert, R.P. (1976): Infinitival Complement Constructions in Early New High German. Tübingen: Niemeyer (= Linguistische Arbeiten; 30).
Eisenberg, P. (1999): Grundriß der deutschen Grammatik. Bd.2: Der Satz. Stuttgart, Weimar: Metzler.
Haider, H. (1984): "Was zu haben ist und was zu sein hat. Bemerkungen zum Infinitiv". Papiere zur Linguistik 30, 23–36.
Gelhaus, H. (1977): Der modale Infinitiv. Tübingen: Narr. (= Forschungsberichte des Instituts für deutsche Sprache; 35).
Haspelmath, M. (1989): "From purposive to infinitive – a universal path of grammaticization". Folia linguistica historica 10, 287–310.

Höhle, T.N. (1978): Lexikalistische Syntax. Die Aktiv-Passiv-Relation und andere Infinitkonstruktionen im Deutschen. Tübingen: Niemeyer (= Linguistische Arbeiten; 67).
[IdS-Grammatik (1997)] = G. Zifonun, L. Hoffmann & B. Strecker, Hrsg. (1997): Grammatik der deutschen Sprache. Bd. 1–3. Berlin, New York: de Gruyter (= Schriften des Instituts für deutsche Sprache; 7,1–3).
Kratzer, A. (1976): "Was 'können' und 'müssen' bedeuten können müssen". Linguistische Berichte 42, 1–28.
Kratzer, A. (1978): Semantik der Rede: Kontexttheorie – Modalwörter – Konditionalsätze. Königstein/Ts.: Scriptor (= Monographien Linguistik und Kommunikationswissenschaft; 38).
Kratzer, A. (1981): "The notional category of modality". In: H.-J. Eikmeyer & H. Rieser, Hrsg.: Words, Worlds and Contexts: New Approaches in Word Semantics. Berlin, New York: de Gruyter (= Research in Text Theory; 6), 38–74.
Kratzer, A. (1991): "Modality". In: A. von Stechow & D. Wunderlich, Hrsg.: Semantik. Ein internationales Handbuch der zeitgenössischen Forschung. Berlin, New York: de Gruyter (= Handbücher zur Sprach- und Kommunikationswissenschaft; 6), 639–650.
Matzke, B. (1977): Zur Problematik der Passivsynonyme im Deutschen – dargestellt an den Fügungen "Reflexivpronomen + Verb", "*sein + zu* + Infinitiv" und "*lassen + sich* + Infinitiv". Diss. Universität Jena.
Rapp, I. (1997): Partizipien und semantische Struktur. Zu passivischen Konstruktionen mit dem 3. Status. Tübingen: Stauffenburg (= Studien zur deutschen Grammatik; 54).
Raynaud, F. (1977): "Der 'modale infinitiv'. Bedeutung und leistung". Wirkendes Wort 6, 386–393.
Reis, M. (2001): "Bilden Modalverben im Deutschen eine syntaktische Klasse?". [in diesem Heft]
Riemsdijk, H. van (1983): "The case of German adjectives". In: F. Heny & B. Richards, Hrsg.: Linguistic Categories: Auxiliaries and Related Puzzles. Dordrecht u.a.: Reidel (= Synthese Language Library; 19), 223–252.
Rosengren, I. (1992): "Zum Problem der kohärenten Verben im Deutschen". In: P. Suchsland, Hrsg.: Biologische und soziale Grundlagen der Sprache: interdisziplinäres Symposium des Wissenschaftsbereiches der Friedrich-Schiller-Universität Jena, 17.–19. Oktober 1989. Tübingen: Niemeyer (= Linguistische Arbeiten; 280), 265–297.
Stechow, A. von (1990): "Status government and coherence in German". In: G. Grewendorf & W. Sternefeld, Hrsg.: Scrambling and Barriers. Amsterdam: Benjamins (= Linguistik aktuell; 5), 143–198.
Thim-Mabrey, C. (1986): "Die Fügung *sein + zu* + Infinitiv. Eine Untersuchung des Zusammenhangs von Kontext und Bedeutung". Sprachwissenschaft 11, 210–274.
Wurmbrand, S. (1998): Infinitives. PhD Diss. MIT. [unveröff.]
Zorn, K. (1970): Untersuchungen zur Grammatik, Semantik und Verwendung der Fügungen *haben + zu* + Infinitiv und *sein + zu* + Infinitiv in der deutschen Sprache der Gegenwart. Diss. Universität Leipzig.

Tübingen Daniel Holl

Universität Tübingen, Deutsches Seminar, Wilhelmstr. 50, 72074 Tübingen,
e-mail: daniel.holl@student.uni-tuebingen.de

Modalverben, Infinitheit und Negation im Prosa-Lancelot

Reimar Müller

Abstract

Modal verbs systematically have circumstantial as well as epistemic uses in German ('polyfunctionality') – a phenomenon dating back to the 15th/16th century. This paper deals with the question whether this fact can be correlated with the emergence of coherence in the verbal complex. After examining which of the usual tests for coherence are appropriate for older language stages, two candidates (ambiguity of negation and *infinitivus pro participio*) are selected and applied to the Middle High German *Prose-Lancelot* text. It is shown that the phenomena in question can be linked to a diachronic expansion of the projection selected by modal verbs and that, therefore, a causal relation between them is at least plausible.

1 Einleitung

Der Ansätze, die versuchen, das semantische Verhalten von Modalverben (MV) mit formalen „Klassen'-Eigenschaften zu korrelieren, sind einige;[1] und gemeinhin wurden auch Versuche unternommen, solche Korrelationshypothesen diachron zu untermauern und zu begründen.[2]

Die Frage nach der Klassenzugehörigkeit der MV des Gegenwartsdeutschen (Gwd.) erhält in diesem Band mit Reis' Artikel neuen Auftrieb und eine neue Perspektive (cf. auch Ehrich & Reis 1998). Ausgehend von der Frage nach Korrelationen zwischen der für MV typischen Polyfunktionalität und syntaktischen Eigenschaften kommt sie zum Ergebnis, daß diese Polyfunktionalität mit „starker" Kohärenz der Konstruktion mit Infinitiv korreliert.[3]

Bislang fehlt es an diachronen Arbeiten zu dieser Hypothese unseres Modalverbprojekts, und eine umfassende sprachgeschichtliche Untermauerung soll hier auch gar nicht unternommen werden. Vielmehr werde ich versuchen, für die Möglichkeiten einer diachronischen Beschäftigung mit dem Zusammenhang zwischen Modalität und kohärenter Konstruktion in erster Näherung zumindest eine heuristische Vorgehensweise zu entwickeln und exemplarisch anzuwenden.

Die Zahl diachroner Arbeiten zur Kohärenz ist durchaus überschaubar, zudem beschränken sich die Untersuchungen weitgehend auf Ausklammerung und Stellungseigenschaften von Verben im mehrgliedrigen Verbkomplex sowie den

---

[1] Für einen Überblick über und eine Auseinandersetzung mit Auxiliarisierungshypothese und Orientierungshypothese cf. Reis (2001: Kap. 2 & 3).
[2] Cf. etwa Abraham (1990); Gamon (1993); Heine (1995); Lehmann (1995: 27f., 144ff.); Stevens (1995); Diewald (1999) für einige unterschiedliche Ansätze.
[3] Hier ist „starke" Kohärenz definiert als obligatorische Kohärenz aufgrund des 1. Status; für die synchrone Argumentation cf. Reis (2001: Kap. 4).

Aufweis von Restfeldverschränkung.⁴ Einig sind sich die Autoren, daß von einer systematischen Kohärenz-Inkohärenz-Opposition im gwd. Sinne vor 1500 nicht wirklich gesprochen werden könne, obgleich einige Voraussetzungen dafür vorliegen (Verbendstellung, mehrgliedriger Verbkomplex). Askedal (1998: 256) stellt eine „weitgehende Kontinuität" zwischen dem späten Mittelhochdeutschen (Mhd.) und Frühneuhochdeutschen (Fnhd.) fest, insbesondere seien die für das heutige System relevanten Neuerungen erst später entstanden.

Gleichwohl soll die Frage nach der Auffindbarkeit von Phänomenen, die als Indikatoren für das Aufkommen dieser systematischen Unterscheidung in Texten auch älteren Datums herangezogen werden können, nun gestellt werden.

Eine Argumentationslinie, welche starke Kohärenz mit der systematischen Polyfunktionalität von MV verbindet, müßte folgendes zu leisten imstande sein:

(D1) Zeitliche Korrelation: Auffinden von Kennzeichen/Bedingungen der Kohärenz-Inkohärenz-Opposition in Texten vor der Ausbreitung systematischer epistemischer MV-Bedeutungen.⁵

(D2) Kausale Korrelation: Begründen einer kausalen Verknüpfung zwischen Kennzeichen/Bedingungen der Kohärenz-Inkohärenz-Opposition und Kennzeichen/Bedingungen des Aufkommens systematischer epistemischer MV-Bedeutungen.⁶

Ausgangspunkt der Überlegungen sind die für das Gwd. gängigen Indizien für Kohärenz. Sie werden auf ihre Tauglichkeit bei älteren deutschen Texten geprüft, anschließend wird an zwei Indiziengruppen anhand des mhd. Prosa-Lancelot (ProLa) gezeigt, daß tatsächlich eine zeitliche Abfolge vorliegt und eine kausale Verbindung zugrundegelegt werden kann.

Gängige Tests für das Vorliegen von Kohärenz im Gwd. sind die folgenden:⁷

(1) a. Rattenfänger-Konstruktion; Gemeinsame Voranstellung infiniter Teile des Matrixprädikats und des Infinitivs; Reflexivitätsprobe
   b. Extraposition; dritte Konstruktion; Restfeldverschränkung
   c. Ersatzinfinitiv; Ambige Bezugsmöglichkeit von Adverbialen, Negation und kohäsiven Verbindungen

---

⁴ Zu nennen wären hier vor allem Ebert (1976: 89–97) und Askedal (1998), zur Geschichte des Verbkomplexes auch Fritz (1992) und Takada (1994); für ältere Literatur (bis 1986/87) cf. die zusammenfassenden Darstellungen in Ebert (1986: 122–134; 138–156) und Betten (1987: 101–137).
Die Materialgrundlage von Ebert (1976) sind Texte um 1500, die Diskussion von Kohärenzeigenschaften nimmt einen relativ geringen Raum ein. Askedals Textbasis sind Berthold von Regensburg zugeschriebene Predigten aus dem 13. Jhdt.
⁵ Letztere wird gemeinhin für die Periode 16.–17. Jhdt. angesetzt, cf. etwa die Arbeiten von Fritz (1991; 1997) u.v.a.m.; zuletzt Diewald (1999: 364f.).
⁶ Für die in diesem Artikel verfolgten bescheidenen Zwecke möge *kausal* in D2 vorerst i.S.v. *plausibel* verstanden werden.
⁷ Die Grundlagen werden in Bech (1955/57) gelegt; für eine kurze Darstellung der Tests cf. Kiss (1995: 27–31) oder Öhlschläger (1989: 98ff.); für eine ausführliche Diskussion Meurers (1999: 15–23; 51–90); übereinzelsprachlich auch Wurmbrand (1998: 31–35).

Die Tests in (1a) sind für Corpussprachen nur sehr beschränkt anwendbar, da ihr Auftreten äußerst selten ist. Zudem muß immer damit gerechnet werden, daß der Testcharakter aufgrund der freieren Wortstellung nicht wirklich gegeben ist.

Letzteres gilt verstärkt noch für die Tests in (1b); Extraposition ist vor der Ausbildung der Satzklammer kein Kriterium, ebensowenig die dritte Konstruktion. Beide Konstruktionen können, wie auch Restfeldverschränkung, für das Mhd. gut belegt werden, ohne daß diese Beobachtung etwas für die relevante Opposition zu bedeuten hätte (dazu Askedal 1998: 254ff.) – sieh folgende Belege aus dem ProLa, mit Restfeldverschränkung gegen die altfranzösische (afrz.) Vorlage in (2a) und mit ebensolcher plus eventueller Extraposition in (2b):[8]

(2) a. das sie nymant enschelten mocht   (KL3 407,12)
    ,daß sie niemand tadeln konnte'
    que nus nes en peüst a droit blasmer   (MA 20,9f.)
    b. Wir haben sich einen hirczen sehen verwandeln in eins menschen
    forme   (KL1 323,5f.)
    ,wir haben einen Hirsch sich verwandeln sehen in Menschengestalt'
    Nous avons [...] veu un cerf muer en forme d'ome   (QG 235,23f.)

Die ambige Bezugsmöglichkeit von Adverbialen ist als Test zwar brauchbar, aufgrund der fehlenden muttersprachlichen Kompetenz jedoch mit Vorsicht zu genießen. Zudem basiert sie ohnehin auf dem gleichen Prinzip wie der Ambiguitätstest bei Negation.

Daher werde ich mich hier auf die übrigen zwei Tests beschränken, deren zugrundeliegende Merkmale im folgenden ausformuliert sind:

(M1)   Skopusambiguität: Negation und kohäsive Verbindungen sind ambig zwischen engem Skopus (*negatio obliqua*) und weitem Skopus (*negatio recta*).

(M2)   Ersatzinfinitiv: Obligatorisch kohärente Infinitive bilden das Perfekt mit einem Ersatzinfinitiv (IPP).[9]

---

[8] Die Quellen werden folgendermaßen zitiert (cf. im übrigen das Quellenverzeichnis): Der mhd. *Prosa-Lancelot* nach den drei Bd. der Kluge-Edition mit KL1, KL2, KL3 (Steinhoff-Ausgabe: ST); der afrz. *Lancelot propre* nach der Micha-Edition mit LP (Vorlage für KL1 und KL2); die afrz. *La Queste del Saint Graal* nach der Pauphilet-Edition mit QG (Vorlage für ersten Teil von KL3); der afrz. *La Mort le Roi Artu* nach der Frappier-Edition mit MR (Vorlage für zweiten Teil von KL3).

[9] Eigentlich gehört zur Regel noch „mit Voranstellung des Finitums" (Oberfeld-Beschränkung, cf. Bech 1955/57: §63), und für das Gwd. mag diese Beschränkung – zumindest für die Schriftsprache – auch zutreffen. Allerdings wird die Regel schon durch dialektale/idiolektale Variation weitgehend relativiert, und für die Sprachgeschichte ist sie völlig hinfällig. Im Mhd. hat man bei der Abfolge von Finitum und Infinitum ohnehin mit freier Variation zu rechnen. Bei zweigliedrigen Verbkomplexen steigt die Folge Infinitum-Finitum zwischen dem 13. und 17. Jhdt. langsam an (cf. Ebert 1986: 123–9). Wie Härd (1981) für die Zeit zwischen 1450 und 1580 zeigt, gilt dies aber gerade nicht für drei- und mehrgliedrige Verbalkomplexe (Härd 1981: 168), zudem widersetzen sich aus mehreren Infinitiven bestehende Verbkomplexe der Entwicklung länger als solche mit Partizipien (cf. Härd 1981: 57f., v.a. Diagramm 4 auf S.58), besagte Konstruktion bis heute. Da es sich bei der Finitum-Voranstellung also um ein zur Norm gewordenes Relikt mehr als um eine tiefe Regel handelt, ist sie für ältere Sprachstufen nicht zu gebrauchen.

Die beiden Merkmale seien im folgenden kurz an Beispielen erläutert.

(3) a. Ich kann kein Rindfleisch essen.
b. Ich erkläre, kein Rindfleisch zu essen.
c. Ich habe kein Rindfleisch gegessen.

(4) a. weil er Rindfleisch früher hat essen können / *essen gekonnt hat
b. weil er erklärt hat / *hat erklären, nur noch Milch zu trinken

Äußert (3a) ein – womöglich wegen BSE zusätzlich besorgter – Vegetarier, hat die Negation weiten Skopus über das MV (*Es ist nicht der Fall, daß ich Rindfleisch essen kann*); kommt der Satz hingegen von einem begeisterten Fleischesser, dem Rindfleisch-Abhängigkeit unterstellt wurde, hat die Negation engen Skopus nur über das Komplement (*Ich bin durchaus in der Lage, auf Rindfleisch zu verzichten*). Bei inkohärenter Konstruktion (3b) ist diese Ambiguität nicht möglich, die Negation hat engen Skopus. Bei Auxiliarkonstruktionen wie in (3c), die ohnehin monoklausal sind, hat sie Satzskopus.[10] Aus (4) ist M2 ersichtlich – IPP geht nur in (4a), da obligatorisch kohärent, und ist in (4b) wegen Inkohärenz ungrammatisch.[11]

Abgesehen von ihrer Zugehörigkeit zur Klasse der Kohärenztests haben M1 und M2, zumal diachron gewendet, noch eine weitere tiefe Gemeinsamkeit: Bedingung der Möglichkeit ihrer Durchführung ist das Vorliegen bestimmter Skopusverhältnisse. Geht man von einer syntaktischen Grundlage für M1 aus, setzt der Test voraus, daß die Negation bei kohärenter Konstruktion syntaktisch ambig ist, strukturell also entweder in der Projektion des abhängigen Infinitivs oder in der des Matrixverbs erscheinen kann, mit jeweils entsprechendem Skopus (eine bloße Implikatur reicht in diesem Ansatz somit nicht aus). M2 wird erst testbar, wenn der fragliche Kohärenzauslöser überhaupt geeignete infinite Formen bildet, die dann im Skopus des Tempusmarkierers erscheinen können.

Im verbleibenden Teil dieses Artikels werden nach einer kurzen Darstellung der Textgrundlage (Kap. 2) relevante Eigenschaften von Negation (Kap. 3) und Infinitheit von MV (Kap. 4) exemplarisch behandelt und anschließend (Kap. 5) wieder mit der einleitenden Darstellung in Verbindung gebracht.

2 Der Prosa-Lancelot

Textgrundlage des empirischen Teils der Untersuchung ist der mhd. ProLa (und nur er). Daher vorab einige Worte zu diesem Werk.

Beim ProLa handelt es sich um den ersten deutschen Prosaroman. Er ist eine Übersetzung einer afrz. Romantrilogie: *Lancelot propre, La Queste del Saint*

---

[10] Cf. auch Ehrich (2001), dort findet sich eine gründliche synchrone Diskussion der Interaktion von Negation und MV im Gwd.

[11] Die Unverläßlichkeit der Serialisierungsrestriktion wird in Anm. 9 diskutiert; Verbkomplexe wie *essen hat können* und *essen können hat* sind für viele Sprecher völlig in Ordnung.

Graal und *La Mort le Roi Artu*, deren genaue Entstehungsbedingungen nicht völlig geklärt sind (Steinhoff in ST: 761ff.). Die älteste Handschrift wird auf 1215–1230 datiert (ebd.). Offenbar kurz darauf wurde mit der Übersetzung ins Mhd. begonnen, das älteste mhd. Fragment stammt aus der Mitte des 13. Jhdts. (ebd.: 764). Grundlage aller Arbeit am ProLa ist Kluges dreibändige Edition (1948; 1963; 1974) der ersten fast vollständig überlieferten Handschrift (Heidelberg, *Codex Pal. germ. 147*), die zwischen 1455 und 1475 entstanden ist, teils jedoch einen deutlich älteren Sprachstand repräsentiert. Eine zusätzliche Komplikation besteht darin, daß die einzelnen Teile zu verschiedenen Zeiten von verschiedenen Übersetzern, möglicherweise basierend auf verschiedenen Vorlagen, hergestellt wurden. Während hierzu etwa Tilvis (1957; 1972) die Auffassung vertritt, daß ein Teil der Übersetzung auf einer (nicht erhaltenen) mittelniederländischen Zwischenstufe basiere, lehnen Kluge (in KL2: Einleitung, XI–XXIII) und Steinhoff (1968: 87ff.) dies ab und geben einer zwar diskontinuierlichen, aber direkt auf dem Afrz. basierenden Überlieferung den Vorzug.[12] Deutlich scheint immerhin, daß KL2 jünger ist als KL1.

Zwar ist Übersetzungsliteratur aufgrund möglicher lehnsyntaktischer Einflüsse nur mit Bedacht für linguistische Untersuchungen zu gebrauchen (zumal wenn die Überlieferungslage so unklar ist wie hier), andererseits sind Abweichungen von der Vorlage um so aussagekräftiger und können sich, etwa bei so dunklen (weil im Gwd. nicht mehr existenten) Konstruktionen wie der in Kap. 4 behandelten, als Segen erweisen. Ein weiterer Vorteil des ProLa ist die beträchtliche Menge an wörtlicher Rede; auch wenn deutlich sein muß, daß literarische, also bestenfalls imitierende, wörtliche Rede nicht mit dem zur Entstehungszeit tatsächlich Gesprochenen identifiziert werden darf,[13] bietet sie doch einen weit über erzählende Prosa hinausgehenden Reichtum an situierter Sprache, was vor allem relevant ist, wenn es wie hier um die Sprechereinstellung geht.[14]

Das Teilen dieses Artikels zugrundeliegende Corpus ist wie folgt zusammengesetzt: Für die Darstellungen von Negation (Kap. 3) und der Konstruktion MV+Infinitiv II (Kap. 4.1) wurden vier Teilcorpora zusammengestellt und exzerpiert, jeweils 50'000 Wörter aus KL1, KL2 (*Lancelot-Queste*), der *Gral-*

---

[12] Cf. für eine Diskussion auch Keinästo (1986: 4–9) und Steinhoff (in ST: 747ff.).
[13] Für eine Diskussion dieses Themenkomplexes sieh Koch & Oesterreicher (1996) sowie die dort angegebene umfangreiche Literatur.
[14] Der ProLa ist denn auch schon öfter für syntaktische Untersuchungen herangezogen worden, cf. etwa zum Nebensatzrepertoire Schieb (1970; 1972; 1978), zur Satzkomplexität Betten (1980), zu Infinitivkonstruktionen Keinästö (1986a,b; 1987; 1990a,b).

Queste (KL3, erster Teil) und dem *Tod des König Artus* (KL3, zweiter Teil).[15] Für die restlichen Phänomene wurde der gesamte ProLa exzerpiert.[16]

Daß MV im ProLa prinzipiell auch epistemisch vorkommen, sei nun an zwei möglichst deutlichen Beispielen gezeigt; im weiteren sollen Belege nicht mehr einzeln auf ihre Epistemizität hin untersucht werden.

(5) Frauw, ir hant ein kint geborn, und ist uns fur komen das es konig Eließers nit sy, [...]; und mag das kint nit gemacht han, wann wir han die tag und monat gerechent und finden furware das das kint inn der unee gewůnnen ist worden.   (KL2 502,19f.)

‚Herrin, ihr habt ein Kind geboren, und uns scheint, daß es nicht von König Eließer ist [...] und er kann das Kind nicht gemacht haben, denn wir haben die Tage und Monate ausgerechnet und meinen wirklich, daß das Kind außerehelich empfangen worden ist'

Dame, vos avez .I. anfant tel com Dieu plest et il nos est avis que li rois Elier [...] n'angendra pas cest anfant, car nos avons contez les diz et les mois si que nos cuidons de voir qu'il soit conceuz et engendrez en avoutire   (LP 89,8)

(6) Ich rytt myner bruder eynen suchen der in dißem land syn sol als man mir gesagt hatt.   (KL2 173,23f.)

‚Ich ritt aus, um einen meiner Brüder zu suchen, der in dieser Gegend sein soll, wie man mir gesagt hat'

Je aloie querre [...] .I. mien frere qui est en ceste queste, ce m'a l'an dit.   (LP 71,51)

In (5) geht es um die Frage, ob der abwesende König Eließer der Vater des ungeborenen Kindes sei. Die Sprecher meinen: Nein. Die Behauptung [*er*] *mag das kint nit gemacht han* wird dann nicht inhaltlich kausal begründet, sondern als Sprechakt – es geht also um die Wahrscheinlichkeit der Proposition, und das MV (das in der Vorlage nicht auftaucht) ist epistemisch zu übersetzen.

In (6) liegt ein früher Beleg für einen epistemischen/quotativen Gebrauch von *sollen* vor.[17] Dies wird abermals durch die folgende Phrase, in der explizit

---

[15] Die jeweils 50'000 Wörter (+/-20, da nur vollständige Sätze einbezogen wurden) wurden je zur Hälfte vom Anfang und vom Ende der Teilbände zusammengestellt. Konkret handelt es sich um: CP1: KL1 1,1 (*In der* ...) bis 49,12 (... *gesiecht.*) und 591,13 (*Da bestunt* ...) bis 642,8 (... *in ein holcz.*). CP2: KL2 135,1 (*Uns saget* ...) bis 199,8 (... *enforcht.*) und 759,23 (*Und Hector* ...) bis 829,10 (... *der grale.*). CP3: KL3 1,1 (*An dem* ...) bis 92,4 (... *unkischeit.*) und 287,4 (*Wann er* ...) bis 384,6 (... *brachten.*). CP4: KL4 387,1 (*Nach dem* ...) bis 493,14 (... *breyt.*) und 679,9 (*Und recht* ...) bis 787,8 (... *Amen.*).

[16] Herrn Prof. Hans-Hugo Steinhoff möchte ich an dieser Stelle sehr herzlich dafür danken, daß er unserem Projekt den digitalisierten Text der Kluge-Ausgabe zur Verfügung gestellt hat.

[17] Zu quotativem *sollen* cf. Fritz (1991: 34ff.), der annimmt, daß es bei geeigneter Quellenwahl weitaus früher zu finden sei als gemeinhin angenommen; Gloning (2001) weist für die Urkundensprache nach, daß dies tatsächlich der Fall ist. Obiger Beleg mag zeigen, daß wörtliche Rede in Prosatexten ein weiterer geeigneter Ort für die Suche nach quotativem *sollen* ist.

auf die ‚Leute' als Informationsquelle verwiesen wird, verdeutlicht. Und wieder fehlt das MV in der afrz. Vorlage, kann also als genuin Mhd. aufgefaßt werden.

Dies mag als Nachweis epistemischen MV-Vorkommens im ProLa genügen, in den folgenden Kapiteln wird nun die formale Seite im Vordergrund stehen.

3 Modalverben und Negation im Prosa-Lancelot

Die Interaktion von MV und Negation ist ein synchron lohnendes[18] und diachron noch bei weitem nicht hinreichend erforschtes Thema (cf. Fritz 1997: 52–59), dessen Relevanz für die Geschichte der MV spätestens seit Bech (1951) außer Frage steht.

Im frühen Althochdeutschen (Ahd.) ist Negation am Finitum ($ni\ V_{fin}$) noch weitgehend obligatorisch. Später entwickelt sich aus negativ markierten Pronomina, die zunächst als negative Polaritätselemente (NPI) und dann als Negationsverstärker fungieren, das heutige System mit standardsprachlich einem Negationsadverb, wobei einige Zwischenstufen durchlaufen werden.[19] (7a) ist ein Beispiel für Negation durch *ni* mit einem nicht negativ markierten Pronomen, (7b) ein früher Beleg für verstärkendes *nicht*.

(7)   a. Inti ûzzan sín ni uuas uuiht gitanes thaz thar gitán uuas   (TA 65,21f.)
           und ohne ihn NEG-war etwas geschaffen(es) das da geschaffen war
           Et sine Ipso factum est nihil quod factum est
    b. Ih nehábo niêht in geméitun sô uílo geuuêinot.   (NP 20,23f.)
        ich NEG-habe NEG vergeblich so viel geweint

Donhauser (1996) teilt die Entwicklung der Negation im Deutschen in vier Teilentwicklungen ein, die sie folgendermaßen beschreibt:

(8)   Verselbständigung ...
       1. ... der mit *ni* gebildeten Negatoren wie *niemand, nirgends, nichts,* etc.
                                                (selbständig verwendet ab 8. Jh.)
       2. ... des verbalen Negators *nicht*   (ab 12. Jh.)
       3. ... des Negators *kein*   (ab 13. Jh.)
       4. ... weiterer Negationselemente auf der Basis von 3 (*keinesfalls* etc.)
                                                 (Schema nach Donhauser 1996: 211)

Relevant für die Entwicklung im Zusammenhang mit MV ist, daß der präfinite Negator im Ahd. aufgrund seiner Stellung fast nur mit weitem Skopus nachweisbar ist. Fälle, in denen wir ihn nach gwd. Verständnis als eng interpretieren,

---

[18] Cf. u.a. Öhlschläger (1989: 80–94), De Haan (1997), Palmer (1997), Ehrich (2001), Penka & Stechow (2001).
[19] Für einen Überblick cf. Behaghel (1924: 65–92), für eine rezente Analyse Donhauser (1996). Sieh auch die Darstellung in Paul (1998: 397–404).

sind sehr selten und können als Implikaturen wegerklärt werden,[20] zumal die Bedeutungsbreite der ahd. MV teils sowohl Möglichkeits- als auch Notwendigkeitslesarten gestattet, wodurch der weite Skopus gerettet werden kann – cf. die Beispiele in (9), wo *durfan* in (9a) *necesse est* übersetzt, in (9b) hingegen *posse*. Der Negationsskopus ist in beiden Fällen weit.[21]

(9) a. dés nedárf íh tíh mánôn (NB 136,11f.)
 daran NEG-brauche ich dich erinnern
 neque nunc anxium necesse est ammonere
 b. nóh tés nedárft tu zuîuelon (NB 166,25)
 aber daran NEG-darfst du zweifeln
 Atqui non est quod de hoc quoque possis ambigere

Die Grammatikalisierung negationstragender Pronomina und Adverbien zum eigentlichen Negationsmarkierer, dessen Stellung bei Infinitivkonstruktionen einen systematischen ambigen Bezug erst möglich macht, führt zum Verschwinden der ursprünglichen proklitischen Negation bis zum Fnhd. – interessanterweise bei MV erst später als bei anderen Verben (Donhauser 1996: 207).

Im Auswahlcorpus finden sich insgesamt 1032 negierte MV,[22] 136 davon in der proklitischen Form *en*-MV. In (10) ein paar illustrative Beispiele: In (10a) doppelte Negation ohne Vorlage (wie man hier sieht, kann die Negation im Verbkomplex intervenieren), in (10b) entsprechend der Vorlage; in (10c) ein Beleg ohne proklitische Negation. In Tabelle 1 und 2 die Verteilung im ProLa.[23]

(10) a. das er gewencken nit enkund, er must bi ir slaffen (KL1 611,25f.)
 ‚daß er nicht entweichen konnte, er mußte bei ihr schlafen'
 Quant il voit ce que autrement ne puet estre, […] (LP 39*,8)
 b. Ich enwil myne sele nit verliesen (KL1 28,13)
 ‚ich will meine Seele nicht verlieren'
 je ne voel mie perdre m'ame (LP 8a,6)
 c. aber sie kunden nichts von Lancelot sagen (KL2 785,16)
 ‚aber sie konnten nichts von Lancelot erzählen'
 si troverent qu'il n'avoient riens apris de ce qu'il queroient (LP 106,7)

---

[20] Mit etwas Gewalt kriegt man auch im Gwd. eklatante Skopuswechsel hin, etwa:
 (i) Ich brauche KEINE Oliven auf meiner Pizza!
Für eine ausführliche und auch hier hilfreiche Darstellung von Skopuswechseln bei *wollen/ sollen* im Zusammenhang mit aktiver/passiver Modalität i.S.v. Bech (1949) sieh Ehrich (2001).

[21] Nach Bech (1951) ist das Skopusverhalten der Negation wesentlich mit der Bedeutungsentwicklung von *dürfen* und *müssen* verknüpft. Hierzu kritisch Lühr (1997), die u.a. den Gebrauch von *durfan* in der Bedeutung ‚dürfen' bereits für das Ahd. zeigt, sowie aus theoretischer Perspektive Lerner & Sternefeld (1984: 190f.). Da ich im folgenden davon ausgehe, daß die Negation im Ahd. *nur* weiten Skopus hat, lehne ich Bechs Erklärung ebenfalls ab.

[22] Auf die Teilcorpora umgelegt: CP1: 282; CP2: 263; CP3: 237; CP4: 250.

[23] Für die Überprüfung der afrz. Beispiele hier und im folgenden danke ich Nicola Zotz; alle verbleibenden Fehler sind die meinen. Die afrz. Pendants dienen der Illustration und sind v.a. aus Platzgründen nicht übersetzt, an besonders relevanten Stellen wird im Text auf Korrespondenzen explizit aufmerksam gemacht.

Tabelle 1: Proklitisch mit *en-* negierte MV:[24]

en-MV +	ø	AdvN	KonstN	Summe
CP1	8	52	15	75
CP2	2	3	–	5
CP3	–	19	1	20
CP4	–	27	9	36
Summe	10	101	25	136

Tabelle 2: Negierte MV ohne *en-*:

MV +	ø	AdvN	KonstN	Summe
CP1	–	143	64	207
CP2	–	194	64	258
CP3	–	165	52	217
CP4	–	178	36	214
Summe	–	680	216	896

Wie aus den Tabellen hervorgeht, kommen sowohl adverbiale als auch Konstituentennegation sowohl mit als auch ohne zusätzlichem Klitikum vor. Offenkundig sind die neuen Elemente also schon weitgehend als Negationsträger grammatikalisiert. In allen Teilcorpora überwiegt die Anzahl der *en*-losen Konstruktion bei weitem – die Klitika sind nicht mehr notwendiger Bestandteil der Negation.

Man mag sich fragen, welchen Prinzipien die Verteilung der redundanten Klitika im ProLa gehorcht. Von den abgeprüften möglichen Korrelationen hat sich keine als stichhaltig erwiesen: Die Klitika sind nicht emphatisch, sie korrelieren nicht mit engem/weiten Skopus, d.h. sie werden offenbar nicht differenzierend als Skopusmarkierer eingesetzt.[25] Zudem ist ihr Auftreten nicht von der afrz. Vorlage abhängig. Man wird ihr Auftreten als freie Variation akzeptieren müssen, auch wenn es das Linguistenherz schmerzt.

Auffällig an der Verteilung ist der eklatante Unterschied zwischen CP1 und CP2. Bei einer vergleichbaren Gesamtzahl negierter MV weist CP1 75 proklitisch negierte MV auf, CP2 lediglich fünf. Diese Differenz ist zu erwarten, wenn man einen deutlichen Altersunterschied zwischen KL1 und KL2 zugrundelegt (was sinnvoll ist, wie etwa Keinästö 1986b an *zu*-Infinitiven gezeigt hat); das Abnehmen der proklitischen Negation zwischen KL1 und KL2 mag ein weiteres Argument dafür sein.

Nicht in das Bild passen allerdings die zehn Vorkommen proklitisch negierter MV ohne weiteren Negator – hier genügt offenbar das Klitikum als Negationsträger. Die zehn Belege verteilen sich auf folgende Konstruktionsweisen:

---

[24] AdvN steht für ‚adverbiale Negation', hierunter rechne ich *nicht, niemals, nirgends* etc. sowie Fälle mit diesen plus eventueller weiterer Konstituentennegationen. Unter KonstN sind Fälle subsumiert, in denen mindestens eine Konstituentennegation – wozu ich hier auch *kein* rechne – aber kein Negationsadverb steht, es handelt sich vor allem um kohäsive Verbindungen.
[25] Allerdings ist Negation mit engem Skopus insgesamt überaus selten, zumal *sollen*, das gwd. meist mit engem Negationsskopus auftritt, sehr häufig als Futurmarkierer verwendet wird.

Sechs Belege konstruieren wie (11a) *ob er/sie MV oder enMV*, d.h. entspringen einer direkten Kontrastierung zwischen positivem und negiertem MV. Dies deckt sich mit Behaghels Beobachtung (1924: 72), wonach bei Ellipsen „mit dem sonst ersparten Glied [...] auch die Verneinung *niht* weggefallen [ist]". Bei drei weiteren Belegen steht das negierte MV in einer [-realis]-Proposition, das Klitikum ist ein Reflex des [-realis]-Modus, wie in (11b). Auch dies deckt sich mit Behaghel (1924: 73).[26]

(11) a. ich muß daruber, wedder du wollest oder enwollest.   (KL1 612,33)
 ‚ich muß drüber, ob Du willst oder nicht'
 [...] *passerai jou outre; ja par vous ne le lairai*   (LP 37,16)
 b. dhein man enmöcht nymer so großen jamer erdencken,
 sie enmacht vil größern.   (KL1 17,27f.)
 ‚niemand könnte sich jemals so großen Jammer ausdenken,
 daß sie ihn nicht noch überträfe'
 l'en ne poroit grignour doel avoir ne deviser
 qu'ele ne feist encore grignor   (LP 4a,4)

Relevant für den möglichen Zusammenhang von Kohärenz und Polyfunktionalität ist folgendes: Die ursprüngliche Satznegation *ni* hat weiten Skopus (s.o.), eventuelle Ausnahmen sind pragmatisch zu erklären. Mit dem Aufkommen weiterer negativ markierter Elemente gerät dieses System in Unordnung; nun können, wie in (8) skizziert, auch topologisch dem Mittelfeld zuzurechnende Elemente die Satznegation tragen. Solange das proklitische *en-* als Negationsträger fungieren kann, ist M1 nicht anwendbar, da im Einzelfall unklar bleibt, ob (i) *en-* lediglich overter Skopusmarkierer und eines der weiteren Elemente Negationsträger oder (ii) *en-* Negationsträger und die weiteren Elemente NPIs sind. Bei den Vorläufern der gwd. kohäsiven Elemente läßt sich mithin nicht entscheiden, ob Kohäsion oder negative Polarität vorliegt.

In KL1 hält diese Situation offenkundig noch rudimentär vor; in KL2 kann man, vergleicht man die Zahlen in den Tabellen 1 und 2, davon ausgehen, daß *en-* seine Funktion aufgegeben hat. Somit existiert im Mittelfeld eine strukturelle Position für Negation, syntaktische Ambiguität ist möglich und M1 kann sinnvoll angewandt werden.

---

[26] Überraschend sind daneben einige Belege, bei denen die Negationspartikel offenbar an den abhängigen Infinitiv getreten ist, cf. in (i) *en-schelten* für *blasmer*:
 (i) [...] begunden es so recht wol zu thun [...], das sie nymant enschelten mocht (KL3 407,12)
 ‚[...] fingen an, sich [...] so gut zu schlagen, daß niemand sie tadeln konnte'
 [...] *le commencent si bien a fere* [...] *que nus nes en peüst a droit blasmer*   (MA 20,9f.)
Nicht alle Belege lassen sich ohne weiteres als Varianten des Präfix *ent-* wegerklären. Wie diese Erscheinung einzuordnen ist, muß einer späteren Beschäftigung überlassen bleiben.

4 Modalverben und Infinitheit im Prosa-Lancelot

Im Gwd. ist es recht einfach, Kontexte zu generieren, in denen ein MV typischerweise eine zirkumstantielle respektive epistemische Bedeutung (und nur diese) hat. Die „isolierenden Kontexte" (Diewald 1999: 362) sind in (12) angegeben – (12a) für die zirkumstantielle, (12b) für die epistemische Lesart.

(12) a. Er hat sie loben können   Modalverbperiphrase (IPP)
      b. Er kann sie gelobt haben   MV mit Infinitiv Perfekt

Im Mhd. hingegen ist dies nicht ganz so deutlich, vielmehr ist die derjenigen in (12b) entsprechende Konstruktion hochgradig ambig – jedenfalls, solange MV nicht infinit in periphrastischen Tempora auftreten können.

In Diewald (1999: 368f.) wird die Konstruktion, für die Beispiel (13) inzwischen klassisch geworden ist, als „kritischer" Kontext für die Grammatikalisierung der epistemischen Bedeutung herausgearbeitet. Die Bedeutungsmöglichkeiten stehen in (14):[27]

(13)   von Veldeke der wîse man!
        der kunde se baz gelobet hân   (Parzival 8, 404,29f.)

(14)   a. der hat/hätte sie besser loben können   (‚... wenn er es probiert hätte')
         b. der könnte sie besser gelobt haben   (‚... weiß ich aber nicht')

Der „kritische Kontext" ist der Ort, an dem die Grammatikalisierung ausgelöst wird und es durch Reanalyse zur systematischen Scheidung der beiden Bedeutungsweisen kommt. Er ist folgendermaßen definiert (Diewald 1999: 368):

(15)   Kritischer Kontext für die Grammatikalisierung von Modalverben:
        Modalverb mit Dentalsuffix -t- + (nominales Objekt) + *haben/hân/sîn*
        + Partizip II

In dieser Konstruktion, die aufgrund der nicht abgeschlossenen Genese des periphrastischen Perfekts noch keine notwendig temporale Lesart hat, entsteht zunächst via Implikatur die epistemische Lesart (Diewald 1999: 371ff.). Durch das Aufkommen infiniter Formen von MV auch in periphrastischen Tempora wird die Konstruktion insofern disambiguiert, als die zirkumstantiellen Lesarten nun weitgehend auf Modalverbperiphrasen wie in (12a) beschränkt sind; die Konstruktion MV + Infinitiv Perfekt emergiert als isolierender Kontext für die epistemische Bedeutung, was nach Diewald zum heutigen ‚deiktischen System' der MV führt.

Auch wenn man letztere Annahme nicht übernimmt, ist deutlich, daß der „kritische Kontext" und seine möglichen Interpretationen eine wichtige Rolle in

---

[27] Für eine erste systematische Beschäftigung mit dem Phänomen cf. Braune (1900: 31–38), weiter etwa Biener (1932) und, datenreich, Deeg (1948); an neueren Arbeiten bezogen auf die semantische Entwicklung der MV Valentin (1984), Westvik (1994) sowie v.a. Diewald (1999). Eine Auseinandersetzung mit den Details dieser Arbeiten muß an dieser Stelle aus Platzgründen leider unterbleiben.

der Genese der systematischen Polyfunktionalität spielt. Zudem ist es just die IPP-Konstruktion, also M2, welche den Anstoß zur Grammatikalisierung gibt.[28]

Im folgenden sollen nun zuerst Auftreten und Bedeutung des „kritischen Kontextes" im ProLa beleuchtet, anschließend die infiniten Formen der MV behandelt werden.

4.1 Infinitiv Perfekt im Komplement von Modalverben

Die Häufigkeit der relevanten Konstruktionen im Auswahlcorpus ist in folgenden Tabellen angegeben.

Tabelle 3: Mit auxiliarem *haben*:

	Lfd. Text	Indir. Rede	Dir. Rede	Summe
CP1	3	2	5	10
CP2	11	3	2	16
CP3	6	–	3	9
CP4	19	4	14	37
Summe	39	9	24	82

Tabelle 4: Mit auxiliarem *sein*:

	Lfd. Text	Indir. Rede	Dir. Rede	Summe
CP1	2	1	4	7
CP2	4	2	3	9
CP3	7	2	–	9
CP4	7	3	3	13
Summe	20	8	10	38

Bis auf vier entsprechen alle Belege der Konstruktion MV + Dentalsuffix; der weitaus größte Teil von ihnen ist [+irrealis] bzw. konjunktivisch. Die Konstruktion übersetzt sowohl afrz. Konstruktionen mit einfachem Infinitiv (16a,c) als auch solche, die ebenfalls Infinitiv Perfekt aufweisen (16b). Der Modus der afrz. Vorbilder ist teils Indikativ (16a; hier Indikativ Perfekt), teils Konjunktiv (16b,c; hier Konjunktiv Perfekt).

(16) a. das er sichselber mit eim swert dot wolt han gestochen (KL1 637,30)
    ‚daß er sich mit einem Schwert totstechen wollte'
    comment Lancelos se volt ocirre (LP 39,32)
  b. die schand ist des konig Artuses, der es lang zu recht
    gerochen solt han. (KL1 45,29)
    ‚[...] der es angemessenerweise schon lang hätte rächen sollen'
    [...] *car il deust piecha cheste honte avoir vengie* (LP 10a,12)

---

[28] Nach Diewald (1999: 380) erst zu Beginn des 16. Jhdts. bei Luther und Fortunatus, wobei sie hier Valentin (1973), der mir nicht zugänglich ist, als Referenz angibt. Wie nicht zuletzt der ProLa zeigt, ist die Datierung der Entstehung des Partizips Perfekt bzw. Ersatzinfinitivs bei MV – und damit das Vorkommen periphrastischer MV-Formen – jedoch deutlich vorzuverlegen.

c. ich wolt uber mer sin gewesen zu Kriechen [...]   (KL1 33,12f.)
   ‚ich wäre lieber jenseits des Meers in Griechenland gewesen'
   que je vausisse estre outre la meir de Grece   (LP 8a,20)

Insgesamt handelt es sich also, zumal wenn mit den afrz. Vorlagen verglichen, mehr um Distanz/Irrealis- als um Tempusformen; sie sind insgesamt weder systematisch zirkumstantiell noch systematisch epistemisch.

Allerdings gibt es auch Ausnahmen von dieser Tendenz im Corpus: MV im Indikativ Präsens, deren abhängiger Infinitiv Perfekt resultative (bzw. temporale) Bedeutung hat. Diese Belege finden sich durchweg in wörtlicher Rede, z.B.:

(17) a. ee er ein mile mit ir von hinden kompt, wil ich sie im wiedder
      genomen han.   (KL2 160,14f.)
      ‚bevor er mit ihr eine Meile weit kommt, will/werde ich sie
      ihm wieder abgenommen („als abgenommene") haben'
      il ne sera ja esloingniez demi liue que je li serai au devant (LP 71,26)
   b. nů mogent ir wůnder gesehen hann   (KL3 321,13)
      ‚nun könnt ihr Wunderbares erblicken'
      ore poez vos veoir merveilles   (QG 234,16)
   c. were den andern an spricht zu verretniß, der sol synen kampff
      uberwůnden han vor vesperzyt   (KL3 683,6)
      ‚wer jemanden des Verrats bezichtigt, der muß/soll seinen Kampf vor
      der Zeit der Vesper beendet haben'
      *et dedenz vespres qui apele home de traïson doit avoir sa querele
      desresniee et sa bataille veincue*   (LP 157,16f.)

Ein klar epistemisches Beispiel dieser Klasse wurde in (5) diskutiert.

Festzuhalten ist, daß der Gebrauch der Konstruktion MV + Infinitiv Perfekt offenbar gut etabliert ist. Beide Bedeutungen, zirkumstantielle wie epistemische, sind belegt. Konstruktion mit einem MV im Präsens ist selten, kommt ausschließlich in wörtlicher Rede vor und läßt teils (cf. v.a. (5)) das sich etablierende temporale Perfekt im infiniten Komplement deutlich als solches erkennen.

4.2 Infinite Modalverben

Voraussetzung für die Ablösung der Konstruktion MV + *haben/hân* + Partizip Perfekt ist das Auftreten infiniter Formen von MV in periphrastischen Tempora – MV müssen abhängig von temporalen Auxiliaren erscheinen können.

Im folgenden soll daher untersucht werden, welche Arten infiniter MV im ProLa überhaupt auftreten. Fünf Möglichkeiten sind hier prinzipiell denkbar:

(i) Partizip Präsens;[29] (ii) *zu*-Infinitiv; (iii) Partizip Perfekt; (iv) reiner Infinitiv; (v) „Infinitiv" in IPP-Konstruktion (i.e., anstelle von (iii)).

Im ProLa finden sich, abgesehen vom *zu*-Infinitiv, Belege für all diese Formen; da Präsenspartizipien und *zu*-Infinitive für die Fragestellung ohnehin nicht relevant sind, bleiben sie im folgenden außen vor.

4.2.3 Partizip Perfekt

Perfektpartizipien von MV sind in allen Teilen des ProLa belegt, man kann von einer produktiven Bildung ausgehen. Die Verteilung ist aus Tabelle 5 ersichtlich, illustrative Beispiele, bei denen in der afrz. Vorlage jeweils eine synthetische Form des MV erscheint, stehen in (18):

(18)   a. und hett er mit eren gemocht, er hett yn erdötet   (KL1 79,30)
      ,und hätte er es auf ehrenhafte Weise gekonnt, hätte er ihn getötet'
      […] *s'il le pooit ochire a son droit*   (LP 14a,57)
    b. Sie het wol gewolt das sieß selb were gewesen, […]   (KL1 253,29f.)
      ,sie hätte schon gewollt, daß sie selber es gewesen wäre, […]'
      et bien volsist que che fust en li   (LP 50a,8)

Tabelle 5: Aufgeschlüsselt nach MV:

	mögen	*turren*	*wollen*	Summe
KL1	5	3	7	15
KL2	–	2	2	4
KL3	3	1	6	10
Summe	8	6	15	29

Die Belege teilen einige Eigenschaften: (i) Niemals ist ein Infinitivkomplement selegiert, stets ist der zugrundeliegende abhängige Infinitiv aus dem Kontext ergänzbar (18a) oder selegiert das MV einen *daß*-Satz (18b). (ii) Die Konstruktion steht durchgehend im Irrealis, die Form ist *hätte er ge*-MV oder *wenn er ge-MV hätte*.[30] (iii) Es geht in allen Belegen um innere Anteilnahme, was bei

---

[29] Der einzige Beleg für ein Partizip Präsens eines MV findet sich in KL2, nämlich:
(i) Und es was nymands wollende wiedder yn reden   (KL2 185,26)
    ,Und es war niemand bereit, ihm zu widersprechen'
    se nus estoit si hardiz qu'il le volsist prouver   (LP 72,3)
Gegen eine Analyse als Adjektiv spricht hier u.a. die Selektion des reinen Infinitivs. Drei weitere ursprüngliche Präsenspartizipien kommen vor, durchgehend von *mögen* gebildet (i.e. *mögende*) und ohne Infinitivkomplement (KL1 388,1; KL1 460,22; KL2 253,17). In diesen Fällen muß man adjektivischen Gebrauch annehmen, was auch das afrz. Original nahelegt (in KL1 388,1 etwa adj. *vistes* ,flink, agil'). Insgesamt kann man also getrost davon ausgehen, daß mit produktiven Präsenspartizipien von MV im ProLa nicht in nennenswertem Umfang zu rechnen ist.

[30] Einzige potentielle Ausnahme hiervon wäre das folgende Beispiel, das dann die Konstruktion MV + Infinitiv Perfekt mit dem Partizip Perfekt eines MV verbände:

turren/wollen schon durch die Bedeutung (audaciv/volitiv) gegeben ist. Bei den *mögen*-Belegen ist im Kontext immer von Wünschen die Rede.

Zwar ist das Partizip Perfekt also vorhanden, doch im Gebrauch stark restringiert und wird in den uns interessierenden Fügungen nicht verwendet. Festzuhalten ist immerhin, daß bereits in KL1, also noch in eindeutig mhd. Periode, Perfektpartizipien einiger MV zur Verfügung stehen, jedoch – wie zu erwarten – nicht mit Ersatzinfinitiven konkurrieren.

4.2.4 „Echter" reiner Infinitiv

Für den reinen Infinitiv finden sich im ProLa 12 Belege, die im folgenden nach dem Finitum aufgeschlüsselt sind.

Tabelle 6: Aufgeschlüsselt nach Finitum:

Regens:	*mögen*	*sollen*	*wollen*	Summe
KL1	–	3	1	4
KL2	3	4	–	7
KL3	–	1	–	1
Summe	3	8	1	12

Im Einzelnen gilt: Finites *sollen* steht mit infinitem *mögen*, *turren* und *können*; finites *mögen* mit infinitem *sollen* und *können* (letzteres ohne abhängigen Infinitiv); finites *wollen* steht mit infinitem *können* (dito).

Abgesehen von zwei Belegen selegieren alle infiniten MV einen weiteren Infinitiv.[31] Die infinitivlosen Belege sind:

(i) nochdan hettens sies unglich wiedder zwenczig tusent zu fechten,
     und enmöchten auch nit lang geturt haben wiedder das groß volck (KL1 269,24f.)
     ‚doch war es ungleich, gegen zwanzigtausend zu kämpfen,
     und sie hätten gegen das große Heer auch nicht lang durchhalten können'
     mais moult estoient a grant meschief ne longuement n'i peussent pas durer (LP 52a,39)

Allerdings handelt es sich bei *geturt* hier nicht um eine Form von *turren*: In der Vorlage steht *durer*, und im späteren Mhd. kommt das Verb *duren* über das Mittelniederdeutsche ins Hochdeutsche, wo es sich ja auch etabliert hat. Warum hier ein *t* im Anlaut steht, kann ich nur vermuten: Hyperkorrektur niederdeutschen/niederländischen stimmhaften Dentals kommt bei Übertragung ins Hochdeutsche durchaus vor, und der Weg von lat. *durare* ins Gwd. läßt diese Erklärung problemlos zu.

[31] Einziger Ausreißer aus den beiden Gruppen (s.o.) könnte (i) sein:
(i) Ich enmocht uch dann auch underwilen gemögen als mir fuget (KL1 11,34)
     ‚Ich könnte euch dann auch eines Tages überwältigen/gegen euch vorgehen, […]'
     […] se ne vous en peuse grever (LP 2a,15)
Wir hätten es mit einem *ge*-Infinitiv von *mögen* zu tun, wobei eine *ge*-Form im Komplement von *mögen* ja nicht überraschend wäre. Aus dem Skopus dieser Untersuchung wegerklären kann man den Beleg auf mindestens zwei Arten: Entweder man faßt *gemögen* als lexikalisiertes Vollverb mit der Bedeutung ‚überwältigen' auf, wie es offenbar Steinhoff getan hat (nach BMZ, s.v. *mac*, mit Dativ in der Bedeutung ‚einem überlegen sein, ihn bezwingen'; Lexer gibt mit einem Beleg auch *können* als Bedeutung, was hier jedoch nicht paßt), oder man liest *gemüejen* (Dank an Paul Sappler, der mich auf diese Möglichkeit aufmerksam gemacht hat). Beide Möglichkeiten sind prinzipiell mit dem Bedeutungsspektrum von afrz. *grever* kompatibel.

(19) a. Warumb [...] wollent ir das kúnnen? (KL1 20,26f.)
,Warum wollt ihr das können?'
Pour coi [...] volés vous che savoir? (LP 6a,9)
b. [...] das eynig irdisch man also vil kúnnen möcht (KL2 434,5)
,[...] daß irgendein sterblicher Mensch so viel können/wissen könnte'
que nus hom mortex em poïst tant savoir (LP 84,86)

Die Probleme mit *kunnen* sind bekannt, hat es doch im Mhd. noch die Bedeutung *wissen, Fähigkeit haben* und muß dann keinen Infinitiv regieren. So übersetzt es hier auch *saveir* und nicht *poeir* – in (19a) geht es um Niniennes Wunsch, von Merlin Zauberkünste zu erlernen, in (19b) um Lancelots Fähigkeiten beim Schachspiel.

Alle weiteren Belege selegieren einen weiteren Infinitiv und kommen in wörtlicher Rede vor. In den weitaus meisten Fällen ist *sollen* das Regens, das im späten Mhd. oft, auf jeden Fall aber in KL2, auch die Funktion eines Futurmarkierers hat, bevor es von *werden* abgelöst wird. Übersetzt werden mit der Fügung v.a. Future (20a) und abhängige Konjunktive in futurischen Sätzen (20b,c). Oft ist allerdings keine direkte Wort-für-Wort-Gleichung möglich.

(20) a. Und gebent den die verliben rychs konigs gab, so sollent ir numer getruwer lut finden mögen dann sie sint (KL2 688,24)
,so werdet ihr niemals Leute finden können die treuer als sie sind'
que jamès ne trouveroiz plus loiaux genz que il seront (LP 100,66)
b. noch númmer, ee das geschehe, sol syn nýmands kúnnen genennen.
,und niemals, bis das passiert, wird ihn jemand beim Namen rufen können' (KL3 282,8)
ne ja devant la ne sera nus qui par noz droiz nons nos sache nommer (QG 206,7f.)
c. das keynr myner fynde sol myn getörren erbeiten (KL1 509,31f.)
,daß keiner meiner Feinde wagen wird, mich zu erwarten'
que je n'avrai si hardi enemi qui ost plain pié de mon heritage tenir (LP 5,8)

Interessant sind für unsere Belange vor allem die folgenden Beispiele. In (21) und (22) stehen im afrz. Original jeweils synthetische Formen von *poeir* (Konditional in (21), Konjunktiv in (22a), Futur in (22b)) – sie werden im Mhd. in analytische Bildungen aus *sollen* und *mögen* aufgelöst. In (21) finden wir finites *sollen*, von dem infinites *mögen* abhängt, was nicht überrascht: *sollen* fungiert hier als Futur- bzw. Nachzeitigkeitsmarkierer – cf. auch die Übersetzung der synthetischen Future im ersten Teil von (21a) durch *sollen*-Fügungen – und besetzt, wie zu erwarten, die finite Position.

Betrachten wir nun (22): Hier ist die Auflösung der in (21) entgegengesetzt, d.h. finites *mögen* regiert infinites *sollen*. Die Konstruktion überrascht vor allem in (22b), wo das synthetische Futur *porrai* in *mag ... sollen* aufgelöst wird: Auch wenn man einen starken modalen Beiklang zugrundelegt, hat *sollen* doch einen ausgeprägten Zukunftsbezug (s.o.) – und im parallelen Beispiel (22a) fällt es schwer, infinites *sollen* sinnvoll mit modaler Bedeutung zu interpretieren.[32]

(21) a. Wann einer sol nach dir komen, der so ußerkorn sol sin an allen tugenden die man haben mag, das nymand das sol mögen enden das er zu ende bringen sol. (KL1 616,33f.)
,doch einer wird nach dir kommen, der so auserwählt sein wird hinsichtlich aller Tugenden, die man haben kann, daß niemand das, was er zu Ende bringen wird, vollenden können wird'
car cil qui li mieudres chevaliers sera avra si hautes teches que autres n'i porroit avenir (LP 37*,38)
b. er sagt mir, er solt bald wol mögen ryten. (KL2 582,8)
,er sagte mir, er werde wohl bald reiten können'
Il me dist qu'il porroit par tans chevauchier (LP 95,44)
c. Ich meyn, es sol nymands mögen thun. (KL2 255,16)
,ich glaube, das wird niemand tun können'
Et il dist que ce ne porroit faire nus hom (LP 76,35)

(22) a. und ich meyn nit das sie es verhalten sollen mogend (KL2 212,14)
,und ich glaube nicht, daß sie es werden durchhalten können'
et je ne cuit mie que il ja i puist avoir duree (LP 72,51)
b. Was mag ich nu thun sollen? (KL2 355,18)
,was kann ich nun tun werden/sollen?'
Ha, lasse, que porrai je faire? (LP 81,25)

Fritz (1991: 31) betont, daß wesentlich für epistemische Verwendung die Möglichkeit ist, „in bezug auf verschiedene Zeitstufen verwendet zu werden", denn darin „kann man ein Kriterium für den Grad der Entfaltung eines typischen epistemischen Verwendungsweise sehen". Freilich hat er damit nicht abhängige ‚Futur-Infinitive' i.S.v. analytischen Pendants zum Infinitiv Perfekt im Auge, und ich will auch gar nicht behaupten, daß es solche im ProLa systematisch gäbe. Doch wird aus Belegen wie (21) vs. (22) deutlich, daß offenbar Unsicherheit im relativen Skopus von Modalität und Temporalität, hier bezogen auf Zukunft, vorliegt. Stellt man dies neben die Genese eines temporalen Infinitivs Perfekt, ergibt sich, daß hier – abermals bedingt durch die Grammatikalisierung periphrastischer Tempora – vorübergehend ebenfalls temporal qualifizierte Propositionen im Komplement von MV stehen können.

Auch die Ergebnisse dieses Kapitels weisen also auf eine Verselbständigung der im MV-Skopus stehenden Proposition.

---

[32] Es geht darum, daß die Feinde dem Angriff wohl nicht werden standhalten können – eine äußere Verpflichtung, die über den ja trivialen Überlebenswillen der Feinde hinausgeht, besteht nicht.
Man könnte versuchen, den Beleg wegzuerklären, indem man *sollen* als Finitum und *mogend* als Präsenspartizip auffaßt – die Bedeutung wäre jedoch äußerst gekünstelt, und zudem ist, wie in Anm. 29 erwähnt, *mögende* die im ProLa verwendete Form. Da dies also eine singuläre Erscheinung wäre und man für eine Interpretation als finites *mögen* mit infinitem *sollen* ohnehin auch die unbezweifelbare Parallelstelle in (22b) hat, wird man letzterer Analyse den Vorzug geben müssen.

4.2.5 Ersatzinfinitiv

Zuletzt sollen hier nun die Ersatzinfinitive[33] betrachtet werden, also jene Formen, welche zu den in Kap. 4.1 genannten in direkter Konkurrenz stehen und letztere Konstruktion in zirkumstantieller Bedeutung ablösen. Insgesamt finden sich im ProLa 39 Belege, in folgender Verteilung:

Tabelle 7: Aufgeschlüsselt nach Konstruktionstyp:

	hätt- + *mögen*	*hat-* + *mögen*	*hätt-* + MV[34]	Summe
KL1	1	–	1	2
KL2	18	4	3	25
KL3	6	1	5	12
Summe	25	5	9	39

Auffällig ist der beträchtliche Unterschied zwischen KL1 und KL2 – während zwischen den beiden Teilbänden die klitische Negation deutlich abnimmt (cf. Kap. 3), steigt der Gebrauch des Ersatzinfinitivs, zumal von *mögen*, beträchtlich an. Die meisten Formen sind abermals Irrealis (und insofern meist mit neutralisiertem Tempus) – cf. die Beispiele in (23), in denen jeweils Konjunktiv in der afrz. Vorlage steht:

(23) a. Ýdoch hetten sie nit mogen bliben, [...]   (KL2 408,1)
      ‚Jedoch hätten sie nicht standhalten können, wenn [...]'
      qu'il i poïssent mestre ne durassent mie, si [...]   (LP 84,18)
   b. [...] das ich es thun must oder hett mußen sterben.   (KL2 476,11f.)
      ‚[...] ich mußte es tun oder hätte sterben müssen'
      [...] *il le me couvenoit a faire ou autrement je fusse morte*   (LP 86,20)
   c. Des tages so was das geschrey so groß in der burg das eynes synes
      eygen wortes nit hett kúnnen hören.   (KL3 716,11)
      ‚Am Tag war das Geschrei in der Burg so groß, daß man sein eigenes
      Wort nicht hätte hören können.'
      *Tout le jour fu li doels el chastel si grans que on n'i oïst pas Dieu
      tonnant.*   (MA 173,7f.)

Wesentlich ist, daß *mögen* in dieser Form in KL2 offenbar fest etabliert ist, zudem finden sich Ersatzinfinitive auch einiger anderer MV, die eigentlich (cf. Anm. 28) erst im 16. Jhdt. auftauchen sollten. Die Chronologie der Entwicklung ist also auf jeden Fall zu revidieren.

Im folgenden sei noch die Konstruktion mit Auxiliar im Indikativ betrachtet, sie taucht durchgehend in wörtlicher Rede auf. In der afrz. Vorlage steht in (24) jeweils finites *poeir* im Indikativ mit einfachem Infinitiv:[35]

---

[33] Zum Entstehen des Ersatzinfinitivs cf. neben den Grammatiken u.a. Kurrelmeyer (1910), Dal (1971) und rezent van Dijk (1996), letzterer für das Niederländische.

[34] D.h. mit einem MV ≠ *mögen*. Im Einzelnen: *hätt-* erscheint in KL1 einmal mit *wollen*; in KL2 zweimal mit *müssen* und einmal mit *turren*; in KL3 dreimal mit *können* und zweimal mit *wollen*.

(24) a. das sie so vil zu thun han gehabt, mich zu suchen und mit andern
sachen, das er nit hat mögen zu uch komen.   (KL2 657,3f.)
,daß sie so viel mit der Suche nach mir und anderen Dingen zu tun
hatten, daß er nicht zu Euch hat kommen können'
*qu'il ot tant a faire de moi querre an cest an que d'autres choses que
je sai bien qu'il n'i puet mie legierement venir*   (LP 94,35)
b. er enpfing an dem anfangk allsollich stöß das es wunder ist wie er sit
hat mogen wapen furen   (KL2 763,27f.)
,er bekam am Anfang solche Schläge ab, daß es erstaunlich ist, wie er
danach noch eine Waffe hat führen können'
*il prist tel coz au conmancement que ce fu merveille coment il pot puis
porter armes*   (LP 104,91)
c. mich verwundert syner wunden nit, sunder wie ers hat mögen thun das
er gethan   (KL2 808,4f.)
,mich erstaunen nicht seine Wunden, sondern wie er das hat tun können, was er getan hat'
*Certes je ne me merveil mie s'il est blecié, mes je me merveil moult
coment il pot ce fere qu'il a ce fet*   (LP 107,14)

Laut Diewald (1999: 381) muß man genau dann von Grammatikalisierung der modalen Systeme reden, wenn (i) die Konstruktion MV + Infinitiv Perfekt in klar epistemischer Bedeutung und (ii) die IPP-Konstruktion in klar zirkumstantieller Bedeutung nachgewiesen werden können („mit den jeweils nhd. Lesarten"). In den Belegen in (24) haben wir es eindeutig mit temporal qualifizierten zirkumstantiellen Bedeutungen zu tun: Der ausgedrückte Sachverhalt hat in der Vergangenheit stattgefunden (bzw. im negierten Beleg (24a) gerade nicht). Am deutlichsten ist die Faktizität in (24c) ablesbar: *wie ers hat mögen tun das er gethan hat*, doch auch die anderen Belege sind eindeutig. Somit ist (ii) erfüllt. Für (i) mag abermals Beispiel (5) dienen.

Auf dieser Basis muß man also schließen, daß zumindest für *mögen* spätestens im zweiten Teil des ProLa von einer Grammatikalisierung der beiden Bedeutungen ausgegangen werden muß.

---

35 Dunkel ist folgender Beleg, der wohl ebenfalls in diese Reihe gehört:
(i) Galaat, Galaat, ir sollent gott billich loben und eren von dem das er uch so groß gnad gegeben hatt das er umb das gůt leben, das ir hant mögen verlaßen die irdenischen pin und die seczen in die freude von hymmelrich.   (KL3 361,16f.)
Galaad, Galaad, molt devez rendre granz merciz a Nostre Seignor de ce que si bone grace vos a donee: car par la bone vie de vos poez vos retrere les ames de la peine terrienne et metre en la joie de paradis.   (QG 264,22f.)

Die zu rettenden Seelen aus dem Original haben kein Pendant im mhd. Text, was letzteren vollkommen unverständlich macht. Entweder handelt es sich um einen Abschreibfehler, oder der Übersetzer ist (wie durchaus auch an anderen Stellen) mit der Vorlage nicht zurechtgekommen, was in diesem Fall jedoch erstaunlich wäre, da der afrz. Satz recht simpel ist.

5 Ergebnisse und Ausblick

Neben dem intrinsischen Wert, den solch Erbsenzählen wie das in Kap. 3 und 4 durchexerzierte ja unzweifelhaft hat, können, um wieder auf die programmatische Einleitung zurückzukommen, folgende Ergebnisse festgehalten werden:

Zwischen dem Ahd. und der allgemein im 16. Jhdt. lokalisierten ‚Explosion' der epistemischen MV-Bedeutungen vollzieht sich bei MV ein syntaktischer Wandel, der als Skopusausweitung zu deuten ist: Die vom MV selegierte Projektion nimmt an Komplexität zu.

Während das MV-Komplement ursprünglich (vor-ahd.) eine nominale Projektion ist, sind im Ahd. bereits Indizien für syntaktische Anhebung, wie unpersönliche Subjekte und Passive, nachweisbar (cf. Axel 2001), was mit dem Aufkommen von objektiv-epistemischer bzw. alethischer Bedeutung korreliert (cf. Gamon 1993: 137ff., Diewald 1999: 363f.). Allerdings fehlen im Komplement noch eine Neg-Projektion sowie der funktionale Apparat zur temporalen Lokalisierung der modalisierten Handlung.

Die Reanalyse im deutschen Negationssystem, beginnend im Ahd., führt letzten Endes zur – auch syntaktisch – ambigen Bezugsmöglichkeit der Negation (Kohärenzeigenschaft M1). Mit der Genese einer Neg-Projektion im MV-Komplement korreliert die semantische Eigenschaft, systematisch negative Propositionen modalisieren zu können (cf. Kap. 3).

Zeitlich versetzt ergibt sich, ab dem 12. Jhdt., mit der Existenz eines Infinitivs Perfekt im MV-Komplement (zunächst v.a. nach Dentalpräterita und noch ohne eigentliche temporale Bedeutung) und der durch die Genese eines periphrastischen Vergangenheitstempus (Voraussetzung für M2) bedingten Temporalisierung dieser Konstruktion eine weitere Skopusausweitung: Wie in 4.1 gezeigt, tauchen im ProLa bereits als vorzeitig zu interpretierende Perfektinfinitive mit MV im Indikativ Präsens auf, die sich ins Gwd. durchgesetzt haben, und 4.2.4 legt den Schluß nahe, daß, zumindest übergangsweise, auch nachzeitige Infinitivfügungen im MV-Komplement stehen können (was Gwd. ungrammatisch ist). Durch Reanalyse entstehen also funktionale Positionen für (abhängiges) Tempus. Damit korreliert die semantische Eigenschaft epistemischer MV, Propositionen aller Zeitstufen modalisieren zu können.

Die Sprache (bzw. Sprachen) des ProLa repräsentiert einen Stand, bei dem die Entwicklung im Negationssystem weitgehend abgeschlossen ist (zumal in KL2), die relevanten Umwälzungen im Tempussystem jedoch erst in wörtlicher Rede belegbar sind. Vor diesem Hintergrund ist die weite Verbreitung epistemischer MV-Verwendungen ab dem 16. Jhdt. insofern verständlich, als die in der Zeitungssprache so häufigen epistemischen Gebrauchsweisen Endpunkt einer Entwicklung sind, die durchaus bereits im 15. Jhdt. und davor in entsprechenden Textsorten (v.a. Mündlichkeit bzw. deren Imitation) nachweisbar ist.

An dieser Stelle mag die Frage berechtigt sein, was das alles denn nun mit Kohärenz zu tun habe. Zumindest eine tentative Antwort soll versucht werden:

Die in Kap. 1 skizzierten Kohärenztests laufen letztlich auf den Nachweis der Monosententialität von MV-Konstruktion hinaus, wobei das ambige Verhalten von Negation und Adverbien an sich ein Anzeichen für Biklausalität ist (cf. Öhlschläger 1989: 93). Auf die Diachronie bezogen: Die späteren MV starten monosentential als Präteritopräsentien mit einem nominalem Komplement, das zunehmend Satzeigenschaften erwirbt (s.o.). Biklausalität nun ist, wie gesehen, eine Voraussetzung für epistemische Modalisierung, welche Skopus über eine volle Proposition haben muß (i.e. extrapropositional ist). Für prototypische zirkumstantielle Modalisierung hingegen ist die Möglichkeit monosententialer Konstruktion eine notwendige Voraussetzung (nahegelegt auch durch das angebliche Aussterben zirkumstantieller MV-Bedeutungen im Englischen, cf. etwa Abraham 2001). Ein plausibler Ansatz, die Entwicklung des Kohärenzparadigmas mit der Polyfunktionalität der MV zu verknüpfen, könnte daher sein, erstere als Rettungsmechanismus zu interpretieren, durch den im Deutschen die Entwicklung zu Biklausalität bei MV aufgehalten und mithin die Möglichkeit zirkumstantieller Bedeutung bewahrt wird.

Inwiefern dieser Ansatz mehr als nur ein plausibler ist, müssen weitere Untersuchungen erweisen.

Quellen:

[KL] = Lancelot I–III. Nach der Heidelberger Pergamenthandschrift Pal. Germ. 147 (Bd. I–III) u. der Kölner Papierhandschrift W. f° 46* Blankenheim (Bd. II) hrsg. v. R. Kluge. Berlin: Akademie-Verlag 1948, 1963, 1974 (= Deutsche Texte des Mittelalters; Bd. 42, 47, 48).

[LP] = Lancelot. Roman en prose du XIIIe siècle. Édition critique par A. Micha, Tom. I–IX. Genève: Droz 1978–83 (= Textes Littéraires Français; 247, 249, 262, 278, 283, 286, 288, 307, 315).

[MA] = La Mort le Roi Artu. Roman du XIIIe siècle. Éd. par J. Frappier. 3e édition. Genève: Droz / Paris: Minard 1964 (= Textes Littéraires Français; 58).

[NB] = Notker der Deutsche: Boethius, »De consolatione Philosophiæ«. Buch I–V. Hrsg. v. P.W. Tax. Tübingen: Niemeyer, 1986–90 (= Die Werke Notkers des Deutschen. Neue Ausgabe; 1–3) (= Altdeutsche Textbibliothek; 94, 100, 101).

[NP] = Notker der Deutsche: Der Psalter. Hrsg. v. P.W. Tax. Tübingen: Niemeyer, 1979–83 (= Die Werke Notkers des Deutschen. Neue Ausgabe; 8–10) (= Altdeutsche Textbibliothek; 84, 91, 93).

[QG] = La Queste del Saint Graal. Roman du XIIe siècle. Éd. par A. Pauphilet. Paris: Champion 1949 (= Les Classiques Français du Moyen Âge; 33).

[ST] = Steinhoff, H.-H., Hrsg. (1995): Lancelot und Ginover I, II [Prosa-Lancelot I, II]. Nach der Heidelberger Handschrift Cod. Pal. germ. 147, hrsg. v. R. Kluge, ergänzt durch die Handschrift Ms. allem. 8017–8020 der Bibliothèque de l'Arsenal Paris. Übers., komment. u. hrsg. v. H.-H. Steinhoff. Frankfurt a.M.: Deutscher Klassiker Verlag (= Bibliothek des Mittelalters: Texte und Übersetzungen; Bd. 14/15).

[TA] = Die lateinisch-althochdeutsche Tatianbilingue Stiftsbibliothek St. Gallen Cod. 56. Unter Mitarb. v. E. De Felip-Jaud hrsg. v. A. Masser. Göttingen: Vandenhoeck & Ruprecht (= Studien zum Althochdeutschen; 25).

Literatur:

Abraham, W. (2001): "Modals: toward explaining the 'epistemic non-finiteness gap'". [in diesem Heft]
Askedal, J.O. (1998): "Zur Syntax infiniter Verbalformen in den Berthold von Regensburg zugeschriebenen deutschen Predigten: Vorstufe der topologischen Kohärenz-Inkohärenz-Opposition". In: Ders., Hrsg.: Historische germanische und deutsche Syntax: Akten des Internationalen Symposiums anläßlich des 100. Geburtstages von Ingerid Dal, Oslo 1995. Frankfurt a.M.: Lang (= Osloer Beiträge zur Germanistik; 21), 231–259.
Axel, K. (2001): "Althochdeutsche Modalverben als Anhebungsverben". [in diesem Heft]
Bech, G. (1951): Grundzüge der semantischen Entwicklungsgeschichte der hochdeutschen Modalverba. Kopenhagen: Munksgaard (= Det Kongelige Danske Videnskabernes Selskab / Dan. Hist. Filol. Medd. 32, no. 6).
Bech, G. (1949): "Das semantische System der deutschen Modalverba". Travaux du Cercle Linguistique de Copenhague 4,3–46.
Bech, G. (1955/57): Studien über das deutsche verbum infinitum. 2 Bde. Kopenhagen: Munksgaard (= Historisk-filologiske Meddelelser udgivet af Det Kongelige Danske Videnskabernes Selskab; Bd. 35, no.2:1955, Bd. 37, no.6:1957).
Behaghel, O. (1924): Deutsche Syntax: Eine geschichtliche Darstellung. Bd. II: Die Wortklassen und Wortformen. Heidelberg: Winter (= Germanische Bibliothek, Abt. 1, Reihe 1; Bd. 10.2).
Betten, A. (1980): "Zu Satzbau und Satzkomplexität im mittelhochdeutschen Prosa-Lancelot". Sprachwissenschaft 5, 15–42.
Betten, A. (1987): Grundzüge der Prosasyntax: Stilprägende Entwicklungen vom Althochdeutschen zum Neuhochdeutschen. Tübingen: Niemeyer (= Reihe Germanistische Linguistik; 82).
Biener, C. (1932): "Die Doppelumschreibungen der Praeteritopraesentia". Zeitschrift für deutsche Philologie 57, 1–25.
Braune, W. (1900): "Die handschriftenverhältnisse des Nibelungenliedes". Beiträge zur Geschichte der deutschen Sprache und Literatur 25, 1–222.
Dal, I. (1971): "Indifferenzformen im deutschen Verbalsystem". In: Untersuchungen zur germanischen und deutschen Sprachgeschichte. Oslo: Universitetsforlaget, 194–221.
Deeg, K. (1948): Der Infinitiv Perfekt im Frühmittelhochdeutschen. Phil. Diss., Univ. München.
Diewald, G. (1999): Die Modalverben im Deutschen: Grammatikalisierung und Polyfunktionalität. Tübingen: Niemeyer (= Reihe Germanistische Linguistik; 208).
Dijk, K. van (1996): "Perfect tense and the IPP-effect in early Middle Dutch". In: E. Brandner & G. Ferraresi, Hrsg.: Language Change and Generative Grammar. Wiesbaden: Westdeutscher Verlag (= Linguistische Berichte, Sonderheft; 7), 246–272.
Donhauser, K. (1996): "Negationssyntax in der deutschen Sprachgeschichte: Grammatikalisierung oder Degrammatikalisierung?" In: E. Lang & G. Zifonun, Hrsg.: Deutsch – typologisch. Berlin, New York: de Gruyter (= Jahrbuch des Instituts für deutsche Sprache, Mannheim; 1995), 201–217.
Ebert, R.P. (1976): Infinitival Complement Constructions in Early New High German. Tübingen: Niemeyer (= Linguistische Arbeiten; 20).
Ebert, R.P. (1986): Historische Syntax des Deutschen II: 1300–1750. Frankfurt a.M.: Lang (= Germanistische Lehrbuchsammlung; Bd. 6).
Ehrich, V. (2001): "Was *nicht müssen* und *nicht können* (nicht) bedeuten können: Zum Skopus der Negation bei den Modalverben des Deutschen". [in diesem Heft]

Ehrich, V. & M. Reis (1998): "Modalität und Modalverben im Deutschen. Projektantrag". In: Finanzierungsantrag SFB 1711 [nachmals 441]: Linguistische Datenstrukturen: Theoretische und empirische Grundlagen der Grammatikforschung. Univ. Tübingen, 243–271.

Fritz, G. (1991): "Deutsche Modalverben 1609 – epistemische Verwendungsweisen: Ein Beitrag zur Bedeutungsgeschichte der Modalverben im Deutschen". Beiträge zur Geschichte der deutschen Sprache und Literatur [Tübingen] 113, 28–52.

Fritz, G. (1992): "Remarks on the structure of the verbal complex in early 17th century German". In: R. Tracy, Hrsg.: Who Climbs the Grammar-Tree. Tübingen: Niemeyer (= Linguistische Arbeiten; 281), 53–65.

Fritz, G. (1997): "Historische Semantik der Modalverben. Problemskizze – exemplarische Analysen – Forschungsüberblick". In: G. Fritz & Th. Gloning, Hrsg., 1–157.

Fritz, G. & Th. Gloning, Hrsg. (1997): Untersuchungen zur semantischen Entwicklungsgeschichte der Modalverben im Deutschen. Tübingen: Niemeyer (= Reihe Germanistische Linguistik; 187).

Gamon, D. (1993): "On the development of epistemicity in the German modal verbs *mögen* and *müssen*". Folia Linguistica Historica 14, 125–176.

Gloning, Th. (2001): "Gebrauchsweisen von Modalverben und Texttraditionen". [in diesem Heft]

Haan, F. de (1997): The Interaction of Modality and Negation: A Typological Study. New York, London: Garland (= Outstanding Dissertations in Linguistics).

Härd, J.E. (1981): Studien zur Struktur mehrgliedriger deutscher Nebensatzprädikate: Diachronie und Synchronie. Göteborg: Acta Universitatis Gothoburgensis (= Göteborger Germanistische Forschungen; 21).

Heine, B. (1995): Agent-oriented vs. epistemic modality: Some observations on German modals. In: J.L. Bybee & S. Fleischman, Hrsg.: Modality in Grammar and Discourse. Amsterdam/Philadelphia: Benjamins (= Typological Studies in Language; 32), 17–53.

Keinästö, K. (1986a): Studien zu Infinitivkonstruktionen im mittelhochdeutschen Prosa-Lancelot. Frankfurt a.M. [etc.]: Lang (= Regensburger Beiträge zur deutschen Sprach- und Literaturwissenschaft: Reihe B, Untersuchungen; Bd. 30).

Keinästö, K. (1986b): "Zu Infinitivkonstruktionen und Übersetzungsschichten im mittelhochdeutschen Prosa-Lancelot". Wolfram-Studien 9, 90–101.

Keinästö, K. (1987): "Die Nahtstellen der Handlungsabschnitte im mittelhochdeutschen Prosa-Lancelot: Ihre Lexik und Syntax". In: L. Kahlas-Tarkka, Hrsg.: Neophilologia Fennica: Société Néophilologique 100 ans. Helsinki: Société Néophilologique (= Mémoires de la Société Néophilologique de Helsinki; 45), 143–175.

Keinästö, K. (1990a): "Die Verben *wenen* und *meynen* im mhd. Prosa-Lancelot". Zeitschrift für deutsche Philologie 109, 393–401.

Keinästö, K. (1990b): "Über ingressive und egressive Infinitivkonstruktionen im mittelhochdeutschen Prosa-Lancelot". In: A. Betten, Hrsg.: Neuere Forschungen zur historischen Syntax des Deutschen: Referate der Internationalen Fachkonferenz Eichstätt 1989. Tübingen: Niemeyer (= Reihe Germanistische Linguistik; 103), 56–70.

Kiss, T. (1995): Infinitive Komplementation. Neue Studien zum deutschen Verbum infinitum. Tübingen: Niemeyer (= Linguistische Arbeiten; 333).

Koch, P. & W. Oesterreicher (1996): "Sprachwandel und expressive Mündlichkeit". In: W. Klein & B. Schlieben-Lange, Hrsg.: Subjektivität und Sprache II. Stuttgart: Metzler (= Zeitschrift für Literaturwissenschaft und Linguistik; 102), 64–96.

Kurrelmeyer, W. (1910): "Über die Entstehung der Konstruktion ‚Ich habe sagen hören'". Zeitschrift für deutsche Wortforschung 12, 157–173.

Lehmann, Chr. (1995): Thoughts on Grammaticalization. München: Lincom Europa.

Lerner, Y. & W. Sternefeld (1984): "Zum Skopus der Negation im komplexen Satz des Deutschen". Zeitschrift für Sprachwissenschaft 3, 159–202.

Lühr, R. (1997): "Zur Semantik der althochdeutschen Modalverben". In: G. Fritz & Th. Gloning, Hrsg., 159–175.
Meurers, W.D. (1999): Lexical Generalizations in the Syntax of German Non-Finite Constructions. Phil. Diss., Univ. Tübingen. [erschienen 2000 als Arbeitspapier des SFB 340 Stuttgart – Tübingen. Bericht Nr. 145]
Öhlschläger, G. (1989): Zur Syntax und Semantik der Modalverben des Deutschen. Tübingen: Niemeyer (= Linguistische Arbeiten; 144).
Palmer, F.R. (1997): "Negation and modality in the Germanic languages". In: T. Swan & O.J. Westvik, Hrsg.: Modality in Germanic Languages. Berlin, New York: de Gruyter, 211–230.
Paul, H. (1998): Mittelhochdeutsche Grammatik. 24. Aufl., überarb. v. P. Wiehl u. S. Grosse. Tübingen: Niemeyer (= Sammlung kurzer Grammatiken germanischer Dialekte: A, Hauptreihe; Nr. 2).
Penka, D. & A. von Stechow (2001): "Negative Indefinita unter Modalverben". [in diesem Heft]
Reis, M. (2001): "Bilden Modalverben im Deutschen eine syntaktische Klasse?". [in diesem Heft]
Schieb, G. (1970): "Zum Nebensatzrepertoire des ersten deutschen Prosaromans: Die Temporalsätze". In: D. Hofmann & W. Sanders, Hrsg.: Gedenkschrift für William Foerste. Köln, Wien: Böhlau (= Niederdeutsche Studien; 18), 61–77.
Schieb, G. (1972): "Zum System der Nebensätze im ersten deutschen Prosaroman: Die Objekt- und Subjektsätze". In: G. Feudel, Hrsg.: Studien zur Geschichte der deutschen Sprache. Berlin: Akademie-Verlag (= Bausteine zur Geschichte des Neuhochdt.; 49), 167–230.
Schieb, G. (1978): "Zum Nebensatzrepertoire des ersten deutschen Prosaromans: Die Attributsätze". Beiträge zur Geschichte der deutschen Sprache und Literatur [Halle] 99, 5–31.
Steinhoff, H.-H. (1968): "Zur Entstehungsgeschichte des deutschen Prosa-Lancelot". In: P.F. Ganz & W. Schröder, Hrsg.: Probleme mittelalterlicher Überlieferung und Textkritik. Oxforder Colloquium 1966. Berlin: Schmidt, 81–95.
Stevens, Chr.M. (1995): "On the grammaticalization of German *können, dürfen, sollen, mögen, müssen,* and *wollen*". American Journal of Germanic Linguistics and Literatures 7, 179–206.
Takada, H. (1994): "Zur Wortstellung des mehrgliedrigen Verbalkomplexes im Nebensatz im 17. Jahrhundert". Zeitschrift für germanistische Linguistik 22, 190–219.
Tilvis, P. (1957): Prosa-Lancelot-Studien I–II. Helsinki: Suomalainen Tiedeakatemia [u.a.] (= Annales Academiæ Scientiarum Fennicæ: Ser. B; 110).
Tilvis, P. (1972): "Ist der mhd. Prosa-Lancelot II (= P II) direkt aus dem Afrz. übersetzt?" Neuphilologische Mitteilungen 73, 629–641.
Valentin, Paul (1984): "Zur Geschichte der Modalisation im Deutschen". In: S. Hartmann & C. Lecuteux, Hrsg.: Deutsch-französische Germanistik. Mélanges pour Emile Georges Zink. Göppingen: Kümmerle (= Göppinger Arbeiten zur Germanistik; 364), 185–195.
Westvik, O.J. (1994): "Die Struktur *hätte* + Infinitiv + Modalverbinfinitiv: Aspekte von Vorgeschichte und Geschichte". In: O. Leirbukt, Hrsg.: Modalität im Deutschen. Proceedings of the 11th International Tromsø Symposium on Language, Tromsø 2.–4. desember 1993. Tromsø: Universitetet i Tromsø, Institutt for språk og litteratur (= Nordlyd. Tromsø University Working Papers on Language & Linguistics; No. 22).
Wurmbrand, S. (1998): Infinitives. Ph.D. Diss., Mass. Inst. of Technology. [unveröff.]

Tübingen   Reimar Müller

Universität Tübingen, SFB 441, Nauklerstr. 35, 72074 Tübingen,
e-mail: reimar.mueller@uni-tuebingen.de

Negative Indefinita unter Modalverben

Doris Penka & Arnim von Stechow

Abstract

Starting from data on negation split, where a modal takes scope between the negative and the indefinite part of an n-word, we propose a theory of negative indefinites in German. They are analysed as very special Negative Polarity Items that have to be in the immediate scope of an abstract negation. This is reminiscent of Ladusaw's (1992) account of negative concord in that n-words do not themselves express negation, but rather refer to sentential negation which is realized in a different way. The strongest arguments in favour of such an analysis come from n-words in idioms embedded under modal verbs (*Peter muß keinen Finger rühren/Peter doesn't need to lift a finger*). Although the n-word is part of the idiom and as such cannot undergo Quantifier Raising [QR], negation still has wide scope over the modal. This does not only refute analyses of negation split that crucially involve QR (e.g. de Swart 2000), but also shows that LF movement of n-words to SpecNeg, as assumed in the NEG-Criterion by Haegeman and Zanuttini (e.g. 1991), is untenable for semantic reasons. The paper gives a syntactic and semantic analysis of the examples discussed. It traces the construction back to its roots in the diachronic development of German and addresses the issue of negative concord in Bavarian. The analysis carries over to negative concord straightforwardly, suggesting a general account of negative indefinites across languages. Possible counterexamples involving modification of n-words by *almost* (It. *non ha detto quasi niente* 'he said almost nothing') are discussed without arriving at a definite conclusion.

1 Das Problem

Seit Bech (1955/57: §80) ist bekannt, daß negative Indefinita wie *niemand, nichts, kein* + N, *nie* und *nirgends* in kohärenten Konstruktionen ein „eigentümliches" Verhalten zeigen. Dieses Phänomen, das Bech Kohäsion nannte, hat sich als Problem für die Semantik erwiesen. Ein Umfeld, in dem das deutlich wird, ist das Zusammenspiel von negativen Indefinita und Modalverben:

(1) a. Fritz muß keinen Schlips anziehen.
b. Es ist notwendig, daß Fritz keinen Schlips anzieht.
c. Es gibt keinen Schlips x, so daß es notwendig ist, daß Fritz x anzieht.
d. Es ist nicht notwendig, daß Fritz einen Schlips anzieht.

Wenn man, wie in der Montague-Grammatik üblich,[1] *keinen Schlips* als negativen Quantor analysiert und ihm unterschiedlichen Skopus bezüglich des Modalverbs *müssen* zuweist, erhält man für Satz (1a) die in (1b) und (1c) paraphrasierten Lesarten. In (1b) hat die NP *keinen Schlips* engen Skopus bezüglich des Modals, was gleichbedeutend ist mit „Fritz darf keinen Schlips anziehen". Das ist sicherlich nicht die Bedeutung, die der Satz (1a) intuitiv hat. Lesart (1c), in

---

[1] Montague (1973, Übersetzungsregel T2).

der *keinen Schlips* Skopus über das Modal hat, besagt, daß es keinen bestimmten Schlips gibt, den Fritz anziehen muß. Das ist wohl auch nicht, was (1a) aussagt. Intuitiv hat der Satz nämlich die in (1d) wiedergegebene Lesart, die besagt, daß für Fritz kein Krawattenzwang besteht. Hier steht das Modal nur im Skopus der Negation, während es selbst Skopus über *einen Schlips* hat. Es sieht so aus, als ob sich *kein* in einen negativen Teil und einen indefiniten Artikel aufspaltet, die unabhängig von einander Skopus haben können.

Während es für das eben gegebene Beispiel durchaus noch denkbar wäre, daß Quantifier Raising (=QR) des negativen Quantors (cf. (1c)) doch die gewünschte Lesart liefert, besteht diese Möglichkeit nicht mehr, wenn das Modalverb ein objekt-opakes Verb[2] einbettet:

(2)   a. Ralph darf kein Einhorn suchen.
       b. Es ist Ralph erlaubt, kein Einhorn zu suchen.
       c. Es gibt kein Einhorn x, so daß es Ralph erlaubt ist, x zu suchen.
       d. Es ist Ralph nicht erlaubt, ein Einhorn zu suchen.

Wenn man hier dem Indefinitum *kein Einhorn* Skopus über das Modal gibt (cf. (2c)), erhält man nur die *de re*-Lesart in bezug auf das intensionale Verb *suchen*. Die Wahrheitsbedingungen für diese Lesart sind recht schwach, da sie schon erfüllt sind, wenn es in der Äußerungswelt keine Einhörner gibt, unabhängig davon, was Ralph in bezug auf Einhorn-Suchaktionen geboten ist. Die Paraphrase (2b) dagegen macht keine Aussage über die Existenz von Einhörnern, gibt aber sicher nicht wieder, wie man (2a) intuitiv versteht, nämlich wie (2d), wo nur die Negation, nicht aber das Indefinitum Skopus über *dürfen* hat. Während man bei intensionalen Verben die *de dicto*-Lesart ausschließt, wenn man dem negativen Indefinitum weitesten Skopus gibt, erhält man bei temporal opaken Verben eine unsinnige Lesart. (3c) ist keine brauchbare Paraphrase für (3a), weil die Semantik von Verben des Erschaffens es erfordert, daß sie die indefinite Intension als Argument nehmen (vgl. Stechow i.E.[3]).

(3)   a. Yerma kann keine Kinder bekommen.
       b. Yerma hat die Fähigkeit, keine Kinder zu bekommen.
       c. Es gibt keine Menge von Kindern X, so daß Yerma die Fähigkeit hat, X zu bekommen.
       d. Yerma hat nicht die Fähigkeit, Kinder zu bekommen.

Weitere Fälle, in denen man klar sieht, daß man dem Problem nicht einfach beikommen kann, indem man dem negativen Quantor Skopus über das Modal gibt, sind idiomatische Wendungen, die eine mit *kein* gebildete NP enthalten. Da es hier nicht möglich ist, das negative Indefinitum vom restlichen Ausdruck zu

---

[2] Zu diesem Terminus vgl. Zimmermann (1979).
[3] Stechow diskutiert mehrere Theorien. Tatsächlich gibt es eine Möglichkeit, das Indefinitum aus dem Verb zu skopieren, aber dann darf es nicht von der Zeit abhängen, und man darf den indefiniten Artikel nicht mit „es gibt" bzw. „es gibt kein" paraphrasieren. Diese Theorie, die in dem genannten Artikel eigentlich favorisiert wird, bleibt hier außen vor.

trennen und herauszuziehen, bleiben nur die (b)-Paraphrasen mit engem Skopus, was kaum mögliche Lesarten der Sätze in (a) sind. Die gewünschten Lesarten in (c) erhält man dagegen wieder nicht.

(4) a. Ich kann keiner Fliege etwas zu leide tun.
 b. Es verträgt sich mit meiner Natur, keinem Lebewesen Schaden zuzufügen.
 c. Es verträgt sich nicht mit meiner Natur, einem Lebewesen Schaden zuzufügen.

(5) a. Du darfst keinen Hehl aus deiner Überzeugung machen.
 b. Es ist dir erlaubt, deine Überzeugung zu verheimlichen.
 c. Es ist dir nicht erlaubt, deine Überzeugung zu verheimlichen.

(6) a. Anna muß im Haushalt keinen Finger rühren.
 b. Anna ist dazu verpflichtet, keine Hausarbeit zu übernehmen.
 c. Anna ist nicht dazu verpflichtet, Hausarbeit zu übernehmen.

Wie diese Beispiele zeigen, kommt man mit den Mitteln der klassischen Montague-Grammatik nicht aus, um die Interpretation von negativen Indefinita unter Modalverben korrekt zu erfassen. Das hat zu einer Analyse geführt, welche die Intuition, daß ein negatives Indefinitum bei der Interpretation in eine Negation und einen indefiniten Teil aufgespalten wird, durch lexikalische Dekomposition zu explizieren versucht (Jacobs 1980, 1991[4]; Geurts 1996 und de Swart 2000 schlagen alternative Ansätze vor).

Wir verteidigen eine Theorie, wonach die negativen Indefinita nicht selbst die Negation beitragen, sondern auf eine *abstrakte Negation* NEG verweisen. Wir fassen negative Indefinita als spezielle *Negative Polaritätselemente* (NPIs) auf, die in der zu charakterisierenden Skopusdomäne einer abstrakten Negation liegen.

Für das Deutsche ist ein solcher Ansatz nach unserer Kenntnis erstmals in Stechow (1992: Abschn. 8.6)[5] vorgeschlagen worden. Er ist von der Idee her Ladusaws (1992) Analyse des Negative Concord sehr ähnlich.[6] Für die polnischen *ni*-Pronomina liegt mit Blaszczak (2000) die zur Zeit detaillierteste Analyse dieser Art vor. Sie überträgt sich direkt auf andere slawische Sprachen wie

---

[4] Jacobs erzeugt den Satz *Alle Ärzte haben kein Auto* folgendermaßen: Zunächst wird die Struktur *NEG (Alle Ärzte haben ein Auto)* generiert, wobei NEG die Satznegation ausdrückt. Eine bedeutungserhaltende Transformationsregel macht daraus *Alle Ärzte haben NEG+ein Auto*. In der Morphologie wird *NEG+ein* zu *kein* verschmolzen. Die Bewegungsregel ist technisch nicht ausformuliert. Negative Concord würde zudem verlangen, daß NEG simultan an alle *zugänglichen* Indefinita bewegt wird. Wenn man diese Verfeinerungen für unwesentlich hält, wird man den nachfolgenden Vorschlag nur als eine Umformulierung von Jacobs sehen.

[5] Erschienen als Stechow (1993).

[6] Ladusaws Analyse ist jedoch noch etwas abstrakter als unsere. Er nimmt an, daß es nicht eine einzelne syntaktische Konstituente gibt, welche die Negation beiträgt (wie unser NEG), sondern verwendet eine Art strukturelles Merkmal, das bedeutet, daß der Satz als ganzes negiert zu interpretieren ist. In späteren Arbeiten spricht er von einem verneinenden „Mode of Judgement"; vgl. Ladusaw (1994), Ladusaw (1996).

z.B. Russisch oder Ukrainisch. Blaszczak definiert den für die Kohäsion einschlägigen Bereich allerdings semantisch, während wir eine syntaktische Charakterisierung im Auge haben.

Wir möchten vorweg schicken, daß wir der großen Literatur zur negativen Polarität nicht gerecht werden können. Eine Literaturdiskussion würde vielleicht zeigen, daß die hier eingebrachte Analyseidee bis in die sechziger Jahre zurück geht. Allerdings ist das schwer zu beurteilen, weil frühe generative Untersuchungen rein syntaktisch orientiert sind, während es uns hier um eine *Interpretation der Syntax* geht. Es spricht einiges dafür, daß sich unter Semantikern zu dem hier diskutierten schwierigen Bereich allmählich ein gewisser Konsens abzeichnet, und wir hoffen, daß unsere Überlegungen ein wenig zur weiteren Stabilisierung dieses Konsenses beitragen.

Wir wollen zunächst auf das Verhältnis von Negation und Modalverben eingehen, ehe wir in Abschnitt 3 unsere Analyse der negativen Indefinita vorstellen. Anschließend wird sie auf Negative Concord übertragen, der im Deutschen sowohl diachron als auch synchron, nämlich in Dialekten, eine Rolle spielt. Zuletzt sprechen wir noch ein Faktum an, das ein Problem für den vorgestellten Ansatz darzustellen scheint. Im folgenden werden wir die negativen Indefinita auch *N-Wörter* (bzw. *N-Phrasen*) nennen. Dieser Begriff hat sich seit Laka (1990) in der Literatur etabliert.

2 Kohäsion verhält sich wie offene Negation

Ziel dieses Abschnitts ist es, zu motivieren, daß sich die kohäsive Negation – also die in negativen Indefinita enthaltene Negation – auf die offene Satznegation mit *nicht* zurückführen läßt.[7] Die Modalverben zeigen bezüglich der kohäsiven Negation die gleichen Skopuspräferenzen wie bezüglich der offenen Negation. Für eine detaillierte Darstellung des Negationsverhaltens von Modalen verweisen wir auf Ehrich (2001).

2.1 Modalverben in zirkumstantieller Lesart

Wie oft festgestellt wurde (unter anderem in Lerner & Sternefeld 1984 und Öhlschläger 1989: 80ff.) zeigen die Modalverben *müssen*, *können* und *dürfen* in zirkumstantieller Lesart eine klare Präferenz für weiten Skopus der Negation. Das gilt sowohl für Negation durch *nicht* wie auch für kohäsive Negation:

(7)   a. Du mußt mir keine Antwort geben.
        b. Du mußt mir nicht antworten.

(8)   a. Ich kann kein Wort verstehen.
        b. Ich kann dich nicht verstehen.

---

[7] Zu diesem Schluß kommen auch Lerner & Sternefeld (1984: 189).

(9) a. Das darfst du keinem Menschen erzählen.
   b. Das darfst du Fritz nicht erzählen.

Enger Skopus der Negation ist jedoch – vor allem bei *können* – nicht ganz ausgeschlossen und es ist möglich, Beispiele zu konstruieren, in denen die engskopige Lesart die plausiblere ist. So wird in einer Situation, in der man im Restaurant sitzt und erörtert, ob es mit den Gepflogenheiten des Hauses zu vereinbaren ist, wenn man keine Vorspeise bestellt, (10a) wohl am ehesten in der Lesart (10b) verstanden. Ebenso wird man in einem Kontext, in dem jemand nicht auf eine Party kommen möchte, weil er denkt, daß dort Tanzzwang besteht, (11a) als (11b) interpretieren.

(10) a. Man kann hier auch keine Vorspeise bestellen.
    b. Es ist auch möglich, hier keine Vorspeise zu bestellen.

(11) a. Du kannst auch nicht tanzen.
    b. Es ist auch möglich, daß du nicht tanzt.

Beispiele, in denen die Negation Skopus unter dem Modalverb hat, sind allerdings recht selten und erfordern immer einen entsprechenden Kontext. Außerdem ist meist das Modal durch eine Fokuspartikel wie *auch* von der Negation getrennt.

Brauchen, die NPI-Variante von *müssen*, kommt nur im Skopus einer Negation (oder eines anderen NPI-Lizensierers[8]) vor und wird auch durch kohäsive Negation lizensiert:

(12) a. Monika braucht keinen Vortrag zu halten.
    b. Monika braucht ihr Thema nicht vorzutragen.
    c. *Monika braucht einen Vortrag zu halten.

Dagegen sieht es bei *sollen*, *wollen* und *möchten* auf den ersten Blick so aus, als ob sie immer Skopus über die Negation haben:

(13) a. Du sollst kein falsches Zeugnis ablegen.
    b. Du sollst nicht töten.

(14) a. Ich will/möchte keinen Menschen sehen.
    b. Ich will/möchte Fritz nicht sehen.

Es ist jedoch bekannt (vgl. z.B. Lerner & Sternefeld 1984), daß *sollen*, *wollen* und *möchten* zu den Verben gehören, die Negationsanhebung (*Neg-raising*) erlauben, d.h. obwohl das Matrixverb negiert ist, bezieht sich die Negation semantisch auf die eingebettete Proposition. So ist *wollen* auch mit finitem Komplementsatz für die Negation durchlässig, und (15a) ist gleichbedeutend mit (15b):

---

[8] Nach Ladusaw (1979) werden NPIs durch „abwärtsimplikative" Operatoren f lizensiert, d.h., falls f(p) wahr ist und q ⊆ p, dann ist auch f(q) wahr. Die Negation ist ein Spezialfall davon. *Brauchen* ist z.B. auch im zweiten Argument von *höchstens* lizensiert:
   (i)   Höchstens zwei Studenten brauchen einen Vortrag zu halten.

(15) a. Ich will nicht, daß du gehst.
   b. Ich will, daß du nicht gehst.

Wir gehen davon aus, daß für dieses Phänomen nicht etwa eine syntaktische Transformationsregel, wie sie in frühen generativen Arbeiten propagiert wird, verantwortlich ist, sondern daß es eine pragmatische Erklärung für die Bedeutungsgleichheit gibt (etwa nach Lerner & Sternefeld (1984)) und daß auf LF die Negation weiten Skopus hat. Somit zeigen *sollen, wollen* und *möchten* das gleiche Negationsverhalten wie andere zirkumstantiell verwendete Modalverben.

2.2 Modalverben in epistemischer Lesart

Wie wir gerade gesehen haben, bevorzugen Modalverben in zirkumstantieller Verwendung engen Skopus bezüglich der Negation, sowohl der offenen mit *nicht* als auch der kohäsiven. Dagegen können Modalverben, wenn sie epistemisch[9] interpretiert werden, nicht im Skopus der Negation stehen (vgl. etwa Öhlschläger 1989: 207f.) und nur sehr begrenzt eingebettet werden.[10] Eben diese Verwendungsweise der Modalverben erzwingt es dann, daß die in einem negativen Indefinitum enthaltene Negation Skopus unterhalb des Modals nimmt:

(16) a. Das müßte kein Problem sein.
   b. Das müßte nicht schwer sein.

(17) a. Hans muß keine Ahnung von den Vorgängen in seiner Firma gehabt haben. (Sonst hätte er etwas dagegen unternommen.)
   b. Hans muß über die Vorgänge in seiner Firma nicht informiert gewesen sein. (Sonst hätte er etwas dagegen unternommen.)

Die epistemischen Voraussetzungen können durch einen *wenn*-Satz etabliert werden:

(18) a. Wenn Hans das wirklich getan hat, dann muß er kein bißchen Anstand mehr im Leib haben.
   b. Wenn Hans das wirklich getan hat, dann muß er nicht zurechnungsfähig sein.

---

[9] Der Begriff epistemisch wird hier im Sinn von Westmoreland (1998) gebraucht. Er deutet epistemische Modale als Evidenzialitätsmarker, die keine neue Information beitragen. Das entspricht dem Begriff der subjektiv-epistemischen Verwendungsweise bei Öhlschläger (1989). Dagegen kann das Bestehen einer Möglichkeit bzw. Notwendigkeit eines Schlusses aus den epistemischen Voraussetzungen sehr wohl negiert werden, wie das folgende Beispiel zeigt:
   (i)   Nur weil Hans reiche Eltern hat, muß er nicht eingebildet sein.
Der obligatorisch weite Skopus der Negation gilt also nur für Evidenziale.

[10] Siehe dazu Reis (2001).

3 Die Analyse

3.1 Die Syntax/Semantik-Schnittstelle

Wir nehmen hier einen theoretische Rahmen an, wie er in größerer Ausführlichkeit in Stechow (2001) dargestellt ist. Das System unterscheidet sich von anderen Standardsystemen, z.B. Heim & Kratzer (1998), nur dadurch, daß der logische Typ des Satzes nicht der Typ t der Wahrheitswerte sondern der Typ p der Propositionen ist.[11]

Unseren Ausführungen legen wir ein Grammatikmodell zugrunde, das zwischen S-Struktur (SS) und Logischer Form (LF) unterscheiden kann.[12] Die wesentlichen Annahmen für die Syntax/Semantik-Schnittstelle lassen sich wie folgt zusammenfassen:

(a) Jeder interpretierbare Knoten eines Baumes hat einen *(logischen) Typ* als Merkmal. Für die Typen wird das Übliche vorausgesetzt.
(b) Die LF wird aus der SS durch geeignete *LF-Regeln* erzeugt: Quantorenanhebung (QR), Rekonstruktion von Kopfbewegung (eventuell auch von A-Bewegung), Koindizierung und spezielle logische Operationen („Logischer Kitt"[13]).
(c) Uninterpretierbare Knoten werden beim Übergang zu LF getilgt, ebenso die Projektionen, welche sie aufbauen. Das betrifft vor allem funktionale Knoten wie INFL und C. Hierbei handelt es sich um eine Auslegung von Chomskys (1986) Principle of Full Interpretation.

Zur Verdeutlichung leiten wir für den Satz *Monika hat eine Katze* die LF aus der SS (19) her.

(19) S-Struktur

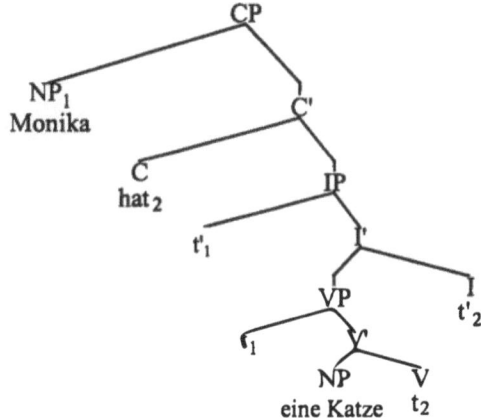

[11] Das ist das System von Cresswell (1973) und Kratzer (1978).
[12] Wir benutzen im folgenden vor allem die GB-Terminologie (vgl. Chomsky 1981).
[13] Ein Terminus aus Sternefeld (1998).

Das Verb wird über den I-Kopf, der die Kongruenzmerkmale und die temporale Morphologie enthält, nach C bewegt. Das Subjekt bewegt sich aus seiner Basisposition (SpecVP) über SpecIP in das Vorfeld nach SpecCP. Das ist die seit zwei Jahrzehnten akzeptierte Standardanalyse für V2-Sätze.[14]

Eigentlich müssen indefinite Terme nach Heim (1982) als offene Propositionen analysiert werden. Um die Darstellung zu vereinfachen, nehmen wir aber an, daß sie den Quantorentyp <ep,p> haben und als generalisierte Existenzquantoren interpretiert werden. Um aus der S-Struktur (19) eine interpretierbare LF zu erhalten, wird zunächst die Kopfbewegung rekonstruiert. Das Subjekt kann ebenfalls an seine Basisposition zurück bewegt werden:

(20)   Zwischenstruktur nach Rekonstruktion
        [$_{CP}$ C [$_{IP}$ [$_{VP}$ Monika [$_{V'}$ eine Katze hat]]]]

Im nächsten Schritt tilgen wir die uninterpretierbaren Knoten C und I, vgl. (21):

(21)   Zwischenstruktur nach C- und I-Tilgung
        [$_{VP}$ Monika$_e$ [$_{V'}$ eine Katze$_{<ep,p>}$ hat$_{<e,ep>}$]]

Wir haben hier die Konstanten mit ihren Typen versehen. Aus Typengründen müssen wir nun das Objekt QR-en. Dabei wird eine Spur vom Typ e hinterlassen und der Bewegungsindex als λ-Operator interpretiert. Das Ergebnis ist eine interpretierbare „transparente LF":[15]

(22)   Transparente LF

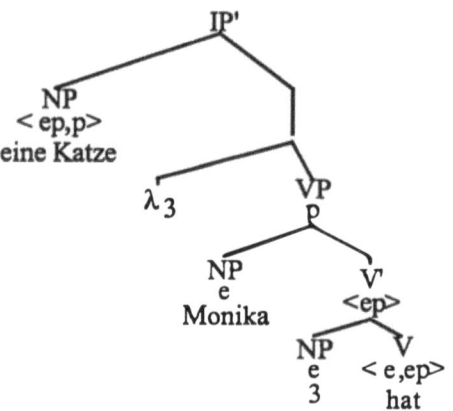

Die durch diese LF ausgedrückte Proposition ist: {w | ∃x[x ist eine Katze in w & Monika hat x in w]}

---

[14] Vgl. z.B. Stechow & Sternefeld (1988: Kap. 11).

[15] Der Terminus geht vermutlich auf einen Vorschlag von I. Heim zurück und ist in Stechow (1996) eingeführt worden.

3.2 Modalverben

Unsere Syntax der Modalverben nimmt an, daß sie eine VP einbetten und deren Status regieren.[16] Einige wenige Modale regieren den 2. Status (z.B. *haben zu, ist zu*), aber die meisten regieren den 1. Status, und nur um diese geht es hier.

Für die Semantik der Modale wählen wir die denkbar einfachste Analyse, die auf Kripke (1959) zurückgeht und mit Lewis (1973) Eingang in die linguistische Semantik gefunden hat. Sobald Inkonsistenzen und kontrafaktische Konditionale einbezogen werden, kommt es zu ganz erheblichen Komplikationen; vgl. etwa Kratzer (1981).

Die Grundidee für die Semantik der Modale besteht darin, daß ein Kontext c der jeweiligen Auswertungswelt w eine Sphäre von zugänglichen Welten R(w) zuordnet. Die Modale *müssen* und *können* sind Propositionsmodifikatoren. *Muß(p)* ist wahr in der Welt w, wenn p in allen Welten aus R(w) wahr ist. *Kann(p)* ist wahr in w, wenn p in mindestens einer Welt aus R(w) wahr ist. Wir benutzen im folgenden *modale Hintergründe* nach Kratzer (1978), die R als Funktionen von Welten in Propositionen auffaßt. Die Semantik der Modale läßt sich damit so formulieren:

(23) Der Kontext c lege den modalen Hintergrund R fest. Dann gilt:
    a. $\| \text{ muß } \|_c(p) = \{w \mid R(w) \subseteq p]\}$
    b. $\| \text{ kann } \|_c(p) = \{w \mid R(w) \cap p \neq \emptyset]\}$

Die Bedeutungen der Modale lassen sich also folgendermaßen in Prosa fassen: *Muß* bedeutet „folgt aus dem modalen Hintergrund"; *kann* bedeutet „ist mit dem modalen Hintergrund verträglich".

Ein Kontext ändert sich während der Rede kontinuierlich und legt selbst innerhalb eines einzigen Satzes für verschiedene Vorkommen von Modalen verschiedene Hintergründe fest. Dies hat Kratzer (1978) zur Entwicklung ihrer Theorie der Kontextveränderung veranlaßt. Um technische Komplikationen zu vermeiden, wollen wir hier mit Montague (1970) den Kontext einfach als Belegung g auffassen und die modalen Hintergründe durch Variablen vom Typ <s,p> darstellen. Falls verschiedene Modale verschiedene Hintergründe erfordern, indizieren wir sie mit verschiedenen Hintergrundsvariablen und nehmen an, daß g diese korrekt belegt. Hier soll es zunächst um die sogenannten „Anhebungsmodale" gehen, die wir *unpersönliche Modale* nennen. Die sogenannten „Kontrollmodale" werden anschließend behandelt.

(24) Unpersönliche Modale haben den Typ <<s,p>,<p,p>>.
    a. $\| \text{ kann } \|(R)(p) = \{w \mid R(w) \cap p \neq \emptyset\}$
    b. $\| \text{ muß } \|(R)(p) = \{w \mid R(w) \subseteq p\}$
    Dabei ist R ein beliebiger Hintergrund und p eine beliebige Proposition.

---

[16] Der Terminus Status wird im Sinn von Bech (1955/57) benutzt (1. Status = 0-Infinitiv, 2. Status = *zu*-Infinitiv, 3. Status = Partizip Perfekt). Es geht hier immer um das sogenannte Supinum. Der Zusammenhang zwischen Statusrektion und Kohärenzbildung ist in Stechow (1990) thematisiert. Zur Syntax der Modalverben siehe z.B. Wurmbrand (1998) und Reis (2001).

Hier sind zwei Beispiele für LFs:

(25) a. Monika muß eine Katze haben.
      [$_{VP}$[$_{VP}$ **eine Katze** λ_3 [$_{VP}$ **Monika 3 haben**]] **muß(R)**]
      b. Monika kann eine Katze haben.
      [$_{VP}$[$_{VP}$**eine Katze** λ_3 [$_{VP}$ **Monika 3 haben**]] **kann(R)**]

Nehmen wir einmal an, der Kontext g sagt uns, daß g(R) ein *epistemischer Hintergrund* ist: g(R)(w) = {w' | In w' ist alles der Fall was ich in w über w weiß}. In Bezug auf g drücken dann (25a) und (25b) die folgenden Propositionen aus:

(26) a. {w | g(R)(w) $\subseteq$ {w' | Monika hat eine Katze in w'}}
      b. {w | g(R)(w) $\cap$ {w' | Monika hat eine Katze in w'} $\neq \emptyset$}

Die erste Proposition besagt also, daß aus meinem Wissen folgt, daß Monika eine Katze hat, während die zweite Proposition besagt, daß dies mit meinem Wissen verträglich ist. Man beachte, daß das Indefinitum jeweils im Skopus des Modals ist. Ich muß also keine bestimmte Katze im Sinn haben, wenn ich die Sätze äußere.

Nicht jeder modale Hintergrund kann allein in Bezug auf die Auswertungswelt definiert werden. Zum Beispiel sind Dispositionen etwas Persönliches. Sie reden über das Subjekt. Beispiel dafür sind die folgenden Sätze:

(27) a. Angelika muß niesen.
      b. Angelika kann schwimmen.

Der erste Satz bedeutet etwas wie: „Aus Angelikas Disposition plus den Umständen folgt, daß sie niest". Offensichtlich können wir die Disposition nicht allein in Bezug auf die Welt/Situationen formulieren, wir müssen vielmehr über das Subjekt reden, brauchen also einen „persönlichen Hintergrund". Dispositionelle Hintergründe haben neben der persönlichen auch eine „zirkumstantielle" Komponente. (27b) besagt: „Es ist mit Angelikas Fähigkeiten verträglich, daß sie schwimmt". Fähigkeitshintergründe sind persönlich. Allgemein haben persönliche Hintergründe den Typ <es,p>.

(28) Fähigkeits- und Dispositionshintergründe haben den Typ <es,p>.
      a. Ein *Fähigkeitshintergrund* ordnet einem Subjekt x und einer Welt w die Menge der Welten w' zu, in denen x die Fähigkeiten hat, die x in w hat.
      b. Ein *Dispositionshintergrund* ordnet einem Subjekt x und einer Welt w die Menge der Welten w' zu, in denen x die Dispositionen hat, die x in w hat.

Aus dem logischen Typ von persönlichen Hintergründen ergibt sich sofort, daß persönliche Modale nach Sättigung des Hintergrundsarguments VP-Modifikatoren sind, d.h. den Typ <ep,ep> haben. Die lexikalischen Einträge für persönliche Modalitäten sind also diese:

(29) Persönliche Modale haben den Typ <<es,p>,<ep,ep>>.
   a. ‖ **kann** ‖(R)(P)(x) = {w| R(x)(w) ∩ P(x) ≠ ∅}
   b. ‖ **muß** ‖(R)(P)(x) = {w | R(x)(w) ⊆ P(x)}
   Dabei ist R ein beliebiger persönlicher Hintergrund, P eine beliebige Eigenschaft und x ein beliebiges Individuum.

Der Formulierung der Semantik sieht man an, daß hier lexikalische Kontrolle vorliegt: die Variable für das Subjekt kommt im Definiens der Bedeutungsregel zweimal vor. Die LFs für die Beispiele (27) sind demnach die folgenden:

(30) a. [$_{VP}$ Angelika [$_{VP}$ niesen$_{ep}$ [muß(R)]$_{<ep,ep>}$]]
      b. [$_{VP}$ Angelika [$_{VP}$ schwimmen$_{ep}$ [kann(R)]$_{<ep,ep>}$]]

Vergleicht man die Syntax der persönlichen Modale mit der für die unpersönlichen, so gibt es einen subtilen Unterschied: Im unpersönlichen Fall wird das Modal nach Sättigung der VP durch das Subjekt angewandt, im persönlichen davor. Dies ist ein Unterschied in LF, der in der Oberflächensyntax keine Entsprechung hat. In beiden Fällen betten die Modale eine VP ein, aber von unterschiedlichem logischen Typ: p bei Anhebung, <e,p> bei Kontrolle. Auch diese Behandlung steht im Einklang mit Reis (2001), wie uns scheint.

Wie man sich durch Nachrechnen überzeugt, drückt die zweite LF in bezug auf die Belegung g die Proposition {w | g(R)(Angelika)(w) ∩ {w' | Angelika schwimmt in w'} ≠ ∅} aus, d.h., daß es eine Situation gibt, in der Angelika die Fähigkeiten hat, die sie aktualiter hat und in der sie schwimmt.

3.3 Indefinita unter Negation

Die Hauptidee unserer Analyse besteht darin, daß N-Wörter im Deutschen das Vorhandensein einer abstrakten, d.h. unsichtbaren Negation in der Struktur des Satzes kennzeichnen. Sie sind also nicht selbst Träger der Negation, sondern verweisen auf eine Negation an anderer Position. Die Satznegation im Deutschen kann sowohl durch *nicht* als auch durch eine abstrakte Negation NEG realisiert sein. Die Negation, abstrakt oder sichtbar, bedeutet die Komplementbildung:

(31) NEG/**nicht** hat den Typ <p,p>.
     ‖ NEG ‖(p) = {w | w ∉ p} = ‖ **nicht** ‖(p)

Für das Deutsche nehmen wir an, daß die Negation ein Adverb ist, das zwischen IP und VP angesiedelt ist. Eben diese Position wird von Zanuttini (1991) auch für das Englische angenommen, wobei für das Englische allerdings mit Pollock (1989) eine funktionale Kategorie NegP anzusetzen ist. Für die Negation des Deutschen kann es auch zusätzliche Adjunktionspositionen geben.

Es ist bekannt, daß im Deutschen positive Indefinita nur dann im Skopus der Negation stehen können, wenn sie kontrastiv negiert werden, wenn es sich also um die sogenannte „replazive Negation" handelt.[17] Um eine nicht-kontrastive Negation auszudrücken, muß das Indefinitum mit *kein* gebildet werden.

(32) a. *Monika hat nicht eine Katze.
b. Monika hat nicht eine Katze, sondern einen Hund.
c. Monika hat keine Katze.

Das legt nahe, positive Indefinita als positive Polaritätselemente (PPIs) anzusehen. Diese PPIs haben ein Merkmal, sagen wir [-neg], dessen Lizensierungsbedingungen verlangen, daß es nicht im „unmittelbaren Skopus" einer Negation vorkommt, sei diese offen oder abstrakt.

Dagegen wollen wir N-Wörter als spezielle NPIs analysieren, die im Skopus von NEG stehen müssen. Damit hat Satz (32c) die folgende Struktur:

(33) Monika hat NEG keine Katze

In dieser Konstruktion bedeutet *keine Katze* dasselbe wie *eine Katze* und hat ein spezielles Merkmal, sagen wir [neg]. Phrasen mit diesem Merkmal müssen im „unmittelbaren Skopus"[18] einer abstrakten Negation NEG stehen.[19] Dies bedeutet, daß NEG die Phrase c-kommandiert und kein Skopus-tragender Ausdruck, auch kein weiteres Indefinitum, interveniert. Ein Indefinitum ist genau dann negativ markiert (also ein N-Wort), wenn es das höchste Indefinitum im Skopus einer abstrakten Negation ist. Ferner muß NEG im Kohärenzbereich des Verbs liegen, welches die [neg]-Phrase regiert. Der Begriff „im unmittelbaren Skopus von" muß freilich präzisiert werden. Wir müssen außerdem sicherstellen, daß in einem Satz nur dann eine abstrakte Negation vorhanden ist, wenn sie auch an einer Konstituente gekennzeichnet ist.

Was die Frage angeht, auf welcher Ebene diese Lizensierungsbedingungen greifen, so nehmen wir tentativ an, daß sie auf SS überprüft werden. Ein positives Indefinitum in einem Satz wie (34) kann auf LF unter die Negation rekonstruiert werden, ohne daß die Negation dabei unbedingt replaziv interpretiert wird. Hier handelt es sich um sogenannte I-Topikalisierungsfälle; vgl. Jacobs (1980).

(34) Einen Hund habe ich nicht gesehen.

---

[17] Jacobs (1982: 148ff.) z.B. stipuliert eine „Berührungsbeschränkung".

[18] Der Terminus erinnert an den von Linebarger (1981) benutzten Begriff zur NPI-Lizensierung im Englischen. N-Wörter unterscheiden sich aber von herkömmlichen NPIs, für die das Englische *any* prototypisch ist, zumindest in der Stärke der Negativität ihres Lizensierers. Zum Beispiel ist *any* in abwärtssimplikativen Kontexten lizensiert (vgl. Fußnote 8). Dagegen können N-Wörter im Deutschen nur in strikt negativen Kontexten vorkommen.

[19] Es wäre auch eine bindungstheoretische Formulierung im Stil von Progovac (1994) denkbar, wonach N-Wörter in ihrer „bindenden Kategorie" (= BK) durch NEG „gebunden" sind (Prinzip A), nicht-N-Wörter dagegen frei sind (Prinzip B). Eine technische Schwierigkeit besteht darin, daß die BK nicht absolut definiert werden kann, z.B. als Bereich bis zum nächsten NEG ohne intervenierende IP. Jede intervenierende N-NP begrenzt die BK nach oben. Wegen dieser Interventionsbedingung scheint eine semantische Definition der BK, wie Blaszczak (2000: Kap. 6) dies für das Polnische annimmt, für das Deutsche nicht möglich.

Die genannten Prinzipien schließen (32a) als ungrammatisch aus, weil hier eine [-neg]-NP im unmittelbaren Skopus einer Negation steht. Andererseits sind Beispiele wie (35) wieder gut, denn hier steht die N-Phrase im unmittelbaren Skopus von NEG, nicht aber die nicht-N-Phrase, weil die N-Phrase interveniert.

(35)   Monika hat NEG keiner Katze(neg) ein Mäuschen(-neg) mitgebracht

Weiter setzen wir voraus, daß LF-Bewegung, sofern es sich nicht um Rekonstruktion handelt, nicht zu Skopusverhältnissen führt, die den Lizensierungsbedingungen widersprechen. Mit der Annahme, daß die Lizensierungsbedingungen für positive und negative Indefinita auf der SS überprüft werden, stellt sich allerdings die Frage, wie N-Wörter im Vorfeld zu analysieren sind. Obwohl N-Wörter nicht häufig im Vorfeld erscheinen, können sie dennoch dort stehen. Das folgende Beispiel zeigt, daß eine *kein*-Phrase auch dann topikalisiert sein kann, wenn sie kohäsiv interpretiert wird:

(36)   Keinen rechten Reim können sich die Staatsanwälte auf Schneiders jüngstes Verhalten zu den einst von ihm in die Schweiz geschafften 245 Millionen DM machen.[20]

Es wird sich in weiteren Untersuchungen zeigen müssen, ob die genannten Lizensierungsbedingungen haltbar sind. Hier geht es zunächst einmal um eine erste Charakterisierung.

3.4 N-Wörter unter Modalverben

Zur Verdeutlichung der These, daß N-Wörter in aller Regel (vgl. Kratzer 1995) keine negative Kraft haben, sondern an sich positiv zu interpretieren sind, werden wir sie im folgenden mit eingeklammertem *n* (bzw. *k*) notieren. Modalverben sind semantisch gesehen Quantoren, zählen aber offenbar nicht zu den „intervenierenden Operatoren", welche eine Grenze für den unmittelbaren Skopus von NEG festlegen können. Das hängt wohl damit zusammen, daß sie kohärent konstruiert werden. Damit erhalten wir genau das gewünschte Ergebnis der „Negationsaufspaltung": der Existenzquantor des Indefinitums hat engen Skopus bezüglich des Modals, die Negation weiten. Unser Beispiel (1) hat die folgende LF:

(37)   Fritz muß keinen Schlips anziehen.
       NEG [[(k)einen Schlips λ_1 [Fritz 1 anziehen]] muß(R)]

Hier ist g(R) ein deontischer Hintergrund, der wohl den gesellschaftlichen Konventionen entspricht. Der Satz bedeutet also, daß es die Gesetze der Gesellschaft für den gegebenen Anlaß nicht verlangen, daß Fritz einen Schlips trägt.
   Ein weiteres einschlägiges Beispiel ist:

---

[20] Dieses Beispiel stammt ebenso wie (38) aus dem Mannheimer Korpus.

(38) „Ich kann keinen Spieler der Gäste loben", ging Auerbachs Abteilungsleiter Jürgen Roth hart mit den Gästen ins Gericht.
NEG [[(k)einen Spieler λ_1 [ich 1 loben]] kann(R)]

In (38) ist der Hintergrund zirkumstantiell, es geht vermutlich um die Gesetze des Fußballs, die Lob nur für Zweikämpfe vorsehen, nicht aber für Altherrenfußball. Dann besagt (38), daß es mit diesen Gesetzen unverträglich ist, daß es einen Spieler der Gäste gibt, den Jürgen Roth lobt.

Im Prinzip sollte die N-Wort-Lizensierung auch durch zwei Modale hindurch möglich sein:

(39) Ich muß kein Auto reparieren können.
NEG [ich [λ_1 [(k)ein Auto λ_2 [1 2 reparieren]] können(R)] muß(H)]

Hier soll die Variable R für einen Fähigkeitshintergrund stehen, der also persönlich ist. H soll dagegen für eine unpersönlichen Hintergrund stehen, z.B. einen zirkumstantiellen („im Hinblick auf die Umstände"). Hier muß also das NPI (k)ein Auto in die VP hineinquantifiziert werden. Die VP λ_1[(k)ein Auto λ_2[1 2 reparieren]] ist vom Typ <e,p> und kann durch das Fähigkeitsmodal können(R) modifiziert werden. Nach Applikation auf das Subjekt ich erhält man ein Proposition, die durch muß(H) modifiziert wird. Das Ganze wird abstrakt negiert. Ausgedrückt wird die Proposition, daß es aus den Gesetzen des Augenblicks nicht folgt, daß es mit meinen Fähigkeiten vereinbar ist, daß ich ein Auto repariere.

Unsere Lizensierungsbedingungen für N-Wörter sagen vorher, daß ein positives Indefinitum, das einem negativen vorangeht, Skopus über die Negation und damit auch über das Modal hat. Somit wird ein solches Indefinitum spezifisch interpretiert (oder generisch, diese Lesart wird hier nicht berücksichtigt). Diese Vorhersage scheint sich für einen Satz wie (40) zu bestätigen:

(40) Ich kann einem Studenten keinen Schein geben.
einem Studenten λ_1 [NEG [[(k)einen Schein λ_2 [ich 1 2 geben]] kann(R)]]

Wir nehmen an, daß *ein Student* aus der VP über NEG gescrambelt wird, um die Lizensierungsbedingungen für positive Indefinita auf SS zu erfüllen. Da Scrambling wie QR interpretiert wird, drückt die LF die Proposition aus, daß es einen bestimmten Studenten x gibt, so daß es mit den Gesetzen der Universität, die gewisse Leistungen für den Scheinerwerb verlangen, nicht vereinbar ist, daß ich x einen Schein gebe. Das ist die Bedeutung, die (40) wohl intuitiv hat.

Es gibt Fälle von I-Topikalisierung, in denen ein Subjekt aus dem Vorfeld unter ein abstrakt negiertes Modal rekonstruiert werden muß. Der folgende Satz ist eine Abwandlung eines Beispiels aus Jacobs (1980). Da wir hier keine Analyse der I-Topikalisierung geben können, enthält die LF keine Indizes.

(41) Jeder/ Arzt muß kein\ Auto haben.
NEG [[jeder Arzt (k)ein Auto haben] muß]

Wir betrachten nun die Beispiele (7), hier wiederholt als (42):

(42) a. Du mußt mir keine Antwort geben.
  b. Du mußt mir nicht antworten.

Es ist nicht klar, wie Funktionsverbgefüge wie *eine Antwort geben* zu analysieren sind. Das Problem ist, daß *geben* hier eine Kollokation ist, die ohne das Objekt keine eigenständige Bedeutung hat. Das Objekt selbst aber ist transparent. Man kann *eine gute Antwort geben, eine bessere Antwort als Fritz geben*, usw. Wir lassen das Problem offen und analysieren *(k)eine Antwort geben* ad hoc en bloc. Der lexikalische Eintrag für die beiden Verbale, beide vom Typ <e,ep>, ist dieser:

(43) $\| [_{V'} [(k)eine\ Antwort]\ geben] \| = \| [antworten] \|$
  $= \lambda y \lambda x \in D_e.\{w \mid x \text{ antwortet } y \text{ in } w\}$

Syntaktisch ist im Funktionsverbgefüge eine N-NP eingebettet, welche eine abstrakte Negation als Lizensierer verlangt. Die transparente LF für das erste Beispiel ist somit:

(44) **NEG [[$_{VP}$ du mir [$_{V'}$ (k)eine Antwort geben]] mußt(R)]**

Unter Umständen ist eine persönliche Analyse adäquater. In jedem Fall wird eine akzeptable Wahrheitsbedingung erzeugt.

Idiome, welche N-Wörter involvieren, werden genau wie Funktionsverbgefüge behandelt, haben also ein positive Bedeutung. Die Tragfähigkeit des Ansatzes zeigt sich, wenn es um die Analyse von Idiomen unter Modalen geht. Hier ist das Modal negiert und Skopierung des Indefinitums über das Modal unmöglich, weil keine Kompositionalität vorliegt. Wir betrachten dazu das Beispiel (4). Eine LF dafür ist:

(45) **NEG[$_{VP}$ ich [$_{V'}$[$_{NP}$ (k)einer Fliege] [$_{V'}$ [$_{NP}$ etwas] zuleide tun]] kann(R)]**

Das Idiom wird durch das oberste V' ausgedrückt. Es ist syntaktisch hochkomplex, muß aber semantisch en bloc interpretiert werden. Die einschlägige Bedeutungsregel ist die folgende:

(46) Sei φ der Ausdruck [$_{V'}$[$_{NP}$ (k)einer Fliege] [$_{V'}$ [$_{NP}$ etwas] zuleide tun]] vom Typ <e,p>.
  $\| \varphi \|^g(x) = \{w \mid \exists y[y \text{ ist ein Lebewesen in } w$
    $\&\ x \text{ fügt } y \text{ Schaden in } w \text{ zu}]\}$, für ein beliebiges $x \in D_e$.

Man beachte, daß **etwas** eine [-neg]-NP ist und nicht im unmittelbaren Skopus einer Negation stehen darf. Dies ist in der LF (45) offensichtlich erfüllt. Wir nehmen an, daß R für einen dispositionellen Hintergrund steht. Wie gewünscht drückt die LF dann die Proposition aus, daß es mit meiner Disposition unverträglich ist, daß ich einem Lebewesen ein Leid antue.

Es liegt in der Natur dieser Beispiele mit Idiomen, daß die eingebetteten negativen Indefinita prinzipiell nicht QR-t werden können. Daran scheitern nach unserer Auffassung die Vorschläge von Haegeman & Zanuttini (1991), de Swart (2000) oder Geurts (1996), die wesentlich mit LF-Bewegung der negativen Indefinita arbeiten.[21]

Es bleibt noch zu klären, wie in unserem Ansatz enger Skopus der abstrakten Negation bezüglich eines übergeordneten Modals analysiert wird. Wie wir in Abschnitt 2 gesehen haben, können zirkumstantiell verwendete Modalverben prinzipiell auch Skopus über die Negation haben. Für epistemische Modale ist dies nach Meinung vieler sogar die einzige Möglichkeit. Die syntaktische „Erklärung" ist, daß epistemische Modale oberhalb von IP/TP erzeugt werden müssen. Sie gehören damit nicht zum semantischen Kern eines Satzes sondern werden nach Drubig (2001) auf der Ebene des Fregeschen Urteilsstrichs interpretiert. Sie sind also so etwas wie Performative, die ja gleichfalls nicht negiert werden können. Die hier benutzten Methoden haben zu diesem Gebrauch nichts zu sagen. Wie dem auch sei: das Negationsadverb, abstrakt oder offen, kann prinzipiell auch unter dem Modalverb stehen. So bietet sich z.B. für das Beispiel (10a) die folgende Analyse an:

(47) [NEG du (k)eine Vorspeise bestellen] kannst

Für slawische Sprachen mit funktionaler Negationssyntax, d.h. die eine NegP mit dem Negationsklitik als Kopf haben, wird vorhergesagt, daß sich die NegP in diesem Fall beim Infinitiv befindet, der unter dem Modalverb eingebettet ist. Und so scheint es auch zu sein, wie die beiden folgenden Beispiele aus Blaszczak (2000: Abschn. 2.4) belegen:

(48) a. Jan nie może nic czytać.   (polnisch)
       Jan NEG kann nichts lesen
       ‚Jan hat keine Erlaubnis, etwas zu lesen'
       NEG [kann Jan (n)ichts lesen]
    b. Jan może nic nie czytać.
       Jan kann nichts NEG lesen
       ‚Jan hat die Erlaubnis, nichts zu lesen'
       kann NEG[Jan (n)ichts lesen]

Das Polnische und viele andere (alle?) slawischen Sprachen sind in gewisser Weise die Phänotypen für die Verhältnisse, die wir für das Deutsche angenommen haben: N-Wörter verweisen hier auf eine offene Negation, und LF und SS sind bis auf gewisse Rekonstruktionen identisch.

---

[21] de Swart (2000) formalisiert den Satz *Hanna seeks no book* als λx[no book(^λP seek(P)(x))](hanna), wobei P den Typ <s,<set,t>> hat und no book = λP¬ˇP(book) ist. Wie man sieht, ist der hochgestufte Quantor in die VP hineinquantifiziert. Die Analyse von Geurts (1996) macht Gebrauch von abstrakten Individuen nach Carlson (1977) und involviert ebenfalls Bewegung des Quantors. Die Theorie von Zanuttini wird in Abschnitt 4.1 vorgestellt.

4 Negative Concord

Mit den eben angeführten polnischen Daten sind wir beim Negative Concord angelangt, um den es in diesem Abschnitt geht. Während wir aus den oben behandelten Kohäsionsdaten folgern mußten, daß die Negation nicht an der Position ist, wo man sie sieht, legt Negative Concord nahe, daß die Negation nicht überall dort ist, wo sie markiert ist. Wir glauben, daß sich in beiden Phänomen dieselbe zugrundeliegende Tatsache manifestiert: N-Wörter sind nicht die Träger der Negation, sondern (eventuell redundante) Markierungen einer an anderer Stelle realisierten Negation.

4.1 Bewegung von N-Phrasen auf LF?

Wir schicken einige Bemerkungen zu Theorien des Negative Concord voraus, welche die N-Phrasen als negierte Existenzquantoren oder Universalquantoren plus Negation auffassen und diese auf LF skopieren. Der populärste Ansatz geht auf Zanuttini (1991) zurück und ist als sogenanntes *NEG-Kriterium* in die Literatur eingegangen: Auf LF werden alle N-Phrasen nach SpecNeg bewegt.[22] Dort streicht man syntaktisch alle Negationen bis auf eine. Der LF-Prozeß, den Zanuttini im Sinn hat, sieht in etwa folgendermaßen aus:

(49) SS: Non ho detto niente a nessuno.   (italienisch)
        NEG habe gesagt nichts zu niemandem
        ‚Ich habe zu niemandem etwas gesagt'
    LF: [niente nessuno]$_{12}$ non ho detto t$_1$ a t$_2$

Zur Deutung gibt Zanuttini lediglich die folgende „Absorptionsregel" auf S. 146 (239) an:

(50) $[\forall x\neg][\forall y\neg] \rightarrow [\forall x,y\neg]$

Mithilfe dieser „Regel" soll wohl nach Higginbotham & May (1981) ein komplexer Quantor gebildet werden, der vermutlich die Form $\lambda R \forall x \forall y[\mathbf{Sache}(x)\ \&\ \mathbf{Person}(y) \rightarrow \neg R(y)(x)]$ hat. Zanuttinis LF wäre damit etwas in der Art wie:

(51) $\lambda R \forall x,y[\mathbf{Sache}(x)\ \&\ \mathbf{Person}(y) \rightarrow \neg R(y)(x)]$
                      ~~NEG~~ $\lambda_y \lambda_x$[ich sage y zu x]

Diese LF drückt den Inhalt korrekt aus. Die Bildung des komplexen Quantors ist sicher keine triviale Angelegenheit. Darüber hinaus muß man sicherstellen, daß die in *non* steckende Satznegation in diesem Kontext gestrichen wird, während sie in Sätzen ohne N-Wörter erhalten bleiben muß. Die Regeln zur Herstellung der transparenten LF sind also relativ undurchsichtig.

---

[22] Haegeman (1991), Haegeman & Zanuttini (1991), Haegeman (1996).

Für den Ansatz ist aber wesentlich, daß die Indefinita über das Verb hinaus skopiert sind, was mit der Behandlung von N-Wörtern in Idiomen, in Funktionsverbgefügen und unter Modalen nicht vereinbar ist, wie wir in Abschnitt 1 gesehen haben. Das NEG-Kriterium liefert also im allgemeinen keine interpretierbare LF. Falls es ein brauchbares Prinzip ist, muß es syntaktischer Natur sein, und die N-Wörter in SpecNeg müssen auf der transparenten LF unter die Negation rekonstruiert werden.[23]

4.2 Diachrone Perspektive

Während sich die meisten sprachhistorischen Arbeiten zur Entwicklung des Negationssystems im Deutschen auf die Herausbildung des Negationsadverbs *nicht* konzentrieren, gibt Donhauser (1996) einen Überblick über die Entwicklung des Gebrauchs der negativen Indefinita. Demnach werden bereits im Althochdeutschen (Ahd.) N-Wörter im allgemeinen obligatorisch mit der Negationspartikel *ni* verwendet, wie die folgende Stelle aus dem ahd. Tatian belegt:

(52) SS: Ther heilant **ni** gab iru **nihhein** antuurti.
 ‚Der Heiland gab ihr keine Antwort'
 LF: der Heiland$_1$ ihr$_2$ NEG [$_{VP}$1 2 (nihh)ein Antwort gab]

Nach Donhauser (1996: 204) sind negative Indefinita im Ahd. als NPIs anzusehen. Somit liegen in ahd. Konstruktionen dieses Typs genau die Verhältnisse vor, die wir heute in den slawischen Sprachen beobachten. Das Beispiel wird fast genau wie (7) analysiert, ohne Modal und mit offener Negation *ni*.

Im Mittelhochdeutschen wird die Negation außer an den Indefinita durch das proklitische *en* am Verb markiert (Beispiele aus dem Prosa-Lancelot nach Müller (2001)):

(53) beruffent ir yn, so **enist keyn** mensch hieinne, er solt wol zufrieden syn.
 ‚wenn Ihr ihn tadelt, gibt es hier keinen Menschen, den das nicht freute'

Bei kohäsiven Verbindungen mit Modalverben kann dabei die Markierung mit *en* entweder am Modal, am eingebetteten Verb oder auch an beiden erfolgen:

(54) a. ir mußent selb mit mir, wir **ensollen** anders **nymans** mit uns furen
 dann unsern sûne und einen knecht der uns dienen sol, ...
 ‚Ihr selbst sollt mit mir gehen, wir werden niemand anders mitnehmen als unsern Sohn und einen Knappen, der uns dienen soll'

---

[23] Progovac (1994) nimmt sogar Skopierung von *any*-NPs über die Negation hinaus an. Dies macht semantisch erst recht keinen Sinn, wobei offen bleibt, ob diese Bewegung irgendwie syntaktisch motiviert ist.

b. Bohort und Hector waren off gestanden [...] und begunden es so recht wol zu thun an irm ende, das sie **nymant** enschelten mocht.
‚Bohort und Hector hatten sich erhoben, [...] und fingen an, sich auf ihrer Seite so gut zu schlagen, daß niemand sie tadeln konnte'

c. Ob da die koniginne unfro blieb, des **endarf nymands** zwyveln, wann **dhein** man **enmöcht nymer** so großen jamer erdencken, sie **enmacht** vil größern.
‚Ob die Königin da betrübt war, daran braucht niemand zweifeln, denn niemand könnte sich jemals so großen Jammer ausdenken, daß sie ihn nicht noch überträfe'

Die Interpretation von Beispielen wie (54c) ist alles andere als trivial. Die Negation der Protasis des Konditionals ist nicht unerwartet,[24] die in der Apodosis macht dagegen semantisch wenig Sinn. Wie dem auch sei: die Protasis ist für sich genommen ein Paradestück für Negationsanhäufung und kann in unserer Theorie relativ mühelos dargestellt werden als:

(55) NEG [$_{VP}$(en)möcht [$_{VP}$ (dh)ein man (n)ymer so großen jamer (er)denken]]

Das Fazit dieser diachronen Betrachtung ist, daß unsere für das heutige Deutsch angenommene Analyse in der Sprachgeschichte tief verankert ist: die Struktur ist dieselbe, wird aber weniger redundant markiert, da die Satznegation abstrakt werden kann, wenn sie durch ein anderes Satzglied sichtbar gemacht wird.

4.3 Negative Concord im Bairischen

Das Bairische ist der wohl bekannteste Vertreter eines deutschen Dialekts, der Negationsanhäufung zeigt. Zitiert werden meist Äußerungen von Josef Filser nach Ludwig Thoma.[25]

(56) a. Zu der weldlichen Obrikeid had kein Mentsch kein Ferdrauen.
‚Zu der weltlichem Obrigkeit hat kein Mensch Vertrauen.'
b. Gozeidank had keine Zeitung nichz erfarren.
‚Gottseidank hat keine Zeitung etwas erfahren.'

(57) a. Ich bin froh, das ich keine Rede nicht halden brauch.
‚Ich bin froh, daß ich keine Rede zu halten brauche.'
b. Also brauchst keine Angst nicht haben.
‚Also brauchst du keine Angst zu haben.'
c. und keinen andern nichd leihden wiel
‚und keinen anderen dulden will'

---

[24] „Wenn p, dann q" bedeutet ja etwas wie „nicht p oder q".
[25] Vgl. Bayer (1990), von dem die hier angeführten Daten übernommen sind, oder Weiß (1998).

Die vorgestellte Analyse der negativen Indefinita läßt sich fast direkt auf die Beispiele (56) übertragen. Dabei sind die Lizenzierungsbedingungen für N-Wörter im Bairischen andere, als wir sie für das Standarddeutsche angenommen haben: Im Bairischen können alle Indefinita im Skopus einer abstrakten Negation negativ markiert sein, nicht nur das höchste. Das ist einer der entscheidenden Parameter, der Negative Concord Sprachen auszeichnet. Außerdem zeigen die Daten in (57), daß im Bairischen das Negationsadverb im Skopus eines N-Worts semantisch leer sein kann, also ebenfalls nur ein N-Wort ist. Wir erinnern ferner daran, daß *brauchen* ein NPI ist, welches eine Notwendigkeit ausdrückt. Alles andere ergibt sich aus dem Gesagten.

5 Ein Problem und mögliche Revisionen

Unsere Analyse der negativen Indefinita basiert wesentlich darauf, daß sie als Existenzquantoren interpretiert werden. Der gravierendste Einwand gegen eine solches Vorgehen stammt von Zanuttini (1991: 117). Sie weist darauf hin, daß die negativen Indefinita im Italienischen durch *quasi* „fast" modifiziert werden können, was für positive Indefinita nie möglich ist, vgl. den Kontrast in (59):

(58)   Maria non ha detto niente a nessuno.
       Maria NEG hat gesagt nichts zu niemand
       ‚Maria hat niemandem etwas gesagt'

(59)   a. Maria non ha detto quasi niente.
          Maria NEG hat gesagt fast nichts
       b. *Maria non ha detto quasi alcunché.
          Maria NEG hat gesagt fast irgend etwas

Für Zanuttini ist der Kontrast ein Beleg dafür, daß *niente* ein Allquantor plus Negation sein muß. Diese Beobachtung steht im Einklang mit ihrer in Abschnitt 4.1 dargestellten Theorie, daß N-Phrasen auf LF vor die Negation bewegt werden müssen.

Zanuttinis Beobachtung überträgt sich auf Sprachen wie das Polnische, Russische, Deutsche und Englische. Stets können nämlich negative Indefinita durch *fast* modifiziert werden, positive dagegen nicht.

(60)   Prawie nikt nie przyszed.   Blaszczak (2000: 3.5 (78))
       Almost nobody NEG came

(61)   Počti nikto ne kupil ničego.   (russisch)
       Fast niemand NEG kaufte nichts

(62)   a. Sie sagte fast nichts.
       b. *Es ist nicht so, daß sie fast etwas sagte.

(63)   a. She said almost nothing.
       b. *She didn't say almost anything.

Blaszczak (2000: Abschn. 3.5) kritisiert Zanuttini mit dem Hinweis, daß der *fast*-Test nicht zeige, daß die negativen Indefinita Allquantoren seien. Die korrekte Generalisierung sei vielmehr, daß *fast* den Endpunkt einer Skala modifiziere. Das ist sicher richtig, und hier sind Beispiele, die das belegen:

(64)   a. Ich habe fast jeden/*einen/keinen Berg im Toggenburg bestiegen.
       b. Ich habe fast hundert/*viele/*wenige/keine Berge im Toggenburg bestiegen.

Damit ist zwar Zanuttinis Behauptung, daß *fast* nur einen Allquantor modifiziert, widerlegt, nicht aber die sich aus (59) ergebende Generalisierung, daß *fast* nie einen Existenzquantor modifizieren kann.[26] Genau dies muß eine NPI-Analyse für die N-Phrase aber annehmen. Mit anderen Worten, die LF von Beispiel (59) müßte der folgende uninterpretierbare Ausdruck sein:

(65)   *NEG [[fast (k)ein Wort]$_i$ sie t$_i$ sagt]

Kratzer (1995) schlägt aus anderen Gründen vor, daß negative Indefinita mehrdeutig sind: neben ihrer kohäsiven Verwendung können sie auch negative Quantoren ausdrücken. Mit anderen Worten, für das Beispiel läge nicht die LF (65) vor, sondern vielmehr eine positive Struktur mit Bewegung des negativen Quantors *kein Wort* (= *nichts*). Ein solcher Vorschlag ist allerdings nicht kompatibel mit Zanuttinis Theorie der N-Bewegung, die mehrere N-Phrasen zu einem komplexen Quantor verschmilzt. *Fast* kann auf keinen Fall den durch Absorption entstandenen komplexen Allquantor modifizieren (vgl. die LF (51)).

Die Beispiele legen nahe, daß die vorliegende Theorie der N-Wort-Lizensierung noch zu einfach ist. Vielleicht ist eine Verfeinerung der folgenden Art möglich. Man könnte eine NegP ansetzen mit *ni/ne* als Kopf im Polnischen/Russischen. Dieser semantisch leere Kopf kongruiert mit einer abstrakten Negation NEG oder mit einem negativen Quantor. Ein Beispiel wie (61) hätte dann etwa die folgende Syntax:

(66)   [$_{NegP}$ počti nikto$_1$ [ne [$_{VP}$ t$_1$ kupil (ni)čego]]]

Hier wäre *počti nikto$_1$* ein durch „fast" modifizierter negativer Quantor, während *(ni)čego* ein N-Wort ist. Auf LF wird das semantisch leere *ne* gestrichen und man erhält die korrekte Lesart, eine brauchbare Semantik für *fast* vorausgesetzt. Die im Text gegebenen Beispiele werden ganz analog behandelt. Im heutigen Deutsch wäre der Kopf von NegP phonetisch leer und SpecNeg wäre durch NEG zu besetzen. Damit nicht übergeneriert wird, muß man noch verlangen,

---

[26] Skalares *fast* ist ein Artikelmodifikator, dessen Semantik nicht trivial ist. „Fast n P sind Q" bedeutet „Kard(P ∩ Q) liegt ganz knapp unter n"; „Fast jedes P ist Q" bedeutet „Kard(P ∩ Q) liegt ganz knapp unter Kard(P)" und „Fast kein P ist Q" bedeutet „Kard(P ∩ C(Q)) liegt ganz knapp unter Kard(P)". Die Probleme für eine kompositionale Semantik liegen ähnlich wie für exzeptive Konstruktionen; vgl. Fintel (1993). Zur Semantik von modalem *fast* vgl. Sadock (1981) und Rapp & Stechow (2000). Modales *fast* ist ein Satzoperator: „**fast** (p)" ist in einer Welt w wahr gdw. p in w falsch ist, aber p in einer Welt w' wahr ist, die sich fast nicht von w unterscheidet. Eine einheitliche Semantik für alle Verwendungen kennen wir nicht.

daß negative Quantoren nicht im unmittelbaren Skopus von NEG stehen dürfen. Es sollte deutlich sein, daß diese Bemerkungen allenfalls eine erste Skizze für eine Revision unseres Ansatzes sein können.

Unserer Analyse der Kohäsion sagt dann vorher, daß Negationsaufspaltung bezüglich Modalen in Fällen, in denen *fast* einen negativen Quantor modifiziert, nicht mehr möglich ist. Wenn ein N-Wort Negation über ein Modal auslöst, QR aber nicht möglich ist, kann *fast* also kein Artikelmodifikator sein, sondern es muß modales *fast* vorliegen. Für den Satz (67a) erhalten wir somit die LF (67c), die im wesentlichen identisch ist mit der LF von (67b):

(67) a. Mit dieser Einstellung kann sie fast auf keinen grünen Zweig kommen.
b. Mit dieser Einstellung kann sie fast nicht auf einen grünen Zweig kommen.
c. fast NEG [[sie auf einen grünen Zweig kommen] kann]

Fast modifiziert hier also das negierte Modal und nicht das Indefinitum. Das Minimalpaar (67a) und (68) zeigt, daß sich es hier um modales *fast* handelt.

(68) *Mit dieser Einstellung kommt sie fast auf keinen grünen Zweig.

Diese Bemerkungen lassen vermuten, daß die vorgestellte Theorie der negativen Indefinita zwar vielleicht noch einer Verfeinerung bedarf, die hier gestellte Aufgabe, nämlich die Interpretation von N-Wörtern unter Modalverben, aber doch bewältigt.

Literatur

Bayer, J. (1990): "What Bavarian negative concord reveals about the structure of German". In: J. Mascaró & M. Nespor, Hrsg.: Grammar in Progress. Dordrecht: Foris, 13–23.
Bech, G. (1955/57): Studien über das deutsche verbum infinitum. 2 Bde. Kopenhagen: Munksgaard (= Historisk-filologiske Meddelelser udgivet af Det Kongelige Danske Videnskabernes Selskab; Bd. 35, no.2:1955, Bd. 37, no.6:1957).
Blaszczak, J. (2000): Investigation into the Interaction between Indefinites and Negation in Polish. Dissertation. Humboldt-Universität, Berlin. [unveröff.]
Carlson, G. (1977): Reference to Kinds in English. Ph.D. Diss., University of Massachusetts, Amherst.
Chomsky, N. (1981): Lectures on Government and Binding. Dordrecht: Foris.
Chomsky, N. (1986): Knowledge of Language. New York: Praeger.
Cresswell, M.J. (1973): Logic and Languages. London: Methuen.
Donhauser, K. (1996): "Negationssyntax in der deutschen Sprachgeschichte: Grammatikalisierung oder Degrammatikalisierung?". In: E. Lang & G. Zifonun, Hrsg.: Deutsch – typologisch. Berlin: de Gruyter, 201–217.
Drubig, H.-B. (2001): On The Syntactic Form of Epistemic Modality. Konferenzvortrag 2/2001. Tübingen.
Ehrich, V. (2001): "Was *nicht müssen* und *nicht können* (nicht) bedeuten können: Zum Skopus der Negation bei den Modalverben des Deutschen". [in diesem Heft]
Fintel, K. von (1993): "Exceptive constructions". Natural Language Semantics 1, 123–148.
Geurts, B. (1996): "On *no*". Journal of Semantics 13, 67–86.

Haegeman, L. (1991): Negation in West Flemish. Ms., University of Geneva.
Haegeman, L. (1996): "Negative inversion, the Neg-criterion and the structure of CP". Geneva Generative Papers 4, 93–119.
Haegeman, L. & R. Zanuttini (1991): "Negative heads and the NEG-criterion". The Linguistic Review 8, 233–51.
Heim, I. (1982): The Semantics of Definite and Indefinite Noun Phrases. Ph.D. Diss., University of Massachusetts, Amherst.
Heim, I. & A. Kratzer (1998): Semantics in Generative Grammar. Oxford: Blackwell.
Higginbotham, J. & R. May (1981): "Questions, quantifiers, and crossing". The Linguistic Review 1, 41–80.
Jacobs, J. (1980): "Lexical decomposition in Montague grammar". Theoretical Linguistics 7, 121–136.
Jacobs, J. (1982): Syntax und Semantik der Negation im Deutschen. München: Fink (= Studien zur Theoretischen Linguistik; 1).
Jacobs, J. (1991): "Negation". In: A. von Stechow & D. Wunderlich, Hrsg.: Semantics: An International Handbook of Contemporary Research. Berlin: de Gruyter, 560–596.
Kratzer, A. (1978): Semantik der Rede. Kontexttheorie – Modalwörter – Konditionalsätze. Kronberg/Ts.: Scriptor.
Kratzer, A. (1981): "The notional category of modality". In: H.-J. Eikmeyer & H. Rieser, Hrsg.: Words, Worlds and Contexts: New Approaches in Word Semantics. Berlin, New York: de Gruyter (= Research in Text Theory; 6), 38–74.
Kratzer, A. (1995): "Stage-level and individual-level predicates". In: G.N. Carlson & F.J. Pelletier, Hrsg.: The Generic Book. Chicago: University of Chicago Press.
Kripke, S.A. (1959): "A completeness theorem in modal logic". Journal of Symbolic Logic 24, 1–14.
Ladusaw, W. (1979): Polarity Sensitivity as Inherent Scope Relations. Ph.D. Diss., University of Texas, Austin.
Ladusaw, W. (1992): Expressing Negation. SALT II, Ohio State University, 237–259.
Ladusaw, W.A. (1994): Thetic and Categorical, Stage and Individual, Weak and Strong. SALT IV, Cornell University, Ithaca, NY, 220–229.
Ladusaw, W.A. (1996): "Negative concord and 'mode of judgement'". In: H. Wansing, Hrsg.: Negation: a Notion in Focus. Berlin, New York: de Gruyter, 127–143.
Laka, I. (1990): Negation in Syntax: On the Nature of Functional Categories and Projections. Ph.D. Diss., MIT.
Lerner, J.-Y. & W. Sternefeld (1984): "Zum Skopus der Negation im komplexen Satz des Deutschen". Zeitschrift für Sprachwissenschaft 3, 159–202.
Lewis, D. (1973): Counterfactuals. Cambridge, Mass.: Harvard University Press.
Linebarger, M. (1981): The Grammar of Negative Polarity. Bloomington, In.: IULC.
Montague, R. (1970): "Universal grammar". Theoria 36, 373–398.
Montague, R. (1973): "The proper treatment of quantification in English". In: J. Hintikka, Hrsg.: Approaches to Natural Language. Proceedings of the 1970 Stanford Workshop on Grammar and Semantics. Dordrecht: Reidel, 221–241.
Müller, R. (2001): "Modalverben, Infinitheit und Negation im Prosa-Lancelot". [in diesem Heft]
Öhlschläger, G. (1989): Zur Syntax und Semantik der Modalverben des Deutschen. Tübingen: Niemeyer (= Linguistische Arbeiten; 144).
Pollock, J.-Y. (1989): "Verb movement, universal grammar, and the structure of IP". Linguistic Inquiry 20, 365–424.
Progovac, L. (1994): Negative and Positive Polarity. Cambridge: Cambridge University Press.
Rapp, I. & A. von Stechow (2000): "*Fast* 'almost' and the visibility parameter for functional adverbs". Journal of Semantics 16, 149–204.

Reis, M. (2001): "Bilden Modalverben im Deutschen eine syntaktische Klasse?". [in diesem Heft]

Sadock, J.M. (1981): *"Almost"*. In: P. Cole, Hrsg.: Radical Pragmatics. New York: Academic Press, 257–271.

Stechow, A. von (1990): "Status government and coherence in German". In: G. Grewendorf & W. Sternefeld, Hrsg.: Scrambling and Barriers. Amsterdam/Philadelphia: Benjamins, 143–198.

Stechow, A. von (1992): Die Aufgaben der Syntax. Universität Tübingen, SfS-Report-01-92.

Stechow, A. von (1993): "Die Aufgaben der Syntax". In: J. Jacobs, W. Sternefeld, A. von Stechow & T. Vennemann, Hrsg.: Syntax: Ein internationales Handbuch zeitgenössischer Forschung. Berlin/New York: de Gruyter (= Handbücher zur Sprach- und Kommunikationswissenschaft; 9), 1–88.

Stechow, A. von (1996): "Against LF-pied-piping". Natural Language Semantics 4, 57–110.

Stechow, A. von (2001): "Schritte zur Satzsemantik". http://www2.sfs.nphil.uni-tuebingen.de/arnim/, 240 Seiten.

Stechow, A. von (i. E.): "Temporally opaque arguments in verbs of creation". In: B. Cecchetto, Hrsg.: Festschrift per Andrea Bonomi. Milano. [erscheint]

Stechow, A. von & W. Sternefeld (1988): Bausteine syntaktischen Wissens. Ein Lehrbuch der generativen Grammatik. Opladen: Westdeutscher Verlag.

Sternefeld, W. (1998): "Reciprocity and cumulative predication". Natural Language Semantics, 303–337.

De Swart, H. (2000): "Scope ambiguities with negative quantifiers". In: K. von Heusinger & U. Egli, Hrsg.: Reference and Anaphoric Relations. Dordrecht etc.: Kluwer, 109–132.

Weiß, H. (1998): "Logik und Sprache: Der Fall der doppelten Negation im Bairischen". Linguistische Berichte 175, 386–413.

Westmoreland, R.R. (1998): Information and Intonation in Natural Language Modality. Ph.D. Diss., Indiana University.

Wurmbrand, S. (1998): Infinitives. Ph.D. Diss., MIT. [unveröff.]

Zanuttini, R. (1991): Syntactic Properties of Sentential Negation: a Comparative Study of Romance Languages. Ph.D. Diss., University of Pennsylvania, Philadelphia.

Zimmermann, T.E. (1979): Intensionale Logik und natürliche Sprache. Eine elementare aber kritische Darstellung der Montague'schen Referenztheorie. Universität Konstanz, SFB 99.

Tübingen   Doris Penka & Arnim von Stechow

Universität Tübingen, Seminar für Sprachwissenschaft, Wilhelmstr. 113, 72074 Tübingen, e-mail: doris@sfs.nphil.uni-tuebingen.de / arnim.stechow@uni-tuebingen.de

Bilden Modalverben im Deutschen eine syntaktische Klasse?

Marga Reis

Abstract

The defining semantic property of modal verbs (MV) in Modern German is that they are 'polyfunctional', i.e. all of them have not only circumstantial but also epistemic uses. The question asked in this paper is whether this property systematically depends on correlating syntactic properties of MVs. Three possible answers are discussed: Polyfunctionality depends on (i) the auxiliary viz. 'functional' status of MVs, (ii) their double orientation as control vs. raising verbs, (iii) their obligatory coherent viz. bare infinitival construction. By closely examining the arguments advanced in favour of (i)-(ii), it is shown that neither hypothesis can be upheld. This leaves (iii), the coherence hypothesis of Ehrich & Reis (1998): I will refine this hypothesis by distinguishing degrees of coherence (with polyfunctionality contingent on 'strong' coherence as induced by bare infinitival construction), and provide some positive, synchronic as well as diachronic, evidence for its being on the right track.

1 Warum die Frage?

Wenn es um Modalverben (=MV) im Gegenwartsdeutschen (=Gwd.) geht, hat man durchweg folgende Elemente im Blick:

(1)   können, müssen, dürfen, mögen, (möchten,) wollen, sollen, ([nicht] brauchen, (werden))

Das deutet darauf hin, daß man ihre gemeinsame Behandlung als sinnvoll betrachtet, das heißt, sie gelten als linguistisch relevante Klasse. Aber sind sie das überhaupt, und wenn ja, in welcher Hinsicht? Bilden sie insbesondere in irgendeiner Hinsicht eine eigene syntaktische Klasse?

Diese Frage ist ein Uralt-Thema der deutschen Grammatik, Leitmotiv ist dabei die – häufig in rein taxonomischer Absicht gestellte – Frage, ob MV Vollverben sind oder nicht (s. die Überblicke bei Öhlschläger 1989: 39ff. und Diewald 1999: 49ff.). Solche taxonomischen Absichten (auch ‚prototypisch' modifizierte) verfolge ich nicht. Vielmehr gehe ich die syntaktische Klassenfrage für MV hier an aus der Perspektive unseres Modalverbprojekts (s. Ehrich & Reis 1998), dem folgende Überlegungen zugrundeliegen:

(i) Die gwd. MV haben korrelierende syntaktische und semantische Eigenschaften (2a), deren auffälligste und meistdiskutierte ihre ‚Polyfunktionalität' ist (s. dazu zuletzt Diewald 1999): MV kommen nicht nur in zirkumstantiellen, sondern auch in epistemischen bzw. evidentiellen[1] Lesarten vor.

---

[1] Soweit argumentativ unerheblich, fasse ich im Folgenden die einander nahestehenden epistemischen und evidentiellen MV-Verwendungen als ‚epistemische' = ‚nichtzirkumstantielle' zu-

(ii) MV sind die einzigen gwd. modalen Ausdrucksmittel, die polyfunktional sind, s. (2b); insofern ist Polyfunktionalität für MV semantisch konstitutiv, Verbstatus umgekehrt deren notwendige syntaktische Voraussetzung.

(iii) Korrelationen zwischen syntaktischen und semantischen Eigenschaften sind nicht arbiträr; entsprechend führt (i)–(ii) zur These (2c): Polyfunktionalität ist mit den in (2a) aufgeführten syntaktischen Faktoren systematisch verschränkt. Für Infinitivrektion ist das altbekannt und oft gesagt,[2] für Verbstatus nicht, aber nach (2b) unbestreitbar; insofern ist Knackpunkt dieser Konvergenzthese, daß sie obligatorischer Kohärenz, hier induziert durch Infinitiv im 1. Status (= reiner Infinitiv),[3] eine ausschlaggebende Rolle für Existenz und Entstehung von Polyfunktionalität zuspricht.

(2) a. *MV im Gwd.*
   - sind Verben
   - regieren Infinitive, und zwar im 1. Status
   - konstruieren obligatorisch kohärent
   - sind Modalausdrücke
   - sind ‚polyfunktional'

b. *Beobachtung:*
   MV sind gwd. die einzigen modalen Ausdrucksmittel, die polyfunktional sind (modale Adjektive, Adverbien, etc. sind +epistemisch *oder* –epistemisch).

c. *These (‚Konvergenzhypothese'):*
   MV bilden im Gwd. eine homogene syntaktisch-semantische Klasse, insofern Polyfunktionalität mit obligatorisch kohärenter MV-Infinitiv-Konstruktion systematisch korreliert.

Der Witz von (2c) ist demnach nicht die taxonomische ‚Klassen'-Aussage für MV, sondern daß die distinktive semantische Eigenschaft von MV in den damit korrelierten syntaktischen Eigenschaften verankert ist. Das generiert eine weit umfassendere Untersuchungsperspektive für MV, s. unsere in (3) formulierten Projektziele:

(3) *Untersuchungsziele gemäß (2c):*
   Überprüfung und Rekonstruktion des in (2c) unterstellten systematischen Zusammenhangs zwischen semantischen und syntaktischen Eigenschaften gwd. MV, auf der Basis synchron-systematischer, diachroner, ontogenetischer (und komparativer) Untersuchungen.

---

sammen. Dazu daß beide linguistisch zu unterscheiden sind, s. de Haan (2001) und Ehrich (2001). – Im Verständnis von ‚epistemisch' vs. ‚zirkumstantiell' folge ich Kratzer (1976ff.).

[2] MV mit NP-Komplementen haben nur (bestimmte) zirkumstantielle, keine epistemischen Lesarten, vgl. u.a. Plank (1981: 58f.), Barbiers (1995: 150ff.).

[3] Bei der Beschreibung von Infinit(iv)konstruktionen folge ich weitestmöglich Bech (1955/57). Zur Exposition der Bechschen Grundbegriffe vgl. Kiss (1995). Zu ‚Kohärenz' s. auch u. 4.1.

Dieser Perspektive ist auch die folgende Untersuchung verpflichtet. Dabei beschränke ich mich auf einen systematischen Teilaspekt: Ich werde These (2c) dadurch überprüfen, daß ich sie mit zwei alternativen und in der Forschungstradition weit populäreren Korrelationshypothesen

- Polyfunktionalität korreliert mit Auxiliarstatus von MV
- Polyfunktionalität korreliert mit doppelter ‚Orientierung' von MV
 (= Verwendung als Kontroll- *und* Anhebungsverb)

vergleiche (Abschn. 2–4). Die synchrone Argumentation steht dabei im Vordergrund, wird jedoch, wo notwendig, durch diachrone Argumente ergänzt. Was ihr Ergebnis für die ‚Klassen'-Frage bzw. die ‚richtige' Sicht des Form-/Funktionsverhältnisses bei MV besagt, wird abschließend kurz erörtert (Abschn. 5).

2 Sind die gwd. MV Auxiliare?

Diese Frage wird heute mehrheitlich, dabei schulenübergreifend, bejaht, sei es nur für die epistemischen MV-Varianten, sei es auch für zirkumstantielle; wenn letzteres, werden gewöhnlich zwei MV-Klassen mit unterschiedlichem Auxiliarisierungsgrad angenommen.

Im Rahmen von Grammatikalisierungsansätzen entsprechen diese Klassen Stufen auf einem vom Vollverb ausgehenden Grammatikalisierungs- = Auxiliarisierungskontinuum, das von vollverbnäheren zirkumstantiellen Varianten mit Agensbezug (4a) über zirkumstantielle Fälle wie (4b,c) zu epistemischen Varianten (4d,e) führt, bei denen das MV eine Einschätzung des Faktizitätsgrads der Proposition relativ zum Evidenzstand des Sprechers (4d) (= ‚i.e.S. epistemisch') oder dritter (4e) (= ‚evidential') ausdrückt.[4] Dafür, daß die epistemischen Varianten auch im Gwd. schon die Grenze zu echten Auxiliaren überschritten haben, argumentiert vor allem Diewald (1999: 167ff.), für die sie bereits Teil des gwd. Modusparadigmas, damit rein grammatische Elemente sind.

(4) a. Hans kann schwimmen.
 b. Meinetwegen kann Hans weitergehen.
 c. Bei Wahlen kann es auf eine einzige Stimme ankommen.
 d. Er kann in einen Stau gekommen sein <deshalb ist er noch nicht da>.
 e. Er soll/will in einen Stau gekommen sein.

Im Rahmen moderner generativer Ansätze entspricht die auxiliare Analyse von MV ihrer Einstufung als funktionale Köpfe, wohingegen normale Verben lexikalische Köpfe sind. Bei Unterscheidung ±zirkumstantieller modaler Auxiliare werden die zirkumstantiellen MV einer tieferen funktionalen Projektion zuge-

---

[4] Zu Behandlungen dt. MV aus Grammatikalisierungsperspektive vgl. Gamon (1994), Heine (1995), Keller (1995), Stevens (1996), und vor allem Diewald (1999). Zur sprachübergreifenden Geltung des in (4) illustrierten Übergangs vgl. Bybee, Perkins & Pagliuca (1994: 176ff.).

ordnet, die epistemischen einer hohen (wobei die relative Höhe durch ihr Skopusverhalten bestimmt wird).

Für die heutigen englischen MV ist eine solche generative Analyse die Regel.[5] Aber auch für die gwd. MV wurde Vergleichbares in jüngster Zeit vorgeschlagen,[6] vgl. als repräsentatives Beispiel Wurmbrands Analyse (1998: Kap.6), die in (5) illustriert ist: Danach sind gwd. MV in funktionalen Projektionen oberhalb von υP basisgeneriert, zirkumstantielle als Kopf der ModP, epistemische als Kopf der noch höheren TP, bilden also zwei Klassen von Auxiliaren≠V („M-Modale' und ‚T-Modale').[7]

(5)   Funktionale Analyse gwd. MV nach Wurmbrand (1998: 35, 100, 262):

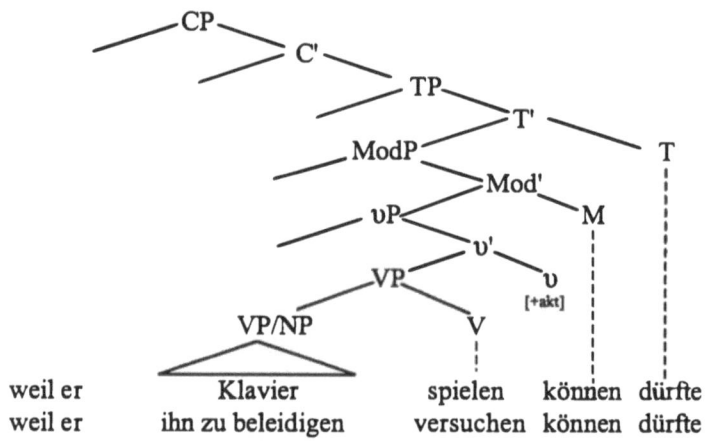

weil er   Klavier   spielen   können dürfte
weil er   ihn zu beleidigen versuchen können dürfte

Einer solchen Analyse entspricht offensichtlich auch eine andere Sicht der für gwd. MV konstitutiven syntaktisch-semantischen Eigenschaften: Als eigentliches systematisches Korrelat von Polyfunktionalität fungiert (unterschiedlicher) kategorialer bzw. Auxiliarstatus; obligatorische Kohärenz würde, wenn überhaupt, als Epiphänomen betrachtet, das Auxiliarisierung in Form zunehmender formaler ‚condensation' begleitet (s. Lehmann 1995: 142ff., Roberts & Roussou 1999: 1012ff.).

Fragen wir deshalb nach den empirischen Gründen für diese Analyse. Geltend gemacht wird einerseits, daß die so eingestuften (Subklassen von) gwd. MV typische morphosyntaktische Merkmale von Auxiliarisierung – Flexionsabbau, zunehmende Fügungsenge (= ‚condensation', ‚bondedness'), Paradigmati-

---

[5] Siehe dazu knapp van Kemenade (1999: 999f.), sowie Roberts & Roussou (1999: 1022ff.).
[6] So – in der Regel angeregt durch Cinque (1999: Kapp.3, 4.1) – von Hinterhölzl (1999), Wurmbrand (1998, 1999), Abraham (2001); vgl. auch Durbin & Sprouse (2001).
[7] Es gibt auch Gegenstimmen. So ist nach Roberts & Roussou Neuenglisch „the only Germanic language with such a syntactically defined class", d.h. mit MV, die als T-Modale grammatikalisiert wurden (1999: 1025). Andererseits unterschreiben sie aber (1999: 1012) Hoekstras Unlike Category Constraint [UCC] (1984: 85ff.), wonach gleiche Kategorien einander nicht selegieren können, womit bei der durchaus gängigen – und plausiblen – Annahme von VP-Status für die Infinitivkomplemente gwd. MV deren funktionaler Status ≠V praktisch erzwungen würde. S.u. Anm. 9.

sierung – aufweisen (s. etwa Diewald 1999: 19ff., 167ff.), andererseits, daß i.e.S. syntaktische Verhaltenseigenheiten sie von Lexemen der Kategorie V trennen und Zuweisung zu den je beanspruchten funktionalen Kategorien erzwingen (s. etwa Wurmbrand 1998: 253ff.).

Es ist meines Erachtens klar, daß die genannten Argumente für die englischen MV, insbesondere ihre epistemischen Varianten, greifen. Für die gwd. MV jedoch ist das ebenso klar nicht der Fall, wie die folgende Überprüfung zeigt:

2.1 Zum morphosyntaktischen Verhalten gwd. MV

– Flexionsabbau?

Wie bekannt haben gwd. MV spezielle ‚präteritopräsentische' Flexion, die durchaus als zusätzliches formales Klassenkennzeichen gelten darf (vgl. Birkmann 1987). Aber sie ist keineswegs defizitär: MV treten in sämtlich finiten Formen (Präs. Ind., Prät. Ind., Konj. I, Konj. II) mit üblichen Tempus- und Modusfunktionen auf, dies sowohl in zirkumstantieller (6a) wie in epistemischer Verwendung (6b/b'). Daß das Prät. i.e.S. epistemisch verwendeter MV offenbar nur in ‚erlebte Rede'-Funktion vorkommt, hat zweifellos semantische Gründe (s.u. 2.2.1); evidentiell gebrauchte MV lassen Präteritum mit normalem Vergangenheitsbezug zumindest teilweise zu (6c).

(6)   a. Peter kann/konnte/könne/könnte das Auto reparieren.
          Peter muß/mußte/müsse/müßte das Auto reparieren.
     b. Peter kann/könnte/könne zu Hause sein.
          Peter muß/müßte/müsse zu Hause sein.
     b'. Peter konnte/mußte zu Hause sein, das war klar. [‚erlebte Rede']
     c. Peter wollte es mal wieder nicht gewesen sein.

Zweifellos gibt es weitere Gebrauchslücken: So treten MV durchweg nicht in Imperativform auf, und epistemische Verwendung ist nach Standardmeinung auf finite Formen beschränkt. Aber die erste Lücke ist klar historisch bzw. semantisch bedingt,[8] und die zweite nur eine scheinbare (wobei wieder klar semantische Restriktionen eine Rolle spielen, s.u. 2.2.1). In anderen Worten: Die Verwendungsrestriktionen für gwd. MV-Formen in ±zirkumstantieller Lesart ergeben sich aus regulärer Interaktion zwischen den jeweiligen Bedeutungen von

---

[8] Aufgrund ihrer präteritopräsentischen bzw. optativen Herkunft hatten MV keine Imperativform; aufgrund ihrer Semantik, die das Hauptfeld von Imperativverwendung: direktiven Gebrauch ausschließt, bestand (anders als bei Infinitiven) kein Anlaß, entsprechende Flexionsformen zu entwickeln. Insofern besteht hier tatsächlich eine paradigmatische Lücke, wie man an mit modalen Bedeutungen verträglichen Randverwendungen des Imperativs sehen kann, vgl. *Sei einmal nicht in der Lage zu helfen und ...*, vs. **Kann/Könne einmal nicht helfen und ...*. Ein drohender Flexionsabbau manifestiert sich darin ebensowenig wie in anderen historisch bedingten Lücken (z.B. dem gwd. fehlenden Präteritum zu *schinden*).

MV-Stamm und Flexionskategorie. Solange das so ist, ist es ungerechtfertigt, von Gebrauchslücken auf Systemlücken zu schließen.

Das schließt Sonderentwicklungen einzelner MV-Formen nicht aus, vgl. etwa die in epistemischer Bedeutung isolierte Form *dürfte*. Gerade die zentralen MV *können, müssen, wollen* haben jedoch nach wie vor ein völlig intaktes Flexionsparadigma; daß die bei *dürfte* etc. zu konstatierende Entwicklung auf sie übergriffe, ist nicht zu beobachten.

– auxiliartypische Fügungsenge?

Es ist klar, daß eine Konstruktion mit reinem Infinitiv, die obligatorische Kohärenz auslöst, regierendes Verb und Infinitivkomplement besonders eng verbindet. Diese Fügungsform kommt aber auch produktiv bei AcI-Konstruktionen vor (7), deren regierende Verben augenscheinlich Vollverben sind, sich auf jeden Fall im Gwd. nicht in Richtung Auxiliare bewegen. Für Auxiliarstatus der MV-Konstruktionen besagt sie also nichts.

(7) a. Peter hört seine Frau mit einem Fremden plaudern.
 b. Peter fühlt die Wut in sich hochsteigen.
 c. Peter sieht/läßt seine Frau die Touristen durchs Schloß führen.

Man könnte einwenden, daß sich bei genauerem Hinsehen gewisse AcI-Konstruktionen weniger ‚kohärent' als MV-Konstruktionen verhalten (das gilt vor allem für Fälle wie (7c), s. schon Höhle 1978: 56ff.), das mit unterschiedlicher Kategorie der Komplemente – Satz- vs. bloße VP-Komplemente – in Verbindung bringen und auf die parallele V(P)-Beschränkung sog. zweifelsfreier Hilfsverben verweisen. Damit ist aber nicht mehr gesagt, als daß der zugrundegelegte Begriff von Auxiliarität diesen Typ von Fügungsenge impliziert; für den Umkehrschluß – Fügungsenge dieses Typs ist ein hinreichendes Indiz für Auxiliarstatus – gibt die Parallele nach wie vor nichts her: Warum sollten Vollverben mit (eo ipso kohärenten) VP-Komplementen syntaktisch unverträglich sein?[9]

– Paradigmatisierung?

Dafür daß die epistemischen MV-Varianten des Gwd. bereits ins Modusparadigma integriert, also zweifelsfreie Auxiliare sind, hat vor allem Diewald (1999) nachdrücklich argumentiert (s. auch Diewald 2001). Paradigmatische Integration soll dabei heißen, daß die epistemischen Varianten eine kleine geschlossene Gruppe bilden, die "in grammatischer Opposition zu den anderen verbalen Modi (zum Indikativ und den Konjunktiven)" stehen, und deren "Anwendung nicht mehr freien kommunikativen Bedürfnissen, sondern grammatischen Regeln, also der Auswahl von Oppositionen innerhalb des [Modus]-Paradigmas folgt" (1999: 26f., s. auch 181f.).

---

[9] Nach Anm. 7 könnte die Antwort sein: wegen des UCC. Hoekstra (1984) weist aber selbst auf die damit verbundenen Probleme und Stipulationen hin, so daß der sichere empirische Gehalt sich auf die – zweifellos wichtige – Beobachtung reduziert, daß Adjektive keine APs selegieren.

Diewald hat suggestive historische Anhaltspunkte für ihre These, insofern gewisse Modusentwicklungen und das verstärkte Aufkommen epistemischer Lesarten in zeitlichem Zusammenhang stehen. Als Nachweis von Paradigmatisierung der epistemischen MV-Varianten zu rein grammatischen Elementen im o.a. Sinn reicht das jedoch nicht aus: Zum einen ist die behauptete Flexionsreduktion auch für epistemische MV-Varianten nicht gegeben; insbesondere sind diese modusflektiert (mit großteils gleicher Distribution wie die sonstigen Modusformen, was der Eingliederung ins Modusparadigma widerspricht). Vor allem aber gibt es keine einzige grammatische Regel im Gwd., die Indikativ, Konjunktiv, epistemische MV-Varianten als zum gleichen Paradigma gehörig ausweist (etwa eine Consecutio Modorum-Regel, nach der regelhaft statt eines Konjunktivs bzw. Indikativs ein bestimmtes epistemisches MV gesetzt werden müßte). Ohne den Nachweis solcher Regeln reduziert sich der Zusammenhang zwischen verbalen Modi und epistemischen MV-Varianten im Gwd. darauf, daß letztere (ggf. zusätzliche) Differenzierungen im gleichen Bereich Faktizitätsbewertung wie die Modi ausdrücken und insofern semantisch mit diesen auch kontrastieren können. Das aber ist von grammatischer Oppositionsbildung im Rahmen eines geschlossenen Formenparadigmas weit entfernt, worauf Diewald – mit Recht – den Auxiliarstatus epistemischer MV gründen möchte (der bloße Ausdruck epistemischer Bedeutungen begründet ihn nicht). Damit hält auch dieses Argument näherer Betrachtung nicht stand.

Somit bleibt nur die Möglichkeit, daß i.e.S. syntaktische Argumente die auxiliare bzw. funktionale Einordnung von MV erzwingen. Bei deren Überprüfung konzentriere ich mich auf epistemische MV-Varianten, denen vorzugsweise funktionaler Status eingeräumt wird.

2.2 Zum i.e.S. syntaktischen Verhalten gwd. MV

2.2.1 Infinitheitslücke bei epistemischen MV-Varianten?

Für die Einordnung zumindest der epistemischen MV-Varianten als Auxiliare = funktionale Köpfe gibt es zwei Standard-Argumente: (i) epistemische MV-Varianten treten nur in finiter Form auf, vgl. die suggestiven Kontraste (8) vs. (9); (ii) bei MV-Iteration kann nur das höchste regierende MV epistemische Lesart haben, vgl. (10).[10]

(8)   a. Peter muß geschlafen haben/an allem Schuld sein.   (√ epist.)
        b. Peter, der geschlafen haben/an allem Schuld sein muß, ...   (√ epist.)

(9)   a. Peter hat schlafen/an allem Schuld sein müssen.   (*epist.)
        b. Peter wird morgen schlafen/für alles bereit sein müssen.   (*epist.)

---

[10] Vgl. u.a. Wurmbrand (1998: 256ff.), Diewald (1999: 20f., 83–85), Abraham (2001). Für Diewald ist (ii) Teil eines generellen Einbettungsverbots für ‚deiktische' (= subjektiv epistemische + evidentiale) MV-Verwendungen; zur Haltbarkeit dieser Verallgemeinerung s.u.

        c. unzufrieden damit, an allem Schuld sein zu müssen. (*epist.)
        d. ??der sich täuschen müssende Peter (*epist.)

(10)   a. Paul *muß* hier offenbar frei herumtoben dürfen.
        b. Paul *dürfte* mal wieder der Sündenbock sein müssen.

(i) gewinnt an Suggestivkraft durch die Parallelität zum Englischen, das auch den Beschreibungsweg nahelegt: Basisgenerierung epistemischer Modale als Köpfe der Finitheitsprojektion (= T-Position bei Wurmbrand 1998), damit ist Auftreten in nichtfiniter Form unmöglich. Wegen (ii) muß sichergestellt sein, daß diese Projektion höher ist als die funktionale Projektion, in der gegebenenfalls zirkumstantielle Modale basisgeneriert werden bzw. daß sie die höchste funktionale Position ist, in die MV bewegt werden könnten: Ist sie bereits durch ein epistemisches Modal besetzt, können andere MV nur in dazu untergeordneter Position auftreten; umgekehrt können epistemische Modale keinem anderen MV, egal ob epistemisch oder zirkumstantiell, direkt untergeordnet sein, da MV stets infinite Komplemente selegieren, das Auftreten epistemischer Modale aber an eine Finitheitsposition, s. (i), gebunden ist.

Im Folgenden werde ich zeigen, daß diese Analyse durch (i)–(ii) nicht gestützt werden kann; was hier an Distributionseigenheiten vorliegt, hat semantische, keine syntaktischen Gründe. Da (ii) im Wesentlichen Unterfall von (i) ist, konzentriert sich die Argumentation auf die sog. Infinitheitslücke.

Als erstes ist zu bemerken, daß sich die unter ‚epistemisch' zusammengefaßten MV-Gebräuche nicht gleich verhalten: Evidentiell gebrauchte MV (die auf die Informationsquelle für die eingebettete Proposition verweisen) können zwar nicht in allen, aber doch in einigen infiniten Kontexten auftreten, die für i.e.S. epistemisch gebrauchte MV ausgeschlossen sind, vgl. (9) mit (11) und (10) mit (12):[11]

(11)   a. Hans hat mal wieder an allem unschuldig sein wollen/sollen.
        b. Dann wird Hans es wieder nicht gewesen sein wollen.

(12)   a. Hans soll/muß mal wieder an allem unschuldig sein wollen.
        b. Jetzt dürfte Hans es wohl wieder nicht gewesen sein wollen.

Die Mindestkonsequenz ist, daß man die Einstufung als T-Modale auf i.e.S. epistemisch gebrauchte MV beschränkt, in denen also durch das MV eine subjektive Stellungnahme des Sprechers zur Wahrheit der MV-abhängigen Proposition zum Ausdruck kommt. (Wie evidentiale MV-Varianten einzuordnen wären, lasse ich dahingestellt.)

Zweitens ist die Infinitheitslücke nicht absolut:[12] Zwar sind infinite MV-Formen in epistemischer Lesart rar, aber es gibt sie, sowohl als Teil periphrasti-

---

[11] Dies unterstreicht, daß evidentiale und i.e.S. epistemische MV-Verwendungen, obwohl einander sehr nahestehend, nicht völlig aufeinander reduzierbar sind (s. Anm. 1, vgl. auch Anm. 13).

[12] Infinites Vorkommen epistemischer Modale wird u.a. für die skandinavischen Sprachen behauptet (s. Vikner 1988, Thráinsson & Vikner 1995). Fürs Deutsche gibt es nur verstreute Hinweise (zu eventuell epistemischen infiniten Beispielen s. Kratzer (1976: 14f.), Ulvestad (1984: 375), Lyons

scher Konstruktionen in Form irrealer Konditionale (13), wie auch mehr oder minder gut als Kopf satzwertiger Infinitivkomplemente (14):

(13) a. Naja, da hätte sich Peter aber schwer täuschen *müssen*.
b. Nach allem, was ich weiß, hätte er dann zu Hause sein *müssen*.
c. Nach allem, was ich weiß, hätte er da noch in Prag sein *können*.

(14) a. Der Verdacht, sich täuschen zu *müssen*, drängte sich auf.
b. Hans wies die Unterstellung, wahnsinnig sein zu *müssen*, zurück.
c. ?Hans folgert daraus, sich täuschen zu *müssen*.
d. ?Mir scheint sich Hans täuschen zu *müssen*.

Wegerklären lassen sich diese Fälle nicht: Für (13) könnte man zwar versucht sein, aus der semantischen Nähe zu finiten Versionen wie (15) Kapital zu schlagen und die periphrastischen Formen in (13) als rein morphologische Ausdrucksalternative einer Periphrase mit syntaktisch finitem MV aufzufassen.

(15) a. Naja, da *müßte* sich Peter aber schwer getäuscht haben.
b. Nach allem, was ich weiß, *müßte* er dann zu Hause gewesen sein.
c. Nach allem, was ich weiß, *könnte* er da noch in Prag gewesen sein.

Das scheitert aber an nichtepistemischen Parallelfällen wie (16), die klare Bedeutungsunterschiede zu den finiten Versionen (17) aufweisen – nur (16), aber nicht (17), legt nahe, daß die MV-abhängige Proposition nichtfaktisch ist (bei (16b) vs. (17b) verstärkt zu unterschiedlicher zeitreferentieller Interpretation) –, und bei genauerem Hinsehen findet sich dieser Unterschied, abgeschwächt, bei (13) vs. (15) wieder.

(16) a. Laut §16StVO hätte ihn das Gericht bestrafen müssen.
b. Bis Ostern hätte er das Nibelungenlied lesen können.

(17) a. Laut §16StVO müßte das Gericht ihn bestraft haben.
b. Bis Ostern könnte er das Nibelungenlied gelesen haben.

Darüber hinaus gibt es ‚doppelperiphrastische' Fälle wie (18) (auch mit epistemischer Lesart!), zu denen keine eigene finite Version existiert. Das spricht zusätzlich dafür, daß es sich bei Periphrasen wie (13), (16) um syntaktisch eigenständige Formen handelt. Durch den klaren Kontrast zwischen den indikativischen Pendants (19)–(20) – ein Kontrast, dessen nachmhd. Entstehung oft eine entscheidende Rolle für das verstärkte Aufkommen epistemischer MV-Varianten beigemessen wird[13] – wird das weiter bestätigt.

[dt. Übers.] (1983: 411), Öhlschläger (1989: 210); zu deren notwendiger Relativierung auf verschiedene Epistemizitätsarten s.u.). – Man beachte, daß sich die folgende Diskussion nur auf infinite MV-Formen bezieht; die Deutung der Infinitheitslücken bei *scheinen, pflegen* bleibt offen. Daß es nicht am Anhebungsstatus liegt – so Abraham (2000) –, zeigt sich allerdings bereits daran, daß zirkumstantielle Anhebungsvarianten von MV infinite Formen zulassen.

[13] S. Valentin (1973) und daran anknüpfend Diewald (1999: 368ff.). S. dazu auch Müller (2001).

(18) a. Er hätte zu diesem Zeitpunkt in Prag gewesen sein können.
  b. Da hätte er sich aber schwer getäuscht haben müssen.

(19) a. Er muß das Nibelungenlied gelesen haben. (√epist., √zirk.)
  b. Bis Ostern muß er das Nibelungenlied gelesen haben. (*epist., √zirk.)

(20) a. Er hat das Nibelungenlied lesen müssen. (*epist., √zirk.)
  b. Bis Ostern hat er das Nibelungenlied lesen müssen. (*epist., √zirk.)

Von daher sind irreale Konditional-Fälle wie (13) zweifelsfrei infinite Instanzen i.e.S. epistemischer MV-Varianten. Gleiches gilt für die eingebetteten Fälle (14), die wohl nicht nur ‚alethisch' bzw. ‚objektiv epistemisch', sondern auch ‚subjektiv epistemisch', d.h. als Stellungnahme eines Einstellungsträgers (hier das z.T. implizite Matrixsubjekt) zur Wahrheit der MV-abhängigen Proposition, interpretierbar sind.[14] Das spricht sehr gegen die oben skizzierte Auxiliaranalyse, die solche Formen ja kategorisch, als syntaktisch unmöglich, ausschließt.

Drittens scheinen infinite und finite Vorkommen epistemischer MV-Varianten in gleichen Kontexten gleichen – semantischen – Distributionsrestriktionen zu unterliegen:

Das gilt zum einen für selbständige Sätze, wo sich, wie bei Ausdruck von Sprechereinstellungen zu erwarten, die meisten epistemischen MV-Instanzen finden. Die in finiten Fällen auftretenden Beschränkungen illustriert (21):

(21) a. Er muß Linguist sein. (√epist.)
  b. Muß er Linguist sein? (*epist.)
  c. Wer muß denn Linguist sein? (*epist.)
  d. Er muß Linguist sein, nicht wahr? (*epist.)
  e. Ach wenn er Linguist sein könnte. (*epist.)
  f. Er muß bitte Linguist sein. (*epist.)
  g. Er muß sich gefälligst benehmen. (*epist.)
  h. Wie zornig der jetzt sein muß! (√epist.)
  i. Muß DER intelligent sein! (√epist.)
  j. Könnte er nicht Linguist sein? (√epist.)
  k. Ob er nicht doch Linguist sein könnte? (√epist.)

Epistemische Lesart des MVs scheint ausgeschlossen in Sätzen mit normaler Frage-, direktiver oder optativer Interpretation (21b–d, f–g, e), aber zugelassen in Deklarativen wie (21a), Exklamativen (21h,i), sowie in sog. Suggestivfragen, die die Wahrheit der Frageproposition nahelegen (21j,k), also in Sätzen, mit denen mehr oder minder (auch) ein Wahrheitsanspruch für die ausgedrückte

---

[14] Nach Drubig (2001) verhalten sich ‚alethische' bzw. ‚objektiv epistemische' Modalitäten in verschiedenen Konstellationen (Kontrastfokus, Negationsskopus, Vorkommen in Nichtdeklarativen) anders als ‚subjektiv epistemische' (s. auch Öhlschläger 1989: 192ff., Diewald 1999: 83ff.) Ob die Unterscheidung wirklich so klar zu machen ist, und ob sie insbesondere die rein extrapropositionale Ansiedlung subjektiv epistemischer Varianten begründet, sei hier dahingestellt. – Auf jeden Fall gilt, daß auch evidentiale MV-Varianten z.T. Kontrastfokus und Vorkommen in Fragen zulassen, vgl. *Aber er WILL/SOLL ihn nicht gekannt haben, Will/Soll er mal wieder in Prag gewesen sein?*

Proposition erhoben wird. Auch wenn die Ränder dieser ‚assertiven' Restriktion[15] unscharf und nicht für alle epistemisch gebrauchten MV die gleichen sind, – eines ist klar: die Distribution ist weder irregulär, noch syntaktisch determiniert; vielmehr liegt eine semantische bzw. illokutive Restriktion vor, die durch die syntaktische Satztypenverteilung quer durchschneidet.

Selbständige Satztypen in infiniter Form beschränken sich weitestgehend auf Konstruktionen im 1. Status wie (22). Sie treten in direktiver, expressiv-optativer und deontischer w-Frage-Lesart auf (22a–c), aber nicht in assertiver Lesart, wie man an der Unverträglichkeit mit faktizitätsbezogenen Partikeln und Adverbien sehen kann (22d). (S. Reis 1995).

(22) a. Radfahrer rechts abbiegen!
b. Ach, noch einmal Venedig sehen!
c. An wen sich (denn) nur wenden?
d. Das Haus (*ja, *wohl, *vermutlich, *leider) vornehm einrichten.

Bei diesem Befund überrascht nicht, daß MV in diesen Konstruktionen nur in zirkumstantieller Lesart vorkommen (23). Vielmehr bestätigt es, daß für Lesarten finiter wie infiniter MV-Formen in selbständigen Sätzen die gleiche assertive Restriktion gilt.

(23) a. Linguist sein müssen. (*epist.)
b. In Venedig sein können. (*epist.)

Auch für eingebettete Sätze[16] läßt sich Gleichheit der Restriktionen feststellen. Hier finden sich epistemische MV-Gebräuche sehr selten, praktisch nur in (deklarativen) Komplementsätzen die von Sagens-, Glaubens- und inferentiellen Prädikaten regiert werden. Für eingebettete finite Sätze ist das illustriert in (24);

(24) a. Petra glaubt/sagt/folgert/argwöhnt/*bezweifelt/*bedauert,
daß er deprimiert sein muß. [*: für *muß* in epistemischer Lesart]
b. Der Glaube/die Aussage/der Verdacht/*Zweifel/*Zorn darüber,
daß er deprimiert sein muß. [*: für *muß* in epistemischer Lesart]

daß die gleiche Restriktion auch für eingebettete infinite Sätze gilt, zeigt (14).

Für selbständige wie eingebettete Sätze sind also finite wie infinite Formen epistemischer MV-Varianten in gleicher Weise semantisch lizensiert. Daß insgesamt eine ‚assertive' Lizenzierungsbedingung gilt, und diese nur bei einstellungsdurchlässigen Prädikaten auf eingebettete Sätze erweitert werden kann, ist dabei nicht erstaunlich, sondern genau das, was man als eventuell verträglich mit i.e.S. epistemischen Bedeutungen erwartet.

---

[15] Diese Restriktion (auf die mich E. Lang aufmerksam gemacht hat) ist bekannt (s. Diewald 1999: 209), wird aber in der Regel zu kategorisch formuliert.
[16] Darunter sind integrierte Gliedsätze zu verstehen. Nichtintegrierte Nebensätze (zur Unterscheidung s. Reis 1997), z.B. appositive oder weiterführende Relativsätze, lassen erwartbarerweise epistemisch interpretierbare MV relativ frei zu.

Von daher sollte sich auch die Verteilung der ±epistemischen Verwendungen ±finiter MV-Formen im Verbalparadigma, einschließlich periphrastischer Konstruktionen, semantisch beschreiben lassen. Daß epistemische Lesart zwanglos bei finiten Präsens- und Konjunktiv I,II-Formen auftritt, verweist darauf, daß die temporale Referenz der MV-Form für diese Lesart Sprechaktzeit-bezogen oder darauf beziehbar sein muß – also die ‚deiktische' Standardbedingung für Ausdrücke der Sprechereinstellung. Aus dieser Restriktion ergibt sich einerseits, warum Futur-, Perfekt- und normal vergangenheitsbezogene Präteritumsformen nie epistemisch interpretierbar sind, vgl. (9a,b), (6b'), andererseits, warum letztere in ‚erlebte Rede'-Funktion und infinite Hauptverben in bestimmten Einbettungskonstellationen, vgl. (14), (24), epistemische Lesart zulassen: In beiden Fällen findet Origo-Verschiebung der relevanten Einstellungsperspektive statt, im ersten Fall vom Erzähler eines vergangenen Ereignisses (daher Präteritum) auf dessen Protagonisten (so auch Diewald 1999: 20), im zweiten Fall vom Sprecher auf das Matrixsubjekt; damit ist Beziehbarkeit des modalen Einstellungsausdrucks auf die ‚Gegenwart' des Einstellungsträgers gegeben. Auch die epistemische Interpretierbarkeit irrealer Konditional-Formen von MV wie in (13) scheint damit erklärbar: Die Einschätzung der Wahrheit der MV-abhängigen Proposition p ist sprechaktzeitbezogen; die spezifische periphrastische Form bringt lediglich zum Ausdruck, a) daß p Vergangenes betrifft, b) daß nach dem, was der Sprecher für relevante Evidenz hält plus zur Debatte stehenden Bedingungen, p zu einem gewissen MV-abhängigen Grad in einer (für den Sprecher) nichtfaktischen oder kontrafaktischen Welt wahr ist. Darüber hinaus muß natürlich die assertive Restriktion erfüllt sein (Frage- und sonstige nichtassertive Varianten von (13) wären nicht epistemisch interpretierbar).

Auch wenn dies nur eine erste Annäherung an die Explikation der relevanten Zusammenhänge ist, dürfte der Hauptpunkt klar sein: die ±epistemische Interpretierbarkeit nicht nur finiter, sondern auch infiniter MV-Formen ist im Gwd. semantisch geregelt, und alles andere als opak. Von den Infinitheitsverhältnissen her ist die Auxiliaranalyse fürs Gwd. also auch nicht projektiv, als mutmaßliches Ziel sich gegenwärtig abzeichnender Entwicklungen der MV, zu rechtfertigen.

2.2.2 Weitere syntaktische Argumente?

Für den fundamentalen Bereich der Stellungsregularitäten ist die Antwort negativ. MV, gleich ob zirkumstantiell, epistemisch oder evidentiell gebraucht, verhalten sich in jeder Hinsicht wie Vollverben: Die Stellungsalternation für Finita ist die gleiche – V1-/V2-Stellung im uneingeleiteten Satz, V-End-Stellung im eingeleiteten Satz –, die Vorkommensmöglichkeiten für Infinita sind, nach Abzug der semantischen Restriktionen, die gleichen, insbesondere treten MV genau wie Vollverben in iterierenden Verbalkomplexen auf.

Diese Parallelität folgt natürlich direkt, wenn man MV und sonstige Verben der gleichen syntaktischen Kategorie V zuordnet. Unter der Auxiliaranalyse, die beide Kategorien trennt, folgt das nicht direkt, und daraus entstehen auch Beschreibungsprobleme: In Wurmbrands Ansatz etwa sind Iterationen wie in (25) nicht ableitbar.[17]

(25) a. als ihn Paul mal so richtig demütigen zu können hoffte (V M V+Tfin)
     b. weil ihn Paul informieren zu müssen glaubte (V M V+Tfin)

Aber selbst wenn man unterstellt, daß diese Probleme lösbar sind, wird damit nur Gleichstand mit der Vollverb-Analyse für MV hergestellt, ein schlüssiges Argument *pro* Auxiliaranalyse ist es nicht.

Natürlich kann man auch außerhalb des syntaktischen Fundamentalbereichs nach Verhaltensunterschieden gwd. epistemischen MV vs. zirkumstantiellen MV vs. Vollverben suchen, in Anlehnung ans Englische (s. Drubig 2001) bieten sich vor allem die Bereiche von Ellipse und Negation bzw. sonstigen Skopusträgern an. Aber was ich davon bisher fürs Gwd. überprüft habe, ergibt eher unklare Befunde,[18] und zudem solche, die eher die – nirgendwo bezweifelten – semantischen Unterschiede zwischen den betreffenden Verbklassen reflektieren und nicht unnötig syntaktisiert werden sollten.[19] Sie scheinen von daher nicht geeignet, die Auxiliaranalyse für MV zu stützen.

2.3 Ergebnis

Nach 2.1 und 2.2 gibt es keine guten Argumente für eine Auxiliaranalyse der gwd. MV bzw. ihrer Teilklassen. Ich gehe deshalb weiterhin davon aus, daß sie in syntaktischer Hinsicht Vollverben sind.[20] Wenn also die Polyfunktionalität der gwd. MV eine syntaktische Basis hat, ist sie in anderen syntaktischen Eigenschaften zu suchen.

---

[17] Nach Wurmbrand gilt: (i) ‚restrukturierende' (=kohärenzauslösende) Verben betten VPs ein – das ist der Kern ihrer Infinitiv-Analyse, (ii) zirkumstantielle MV sind in der Mod-Projektion oberhalb von vP angesiedelt – das ist durch deren fehlende Passivierbarkeit motiviert (vgl. *Er kann hier schlafen – *Von ihm wird hier schlafen gekonnt*), s. auch Baumdiagramm (5). (25a,b) sind nun kohärente Konstruktionen abhängig von *glauben/hoffen*, die ein Infinitivkomplement mit regierendem MV einbetten: Nach (ii) muß dieses Komplement ModP sein, nach (i) aber VP, also ist (25a,b) nicht ableitbar. Eine Auflösung des Widerspruchs erfordert, entweder die (m.E. überzeugende) VP-Analyse für kohärente Infinitive (s. dazu auch Rosengren 1992) oder die Auxiliaranalyse für zirkumstantielle MV aufzugeben. – Vielleicht wäre dies Problem bei Annahme zugrundeliegender VO-Struktur vermeidbar (so etwa Hinterhölzl 1999); Haiders (2000) Argumente gegen eine solche Annahme fürs Deutsche scheinen mir allerdings zwingend.
[18] So ergeben sich z.B. für Ellipsentypen wie (i) (ii) widersprüchliche Befunde:
   (i) (Sie könnte schlafen, und) Peter muß es/das auch. (√zirk., *epist.)
   (ii) (A.: Sie könnte schlafen. B.:) Hm, das muß sie wohl. (√zirk., √epist.)
Bzgl. des Negationsverhaltens der verschiedenen MV-Varianten vgl. Ehrich (2001).
[19] Zu einem vergleichbaren Schluß kommt Wunderlich (1981: 25ff.).
[20] Für diese These kann man sich bereits auf Bech (1955/57) berufen. Zum fehlenden deskriptiven Nutzen der Hilfsverb-/Vollverb-Distinktion und zur Möglichkeit, die vorhandenen Unterschiede bei gleicher V-Kategorisierung lexikalisch bzw. semantisch zu erfassen, s. Höhle (1978: 77ff.).

Dieses Ergebnis liegt zwar nicht im deskriptiven Trend, hat aber neben der gwd. Faktenlage zwei übergreifende Gesichtspunkte für sich:

(i) In der Auxiliaranalyse ist die zentrale Einsicht von Kratzer (1976ff.), daß die Varianz von MV-Bedeutungen kontextabhängig ist, in wesentlicher Hinsicht zugunsten der Annahme von lexikalischer Homonymie bzw. Ambiguität aufgegeben,[21] und das notwendigerweise: wo verschiedene syntaktische Kategorie, da auch verschiedene Wörter. Die Vollverb-Analyse von MV ist in dieser Hinsicht offen.

(ii) Die Auxiliaranalyse ordnet MV in einen Entwicklungszusammenhang (‚Grammatikalisierungskanal') ein, der von Vollverben über Auxiliare zu Affixen führt. Allerdings hat Lehmann (1995: 28) in seinen typologisch sehr diversen Daten keinen einzigen nachgewiesenen Übergang eines MVs zu einem Modusaffix gefunden. Er hält das für Zufall; aber da sich auch bei Bybee, Perkins & Pagliuca (1994) kein Beleg findet, scheint ebenso gut möglich, daß dieser Entwicklungspfad für MV – wenn sie modale Bedeutung beibehalten – gar nicht einschlägig ist, also deren eventuelle syntaktische Besonderheiten gegenüber sonstigen Verben mit ‚Auxiliarisierung' von vornherein falsch gefaßt sind. Wenn dem so ist, wäre der o.a. Befund zum Gwd. unmarkiert, und die Entwicklung der englischen MV zu syntaktischen Auxiliaren so markiert, wie sie es zumindest im Kreis der germanischen Sprachen auch ist.

3 Gwd. MV und Orientierung

3.1 Hauptpositionen

Wenn die syntaktische Basis für Polyfunktionalität der MV nicht (unterschiedliche Grade von) Auxiliarstatus ist, was ist sie dann? Die naheliegende und oft gegebene Antwort ist: ihre ‚Orientierung', d.h. ihr syntaktisches Kontroll- vs. Anhebungsverhalten.

Dazu, ob und wie Kontrolle vs. Anhebung mit den semantischen Hauptvarianten der MV korreliert, werden hauptsächlich drei Positionen vertreten:

Nach P1 (s. (26)) korreliert Kontrolle vs. Anhebung mit zirkumstantieller vs. epistemischer Lesart und definiert damit zwei syntaktisch-semantisch homogene MV-Klassen: ‚Root'-Modale vs. epistemische Modale. Dies ist die klassische Position, fürs Gwd. etwa vertreten in v.Stechow & Sternefeld (1988), im Wesentlichen auch noch in Diewald (1999).

Nach P2 korreliert Kontrolle vs. Anhebung nicht mit zirkumstantiell vs. epistemisch, sondern mit einer dazu querliegenden semantischen Distinktion: ±volitive Modalität, eventuell abgesehen von agensorientierten Lesarten (s. Korollar). Fürs Gwd. wird P2 von Öhlschläger (1989) und Kiss (1995) vertreten.

---

[21] Nach Barbiers (1995: 142ff.) sind MV in der Tat ambig (und zwar vierfach), aber sein Nachweisversuch (S.146) scheint mir zweifelhaft, und fürs Dt. auch nicht zu replizieren.

Nach P3 sind alle MV Anhebungsverben, damit MV in toto als syntaktisch-semantisch homogene Klasse definierbar. P3 ist im Wesentlichen Wurmbrands Position (1998, 1999), einschließlich der Konsequenz (s. Korollar), daß *wollen, möchten* keine MV sind.

(26)

Position 1		Kontrolle	Anhebung	[epist. = epist. i.e.S.
	zirk. MV	+	-	+evidentiell]
	epist. MV	-	+	

Position 2		Kontrolle	Anhebung
	zirk. MV	+	+
	epist. MV	+	+
	wollen	andere:
	(möchten)	*können, müssen, dürfen, mögen, sollen, (brauchen, (werden))*

    Korollar: Agensorientierte zirk. MV-Verwendungen sind eventuell als Kontroll-Lesarten zu behandeln.

Position 3		Kontrolle	Anhebung
	zirk. MV	-	+
	epist. MV	-	+

    Korollar: *wollen (möchten)* sind keine MV, sondern normale V-Lexeme.

Kontroll- und Anhebungsverben sind im Kern danach zu unterscheiden, (i) ob die Selektion eines Matrixsubjekts und dafür spezifische Restriktionen vom Matrixverb oder vom infiniten Verb ausgehen, (ii) ob das Subjekt im Skopus des Matrixverbs ist oder nicht. (i) wird gewöhnlich durch versuchsweise Einbettung unpersönlicher, expletiver oder idiomatischer Konstruktionen getestet, (ii) durch Überprüfung der Aktiv-Passiv-Äquivalenz; beides sollte nur bei Anhebungskonstruktion möglich sein. Überprüft man damit die für Position 1 diagnostischen MV-Fälle, ergibt sich folgendes Bild:

- (nichtvolitive) MV zeigen nur in zirkumstantieller agensorientierter bzw. Fähigkeits-Lesart prima facie Kontrollverhalten (27);
- allen anderen zirkumstantiellen Verwendungen entspricht Anhebungsverhalten (28);
- *wollen, möchten* zeigen auch bei epistemischer Verwendung Kontrollverhalten (29).

(27)   a. Peter kann Walzer auch rechtsrum tanzen.
          [= zu P's Fähigkeiten gehört: Walzer-rechtsrum-tanzen]
       a'. Walzer kann von Peter auch rechtsrum getanzt werden.   [a ≠ a']
       b. ??Nur der Petra kann so dramatisch schnell schlecht werden.

      c. *Der Himmel kann die Schleusen öffnen.
      d. *Es kann schneien.   [b-d: */?? in der Fähigkeitslesart]

(28) a. Den Fisch kann/darf/soll/muß man HIER räuchern.
      a' Der Fisch kann/darf/soll/muß HIER geräuchert werden.   [a = a']
      b Venedig kann sehr kalt sein.
      c. Ihm kann leicht der Geduldsfaden reißen.
      d. In Venedig kann es sehr kalt sein.

(29) a. Peter will den Mann gestern gesehen haben.
      a'. Der Mann will von Peter gestern gesehen worden sein.   [a ≠ a']
      b. ??Danach will ihm schlecht geworden sein.
      c. *In Venedig will es sehr kalt (gewesen) sein.
      d. *Der Brief will ihn erst gestern erreicht haben.

Das zentrale Argument gegen P1 liefert (28). Man könnte es dadurch abzuwehren suchen, daß man die mit Kontrollverhalten korrelierende agensorientierte Lesart, vgl. (27), als den ‚eigentlichen' zirkumstantiellen MV-Gebrauch ansieht, und alle anderen zirkumstantiellen Verwendungen einem breiten Übergangsbereich zwischen diesem und rein epistemischem MV-Gebrauch zugehörig. (Das ist im Grunde die Position von Diewald 1999). Diachron stimmt dieses Bild, aber unter synchroner Perspektive gibt es keine Rechtfertigung dafür – eher scheint es, daß die synchrone Mitte bei den Anhebungslesarten liegt, und die augenscheinlichen Kontroll-Lesarten nur mehr Randerscheinungen sind (s. auch u.). Hinzu kommt, daß *wollen* durchweg, auch in den in (29) illustrierten epistemischen Verwendungen, Kontrollverhalten zeigt.[22] Von daher ist P1 zurückzuweisen; nur P2 oder P3 können richtig sein.

3.2 Position 2 oder Position 3?

Die Entscheidung zwischen diesen Positionen hängt offensichtlich davon ab, was wir (i) mit den sog. agensorientierten Lesarten nichtvolitiver MV, (ii) mit den volitiven MV tun.

Zu (i) ist zu sagen, daß die agensorientierte Lesart nur bei *können* deutlich ausgeprägt ist (als ‚Fähigkeits'-Lesart, dabei wohl unterstützt durch äquivalente NP-Konstruktionen, vgl. *Peter kann Walzer auch rechtsrum*), und daß der Aktiv-Passiv-Test recht instabile Resultate hat: Abhängig von Fokussierung und

---

[22] Es gibt auch *wollen*-Fälle ohne kontrolltypische thematische Subjektbeziehung: *weil es Abend werden will, mir will scheinen, daß das Unsinn ist, das Auto will nicht anspringen*, etc. Die *wollen* je zuzuschreibende Bedeutung ist jedoch uneinheitlich, und es gibt starke Restriktionen für Subjekt und Komplement (z.B. hat *Er will ihn einfach nicht töten* keine parallele Lesart zu der von *Es will einfach nicht regnen*). Von daher erscheinen sie eher als semiproduktive idiomatische Fälle, die syntaktisch wie semantisch aus der sonst bei MV zu beobachtenden systematischen Variation herausfallen. (Zum Ausschluß solcher Fälle s. auch Öhlschläger 1989: 170f., Kiss 1995: 167f.)

Ko-/Kontext ist das Subjekt zwar manchmal außerhalb des MV-Skopus (und entsprechend Aktiv≠Passiv), aber nicht immer, vgl. (30) für *dürfen*:

(30) a. Peter darf Paula einladen.
   a'. Paula darf von Peter eingeladen werden. [a ≠ a']
   b. [Von wem darf Paula eingeladen werden?]
   b'. Naja, u.a. darf sie von PEter eingeladen werden.
   b". Naja, u.a. darf sie PEter einladen. [b' = b"]
   c. [a propos Institutsrat:]
   c'. Darf JEde Gruppe dazu einladen?
   c". Darf von JEder Gruppe dazu eingeladen werden? [c' = c"]
   d. Peter darf (nur) PAUla einladen.
   d'. Von Peter darf (nur) PAUla eingeladen werden. [d = d']
   [d/d' hat 2 Lesarten: 1) Peter hat die Erlaubnis
   2) Paula hat die Erlaubnis]

Das spricht dafür, daß jeder Lesart von *dürfen* gleiche Bedeutung und prinzipiell weiter Skopus zugrundeliegt, in etwa zu paraphrasieren mit "es ist y erlaubt, daß p", und der Bezug der Erlaubnis auf spezifische Erlaubnisbesitzer mit entsprechender Einengung des Skopus erst eine Sache des Ko-/Kontexts ist, nicht der Semantik. Wenn man die deutlicher ausgeprägte Fähigkeitslesart bei *können* ähnlich angeht – und das scheint denkbar –, stünde der Verallgemeinerung der Anhebungsanalyse auf alle Bedeutungsvarianten nichtvolitiver MV nichts im Wege. Zudem liegt mit Wurmbrand (1998: 261ff., 1999) ein Analysevorschlag vor, der die diversen MV-Lesarten bzw. -Skopi auf verschiedene (Basis- und Anhebungs-)Positionen des Infinitivsubjekts abzubilden erlaubt und auch unabhängig von der damit verbundenen Auxiliaranalyse verfolgbar scheint.[23]

Aber wie auch immer man sich hinsichtlich (i) entscheidet, der eigentliche Knackpunkt bleibt (ii), der Status von *wollen/möchten*. Insofern beide ihr Subjekt s- und c-selegieren, sind sie zweifelsfrei Kontrollverben. Aber sind sie auch MV? Wurmbrand (1998: 272ff.) verneint das; für sie sind *wollen/möchten* normale (,lexikalische') Verben, wofür sie zwei Argumente anführt: (a) *wollen/ möchten* erlauben anstelle von Infinitiv- auch finites Komplement (30), (b) sie erlauben ‚unvollständige Kontrolle', d.h. referentielle Verschiedenheit von Kontrolleur und unterstelltem Infinitivsubjekt (31a,b) (= (38a,b) bei Wurmbrand 1998: 273).

(30)   Peter will/möchte, daß Franz Linguist wird.

---

[23] Ein möglicher syntaktischer Vorbehalt ist dieser: Netter hat beobachtet (s. Geilfuß 1992: 44), vgl. auch Meurers (1999: 287ff.), daß unergative Subjekt-Verb-Topikalisierung nur über ein finites Anhebungsverb hinweg möglich ist, s. *Ein Außenseiter gewinnen ?dürfte/*wollte hier nie*. (Das folgt aus der Anhebungs- vs. Kontrollstruktur, weil nur bei ersterer overtes Subjekt + Infinitum eine Konstituente bilden.) Nichtvolitive zirkumstantielle MV sind nun in dieser Konstruktion nicht gut, vgl. *??–?*Außenseiter gewinnen können/dürfen hier nie*, was der Zuschreibung von Anhebungsstatus widerspricht. Allerdings liegen diese Daten im Randbereich der Akzeptabilität, in dem vieles virulent ist, was nicht das Sprachvermögen i.e.S. reflektiert; insofern ist ihr argumentativer Wert zweifelhaft.

(31)   a. ?weil Hans sich im Schloß versammeln will.
        b. weil Hans sich im Schloß versammeln möchte.

(a) verweise auf mögliche CP-Einbettung, (b) auf Vorliegen von PRO plus syntaktischer Kontrolle, – beides nichts Unerhörtes für normale Verben (s. etwa *vorschlagen*), aber inkompatibel mit der für MV konstitutiven kohärenten Konstruktion, die nur VP-Einbettung und semantische Kontrolle erlaube.

Argument (b) ist von vornherein schwach: Nicht nur ist fraglich, ob Fälle wie (31) überhaupt grammatisch sind, sondern auch, ob ‚unvollständige Kontrolle' etwas gegen kohärenten Status besagt, denn bei fakultativ kohärenten Verben scheint sich beides zu vertragen.[24] Aber auch Argument (a) zieht nicht, da es voraussetzt, daß *wollen/möchten* in Verbindung mit finitem und infinitem Komplement sich genau gleich verhalten, und diese Prämisse ist falsch, s. (32): *wollen/möchten* hat mit finitem Komplement bei Subjekt-Koreferenz eine zusätzliche Selektionsrestriktion, die fürs MV nicht gilt: agentive Subjekte sind nicht zugelassen (s. Höhle 1978: 86, Öhlschläger 1989: 123).

(32)   a. Karl will/möchte den Leuten gefallen/ein großes Geschenk bekommen/den Leuten helfen/ihr ein Auto schenken.
        b. Karl$_i$ will/möchte, daß er$_i$ den Leuten gefällt/ein großes Geschenk bekommt/*den Leuten hilft/*ihr ein Auto schenkt.

Außerdem erlaubt *wollen*+Infinitivkomplement die evidentielle Lesart, die bei *wollen*+Finitkomplement nicht auftritt; auch das zeigt, daß die beiden Konstruktionen mit *wollen* prinzipiell zu trennen sind. Daraus folgt

– entweder: *wollen/möchten* sind homonyme Verben, denen je zwei Lexikoneinträge mit distinkten Selektionseigenschaften entsprechen: *wollen/möchten*$_1$ mit CP-Komplement, *wollen/möchten*$_2$ mit Infinitivkomplement im 1. Status; nur letzteres wäre MV;
– oder: *wollen/möchten* sind stets das gleiche Verb, aber die Verbindung mit einem Infinitivkomplement im 1. Status führt zu den festgestellten distinktiven Eigenschaften: zum einen ermöglicht sie Polyfunktionalität = die konstitutive MV-Eigenschaft, zum andern macht sie das Matrixverb gegenüber dem Komplement in bestimmten (nichtaspektuellen) Hinsichten selektionsinaktiv.

Die zweite Alternative ist meines Erachtens vorzuziehen. Aber wie auch immer, beide implizieren, daß es *wollen/möchten* als MV gibt, und darüber hinaus, daß die Verbindung mit Infinitiven im 1. Status dafür entscheidend ist.

Fazit: Es gibt MV, die Kontrollverben sind. Also ist Position 2 korrekt.

---

[24] Siehe Grosse (1999). Darüber hinaus sprechen alle anwendbaren Tests (s.u. 4.) für die Standardauffassung, daß *wollen* obligatorisch kohärent ist (vgl. u.a. Topikalisierungen wie *besiegen wollen dürften ihn viele*).

3.3 Ergebnis

Daß Position 2 korrekt ist, besagt im Ergebnis Folgendes: Der Orientierungsparameter liefert kein systematisches Korrelat für die Polyfunktionalität der gwd. MV.

Trotzdem besteht auch nach P2 ein Teilzusammenhang: nichtzirkumstantielle Lesarten von gwd. MV (außer *wollen*) sind stets mit Anhebung verbunden, bzw. enger (die evidentialen *wollen-, sollen-, müssen*-Varianten ausschließend) formuliert: i.e.S. epistemische Lesarten von gwd. MV sind stets mit Anhebung verbunden. Heißt das letzten Endes nicht doch, daß mögliche Anhebungskonstruktion für die Existenz von Polyfunktionalität bzw. das Aufkommen epistemischer Lesarten von MV verantwortlich ist?

Aufschluß darüber könnten Diachronie und Spracherwerb geben: Verlust von Kontroll- und/oder Auftreten von Anhebungskonstruktion sollte in signifikantem zeitlichen Zusammenhang mit dem Auftreten i.e.S. epistemischer Lesarten stehen. Für die Diachronie, wo das leichter testbar ist,[25] wurde solch ein Zusammenhang auch schon mehrfach behauptet, – aber wohl zu Unrecht (s. Axel 2001): Im Deutschen wie im Englischen gibt es zirkumstantielle Anhebungsvarianten von MV lange vor Auftreten der jeweiligen epistemischen (wie auch der evidentialen) Lesarten. Die Verfügbarkeit der Anhebungskonstruktion kann also nicht direkt bzw. ausschließlich für das Auftreten nichtzirkumstantieller MV-Lesarten verantwortlich sein, offensichtlich sind weitere Faktoren im Spiel. Zu diesen Faktoren gehört – so unsere Projektthese (2c) – auch und vor allem ein syntaktischer: Verfügbarkeit der kohärenten Konstruktion. In welchem Sinn das gelten könnte, soll im nächsten Abschnitt gezeigt werden.

4 MV und Kohärenz

4.1 ‚Kohärenz' im Gwd.

Zunächst ein kurzer Steckbrief zur syntaktischen Erscheinung der Kohärenz im Gwd.:[26]

Im Gwd. können Infinitkonstruktionen (IKs) auf zwei Weisen, kohärent und inkohärent, mit ihrem Matrixsatz verbunden sein. Bei inkohärenter Verbindung bildet die IK eine eigenständige syntaktische Einheit gegenüber dem Matrixsatz, bei kohärenter Verbindung nicht, d.h. fusioniert mit diesem zu einer einzigen Satzeinheit, wobei Matrix- und eingebettete Verben einen einzigen Verbalkomplex bilden. Fusion setzt satzinterne Stellung der IK voraus, insofern ist Extra-

---

[25] Zu den Problemen, die die Untersuchung des kindersprachlichen Erwerbs epistemischer Ausdrücke aufwirft, s. Doitchinov (2001); suggestive Beobachtungen und Überlegungen zum Erwerb von Kontroll- vs. Anhebungsstrukturen bei MV enthält Ehrich (2000).

[26] Ausführlichere Darstellungen, anschließend an Bech (1955/57), bei Kiss (1995), sowie Meurers (1999).

position der gesamten IK sicheres Anzeichen für inkohärente Konstruktion (und dafür, daß die IK eine sententiale Konstituente bildet, also auch satzintern inkohärent konstruieren kann).

Im Gwd. gibt es eine Reihe syntaktischer Regularitäten, die satzgebunden bzw. für Konstituentenstatus und -grenzen sensitiv sind und damit als Tests für ±kohärentes Verhalten auch satzinterner IKs dienen können: so u.a. ±Umstellbarkeit von IK- vor Matrix-Verbargumente, Verhalten der adjazenten Verben als ±trennbarer (und im Fall von Infinita ±topikalisierbarer) Verbalkomplex, ±Doppelbezug normal plazierter Negation, die hier anhand von obligatorisch kohärenten *scheinen*- und fakultativ kohärenten *versuchen*-Konstruktionen illustriert sind (33)–(34).

(33) a. weil Sue *ihn zu hassen* scheint – *weil Sue scheint *ihn zu hassen*
 b. weil *ihn* Sue *zu hassen* scheint
 c. weil *ihn* Sue (√nicht) *zu hassen* (*nicht) scheint
 c'. weil Sue ihn (√nicht) zu hassen (*nicht) scheint

(34) a. weil Sue *ihn zu hassen* versucht – weil Sue versucht *ihn zu hassen*
 b. weil *ihn* Sue *zu hassen* versucht
 c. weil *ihn* Sue (√nicht) *zu hassen* (*nicht) versucht
  zu hassen versuchen will Sue *ihn* nicht
 c'. weil Sue *das Kind* (1√nicht) *zu hassen* (2√nicht) versucht
  [bei normaler Plazierung 1: IK- und Matrix-Bezug, bei 2: nur Matrix-Bezug]

Schließlich ist festzuhalten, daß ±kohärente Konstruktion von Komplement-IKs eine Selektionseigenschaft der Matrixprädikate ist, dies in Teilabhängigkeit von deren Statusselektion und Orientierungsverhalten, vgl. (35):

(35) Im Gwd. konstruieren
 – obligatorisch kohärent:
  = alle Prädikate, die 1. Status oder 3. Status (= Partizip II) regieren;
  = eine Klasse Z von Prädikaten, die 2. Status (*zu*-Infinitive) regieren;
  [Z umfaßt fast alle und nur die 2. Status regierenden Anhebungsverben]
 – fakultativ kohärent:
  = eine (große) Klasse K von Prädikaten, die 2. Status regieren;
  [K umfaßt, evtl. abgesehen von Phasenverben, nur Kontrollprädikate]
 – obligatorisch inkohärent:
  = alle anderen Prädikate (Restklasse R), die 2. Status regieren
  [stets Kontrollprädikate, mit instabiler Grenze von R gegenüber K]

4.2 Kohärenz, MV und 1. Status im Gwd.

Nun zur Gretchenfrage: Welche Rolle spielt Kohärenz für MV-Konstruktionen, in welchem Sinn ist sie systematisches Korrelat von Polyfunktionalität? Geht es dabei um Kohärenz als solche, oder um Kohärenz als Folge der Konstruktion mit 1. Status (s. 35)? Um das herauszufinden, müssen wir die Distribution des 1. Status wie auch die Distribution von Kohärenz im Gwd. näher betrachten.

Zunächst zur Distribution des 1. Status, vgl. (36). Auf den ersten Blick wirkt diese heterogen. Aber wenn wir die gwd. manifesten Entwicklungstendenzen miteinbeziehen, schält sich (a)–(b) als relativ homogener Kern gegenüber den Randgruppen (c)–(e) heraus:

(36) *Verben, die im Gwd. 1. Status regieren:*
   a) Modalverben
   b) sog. ECM- bzw. AcI-Verben: *sehen, hören*, etc., dazu *lassen*, *(machen)*
   c) *bleiben, finden, haben, (legen)*
   d Bewegungsverben in Finalkonstruktion *(man schickte ihn Bier holen)*
   e) *helfen, lehren, lernen, heißen* ('gebieten')

Für (a)–(b) ist Rektion des 1. Status gwd. stabil, und die feststellbaren Veränderungen stärken die Assoziation zwischen MV- bzw. ECM-Status und 1. Status. Dafür ist gwd. Hauptzeugnis *brauchen*: Seine Entwicklung zum MV geht nicht nur einher damit, daß es kohärent konstruiert, sondern auch, daß es 1. Status annimmt. Umgekehrt ist *vermögen*, das zunächst 1. Status, seit frühem Nhd. aber zunehmend 2. Status regierte, aus der Gruppe der MV ausgeschieden.[27] Ebenso haben diejenigen AcI-Verben des früheren Nhd., die (auch) 2. Status regierten, diesen entweder abgelegt (z.B. *fühlen*) oder die volle AcI- zugunsten der Kontrollkonstruktion aufgegeben (z.B. *glauben, vermuten*) (vgl. Paul 1920 IV: 111ff.).

Anders dagegen bei (c)–(e): (c) ist als Ganzes ein residuales Muster, d.h. semantisch stark restringiert und kaum produktiv. Bei (d)–(e) alterniert 1. mit 2. Status (bzw. bei (d) mit *um zu*-Konstruktion), dabei ist 1. Status die residuale Form, die z.T. Sonderbedingungen unterliegt (nur bei ,kurzen', satzinternen IKs), und 2. Status die expandierende, heute allein produktive Form für Infinitivkomplemente ,normaler' Verben. Daß 1. Status bei diesen auf dem Rückzug ist, wird durch den langfristigen Trend bestätigt: Die Verben in (e) sind letzte Reste einer vormals weit größeren Gruppe – in der Regel, und nicht zufällig Kontrollverben –, die 1. Status zugunsten (alleiniger) Rektion von 2. Status aufgegeben haben (s. Paul 1920 IV: 102ff., sowie Demske 2001).

Dieser Befund zeigt klar, daß für das Gwd. (37) gilt:

(37) Alle Verben, die produktiv 1. Status regieren (und entsprechend obligatorisch kohärent sind), sind Modal- bzw. AcI-Verben und umgekehrt.

Mit anderen Worten: Daß MV (und AcI-Verben) gwd. reine Infinitive selegieren, ist nicht nur Reflex diachroner Verhältnisse, sondern eine synchron signifikante Korrelation.

---

[27] *vermögen* erfüllt gwd. keines der Kriterien in (1): Es ist nur fakultativ kohärent (vgl. Bech 1955: 101ff.), regiert ausschließlich 2. Status und ist auch nicht polyfunktional. – Zum Rektionsübergang des Verbs von 1. zu 2. Status im frühen Nhd. s. DWB (25: 886f.).

4.3 Zur Deutung des Zusammenhangs: ‚starke Kohärenz'

Wie ist diese Korrelation zu deuten? Machen wir uns zunächst klar, daß die ‚Klassenkameradschaft' von MV mit AcI-Verben keineswegs stört: Wie anfangs gesagt, wird nicht ein taxonomisches Kriterium gesucht, das MV vom Rest der Verben trennt, sondern eine syntaktische MV-Eigenschaft, an die sich ihre Polyfunktionalität – auf der Basis ihrer modalen Grundbedeutung – binden läßt. (37) benennt eine solche Eigenschaft, die im übrigen auch für AcI-Verben nicht zufällig, wenn nicht sogar ähnlich motiviert scheint: Immerhin hat *lassen* modale Bedeutung, und dabei nicht nur zirkumstantielle, sondern auch epistemische Verwendung (38), ist also in Ansätzen polyfunktional.[28] Und immerhin sind die weiteren AcI-Verben des Gwd. alles direkte Evidentialausdrücke.

(38) a. Peter läßt Paul schlafen gehen.
 [= P. darf schlafen]
 b. Paul läßt sich hochheben.
 [=1) Man darf P. hochheben
 2) P. ist so beschaffen, daß man ihn hochheben kann]
 c. <Was kostet das Buch wohl?> Hm, lass es mal 100.- kosten.
 [= Der Sprecher vermutet, daß das Buch 100.- kostet]

Damit zurück zur Deutung von (37): Was ist es, das reine Infinitive gwd. von *zu*-Infinitiven unterscheidet und deshalb nur erstere als Träger von Polyfunktionalität geeignet macht? Die Antwort, auf die ich hinaus will, ist diese: Polyfunktionalität, d.h. das Auftreten epistemischer Lesarten, verlangt ein hohes Maß an Transparenz des Matrixausdrucks gegenüber dem Komplement, das bei gwd. Infinitkonstruktionen nur durch kohärente Konstruktion mit reinen Infinitiven, aber nicht mit *zu*-Infinitiven gewährleistet wird. Mit andern Worten: Im Gwd. sind kohärente Infinitkonstruktionen im 1. Status stärker kohärent als solche im 2. Status.

Diese Idee ist zumindest generativ unerhört,[29] deshalb hier einige stützende Überlegungen:

Wie schon in (35) angedeutet, gibt es bei IK-selegierenden Prädikaten starke Korrelationen zwischen Statusrektion, Orientierungsverhalten und ±Kohärenz, insbesondere ±obligatorische Kohärenz, vgl. (39):

(39) *Kohärenzbezogene Generalisierungen im Gwd.:*
 a. Alle Kontrollverben, die 2. Status regieren, erlauben ausschließlich oder fakultativ inkohärente Konstruktion, und umgekehrt.
 [a entspricht auch der historischen Entwicklungstendenz, s. (36e)]

---

[28] Diesen Hinweis verdanke ich R. Müller. – Die eventuelle Beschränkung der epistemischen Geltung von *lassen* auf direktive Kontexte (Hinweis R. Müller und K. Axel) ist noch zu untersuchen.

[29] Das gilt bemerkenswerterweise auch für komparative Arbeiten wie Sabel (1996), Wurmbrand (1998), Hinterhölzl (1999), s. auch u. 5.

b. Anhebung impliziert obligatorische Kohärenz.
[b gilt unabhängig von Statusrektion; mögliche Ausnahmen: *anfangen/aufhören (drohen/versprechen)*]
b'. Für alle Verben, die 2. Status regieren, gilt nicht nur (b), sondern auch die Umkehrung: obligatorische Kohärenz impliziert Anhebung.
[dazu nur 2 echte Ausnahmen]³⁰
c. Rektion des 1. (und 3.) Status impliziert obligatorische Kohärenz.
[ausnahmslos]

Die Annahme, daß fakultative Kohärenz (39a) eine schwache, oberflächliche Form von Kohärenz darstellt, ist intuitiv natürlich – und sie wird durch die Leichtigkeit bestätigt, mit der angeblich inkohärente Prädikate gewisse Züge kohärenten Verhaltens annehmen, ‚fakultativ kohärent' sein können. Dazu paßt durchaus, daß fakultative Kohärenz auf Kontrollprädikate beschränkt ist. Offensichtlich setzt Anhebung nicht nur stärkere Transparenz zwischen Matrix und Komplement voraus, sondern führt auch zu erheblich engerer Bindung zwischen beiden. Dem entspricht in der Regel obligatorische Kohärenz; Ausnahmen sind jedoch möglich (39b,b'). Obligatorische Kohärenz infolge 1. Status ist dagegen ausnahmslos (39c), und das könnte auf den erhöhten Grad von Kohärenz bzw. Transparenz hindeuten, wie er für sog. ‚restrukturierende' Kontexte in anderen Sprachen, so Katalanisch, Italienisch, Niederländisch, und dort anzutreffende ‚Restrukturierungsphänomene' typisch ist: Das Komplement nimmt Einfluß auf das Matrixverhalten in einer Weise – z.B. bezüglich Auxiliarselektion, vgl. die ndl. Daten (40) –, die man in ‚normalen' Infinitivkonstruktionen, selbst kohärenten, nicht erwartet (und z.B. auch in deren ndl. Pendants nicht antrifft).

(40)   hij heeft/is niet willen blijven   Perfektbildung bei *blijven:* mit *zijn*
       hij heeft/*is niet willen zingen   (bei *zingen*: mit *hebben*)
       ‚er hat nicht bleiben/singen wollen' (nach Geilfuß 1992: 35f.)

Solche direkt sichtbaren Effekte gibt es im Deutschen nicht, aber wie Geilfuß (1992) gezeigt hat, doch einige subtilere, die in die gleiche Richtung gehen. Z.B. kann das Verhalten der Matrixsubjekte von *möchten/wollen,* obwohl zweifelsfrei von diesen selegiert, bei Fokusprojektion ganz von den Gegebenheiten des Komplements bestimmt sein, vgl. (41): Während bei *zu*-Infinitiv-Konstruktionen wie (41c,d) die Betonung des Matrixsubjekts stets zum gleichen Effekt – minimalem Fokus, damit zu Unangemessenheit im Fragekontext – führt, setzen sich bei der *wollen*-Konstruktion mit 1. Status die fürs Komplement erwartbaren distinktiven Fokuseffekte durch, vgl. (41a,b) mit (41e,f).³¹ Soweit ich sehe, läßt

---
[30] Diese sind *wissen* und (bisher nicht als Ausnahme registriertes) *suchen*, s. dazu Reis (2000b).
[31] Geilfuß läßt keinen Zweifel daran, daß sich *wollen/möchten* in einer ganzen Reihe von Hinsichten wie sonstige syntaktische Kontrollverben verhalten. Den Beweiswert von (40) für größere Transparenz kohärenter Verbindungen mit reinem Infinitiv tangiert das nicht. – Für Anhebungsverben mit 2. vs. 1. Status ergibt der Test auf Projektionsverhalten m.E. keinen wirklichen Unterschied, wohl aber für Kontroll- vs. Anhebungsverben im 2. Status. Von daher liegt (ii) in (42) wohl näher bei (i) als bei (iii).

sich dieser Effekt auch für Minimalpaare wie *wollen* (1.Status, obligatorisch kohärent) vs. *wünschen* (2. Status, fakultativ kohärent) replizieren.

(41) *Fokusprojektion bei Matrixsubjekt-Betonung:*
<Was war denn gestern los?>
   a. STOIber ist zurückgetreten.   max
   b. #STOIber hat einen Koffer gekauft.   min
   c. #STOIber versprach zurückzutreten.   min
   d. #STOIber versprach einen Koffer zu kaufen.   min
   e. STOIber wollte zurücktreten.   max
   f. #STOIber wollte einen Koffer kaufen.   min

Insgesamt ist es also nicht unbegründet, fürs Gwd. die Kohärenzskala (42) anzusetzen:[32]

(42) *Kohärenz- bzw. Transparenzskala im Gwd. ((i)>(ii)>(iii)):*
   (i) aufgrund 1. Status   obl. Kohärenz   ‚starke Kohärenz'
   (ii) aufgrund Anhebung + 2. Status   obl. Kohärenz
   (iii) bei Kontrolle + 2. Status   fak. Kohärenz   ‚schwache Kohärenz'

Entsprechend läßt sich, ausgehend von (37), die gesuchte Korrelationshypothese für gwd. MV wie in (43) formulieren:

(43) Die Polyfunktionalität gwd. MV hat ihr systematisches syntaktisches Korrelat in ‚starker Kohärenz'.

4.4 Zur Fruchtbarkeit der Deutung

Was bringt uns nun diese Hypothese? Synchron spricht unmittelbar für sie, daß sie die Ausgangsbeobachtung (2b) erklärt, daß MV die einzigen polyfunktionalen Modalausdrücke im Gwd. sind. Erklärungsbedürftig ist das vor allem für modale Adjektive bzw. Prädikative (*fähig, willig, imstande, in der Lage*, etc.), denn diese haben den MV völlig vergleichbare zirkumstantielle Bedeutungen und regieren Infinitive. Da sie aber alle gwd. 2. Status regieren und bestenfalls fakultativ kohärent konstruieren, liegt nur ‚schwache Kohärenz' vor, und das reicht nach (43) für das Auftreten epistemischer Varianten, d.h. Polyfunktionalität, nicht aus.[33]

---

[32] Wie (i)–(iii) in unterschiedliche syntaktische Strukturen abzubilden ist, lasse ich hier offen.
[33] Da es im Gwd. auch keine Anhebungsadjektive gibt, scheint (2b) auf den ersten Blick auch anders erklärbar: Adjektive erfüllen nicht die Anhebungs-Vorbedingung für i.e.S. epistemische Lesarten. Da das Englische Anhebungsadjektive kennt, die entsprechenden Modaladjektive (*able* u.a.) aber ebenfalls keine epistemischen Lesarten zulassen, ist eine Erklärung via die prinzipielle Unfähigkeit von Adjektiven zu starker Kohärenz vorzuziehen. (S. dazu auch Reis 2000a). Im übrigen erlauben auch die adjektivischen Pendants zu *wollen* (*willig/willens/gewillt*, engl. *willing*) nur zirkumstantielle Lesarten.

Auch diachron gewendet hat (43) einiges für sich. Um das zu sehen, muß aber erst ein möglicher Einwand ausgeräumt werden: Bekanntlich konstruieren MV seit jeher mit reinem Infinitiv, epistemische Varianten kommen sprachgeschichtlich erst weit später auf. Von daher scheint es unmöglich, beides diachron in eine sinnvolle Verbindung zu bringen, genau diese wird aber in (43) – via (42) – systematisch benutzt.

Der Schein trügt jedoch: Nach (43) ist ja nicht Verbindung mit reinem Infinitiv als solche relevant, sondern der damit gwd. verbundene Stärkegrad von Kohärenz. Dieser aber kann sich im Lauf der Zeit entwickelt haben und hat es wohl auch: Zum einen haben sich Häufigkeit und Anwendungsbereiche von reinem vs. ‚präpositionalem' Infinitiv (dem späteren *zu*-Infinitiv) von der Frühzeit bis zum Gwd. erheblich verschoben (s. etwa den Befund von Demske 2001 zum Ahd.); der völlige Rückzug aus dem Bereich der Kontrollkonstruktionen hat den mit reinen Infinitiven assoziierten ‚Kohärenz'grad sicher verstärkt. Zum andern bildet sich die systematische Trennung kohärenter von inkohärenter Konstruktion erst relativ spät heraus – offenbar konsolidiert sie sich erst nach 1500 –;[34] erst ab dann kann aber von ‚Kohärenz' reiner Infinitive im eigentlichen Sinn die Rede sein und ihre relative Stärke evaluiert werden.

Dies vorausgesetzt, erweist sich die Annahme einer Korrelation von (starker) Kohärenz und Polyfunktionalität als diachron attraktiv:

Erstens gibt es einen suggestiven zeitlichen Zusammenhang zum systematischen Aufkommen epistemischer Lesarten. Dafür ist nach allgemeiner Auffassung die Spanne zwischen 1500 und 1700, insbesondere das 16. Jh., entscheidend,[35] und das ist genau der Zeitraum (s.o.), in dem sich auch die Kohärenzverhältnisse, einschließlich der heutigen ‚streng kohärenten' Konstruktionsweise der MV,[36] konsolidieren. Zwar gibt es gegen die Annahme eines i.e.S. *sprach*geschichtlichen Einschnitts in der Entwicklung epistemischer Lesarten um 1600

---

[34] Es gibt nur zwei Arbeiten, die auf die Entstehung der ±Kohärenz-Opposition eingehen: Askedal (1998) (an Texten des 13. Jhs).; Ebert (1976) (an Texten um 1500). Noch in Eberts Material sind die heutigen Verhältnisse nicht völlig gegeben, daher der o.a. Terminus post quem.

[35] Vgl. Fritz (1997: 94ff.), Diewald (1999: 364f.) und die dort gegebenen Literaturübersicht. – Zu *mugan* als oft genanntem ahd. Vorläufer mit epistemischer Verwendung s. kritisch Axel (2001).

Von eher semantisch (d.h. an Traugott 1989, Sweetser 1990) orientierten Grammatikalisierungsansätzen her, nach denen die Entwicklung zu ‚subjektiven', also hier: epistemischen Lesarten eher kontinuierlich, allmählich und autonom erfolgen sollte, ist die Existenz einer spezifischen entwicklungsrelevanten Periode überraschend. Wie Diewald (ebda) zeigt, machen jedoch die Fakten wie auch konzeptuelle Überlegungen die Annahme innersprachlicher Auslöser für die Systematisierung dieser Entwicklung – epistemische Gebrauchsvarianten statt via Implikatur erreichter epistemischer Lesarten – in der genannten Epoche und damit die Epochenbildung wahrscheinlich.

[36] Im Frühnhd. trat gelegentlich auch bei MV noch *zu*-Infinitiv auf, dito nicht selten ‚Ausklammerung' infiniter Verben bzw. Verbalprojektionen (Ebert et al. 1993: 402, Ebert 1976); das ist heute unmöglich bzw. auf die IPP-Konstruktion beschränkt. Ob die früheren ‚Ausklammerungen' alle Umstellungen im Schlußfeld waren, die für Kohärenz völlig folgenlos sind, oder sich darunter Analoga zur sog. ‚Dritten Konstruktion' finden (die im Gwd. nur in Abhängigkeit von fakultativ kohärenten Prädikaten auftritt), ist noch zu untersuchen.

Vorbehalte;[37] wenn man sich auf deren *systematische* Etablierung konzentriert, bleibt jedoch die zeitliche Koinzidenz zur systematischen Etablierung von (verschiedenen Formen von) Kohärenz bemerkens- und untersuchenswert.

Zweitens wird (43) sehr konkret bestätigt durch den Entwicklungsverlauf der neueren modalen Verbausdrücke, vgl. (44):

(44) *Gwd. Eigenschaften neuerer Modalausdrücke:*[38]

	status	obl. koh.	Anheb'g.	zirk.	epist.
(nicht) brauchen (zu)	1.+2.	+	+	+	+
haben zu	2.	+	+	+	-
wissen zu	2.	+	-	+	-
sein (adv) zu	2.	+	+	+	-
(werden)	1.	+	+	(-)	+

Wie die Zusammenstellenstellung (44) zeigt, treten nur bei *brauchen* (und *werden*) epistemische Varianten auf, vgl. (45),[39]

(45)   a. Das braucht nicht (zu) stimmen.
          Um das zu erklären, bräuchte die Leber wohl nicht krank (zu) sein.
      b. Er wird das schon gemacht haben.

und das korreliert weder mit dem Vorliegen von Anhebung noch damit verbundener (zirkumstantieller) MV-Lesarten (die bei *werden* fehlen), sondern nur mit der (bereits verfügbaren oder sich entwickelnden) Rektion von 1. Status, also starker Kohärenz. *Alle* beobachtbaren Einzelentwicklungen seit dem frühen Nhd. – wozu auch die in 4.3 bei Herleitung von (35) und (42) angeführten gehören, und weitere darüber hinaus[40] – fügen sich also zu einem Bild, das der Korrelationshypothese (43) entspricht, sie also bestätigt.

---

[37] Eine kulturgeschichtliche, m.E. aber völlig spekulative Deutung gibt Agel (1999). – Weit ernster zu nehmen ist der Vorbehalt, daß der Eindruck eines radikalen Einschnitts um 1600 eher (auch) Textsortenlücken früherer Überlieferung – und früherer Untersuchungen – als den tatsächlichen Verlauf der Polyfunktionalisierung der dt. MV spiegelt (s. dazu auch Gloning, 2001).

[38] Zu Entwicklung und gwd. Status von *brauchen* s. Lenz (1996), Kluempers (1997), von *haben zu-/sein zu-*Fügungen Demske-Neumann (1994), Holl (2001), von *werden* Fritz (1997: 137f.) und die dort jeweils gegebenen Literaturhinweise.

[39] Der epistemische Gebrauch ist noch relativ eingeschränkt (was auch mit der Konkurrenz von epistemischem *nicht müssen* zusammenhängen mag). Der Gebrauch von *brauchen* mit *zu-* vs. reinem Infinitiv ist noch immer regional verschieden (s. Kluempers 1997: 98ff.), dabei scheinen 1. und 2. Status schriftsprachlich unterschiedslos bei ±epistemischen Varianten aufzutreten. Ob man das normativen Einflüssen oder noch nicht abgeschlossenem Wandel (oder beidem) zuschreiben soll, lasse ich hier offen.

[40] So vor allem die Entwicklung von *scheinen*, das im Anfangsstadium seiner Infinitivrektion 1. Status regierte, dann aber konsequent – seinem fehlenden MV-Status entsprechend – zu 2. Status überging, vgl. Diewald (2001). (Diewald ordnet allerdings *scheinen* als MV-nahe ein, was zur Prognose einer Veränderung zum 1. Status führt. M.E. gibt es dafür gwd. keine Anzeichen, und was die Zuordnung zu den MV angeht, keine zwingenden Gründe: *scheinen* hat zwar epistemische (i.S.v. evidentiale) Funktion, ist aber nicht polyfunktional; in restrukturierenden Sprachen gehört es oft

Man beachte, daß die Existenz epistemischer Verwendungen für gleich altes modales *have to* im heutigen Englisch (s. Krug 2000: 89ff.) dazu kein Gegenbeispiel darstellt. Vielmehr bestätigt es die meinem Vorgehen implizite Auffassung, daß über die Rolle syntaktischer Faktoren – hier Status von Infinitiven, die durch ein separates morphologisches Element *to/zu* eingeleitet sind – primär die Grammatik der Einzelsprache und nicht sprachunspezifisch wirksame Tendenzen entscheiden (etwa Ikonizitätsunterschiede, wie Kluempers 1997: 57 für *zu*- vs. reine Infinitive annimmt). Im Englischen gibt es keine ±Kohärenz-Unterscheidung für Infinitivkonstruktionen, folglich muß und kann der für Polyfunktionalität nötige Grad von Transparenz mit anderen Mitteln erreicht werden, die auch mit *to*-Konstruktionen verträglich sind.

Fazit: Insgesamt erscheint (43) als die bisher erfolgreichste Korrelationshypothese.

5 Schlußbemerkungen

Im Vorgehenden habe ich zu zeigen versucht, daß ‚starke Kohärenz' das zentrale syntaktische Korrelat zur Polyfunktionalität gwd. MV ist; in diesem und nur in diesem Sinn bilden sie also eine homogene syntaktisch-semantische Klasse.

Dieses Ergebnis hat eine wesentliche Voraussetzung (i) und gewisse Implikationen für die Sicht des Form-Funktions-Verhältnisses (ii), die ich abschließend skizzieren will.

(i) Die Voraussetzung ist, daß die Unterscheidung von Kohärenzgraden, die ich fürs Gwd. vorgenommen habe, sich syntaktisch noch weiter bewährt. Das scheint nicht undenkbar; angesichts dessen, daß Restrukturierungsphänomene in anderen Sprachen immer nur einen Teil der im Gwd. obligatorisch kohärenten Prädikate (darunter aber stets die MV) betreffen, hat diese Unterscheidung sogar einen gewissen komparativen Reiz.

(ii) Für die Sicht des Form-Funktionsverhältnisses – hier beschränkt auf MV – sind mir drei Implikationen wichtig:

1. Zwischen einem essentiellen Auxiliaritätsbegriff – wonach MV eine separate syntaktische Kategorie≠V sind, eben ‚Auxiliare' – und Auxiliarität als bloßem Sammelbegriff für ein Bündel (nichtkategorialer) syntaktischer und semantischer Eigenschaften ist streng zu unterscheiden. Ich habe gezeigt, daß gwd. MV in ersterem Sinn keine Auxiliare sind. In letzterem Sinn mögen sie es sein, diese benennende Feststellung ist aber in sich kein Ergebnis, sondern nur Ausgangspunkt für die eigentlich relevante Aufgabe: die auftretende Bündelung von

---

nicht zum restrukturierenden Kernbestand, zu dem MV immer gehören, vgl. Wurmbrand (1998: Appendix).

Ebenfalls ins Bild paßt, daß *wollen* mit finitem Komplement die im früheren Nhd. vorhandene evidentiale Lesart (X will, daß p = X behauptet/sagt, daß p), aufgegeben hat, vgl. Fritz (2000). – Die Entwicklung der 2. Status beibehaltenden Anhebungsvarianten zu *drohen/versprechen* ist kein Gegenbeispiel zu (44), da bei ihnen die (zukunftsbezogene) Faktizität der ausgedrückten Proposition nur nichtepistemisch – auf positive und negative Einstellungen des Sprechers dazu – relativiert wird.

Eigenschaften linguistisch zu interpretieren. In eben diesem Sinn habe ich im Vorgehenden zu zeigen versucht, daß im Gwd. sowohl V-Status als auch starke Kohärenz (induziert durch reinen Infinitiv) essentiell mit Polyfunktionalität der MV korrelieren, während andere formale Faktoren, insbesondere die oft zitierten flexivischen, es nicht tun.

2. Die linguistische Interpretation der Form-Funktions-Korrelation bei MV ist weit stärker in der einzelsprachlichen Grammatik zu verankern als vor allem in Grammatikalisierungsansätzen üblich. Deutliches Zeichen dafür ist einerseits, daß selbst bei semantisch paralleler Entwicklung der MV, wie die im Deutschen und Englischen, die strukturelle Entwicklung je nach Entwicklung der jeweiligen Gesamtgrammatik ganz unterschiedlich sein kann, andererseits, daß mutmaßlich generelle Bedingungen für die Polyfunktionalität von MV einzelsprachspezifisch, den jeweiligen unabhängig gegebenen grammatischen Möglichkeiten entsprechend, instantiiert sind. So ist etwa der dafür geforderte hohe Grad an ‚Bondedness' bzw. ‚Transparenz' im Gwd. durch ‚starke Kohärenz' instantiierbar, im Englischen nicht. Von daher scheint es notwendig, solche übergreifenden Bedingungen – und ihre Instantiierungen – im Rahmen der jeweiligen Gesamtgrammatik zu explizieren. Auf keinen Fall genügen sprachunabhängige (z.B. ikonische) Deutungsversuche, da oberflächlich gleiche Phänomene im Rahmen verschiedener grammatischer Systeme verschiedenen Status und Effekt haben können.

3. Was (1) und (2) letztlich besagen, ist, daß Form (i.S.v. ‚Syntax') nicht bloße Folge und Begleiterscheinung der Funktion ist; sie muß sowohl als solche, wie auch als Träger der Funktion ernstgenommen und analysiert werden. Das ist im Vorgehenden insoweit geleistet, als mögliche Form-Korrelate zur Polyfunktionalität der MV untersucht und ‚starke Kohärenz' (induziert durch V-abhängige Konstruktion im 1. Status) als essentielles Korrelat ermittelt wurde. Nur im Visier, aber noch nicht erreicht ist das, was bei meiner Sicht des Form-Funktions-Verhältnisses als Optimalziel gelten muß: eine Erklärung dafür, wieso im Gwd. dieses und nur dieses systematische Form-Korrelat die Polyfunktionalität von MV ermöglicht. Eine solche Erklärung müßte darauf hinauslaufen, die Zulässigkeit epistemischer Lesarten aus den Bedeutungseigenschaften gwd. reiner Infinitive im Verein mit deren Transparenzgrad gegenüber modalen Matrixverben herzuleiten. Dazu habe ich im Augenblick noch nichts Sicheres zu sagen, und insofern ist das hier Gesagte mit Sicherheit noch nicht das letzte Wort.

Literatur

Abraham, W. (2000): "The morphological and semantic classification of 'evidentials' and modal verbs in German: the perfect(ive) catalyst". ZAS Papers in Linguistics 15, 36--59.

Abraham, W. (2001): "Modals: toward explaining the 'epistemic non-finiteness gap' ". [in diesem Heft]

Agel, V. (1999): "Grammatik und Kulturgeschichte. Die *raison graphique* am Beispiel der Epistemik". In: A. Gardt, U. Haß-Zumkehr & Th. Roelcke, Hrsg.: Sprachgeschichte als Kulturgeschichte. Berlin, New York: de Gruyter (= Studia Linguistica Germanica; 54), 170-223.

Askedal, J.O. (1998): "Zur Syntax infinitiver Verbalformen in den Berthold von Regensburg zugeschriebenen deutschen Predigten. Vorstufe der topologischen Kohärenz-Inkohärenz-Opposition". In: J.O. Askedal, Hrsg.: Historische germanische und deutsche Syntax. Akten des internationalen Symposiums anläßlich des 100. Geburtstag von Ingerid Dal, Oslo, 27.9.-1.10.1995. Frankfurt/M., etc.: Peter Lang Verlag (= Osloer Beiträge zur Germanistik; 21), 231-259.

Axel, K. (2001): "Althochdeutsche Modalverben als Anhebungsverben". [in diesem Heft]

Barbiers, S. (1995): The Syntax of Interpretation. The Hague: Holland Academic Graphics (= HIL Dissertations; 14).

Bech, G. (1955/57): Studien über das deutsche verbum infinitum. 2 Bde. Kopenhagen: Munksgaard (= Historisk-filologiske Meddelelser udgivet af Det Kongelige Danske Videnskabernes Selskab; Bd. 35, no.2:1955, Bd. 37, no.6:1957).

Birkmann, T. (1987): Präteritopräsentia. Morphologische Entwicklung einer Sonderklasse in den altgermanischen Sprachen. Tübingen: Niemeyer (= Linguistische Arbeiten; 188).

Bybee, J., R. Perkins & W. Pagliuca (1994): The Evolution of Grammar: Tense, Aspect, and Modality in the Languages of the World. Chicago, London: University of Chicago Press.

Cinque, G. (1999): Adverbs and Functional Heads. A Cross-Linguistic Perspective. New York, Oxford: Oxford University Press (= Oxford Studies in Comparative Syntax).

Demske, U. (2001): "Zur Distribution von Infinitivkomplementen im Althochdeutschen". [in diesem Heft]

Demske-Neumann, U. (1994): Modales Passiv und *Tough Movement*. Zur strukturellen Kausalität eines syntaktischen Wandels im Deutschen und Englischen. Tübingen: Niemeyer (= Linguistische Arbeiten; 326).

Diewald, G. (1999): Die Modalverben im Deutschen. Grammatikalisierung und Polyfunktionalität. Tübingen: Niemeyer (= Reihe Germanistische Linguistik; 208).

Diewald, G. (2001): "*Scheinen*-Probleme: Analogie, Konstruktionsmischung und die Sogwirkung aktiver Grammatikalisierungskanäle". [in diesem Heft]

Doitchinov, S. (2001): " 'Es kann sein, daß der Junge ins Haus gegangen ist.' – Zum Erstspracherwerb von *können* in epistemischer Lesart". [in diesem Heft]

Drubig, H.-B. (2001): On The Syntactic Form of Epistemic Modality. Konferenzvortrag 2/2001. Tübingen.

Durbin, J. & R. Sprouse (2001): "The syntactic category of the present preterite modal verbs in German". [in diesem Heft]

DWB = Deutsches Wörterbuch von Jacob und Wilhelm Grimm. 33 Bde. Leipzig: Hirzel 1854ff.

Ebert, R.P. (1976): Infinitival Constructions in Early New High German. Tübingen: Niemeyer (= Linguistische Arbeiten; 30).

Ebert, R.P., O. Reichmann, H.J. Solms & K.-P. Wegera (1993): Frühneuhochdeutsche Grammatik. Tübingen: Niemeyer.

Ehrich, V. (2000): Some Basic Assumptions about (the Acquisition of) Modal Verbs. Konferenzvortrag 12/2000.
Ehrich, V. (2001): "Was *nicht müssen* und *nicht können* (nicht) bedeuten können: Zum Skopus der Negation bei den Modalverben des Deutschen". [in diesem Heft]
Ehrich, V. & M. Reis (1998): "Modalität und Modalverben im Deutschen. Projektantrag". In: Finanzierungsantrag SFB 1711 [nachmals 441]: Linguistische Datenstrukturen. Theoretische und empirische Grundlagen der Grammatikforschung. Universität Tübingen, 243–271.
Fritz, G. (1997): "Historische Semantik der Modalverben. Problemskizze – Exemplarische Analysen – Forschungsüberblick". In: G. Fritz & Th. Gloning, Hrsg.: Untersuchungen zur semantischen Entwicklungsgeschichte der Modalverben. Tübingen: Niemeyer (= Reihe Germanistische Linguistik; 187), 1–158.
Fritz, G. (2000): "Zur semantischen Entwicklungsgeschichte von *wollen*: Futurisches, Epistemisches und Verwandtes". In: B.-M. Schuster, J. Riecke & G. Richter, Hrsg.: Raum, Zeit, Medium – Festschrift für Hans Ramge. Darmstadt, Marburg, 263–281.
Gamon, D. (1994): "On the development of epistemicity in the German modal verbs *mögen* and *müssen*". Folia linguistica historica 14, 125–176.
Geilfuß, J. (1992): "Ist *wollen* ein Kontrollverb oder nicht?". Arbeitspapiere des SFB 340 Stuttgart - Tübingen, Bericht Nr. 27, 29–51.
Gloning, Th. (2001): "Gebrauchsweisen von Modalverben und Texttraditionen". [in diesem Heft]
Grosse, J. (1999): Kontrollprobleme bei Infinitiven. Eine Auseinandersetzung mit "Infinitives" von Susanne Wurmbrand. Wiss. Arbeit zur Zulassung zum Staatsexamen. Tübingen. [unveröff.]
De Haan, F. (2001): "The relation between modality and evidentiality". [in diesem Heft]
Haider, H. (2000): "OV is more basic than VO". In: P. Svenonius, Hrsg.: The Derivation of VO and OV. Amsterdam/Philadelphia: Benjamins (= Linguistik Aktuell; 31), 45–67.
Heine, B. (1995): "Agent-oriented vs. epistemic modality: some observations on German modals". In: J. Bybee & S. Fleischman, Hrsg.: Modality in Grammar and Discourse. Amsterdam/Philadelphia: Benjamins, 17–53.
Hinterhölzl, R. (1999): Restructuring Infinitives and the Theory of Complementation. PhD Diss. University of Southern California. [unveröff.]
Höhle, T.N. (1978): Lexikalistische Syntax. Die Aktiv-Passiv-Relation und andere Infinitkonstruktionen im Deutschen. Tübingen: Niemeyer (= Linguistische Arbeiten; 67).
Hoekstra, T. (1984): Transitivity: Grammatical Relations in Government-Binding Theory. Dordrecht: Foris (= Linguistic Models; 6).
Holl, D. (2001): "Was ist modal an Modalen Infinitiven?". [in diesem Heft]
Keller, R. (1995): "Der metaphorische Gebrauch von Modalverben". In: R. Keller: Zeichentheorie. Zu einer Theorie semiotischen Wissens. Tübingen/Basel: Francke, 229–239.
Kiss, T. (1995): Infinitive Komplementation. Tübingen: Niemeyer (= Linguistische Arbeiten; 333).
Kluempers, J.D. (1997): The Grammaticalization of a Verb: The Role of *nicht brauchen* in the German Modal System. PhD Diss. University of California at Los Angeles. [unveröff.]
Kratzer, A. (1976): "Was 'können' und 'müssen' bedeuten können müssen". Linguistische Berichte 42, 1–28.
Kratzer, A. (1978): Semantik der Rede. Kontexttheorie – Modalwörter – Konditionalsätze. Königstein/Ts.: Scriptor (= Monographien Linguistik und Kommunikationswissenschaft; 38).
Kratzer, A. (1991): "Modality". In: A. von Stechow & D. Wunderlich, Hrsg.: Semantik. Ein internationales Handbuch der zeitgenössischen Forschung. Berlin, New York: de Gruyter (= Handbücher zur Sprach- und Kommunikationswissenschaft; 6), 639–650.

Krug, M. (2000): Emerging English Modals. A Corpus-Based Study of Grammaticalization. Berlin, New York: Mouton de Gruyter (= Topics in English Linguistics; 32).

Lehmann, C. (1995): Thoughts on Grammaticalization. München/Newcastle: Lincom Europa.

Lenz, B. (1996): "Wie *brauchen* ins deutsche Modalverbsystem geriet und welche Rolle es darin spielt". Beiträge zur Geschichte der deutschen Sprache und Literatur 118, 393–422.

Lyons, J. (1983): Semantik. Bd. II. ins Dt. übersetzt v. J. Schust. München: Beck.

Meurers, W.D. (1999): Lexical Generalizations in the Syntax of German Non-Finite Constructions. Phil. Diss. Tübingen. [erschienen 2000 als Arbeitspapier des SFB 340 Stuttgart – Tübingen. Bericht Nr. 145]

Müller, R. (2001): "Modalverben, Infinitheit und Negation im Prosa-Lancelot". [in diesem Heft]

Öhlschläger, G. (1989): Zur Syntax und Semantik der Modalverben im Deutschen. Tübingen: Niemeyer (= Linguistische Arbeiten; 144).

Paul, H. (1920): Deutsche Grammatik. Bd. IV: Syntax (2. Hälfte). Halle: Max Niemeyer.

Plank, F. (1981): "Modalitätsausdruck zwischen Autonomie und Auxiliarität". In: I. Rosengren, Hrsg.: Sprache und Pragmatik. Lunder Symposium 1980. CWK Gleerup (= Lunder germanistische Forschungen; 50), 57–72.

Reis, M. (1995): "Über infinite Nominativkonstruktionen im Deutschen". In: O. Önnerfors, Hrsg.: Sprache & Pragmatik. Arbeitsberichte des Forschungsprogramms "Sprache und Pragmatik". Sonderheft: Festvorträge anläßlich des 60. Geburtstages von Inger Rosengren. Lund, 114–156.

Reis, M. (1997): "Zum syntaktischen Status unselbständiger Verbzweit-Sätze". In: C. Dürscheid, K.-H. Ramers & M. Schwarz; Hrsg.: Sprache im Fokus. Festschrift für Heinz Vater zum 65. Geburtstag. Tübingen: Niemeyer, 121–144.

Reis, M. (2000a): Über adjektivabhängige Infinitive im Deutschen und Kohärenz. Vortragsms. DGfS-Workshop, Marburg 3/2000. [unveröff.]

Reis, M. (2000b): Was macht Infinitivkonstruktionen obligatorisch kohärent? Ms. Tübingen. [unveröff.]

Roberts, I. & A. Roussou (1999): "A formal approach to 'grammaticalization' ". Linguistics 37, 1011–1041.

Rosengren, I. (1992): "Zum Problem der kohärenten Verben im Deutschen". In: P. Suchsland, Hrsg.: Biologische und soziale Grundlagen der Sprache: interdisziplinäres Symposium des Wissenschaftsbereiches der Friedrich-Schiller-Universität Jena, 17.–19. Oktober 1989. Tübingen: Niemeyer (= Linguistische Arbeiten; 280), 265–297.

Sabel, J. (1996): Restrukturierung und Lokalität. Universelle Beschränkungen für Wortstellungsvarianten. Berlin: Akademie-Verlag (= studia grammatica; 42).

Stechow, A. von & W. Sternefeld (1988): Bausteine syntaktischen Wissens. Ein Lehrbuch der generativen Grammatik. Opladen: Westdeutscher Verlag.

Stevens, C.M. (1996): "On the grammaticalization of German *können, dürfen, sollen, mögen, müssen* und *wollen*". American Journal of Germanic Linguistics and Literature 7, 179–206.

Sweetser, E. (1990). From Etymology to Pragmatics. Metaphorical and Cultural Aspects of Semantic Structure. Cambridge, etc.: Cambridge University Press.

Thráinsson, H. & S. Vikner (1995): "Modals and double modals in the Scandinavian languages". Working Papers in Scandinavian Syntax 55, 51–88.

Traugott, E. (1989): "On the rise of epistemic meanings in English: an example of subjectification in semantic change". Language 65, 31–55.

Ulvestad, B. (1984): "Doppelmodalisierung". In: H.W. Eroms et al., Hrsg.: Studia linguistica et philologica. Festschrift für Klaus Matzel zum 60. Geburtstag. Heidelberg: Winter (= Germanische Bibliothek N.F., Reihe 3).

Valentin, P. (1973): Remarques sur l'histoire de la modalisation des énoncés en Allemand. Paris: Grand Palais.
Van Kemenade, A. (1999): "Functional categories, morphosyntactic change, grammaticalization". Linguistics 37, 999–1010.
Vikner, S. (1988): "Modals in Danish and event expressions". Working Papers in Scandinavian Syntax 39, 1–33.
Wunderlich, D. (1981): "Modalverben im Diskurs und im System". In: I. Rosengren, Hrsg. Sprache und Pragmatik. Lunder Symposium 1980. CWK Gleerup (= Lunder germanistische Forschungen; 50), 11–53.
Wurmbrand, S. (1998): Infinitives. PhD Diss. MIT. [unveröff.]
Wurmbrand, S. (1999): "Modal verbs must be raising verbs". Proceedings of WCCFl 18, 599–612.

Tübingen   Marga Reis

Universität Tübingen, Deutsches Seminar, Wilhelmstr. 50, 72074 Tübingen,
e-mail: mer@uni-tuebingen.de